国家社科基金
GUOJIA SHEKE JIJIN HOUQI ZIZHU XIANGMU
后期资助项目

清季民初的学制、学堂与经学

The School System, School and Confucian
Classical Studies in the Late Qing Dynasty and
Early Years of the Republic of China

朱 贞 著

社会科学文献出版社
SOCIAL SCIENCES ACADEMIC PRESS (CHINA)

国家社科基金后期资助项目
出版说明

后期资助项目是国家社科基金设立的一类重要项目，旨在鼓励广大社科研究者潜心治学，支持基础研究多出优秀成果。它是经过严格评审，从接近完成的科研成果中遴选立项的。为扩大后期资助项目的影响，更好地推动学术发展，促进成果转化，全国哲学社会科学工作办公室按照"统一设计、统一标识、统一版式、形成系列"的总体要求，组织出版国家社科基金后期资助项目成果。

全国哲学社会科学工作办公室

绪 论

经学被视为中国传统学问的大道。清季民初，经学转至若存若亡。以至于在复旦大学历史系开设中国经学史课程的周予同，在 1961 年做出"五四运动以后，经学退出了历史舞台"的判断。[①] 经学地位的巨变，导致中国的知识体系前后两分，影响不可谓不深远。究其原因，除了近代学术重心由经入史以及经学无以应世变之外，还与分科治学观念的引进以及推广分科教学的西式学堂关系密切。

蒙文通反思经学在近代的境遇，指出自清末壬寅、癸卯学制出台，西学的分科系统和教育框架就破坏了经学本来的地位价值，"自清末改制以来，昔学校之经学一科遂分裂而入于数科，以《易》入哲学，《诗》入文学，《尚书》、《春秋》、《礼》入史学，原本宏伟独特之经学遂至若存若亡，殆妄以西方学术之分类衡量中国学术，而不顾经学在民族文化中之巨大力量、巨大成就之故也。其实，经学即是经学，本自为一整体，自有其对象，非史、非哲、非文，集古代文化之大成、为后来文化之先导者也"。[②]

经学退出的问题，反映了近代中西文化的此消彼长。而中西文化的优劣短长，也是自鸦片战争后近代中国长期存在的科举与学堂之争的主题。经学进出学制、学堂，恰能呈现相关历史进程与轨迹，可说是认识近代经学历史命运的重要途径。

在学堂近半个世纪的发展历程中，最初西学只是作为科举的补充。但在科举制度始终不能安置西学的情况下，清廷决心由科举取士转为学堂育

---

① 周予同：《经、经学、经学史》，朱维铮编校《周予同经学史论》，上海人民出版社，2010，第 459 页。

② 蒙文通：《论经学遗稿三篇·丙篇》，《经学抉原》，上海人民出版社，2006，第 209、212 页。

才，纳科举于学堂，以学堂兼容中学①。由此，经学原本的独尊地位发生变化，进入学堂变成与文、史等平行的一门分科。学堂形式上兼容中、西学，实际上却已按照西式分科治学与设学的办法整合中学。随着晚清壬寅、癸卯学制的先后出台，西式教育体制全面推行，学堂以"中学为体"的方式继承科举的重任。通过各阶段经学课程的设计，经学被全面纳入分科教学的学制系统。但癸卯学制中的规划，在实践中出现较多问题。受到西式观念的影响，在是否需要读经的认识上也渐起争议。

民国建立，经学最终退出了学堂的学制体系。这是经学退出历史舞台的重要阶段性标志。一方面，经学何以退出，怎样退出，到底有没有退出等一系列问题，仍然存在很大的探讨空间。另一方面，经学退出后，如何填补维系伦理秩序的道德真空，以及传承中学不使变形，成为相当棘手的难题，不仅造成民初以来政治、思想、学术等方面的纠结与困惑，而且至今仍然考验人们的智慧。

受限于近代教育界与思想界趋新人士的论证，后人对相关史事的认知，常和"复古"、"保守"等字眼联系在一起。这既反映了晚近以来的西化进程，也和经学本身承担维系伦常的功用有关。但如果仅从"以变化为进化"的视角做出判断，晚近社会转型时的复杂面相，诸如中西学的交融碰撞、教育制度的移植变化等问题都会被掩盖。因此，清季经学进入学堂和学制的立意、实际运作及其产生的效果，尚需要进一步弄清。

一　前人研究

近代教育转型，经学传承出现断裂，"从现代学校制度输入中国以后，这读经问题，就老跟着纠缠不清"。② 学人对于学制、学堂和经学问题的论述，处于分科治学观念形成、确立到逐渐反思的过程之中。因此，前人研究的整体思路又与近代学界分科治学的观念密不可分。

1949 年以前，学堂读经问题的讨论常见于教育史著述。这一时期研究的主要贡献，在于清季民初学堂读经材料的发现和整理。一方面，固有学问被纳入欧美教育学的理论框架内解释；另一方面，接受旧学训练的学

---

① 本书中出现的"中学"，一般是指与西学相对应的传统中国学问的总称。而对于用以划分教育层级的中等阶段学堂，除了引用的原文表述外，一般明确标示为"中学堂"、"中学校"。

② 周予同：《对于读经问题的意见》，朱维铮编校《周予同经学史论》，第 430 页。

人，开始认识到分科办法对于传统学问的破坏。

经学进入学堂，是晚清学制的重要特点，民国时期的教育史研究自然不能绕开这一问题。教育通论性著述在梳理晚清至民国时期教育变迁的脉络时，对于经学进入学堂与学制的过程常有所着墨。由于这些论述大多站在民国时期政体民情的立场考虑问题，新旧观念的划分极为普遍，经学课程的存在，在一些著述中沦为教育界"旧思想"的代表。留美博士郭秉文的《中国教育制度沿革史》（商务印书馆，1916）认为经学课程的存在是近代新旧教育过渡时期的产物，将经学从学制体系内的退出定位为学校制度的进步。

在对晚近兴学历史的梳理中，学人注意到学堂经学教育的调整和变动。商务印书馆为纪念创立 35 周年，于 1931 年编写了《最近三十五年之中国教育》，收录了几篇探讨近代教育发展状况的短文。其中吴研因、翁之达关于小学教育的论述，已经注意比较壬寅、癸卯乃至宣统年间修订的小学堂章程中读经讲经课程的设置差异。何炳松在关于大学教育的讨论中，对于清季经科大学的设置立意进行了简单探讨。1934 年出版的周予同《中国现代教育史》，兼跨清末与民国两个时间段，材料上依托"各杂志附录的时事日志和几本日本书籍"，依照时间线索探讨了高等、中等、初等三个阶段普通教育以及师范、实业教育的演变，试图从根本把握中国现代教育的产生、演变和失败的原因。对于经学课程的存在意义，以及清季民初经学课程的调整变化，做了一番系统梳理。①

除了教育史方面的专门研究，民国尊孔读经的各种问题，也引发了对晚近学堂与经学关系的讨论。伴随着新文化运动等对固有思想的冲击破坏，各种外来的思想杂糅传播，五花八门，让人无所适从。1935 年，《教育杂志》就读经问题，围绕是否读经，读什么，哪些人去读，怎样读，在教育的什么阶段开展等方面做了专门的意见搜集。② 在广泛的讨论中，学

---

① 作者限于材料以及战事带来的生活动荡，写作该书几经周折。原本在实业教育下还有关于留学教育、教育思潮及教育实际（如青年学运动及学校风潮等）的章节设计，"因为字数的限制，只得割弃了"。

② 《全国专家对于读经问题的意见》，该讨论实际是 1934～1935 年《教育杂志》关于读经问题讨论的收集，由时任主编的何炳松先于 1935 年 5 月 10 日作为《教育杂志》第 25 卷第 5 号出版发行，1939 年商务印书馆选取出版为《读经讨论》一书。2008 年，龚鹏程所编的《读经有什么用：现代七十二位名家论学生读经之是与非》（上海人民出版社，2008）将其重新整理出版。

人注意到读经问题与外来教育思想之间的关系，"教育思想之转变，又随时代环境不同而不同。故二千年来所视为不成为问题者，近三十年来忽成为问题"，并对清季民初主张设立与废止经科者的人事变化进行简单勾勒。①

值得注意的是，民国时期身处分科治学进程中的学人，开始注意到以西方学术分类衡量中国固有学术带来的影响。1944～1949 年，蒙文通撰写了探讨经学问题的三篇文字，反思经学在近代的境遇，指出清末学制出台对经学本身的地位价值造成破坏，② 对于本书的研究思路有重要启示。熊十力检讨中国文化的定位，在 1945 年出版的《读经示要》③ 中分析近代经学衰微的缘由，认为庚子后中国思想界一面欲移植西方制度，一面诋毁固有学术，导致"国人一意自卑，而自毁其固有"。不过，熊十力等人已然不能摆脱分科治学的限制，在讨论固有学术问题时，已经不能脱离政治、哲学、社会科学等分科观念的表述方式。

20 世纪 60～80 年代，欧美学界注意到近代教育转型问题。对清季经学进入学制的认识，多站在西方教育制度的立场上，将其定位为晚清变局中旧传统的保存。1965 年，列文森出版了《儒教中国及其现代命运》④，认为清季教育变革是文化保守主义者对于传统的捍卫和对外来挑战的回应。1971 年，亚耶士在《张之洞与中国教育改革》一书中指出，作为癸卯制度设计者的张之洞仍然忠于孔子思想，所以课程中心仍是研读古文。⑤ 1980 年出版的《剑桥中国晚清史（1800～1911 年）》，其中关于晚清教育改革的章节由市古宙三撰写，认为中国学制办法既借鉴日本，又注重经学课程的开设，在新制度中保存了旧东西，学习的内容和方法都偏向传统。⑥ 始自欧美学界的现代化模式为台湾学界所接受，自 20 世纪 70 年代以

---

① 《郑鹤声先生的意见》，龚鹏程主编《读经有什么用：现代七十二位名家论学生读经之是与非》，第 100 页。

② 蒙文通：《论经学遗稿三篇·丙篇》，据蒙默所述，本文撰于 1949 年。见《经学抉原》，第 209、212 页。

③ 熊十力：《读经示要》，该书 1945 年由重庆南方印书馆出版，1949 年上海正中书局再版。

④ Joseph R. Levenson, *Confucian China and Its Modern Fate: A Trilogy* (University of California Press, 1968).

⑤ William Ayers, *Cang Chih-tung and Educational Reform in China* (Cambridge Harvard University Press, 1971).

⑥ 〔美〕费正清、刘广京编《剑桥中国晚清史（1800～1911 年）》下册，中国社会科学院历史研究所编译室译，中国社会科学出版社，1993，第 439～442 页。

来开展的"中国现代化的区域研究"，使得近代各地新旧之间的教育转型情况被广泛讨论。1983 年，张朋园在《湖南现代化的早期进展（1860～1916）》一书中，指出新旧冲突影响教育发展，并对民国时期读经现象的存在做了统计，① 有助于了解民初经学退出学制后，各地经学教育的残存状况。

20 世纪 80 年代后，由于资料的整理出版和观念的解放，中国国内相关研究进展明显。整体而言，随着材料在数量和质量上的整体拓展，相关方面的研究不断细化和深入，对于晚清学堂经学教育的看法和视角都有所变化，不再持否定批判态度，立论也趋于中肯。学界对于分科治学的办法也渐有所警醒，开始检讨以分科治学观念看待固有学问出现的问题。

与近代学制相关的人事研究得到展开，学人开始留意到近代教育的行政管理和人事安排对旧学设置的影响。2000 年出版的关晓红《晚清学部研究》② 一书，详细考察了清末中央教育行政制度的建立和运转，对于学部因人事变更而对旧学保存态度的转变，中央教育会"废除小学堂读经"议案的争执等问题均有探讨。以中国社会科学院近代史研究所藏张之洞档案为基础，李细珠撰写的《张之洞与清末新政研究》③，显示了清季教育改革中时任管学大臣的张百熙、荣庆与张之洞在经学课程设置上的观念差异。安东强的博士学位论文《清代学政沿革与皇朝体制》④ 探讨了清季提学使对新的教育体制的考量，涉及提学使整合中国固有学问和西式教育体制的问题。学界对于民初教育改制的讨论也逐渐深入，注意到马一浮对民初经学退出学制的抗议等。⑤

学界有关科举与学堂之争的研究，通过对新旧教育内容、方式的差异以及接续方式的探讨，加深了对学制经学课程立意的认识。黄光亮《清代科举制度之研究》⑥ 指出传统教育模式与新式学堂有着培养通才与专门实

---

① 张朋园：《中国现代化的区域研究：湖南省（1860～1916）》，台北，中研院近代史研究所，1983。该书后改名《湖南现代化的早期进展（1860～1916）》，由岳麓书社 2002 年出版。

② 关晓红：《晚清学部研究》，广东教育出版社，2000。

③ 李细珠：《张之洞与清末新政研究》，上海书店出版社，2003。

④ 安东强：《清代学政沿革与皇朝体制》，博士学位论文，中山大学，2010。后以《清代学政规制与皇权体制》（社会科学文献出版社，2017）出版。

⑤ 许宁：《马一浮儒学教育理念述评》，《中华文化论坛》2004 年第 4 期。并参见刘炜《古闻来学未闻往教》，《读书》2009 年第 3 期。

⑥ 黄光亮：《清代科举制度之研究》，台北，台湾嘉新水泥公司文化基金会，1976。

用人才的根本区别。萧功秦《从科举制度的废除看近代以来的文化断裂》① 一文认为科举制的废止，导致了中国历史上传统文化资源与新时代价值之间的最大一次文化断裂。关晓红所著《科举停废与近代中国社会》② 探讨了立停科举前后相关章程与措施的本意，以及停罢科举后西学输入和保存中国固有学问的冲突，指出新式学堂的办学模式，使培养办事专才成为教育主导方向；癸卯学制规划下的学堂教育，中西学兼容并包的各科取代了专于儒家经典的学习内容，考试成绩和专门程度取代了偏重道德文章的抢才方式，实际上是中西两套教育内容和检测方式的混杂。但科举停废后，科举的道德教化和文化传承未能找到有效的接续方式，致使乱象纷呈。

存古学堂作为学制体系外开展固有学问的专门学堂，也由简单的价值评判，转为纳入新教育范畴讨论。罗志田《清季保存国粹的朝野努力及其观念异同》③ 从学制拟订与国粹学派两方面入手，探讨了清季朝野上下保存国粹的努力，指出存古学堂的开办，明显不同于旧时书院。郭书愚以《清末存古学堂述略》为题开展研究，将湖北、江苏、四川三省存古学堂的兴办进程勾勒出来，并将清政府内部办学分歧和各种保存国粹的办学方案进行分析，考察时人对存古学堂的反应和认知，以及在趋新时风影响下存古学堂"顽固守旧"形象的塑造。④

而对于传统旧学教育主要载体的书塾，近来研究也日益深化。新保敦子「中華民国時期における近代学制の地方浸透と私塾：江蘇省をめぐって」⑤ 一文探讨了晚清学制改革，指出初等教育面临着新式学堂和书塾共存的局面。左松涛的博士学位论文《闹塾与毁学：晚清民国的私塾与学堂（校）之争》⑥ 考察了从晚清至民国时期学堂与私塾的博弈状态，有关私

① 萧功秦：《从科举制度的废除看近代以来的文化断裂》，《战略与管理》1996 年第 4 期。
② 关晓红：《科举停废与近代中国社会》，社会科学文献出版社，2013。
③ 《近代史研究》2001 年第 2 期。该文收入罗志田《国家与学术：清季民初关于"国学"的思想论争》，三联书店，2003。
④ 郭书愚：《清末存古学堂述略》，博士学位论文，四川大学，2008。
⑤ 感谢原日本京都大学狭间直树教授提供本条材料线索。新保敦子「中華民国時期における近代学制の地方浸透と私塾：江蘇省をめぐって」狭间直树『中国国民革命の研究』京都大学人文科学研究所、1992、第 579~635 頁。
⑥ 左松涛：《闹塾与毁学：晚清民国的私塾与学堂（校）之争》，博士学位论文，中山大学，2006。后以《近代中国的私塾与学堂之争》（三联书店，2017）出版。

塾教学尤其是读经、识字方式的探讨，有助于理解新旧教育内容、方式的差别。

随着研究视角的拓宽，将进入学堂后的经学问题作为专门对象的研究开始出现。祝安顺《从张之洞、吴汝纶经学课程观看清末儒学传统的中断》① 一文注意到张之洞从湖北办学、江楚会奏，再到癸卯学制中经学课程设置的历史演进。姜义华在书评中指出科举停废是读经遭到废除的重要因素，由此，经学丧失作为出仕敲门砖的功能，无法再延续下去。② 20 世纪 30 代的读经问题，也引发学人关注。罗玉明的博士学位论文《二十世纪三十年代湖南尊孔读经之研究》③ 指出，随着政体民情的改变，在教育思想、师资结构以及教学内容和方法上，现代教育体制都为学校读经设置了障碍。自 2003 年以来，日本京都大学的宫原佳昭通过探讨 20 世纪 30年代的湖南教育界与读经运动，试图厘清近代西方教育观念普及下中国传统学术的生存状态及其引发的问题。④

对于经学退出的问题，学人也开始尝试从近代经学教育削弱的角度展开探讨。毕苑《经学教育的淡出与近代知识体系的转移——以修身和国语教科书为中心的分析》⑤ 一文通过考察晚近修身和国语教科书，提出读经、修身是清末官方规定的承担道德教育重任的两种科目，而在新旧道德教育转型的过程之中，国文教育的改革影响了传统知识系统的崩溃和瓦解。王东杰《一国两文：清季切音字运动中"国民"与"国粹"的紧

①　祝安顺：《从张之洞、吴汝纶经学课程观看清末儒学传统的中断》，《孔子研究》2003 年第 1 期。

②　姜义华：《湖南历史研究的新成果——读罗玉明的〈湖湘文化与湖南的尊孔读经（1927～1937）〉》，《湘潭大学学报》（哲学社会科学版）2007 年第 4 期。

③　罗玉明：《二十世纪三十年代湖南尊孔读经之研究》，博士学位论文，复旦大学，2003。

④　感谢叶倩莹博士提供材料信息。宫原佳昭已发表相关著述有「清末湖南省長沙における民立学堂設立と新教育界の形成について——胡元㑺と明徳学堂を中心に」『東洋史研究』第 62 巻第 2 号，2003 年 9 月；「清末湖南省長沙における地方教育行政の実態について——提学使呉慶坻と教育界人士との対抗関係を中心に」『史林』第 91 巻第 4 号，2008 年 7 月；「民国初期における湖南省教育界の職員選挙と『民意』」『孫文研究』第46 号，2009 年 9 月。

⑤　毕苑：《经学教育的淡出与近代知识体系的转移——以修身和国语教科书为中心的分析》，《人文杂志》2007 年第 2 期。

张》① 注意到晚清简字运动中，以汉字保存国粹、以简字普及教育的双轨制方案的出台，以及语言文字变化对旧学造成的冲击。

学人反思以西式分科办法条理固有学问带来的问题，并注意到晚清学制变革带来的影响。钱穆重新检讨中、西学的关系，在《中国学术通义·四部概论》中指出，若用西学办法衡量，便没有了传统经学的存在，"若把近代西方学术分类眼光加以分析，《诗经》应属文学，《尚书》、《春秋》应属史学，《易经》应属哲学，《仪礼》是一部记载有关古代社会风俗的书，应属史学与社会学范围。把中国古代五经如是分析了，便不该再有所谓经学之独立存在"。② 桑兵《民国学界的老辈》③ 一文探讨了民国文化遗民对于旧学的传承，以及彼时学人对于用西学系统条理中国学问的质疑。其后又在《分科的学史与分科的历史》一文中，点明"经过清季和民初的两度分科教学与分科治学，中国的所有思想学术文化被按照西洋统系分解重构"，导致此后的中国固有学问有无统系，已然成为问题。④ 其在《清季变政与日本》一文中进一步指出，晚近学制改革中，作为承接西学影响中国的东学，在中、西两面均有格义附会的副作用。⑤

综上所述，前人对于清季民初经学进入学制、学堂相关问题研究，个别环节已取得重要进展。尤其随着中外学者对以西方为典范的历史发展观的反思，学界开始检讨单一的以西化为进化的衡量标准，中国学人注意到了晚近分科治学与分科设学办法对固有学问的冲击与破坏。但晚清教育改革涉及面既深且广，学人已经注意到部分相关问题需要重新思考和检讨。⑥ 经学地位特殊，近代经学地位巨变，导致中国的知识和道德体系前后两

---

① 王东杰：《一国两文：清季切音字运动中"国民"与"国粹"的紧张》，《学术月刊》2010 年第 8、9 期。

② 钱穆：《中国学术通义·四部概论》，《钱宾四先生全集》第 25 册，台北，联经出版事业公司，1998，第 3 页。

③ 桑兵：《民国学界的老辈》，《历史研究》2005 年第 6 期。

④ 桑兵：《分科的学史与分科的历史》，《中山大学学报》（社会科学版）2010 年第 4 期。

⑤ 桑兵：《清季变政与日本》，《江汉论坛》2012 年第 5 期。

⑥ 郁汉友：《晚清"新政"的再思考：以教育改革为中心的讨论》［《北京大学学报》（哲学社会科学版）2014 年第 1 期］提出"新政对于清朝本身和对于近代中国的影响，显然有别"。桑兵则在《科举、学校到学堂与中西学之争》（《学术研究》2012 年第 3 期）一文中指出，要了解晚清的教育转型，就要去除"以变化为进化、以现在为现代"的后来观念，重新检讨清季教育变革的因缘得失。

分，影响深远，本专题的研究尚有较多拓展空间。

其一，就经学进入学制问题而言，经学进入学堂的总体设计、实施贯彻过程中所遇到的问题和调整情况，迄今仍缺少关注与研究，对于时人在旧学传统与新式教育体制对接所做出的努力和尝试尚认识不清。

其二，对于学堂经学课程的讨论，大多是针对小学读经和 20 世纪 30 年代读经问题的讨论。晚近经学在学制中的名义，并不仅仅称为"读经"。依据癸卯学制的规定，各阶段课程名目为：普通学堂中、小学堂"读经讲经"，高等学堂"经学大义"，师范学堂则除此之外，还设有"群经源流"。另外，张之洞还创设了专门的存古学堂来保存旧学。除小学堂读经问题外，对于经学如何融入高、中、初各阶段学堂的整体过程至今仍语焉不详。

其三，就研究视角而言，偏重于官方政令和规章条文，对于人事变迁、社会舆论、执行状况及调整变化的关注不够。晚清学制落到实处，往往面目全非，如果仅凭学制章程，很难解释经学何以从学制中的备受重视沦为最终退出。将经学与学制、学堂的关系纳入晚近社会变迁的整体考察，不仅有助于缺乏旧学训练的今人消除时代隔膜，加深对于前人本意的了解，而且能够综合把握彼时社会各界的反应，避免偏听偏信，进而探究近代学堂读经形象的塑造。

其四，就关注重心而言，对于晚清废经的讨论较多，对于晚近教育改制中反对废经的意见没有重视。后续研究，执果寻因，往往容易陷入裁剪片段的误区。处于历史进程中的个体，缺少"后见之明"，所做选择未必全然与后来结果吻合，却也是整个历史场景的组成部分，不能掩盖。就晚清读经问题而言，朝野官绅支持者不在少数。因为立场、态度、知识背景不同造成的观念差异，反映了外来体制因中国实情引发的纠葛，也是探究晚近教育史事各种面相的重要取径。

以上种种，正是在已有研究的基础上，进一步探讨的空间所在。

二　研究取径和思路

探究晚近学制、学堂与经学的问题，不仅涉及古今，而且牵连中西，面相复杂，诸多纠葛。限制研究开展的因素主要是以下两方面：

第一，分科问题是探究清季民初学制、学堂与经学问题的肇因，也是影响本研究开展的窒碍所在。固有学问的本相与今天分科视野下的经学截然不同。晚清以降，学界分科治学与教育界分科设学的事实早已确立，受困于后来的教科书知识体系，习惯于以历史、文学与哲学的眼光去看待经学，难以理解经学于传统存在的意义。此外，不同视角下的分科看法不同，同一人在不同时期的看法也未必截然不变，容易产生误读。

第二，附会带来的纠结，给史事的厘清带来迷雾。探究晚近教育史的困难在于古今教育观念、体系和思维方式的断裂，面对过去很难避免不受后来观念的影响。正如张荫麟所说，"夫以现代自觉的统系比附古代断片的思想，此乃近今治中国思想史者之通病"。① 以传统比附西制，以经学比附新知，再加上东学在沟通中西上的多一层附会，让相关问题很难驾驭。

因此，本书在研究思路上，对于以分科眼光看待中国固有学术文化先有充分的自觉，去除以变化为进化的后来观念，探究经学进入学制、学堂相关史事从无到有直至退出的发生、发展和变化，把握经学进入新式学堂后出现问题的根源以及彼时各种尝试解决问题办法的考虑所在；梳理国人认识、接受西学和西式教育制度并加以内化的过程，同时注意学制章程条文与社会常情及变态的互动关系，借以把握近代教育转型的渊源流变以及转型后的利弊得失。

就材料而言，晚近史料的极大丰富，为研究者提供了便利，也提供了挑战。材料如果不能从整体上加以考察，则结论难免偏于一隅。晚清官方纂修的史书、政书，报刊舆论，私人文集、日记、书信等，都留下了大量清季民初经学进出学制和学堂的记载。

一方面，教育史资料的出版，不断推陈出新。舒新城于民国时期编成的《近代中国教育史料》（中华书局，1928）是较早的教育史料类专书，后经增订修补为《中国近代教育史资料》（人民教育出版社，1961）三册。丁致聘编的《中国近七十年来教育记事》（国立编译馆，1931）则是一部编年体的教育记事。1934 年与 1948 年，彼时教育部分别编纂了《第一次中国教育年鉴》（开明书店，1934）与《第二次中国教育年鉴》（商

---

① 《文学副刊·燕京学报第三期·冯友兰儒家对于婚丧祭礼之理论》，《大公报》1928 年 7 月 9 日，第 9 版。

务印书馆，1948）。1972～1976 年，日本学者多贺秋五郎编辑出版了《近代中国教育史资料》（台北，文海出版社），其中"清末编"以影印方式收录了壬寅、癸卯学制的章程条文，以及《学部奏咨辑要》和光绪、宣统新法令中教育条目的辑录。1983～1993 年，朱有瓛主编的《中国近代学制史料》陆续出版，对于各个时期的教育章程皆有收录，且注意报刊、文集相关记载的搜集。此外，陈学恂主编的《中国近代教育史教学参考资料》（人民教育出版社，1986～1987）以及陈元晖主编的《中国近代教育史资料汇编》（共十分册，上海教育出版社，1991～1997）也补充了相关材料的细节。国家图书馆古籍馆编《近代统计资料丛刊》（北京燕山出版社，2009）第 28～33 册收录了清季三次教育统计图表。上述资料，蕴含了大量关于清季学制变革下经学教育的信息，却解读不够。值得注意的是，由于教育史材料的编纂体例，经学相关内容常被打散进不同阶段的学堂中，需要整体考察，而不能割裂去看。不然，容易忽略经学课程整体设置的立意所在，难以把握癸卯学制在内容程度上的衔接安排。

　　另一方面，新的资料不断整理出版，提供了相当多的材料和线索，丰富了历史研究的细节。

　　官方政书和史书中收录了大量清季学务章程颁布和调整情况的资料，各种已刊、未刊档案可补充教育政令发布及变化的脉络。此类材料毕竟多是官样文章，而且在史实叙述的连续性上不免有所断裂。所以探讨清季民初新式教育的引进、学制的建立及其影响，不能忽略报刊的使用。清季民初出版的报纸杂志，种类繁多。而考察清季新式学堂中经学课程的具体实施状况，则不能忽略官报。除了《学部官报》外，直隶、湖北、河南、云南、四川、湖南、吉林、浙江、江西、甘肃、陕西、贵州等地先后创办了教育官报或学务官报。官报中各地视学员的教育调查，能够大致反映清季学制颁布以后，经学课程在各学堂的实际执行状况，以及各地学堂办理时对于中、西学的实际定位。官报之外，其余民办与外资类报刊对于清季学制变革也留下了大量的报道评论。《警钟日报》、《申报》、《时报》、《大公报》、《香港华字日报》、《东方杂志》、《教育杂志》、《国粹学报》等报刊上的言论，信息杂乱而零散，反映情况也因取向而各有侧重，详细比勘各种报道，有助于展现彼时整合固有学问于新式学堂过程中的复杂面相。

　　近人的文集、年谱、书信、日记、回忆录等，有助于丰富历史研究的细节。近年来，随着清史工程的开展，许多馆藏的日记、年谱、文集等材料整理出版，清人文集、碑传集、《北京图书馆藏珍本年谱丛刊》与《新编中国名人年谱集成》的近人年谱等，为研究开展带来便利。近人日记的整理出版，如朱峙三作为学堂学生，皮锡瑞、姚永概作为学堂教习，为清季民初学制变革提供了亲身参与的记载，不仅有助于把握学制不同时空下实施的具体状况，更可直观感受时人对以分科办法条理中国学问的态度。

与前人相比，材料的种类和数量已大为增加。对清季民初学制、学堂与经学问题的探究，就材料而言，一方面深入解读各种常见材料，另一方面合理利用各种新出材料，互相比勘，已具备开展系统研究的可能。

本书拟通过考察清季学制设立经学课程的用意与安排，梳理经学进出学堂及学制的过程，以求深入了解以西学分类办法条理中国固有学术的实际情形、效果以及反应。具体而言，拟注重以下问题：

第一，经学如何进入新式学堂，以及壬寅、癸卯学制章程中设置经学课程的立意所在。经学传统的教育方式，如何在中体西用的原则下，与新的学堂形式相对接。科举从缓停到立停，对于学堂经学课程的存在有何影响，有待进一步考察和探究。

第二，章程条文与实际执行状况的差异。从各级各类学堂经学课程的具体开办着手，由各阶段学堂开办的实例，考察学制章程条文与经学课程具体开展情况的异同，借以探究近代学堂体系内中、西学的实际地位，癸卯学制下如何开展传统学问的考量，以及变成一科的经学能否达到学制规划的预期。

第三，将经学融入学堂的努力、出现的问题和尝试解决的办法。前人研究注意到经学于晚清学堂存在的特殊性，却很少从课程授受的角度进行具体考察。通过梳理经学被试图整合进西式教育和学科体系的脉络，呈现按照西学门类条理中国固有学术的过程，并借以展现经学原有的学术思想地位、传授方式对于西式教育制度的制约。

第四，经学退出学制的过程和影响。既往研究对于经学退出过程复杂性的判断趋于简单。考察这一过程的前沿后续，相关人事运作，以及退出壬子、癸丑学制后的遗留问题，弄清来龙去脉，有助于了解其与民初思想、学术界诸多问题之间的关联。

总而言之，近代中国逐步进入欧洲中心笼罩的世界，处理中、西学关系左右为难，用西学全面整合中学却是整体趋势。退缩为一科的经学，无力承担载道与传道的重任，自身价值日益受到质疑与否定，最终被西式分科之学彻底肢解，失去维系道德伦理的作用，文化传承也出现断裂。通过对经学进出学堂与学制过程的爬梳，可以展现晚近西式教育观念和制度输入后，时人应对变局的努力和尝试，同时反映了固有学问在近代分科设学框架下出现的变异。这是了解民国以降思想学术问题的起点，是探究近代中国固有学问传承变化绕不开的环节，也是本书努力跳出既有分科观念，从整体把握中考察清季民初学堂、学制与经学关系的目的所在。

第一章　经学进入学堂与学制

晚清以降，为救亡图存，西学及与之相应的教育观念、方法、制度等先后被引入中国。在科举制度始终无法妥善安置西学的情况下，清廷转以新式学堂兼容中学，即在西式分科框架下整合中西学术。然而，作为中国固有，经学在西学分科中找不到对应，无法借鉴外国已有的学制办法。其如何进入学堂，纳入学制后原有的形态和意义有无变化，科举从缓停到立停带来的影响如何，均成为新旧教育衔接转换的问题。

通过壬寅、癸卯学制的规划设计，经学纳入分科教学的系统，成为学堂教育能够延续道德教化和文化传承的希望所在，也成为后人评价清季教育改革利弊得失的重要环节。

第一节　新式学堂与经学

道咸以降，由于科举抡才的方式无以应变局，旧有王朝学校体制下的培才途径也受到质疑，兼容西学的新式学堂开始出现。新式学堂出现后一段时间内，大多自行其是，缺乏统一的规定，导致教授内容、学时安排、方法理念等千差万别，《清史稿》将其称为"无系统时期"。清季新式学堂开办，以培养应对世变的专门人才为目的。然而，各学堂主事者如何在开展西学的同时兼顾中学，以及对固有学问进行课程上的设置和安排，成为清季兴学始终未能妥善解决的难题。

晚清时期，传统教育观念与教学机构经历极大变迁。学人研究指出，古今教育看似形同，实则差异极大，造成这一问题的关键就在于晚清教育改革带来的影响，"中国现行的教育体制、学制系统和教育理念始于晚清，使用与之相应的一整套教育观念来考察评判中国历代的相关文件、观念和行事也始于晚清"。[①] 清代后期，大部分书院和府、州、县学等王朝学校机构与现代意义上的学校差别很大，职在为科考服务，并无教养之实，"教学"的职能严重弱化。一般而言，旧学知识的养成，主要是通过书塾或部分书院而来。即"教学"主要由书塾和部分书院承担，尤以书塾为主。

一　传统经学教育的一般状况

清代人才拔擢，科举出身被视为正途，而四书五经又是科考的重要内容。从事举业的群体数目庞大，而识字认字、诵读经书以及学习制艺必然需要稳定的教育途径。既有研究指出，传统教育模式中，在清代占据教育主导地位的实际是各类学塾。[②] 除去家学熏陶，学塾对旧学的养成有极大的作用。幼童往往在其中先接受简单的识字认字，继而被教读四书五经，循序渐进。翻阅晚近时期学人的年谱和回忆录，大多数人都是通过学塾奠定研治中国旧学的根基。

依照类型和等级，学塾大致分为蒙馆、经馆两种，前者着重识字发蒙，后者侧重研习经典古籍和制艺之学。[③] 不同学塾的教育内容，虽然各有特色，但教学程式一般要经历开蒙、开读、开讲、开笔等几个过程。开蒙即生徒入塾之初，主要认字和念读《三字经》、《百家姓》、《千字文》等书。进入开读阶段，则开始要求诵读四书、五经，塾师强调念诵，讲解极少，甚至不讲。在念过一两部经书后，塾师才开始给入塾学童讲解，即为开讲。最后是学作文章的开笔阶段，塾师教学制艺，令生徒揣摩科举闱墨。[④]

四书、五经的学习过程，对多数学童而言就是熟读成诵。据齐如山回忆，他所在学馆每天有四次上课时间，上课情形大致如下：第一次早晨六点至八点钟左右，主要是念熟书，并混习已念过书；第二次早饭后八点多

---

① 桑兵：《科举、学校到学堂与中西学之争》，《学术研究》2012 年第 3 期。

② 甚至在科举停废后一段时间内，私塾在与学堂（学校）的竞争中仍居于优势地位。参见左松涛《近代中国的私塾与学堂之争》，第 288 页。

③ 有关书塾类型和教育内容、办法的讨论，参见左松涛《近代中国的私塾与学堂之争》，第 171～176 页；蒋纯焦：《一个阶层的消失：晚清以降塾师研究》，上海书店出版社，2007，第 37 页。

④ 齐如山：《中国的科名》，辽宁教育出版社，2006，第 216～217 页。

钟至十二点，主要写大字、小字，添念新书；第三次是冬天午饭后至五点钟左右（夏天则改为四点至七点钟左右），主要温熟书，兼念诗；第四次是晚上八点至十点钟，主要是温读熟书。所以，入塾学童对于学塾经历的主要印象，往往就是每日只是念书背书，"除生的书之外，所有念过的书，都要每本温一小部分"。①

中国初始经籍简少，故汉名士有读书精熟之说，魏经生有读书百遍之法。自六朝尚对策、唐取帖经，两宋尚词科并记注疏子史，北宋又设神童科，幼稚即记多经，于是学童读书务为苦读强记。② 经过朱熹等人"书只贵熟读，别无方法"的宣扬，清代书塾教学大都接受诵读可使终身受益的观念。熟读成诵，在各地有程式化的趋向，而且打着"借鉴古人读书成功经验"的烙印。③ 多数塾师不详细讲解字义或经义，只是要求学童通篇背诵。背完一本，继而开始一本新的经典的学习。中国传统学问注重述而不作，真正"原创性"的著述不多。经籍数量、篇幅有限，让诵读可行。按照欧阳修的说法，以中人之资，日读 300 字，四年即可读完四书、五经。以八岁入学计算，不怠荒学业，年至十五，未有不能成诵者。④ 传统旧学的训练以此为根基，受益终生。学童于学塾中记诵经典，待经文烂熟于胸后，再对经义揣摩研习。

由于清代科名思想极重，科考影响了书塾中的教学趋向，也导致了对于不同经书修习程度的差异。清代科举考试最重四书，使得四书成为各学塾要求必须诵读的主要部分。因为各地塾师的观念、方法不一，经书修习的具体次序也并不一致。如许德珩回忆家馆读书的经历，是先《诗经》，又读《左传》，然后才读四书。⑤ 叶圣陶则是先读四书，然后《诗经》、《易经》。⑥ 虽然所读经书的种类、顺序并不完全一致，但仍然可见修习四

---

① 齐如山：《中国的科名》，第 218 页。
② 张之洞：《筹定学堂规模次第兴办折》，赵德馨主编，吴剑杰、周秀鸾等点校《张之洞全集》第 4 册，武汉出版社，2008，第 94 页。
③ 严修《劝学示谕》（陈景磐、陈学恂主编《清代后期教育论著选》下册，人民教育出版社，1997，第 354 页）列举古人读书经验，点明劝经书成诵。
④ 《倪嗣冲呈请大总统提倡经学教育的有关文件》，中国第二历史档案馆编《中华民国史档案资料汇编》第 3 辑《文化》，凤凰出版社，1991，第 18 页。
⑤ 许德珩：《许德珩回忆录：为了民主与科学》，中国青年出版社，2001，第 4 页。
⑥ 商金林编《叶圣陶年谱》，江苏教育出版社，1986，第 4 页。

书是两人共同的经历。

一般而言，除了四书外，五经之中以《诗经》、《书经》为多数书塾所重，《易经》等书研习相对少。1905 年，曾任直隶师范学堂教习的儿崎为槌曾对 28 名 15～20 岁的中国学生进行调查，发现 18 人书塾所学的大体情况以四书、《书经》为多，其他诸书皆不如（见表 1－1）。

表 1－1　中国学生书塾知识情况调查

书　名	人　数	比　例（%）
四书	28	100
诗经	28	100
书经	27	96.4
左传	20	71.4
礼记	13	46.4
易经	12	42.9
古文释义	6	21.4
史记	2	7.1
纲鉴易知录	2	7.1
唐诗选	2	7.1
千家诗	2	7.1
二十一史前四史	2	7.1
周礼	1	3.5
尔雅	1	3.5

资料来源：儿崎为槌「清國學生思想界の一般（承前）」『教育研究』明治 38 年（1905）4 月 1 日。

科举所试影响了书塾的教学内容，而学童通过诵读打下旧学根底后，再由经师宿儒指导获得研究经学的门径，并因学派学风的不同而治经办法各异。按照周予同的说法，"如果他是一位经古文学者，他要劝你先从文字训诂入手，就是说要先读《说文》、《尔雅》这类文字学的古书；如果他是一位经今文学者，他要劝你先留意孔子的微言大义，就是说要先读《春秋公羊传》、《礼记·王制》篇这类偏于典章制度的古书；如果他是一位宋学家，他又要劝你先明白儒家的道德修养的方法，就是说要先读《大学》、《中庸》、《论语》、《孟子》这些书"。①

上述情况，是传统修习经书的大致办法，也是晚清官绅规划新式学堂经学课程的重要参照。不过，新式学堂同学塾在所学内容、程度衔接与培养方向等方面差别极大。一方面，新式学堂中西兼顾，不能如同学塾只是侧重中学；另一方面，新式学堂引入西式分科设学框架，导致进入新式学堂的经学发生了极大变化。

二　经学进入学堂

晚清引进西学以来，中西学如何兼顾就成为办学者不得不面对的问题。自道光中叶两广总督奏呈《请推广文武科试疏》开始，半个多世纪议改科举的讨论，主要围绕变革科举考试的科目与内容展开，是以出现了变常科、开特科、纳洋学于科目、增设经济特科等方面的奏议。通过对 18 个以上的科举改革方案进行比较考察，学人发现其主要特征就是：强调学以致用，增加实科，并试图将西学纳入科举，希望以老树嫁接新枝的方法吸取西学之长。② 简单而言，各种议改科举的方案，其实就是希望在不废科举的前提下，引入西学以作为中学的补充。

正是由于科举改革的方案长期受到以西学为科举补充的取径的影响，经学进入新式学堂的进度受到了限制。虽然早期的在华教会学校为了迎合中国士绅的需求，已注意到在开展西学、宗教教育的同时，增设经学等中学课程，但中国自办的新式学堂在一段时间内，却局限于专门西学的培养。清季新式学堂开办，"兴学之动机，不得不谓源于对外"。③ 尤其侧重西学专门，如京师同文馆、各广方言馆专为养成翻译人才，船政学堂等为养成器械制造及海陆军人才等，均是如此。这些语言、技术类学堂初兴之时，学堂重在实用，故在课程安排方面，侧重于体现"西用"的西学学科，经学并未成为学堂中的科目。

鉴于科举始终无法安置西学，清廷改变做法，转以学堂兼容中学。甲

---

① 周予同：《怎样研究经学》，朱维铮编校《周予同经学史论》，第 437 页。
② 关于各种科举改革方案的异同，详见关晓红《晚清议改科举新探》，《史学月刊》2007 年第 10 期。至于鸦片战后变革科举的思想源流，参见王德昭《清代科举制度研究》，中华书局，1984，第 167～176 页。
③ 陈宝泉：《中国近代学制变迁史》，山西人民出版社，2015，第 2 页。

午后，肄习普通学的新式学堂开始大量出现。中、西学同时出现于新式学堂，引起如何权衡二者轻重缓急的问题。经过早期维新家的论证和张之洞《劝学篇》的刊行，清廷最后确立以"中体西用"的方案来解决中、西学兼顾的难题。即以经学等中学为体，以西学专门为用，二者融合，以培养符合世变所需的人才。分科观念随着学堂开展逐渐传播，与西学对应的中学在一些新式学堂中被重新调整规划，经学也成为分科观念下的中学课程之一。

1. 教会学校

为了吸引中国学生，早期的在华教会学校已经注意到中西课程并重，加授中国旧学。传教士们认识到经学在中国的特殊地位及其背后担负的维系伦理纲常的功能，"儒家圣人认识到家庭、国家、社会的有机联系，他们提出'五伦'。渗透中国新教育的基督教将仔细地保留这些教训中一切正确的东西。……中国经典著作极大部分包含着圣人关于政治、家庭和社会关系的原则的教训。自古以来精通这些教训是加官晋爵、求取荣华富贵的条件"。① 所以，为迎合中国学生的需要，经书在教会学校和教会大学中得以占有一席之地。如同传教士自己所言，"我们不能和经书相处，而我们不能不和它相处"。②

由于传教士对于学习基督教书籍、中国经书和西方自然科学等方面的考虑不同，各教会学校设置经学课程的办法存在差异。在习读哪些经书方面，明显受到清代科举考试的影响，四书基本成为必读，有些地方兼及五经。有些学校将全部四书、五经列为中文课程，要求学生熟记，并练习写文章，准备参加科举考试。而另一些地方，则只教四书。在时间安排上各地更难统一，有些学校给学生一半或更多的时间学习经书，而一些学校只给学生很少的时间来学习经书。③

教会学校多是沿用西式分科、分级设学的办法，所以经学不仅纳入教学体系，而且有了层级上的安排。像山东登州文会馆分备斋、正斋两级，

---

① 〔美〕谢卫楼：《基督教教育对中国现状及其需求的关系》，朱有瓛主编《中国近代学制史料》第 4 辑，华东师范大学出版社，1993，第 107、112 页。

② 〔美〕潘慎文：《论中国经书在教会学校和大学中的地位》，朱有瓛主编《中国近代学制史料》第 4 辑，第 126 页。

③ 〔美〕潘慎文：《论中国经书在教会学校和大学中的地位》，朱有瓛主编《中国近代学制史料》第 4 辑，第 126 页。

大致对应小学、中学程度。备斋程度较低，主要学习《孟子》、《诗经》、《大学》、《中庸》。程度较高的专斋，则习读《礼记》、《书》、《左传》、《易》等。① 上海圣约翰大学附属中学，国学课程分国文、历史、地理、经学等项。经学先学《孟子》，再修习《左传菁华录》（中华本）。② 福建鹤龄英华书院，分预科（两年）与正科（四年）两级。预科第一年学《论语》，第二年习《孟子》、《左传》；正科第一年《左传》、《孟子》，第二年《左传》。③ 高等程度的上海圣约翰大学，分设中、西学斋，西学斋不设经学课程。中学斋又分备馆、正馆两级。中学斋正馆三年，第一年《论语》、《周礼政要》，第三年《春秋三传》。中学斋备馆四年，第二年《孟子》，第三年《礼记》节读。④

传教士们甚至就教会学校如何开展经学教育的问题，有过专门讨论。以潘慎文为首的一批传教士，在 1890 年召开的在华传教士大会上，明确提出教会学校的教学计划除了基督教书籍和西方自然科学外，还应该包括中国经书。甚至一些传教士头痛的问题，已不是应否教授儒学经典，而是怎样教授。⑤

潘慎文认识到中国人学习语言、文学的唯一途径，即是学习经书，并尝试从西学分科的角度衡量中国固有的经学，认为"所有大量的中国文学、历史和哲学作品，都被经书的文风和道德原则所笼罩"。⑥ 他提出传教士的真正问题不是"中国经书在我们教会学校中有没有地位，而是它应该属于什么地位"，继而从教学内容、时间程度、意义等方面思考经学课程的具体设置，"它和我们来中国教学相比，其相对的重要性是什么？要给学生多少时间上的比例来学习经书？是否应该学习四书、五经？如果不是，哪些部分可以省略，或只要学习一部分？如何教学？要逐字的牢记住吗？或者还有更好的方法？对其中国异端教学论和伪科学如何抵制？除了

---

① 王元德、刘玉峰：《文会馆志》，潍县广文学校印刷所，1913。
② 朱有瓛主编《中国近代学制史料》第 4 辑，第 325 页。
③ 朱有瓛主编《中国近代学制史料》第 4 辑，第 336~337 页。
④ 朱有瓛主编《中国近代学制史料》第 4 辑，第 439 页。
⑤ 关于潘慎文教育思想的论述，参见胡卫清《传教士教育家潘慎文的思想与活动》，《近代史研究》1996 年第 2 期。
⑥ 〔美〕潘慎文：《论中国经书在教会学校和大学中的地位》，朱有瓛主编《中国近代学制史料》第 4 辑，第 128 页。

熟记之外，又如何能激发和发展学生的其他智能，尽管学习经书会受到思想束缚和感觉迟钝的影响。在女子寄宿学校中，要学多少经书？在全日制学校中允许花多少时间学习本国书籍"。①

传教士对如何嫁接中国固有学问于教会学校进行了初步探讨，注意到如何协调经学与西学课程的关系，提出经学教育的有关方案，涉及课程安排的时间、程度、方法等具体问题。潘慎文认为四书、五经在教会学校中应有其地位，并开展教学，但必须突出西方自然科学和教育方法的价值。因此各学科的重要程度应依次为基督教书籍、西方科学和中国经书。就经学教育而言，主张每个学生应熟记四书、《诗经》和《史记》。至于学习方法，强调中国长期形成的熟读成诵做法，"这种学习方法经历了若干世纪的检验，学生要是不能从记忆中引用四书五经的任何一段，要想在政府考试中竞争胜利是无望的"。建议保障经学课程的开展时间，至少要给学生三分之一而不超过二分之一的时间学习经书。在学生进行学习时，要给他们讲解有标准注释的全部四书、五经，要求学生能背诵、讲解，并重复学习以求熟练。当学生能够不费力地讲解四书时，要掌握写文章的秘诀以获得科考应试能力，"那些期望参加政府考试的学生必须成为写文章的能手"。②

虽然一些教会学校的经学教育取得了不错的结果，既有研究指出，马礼逊教育会的中文教育（主要是四书），与中国私塾相比并不逊色；③ 徐汇中学堂学生程度优秀者，入场参与科举考试，也多有入泮。④ 但与书塾相比，教会学校经学教育取得的效果有限。一方面，教会学校修习经书的时间有限，最多只有书塾三分之一或一半的时间来教学生，致使教会学校中全面教读经书不可能实现。另一方面，教会学校学生在习读经书的同时，还要兼顾西学、神学等课程，精力分散。因此，当时的中国士绅不让孩子进教会学校读书，并不仅仅是反对基督教，还因为教会学校并不符合

① 〔美〕潘慎文：《论中国经书在教会学校和大学中的地位》，朱有瓛主编《中国近代学制史料》第 4 辑，第 128 页。

② 〔美〕潘慎文：《论中国经书在教会学校和大学中的地位》，朱有瓛主编《中国近代学制史料》第 4 辑，第 129～130 页。

③ 吴义雄：《马礼逊学校与容闳留美前所受的教育》，《广东社会科学》1999 年第 3 期。

④ 《〈徐汇中小学校刊〉记徐汇中学校史》，朱有瓛主编《中国近代学制史料》第 4 辑，第 226 页。

他们期望的教育目标，"教会学校所提供的经典教学，未能使学生达到应付科举考试的水平，认为它培养出来的毕业生常常不能写出使人满意的文言文"。①

教会学校的经学教育，虽然在培育学生旧学程度上直接作用有限，但对后来的中国教育造成了影响。一方面，把经学当成一门分科的事实，影响了晚清的办学人员。如同卢茨在综述近代基督教大学的历程中所讲，"基督教教育工作者和教会学校同对西学有兴趣的中国官员和官办的专门学校之间的接触，促进了西方意识形态和知识在中国的传播"。② 教会学校的设学方法，为晚清新式学堂的开办提供了借鉴经验。另一方面，部分传教士对于经学的态度，影响了趋新教育家对旧学的评判。一些传教士用他们在中国所观察到的习俗，而不是中国传统的理想来评价中国遗产，认为 19 世纪中国的文明是受传统束缚而死亡了的，中国文明必须改变，"中国教育的主要目的之一是教人尊重传统，而教会教育的主题则在于改造传统。中国遗产失之片面，需要改变，一直是传教士教育的主题"。③ 这种用西化观念看待中国传统历史文化，并把固有学问视作僵化的做法，为后来的新教育家继承，以之否定传统学问价值，以求全面引进西学。

2. 中国自办新式学堂

一般而言，对于外国在华学校，清廷一直采取既不承认，也不施以管辖的方针。④ 传教士本身也深恐立案后丧失学校的特性。所以在晚清时期，教会学校向政府立案的事情很少发生，并未纳入中国教育自身的管理体系中。⑤ 与教会学校相比，中国自办新式学堂，有着不同的理念用意和发展轨迹。

中国近代新教育的肇端，始自同治元年（1862）京师同文馆的开

① 《〔美〕J. G. 卢茨记在华基督教大学的产生与发展过程》，朱有瓛主编《中国近代学制史料》第 4 辑，第 175 页。
② 《〔美〕J. G. 卢茨记在华基督教大学的产生与发展过程》，朱有瓛主编《中国近代学制史料》第 4 辑，第 175～176 页。
③ 《〔美〕J. G. 卢茨记在华基督教大学的产生与发展过程》，朱有瓛主编《中国近代学制史料》第 4 辑，第 175 页。
④ 参见关晓红《晚清学部研究》，第 322 页。
⑤ 《缪秋笙、毕范宇记基督教中等教育的沿革》，朱有瓛主编《中国近代学制史料》第 4 辑，第 161～162 页。

办。① 同文馆开办的初衷，是应对外交现实需求培养翻译专才，故所教所学仅限外国语言文字。② 所谓"阁束六经，吐弃群籍"，于中国旧学一概不问。③ 是以新式学堂早期注重"西用"之学，未将中学纳入。之后相继开设的语言、技术学堂，也大都效仿这种做法。这样安排，看似与中学无涉，可是随着西学的地位不断上升，中学开始受到冲击。1902 年，黄绍箕发现讲西学已成大势所趋："今日中国，不论省府厅州县各城乡，凡讲新学之人多者必日盛，少者必日衰，不讲新学者，平日无进身之阶，遇变无自全之路，此决然无疑者也。"④

自新式学堂开办，关于中、西学的问题就不断被拿出来讨论。冯桂芬在《校邠庐抗议》中，提出"以中国之伦常名教为原本，辅以诸国富强之术"划分中、西学地位的解决办法。⑤ 之后，郑观应等人也提出求强需兼顾根本的类似主张。至戊戌年间，张之洞《劝学篇》问世，系统阐发"旧学为体，新学为用，不使偏废"的观念。⑥ 戊戌期间，光绪帝先后诏发冯、张二人著述，"中体西用"观念渐为朝野上下所接受。

在"中体"观念确立的过程中，经学等中学课程逐渐出现于一些新式学堂。官员开办技术类学堂，开始强调可以中国之心思通外国之技巧，不可以外国之习气变中国之性情。⑦ 尤其在甲午战争前后开办的电报、医学、铁路、矿务等技术类学堂，已注重中体之学进入学堂。如两广电报学堂规定，除西学外，学生要兼课四书五经，以知礼义。而南京矿务铁路学堂与江南储材学堂也明确规定学生要兼习经史，习读《春秋》、《左传》等。

新式学堂开办之初，中学只是作为西学的补充，课程中的经学、经史等课程名目，不过是为了对应西学的中学代表。受到中国传统不分科治学

---

① 丁韪良著，傅任敢编译《同文馆记》，《教育杂志》第 27 年第 4 期，1937 年 4 月 10 日。
② 宝鋆等修《筹办夷务始末（同治朝）》卷 27，第 18 页。
③ 梁启超：《变法通议·学校总论》，陈景磐、陈学恂主编《清代后期教育论著选》下册，第 439 页。
④ 张棡：《录仲弢（黄绍箕）长函一通》，余熊选编《张棡日记》，上海社会科学院出版社，2003，第 92 页。
⑤ 冯桂芬：《制洋器议、采西学议》，《校邠庐抗议》，上海书店出版社，2002，第 49～57 页。
⑥ 参见余英时《中国思想传统的现代诠释》，台北，联经出版事业公司，1987，第 522 页。
⑦ 吴元炳辑《沈文肃公政书》，沈云龙主编《近代中国史料丛刊初编》第 6 辑第 54 册，台北，文海出版社，1967，第 714 页。

取向的影响，在办学者眼中，分科仅是一个模糊的观念。甲午后的兴学状况发生了变化。依据梁启超说法，"中学为体，西学为用"自此成为流行语。此前中学、西学二者的主辅位置明确划分，此后舆论开始强调二者不可偏废。① 朝野上下也逐渐接受并移植西式分科设学的办法，各书院开始"定课程"，普通学堂中的大学堂等开始明确将旧学分科设置。

　　甲午战后，兼顾中、西学知识的普通学堂加速发展。② 其课程设置与语言技术类学堂差异极大，无论中学还是西学，划分的科目进一步细化，课程的种类增加。西学相关课程添加了政治、伦理等内容，中学课程则增加了掌故、通鉴、史地、律法等内容。1896 年，管理官书局大臣孙家鼐在议复开办京师大学堂时，提出学问应分科，不立专门而终无心得。③ 说明分科治学已为官方办学所重。时人依据不同主张，用分科的办法来尝试规划中学，致使中学课程的名目渐多。戊戌年间，为应对学堂西学不得不讲而中学又过于繁难的状况，张之洞在《劝学篇》中，将中学划分为经学、史学、理学、诸子、词章等门，显示了其主张的中学分类办法。④《京师大学堂章程》则将普通学划分为经学、理学、中外掌故学、诸子学、文学、体操等十种。⑤ 至此，中学依照分科而设立的课程名目，已先后有经学、理学、文学、史学、掌故、舆地、诸子学等数种。此后，中国传统学术在新式学堂中划分的学科种类，大致未脱离这个范畴。

　　中体西用是为解决中西学共存的问题，而中学本身依照分科办法划分种类后，中学各科孰轻孰重的问题自然也走上台面。经学原本地位特殊，进入学堂后仍然为人所衷，这在各学堂开办章程中得到体现。京师大学堂以"中体西用"为立学宗旨，明文规定将经学作为各学根本，"经学所以

---

① 参见罗志田《西潮与中国近代思想演变再思》，《变动时代的文化履迹》，复旦大学出版社，2010，第 10~11 页。

② 据统计，1895~1899 年创办的 100 余所新式学堂中，普通学堂占 84 所。参见乐正《从学堂看清末新学》，硕士学位论文，中山大学，1985。

③ 《议复开办京师大学堂折》，麦仲华编《皇朝经世文新编》卷 5《学校》（上），沈云龙主编《近代中国史料丛刊初编》第 78 辑，第 376 页。

④ 张之洞：《守约》，赵德馨主编，吴剑杰、周秀鸾等点校《张之洞全集》第 12 册，第 169~171 页。

⑤ 后孙家鼐以课程门类太多，有所精减。将理学并入经学为一门，诸子、文学皆不必专立一门。见朱寿朋编，张静庐等校点《光绪朝东华录》第 4 册，中华书局，1958，第 4155~4157 页。

正人心，明义理，中西学问皆以此为根柢。若不另立一门，何以为造端之地？"① 湖南正始学堂则在开办章程中强调，立学中、西并务，但须以经义为归宿，故先学群经。② 但学堂设课，标榜为各学基础的并不仅是经学。有些学堂将经、史等学并列，并未把经学的地位特别凸显。像天津中西学堂中的中学课程，就笼统规定为讲读经史之学。③ 南洋公学章程则规定，所教以通达中国经史大义、厚植根底为基础。④ 这固然是由于经、史之学的地位在清季发生了转变，也因为时人分科观念模糊，难以在分科设学的框架内将经、史之学划分清晰。

分科设学下的新式学堂经学教育，与旧时相比有了明显改变，注意到中西教学方法上的差别，提出用新法教授学童。⑤ 试图改变专注诵读的传统方法，主张"略变从前教育之法，减其记诵之功，益以讲解之业"。⑥ 形式上，一些学堂尝试依照程度划分层级，经学教育的设置也有了简单的层级递进安排。作为最早分级设学的中国新式学堂，天津中西学堂分为两等，二等学堂即"外国所谓小学堂"，主要教读四书等。头等学堂即"外国所谓大学堂"，课程要求在熟诵四书的基础上进一步讲求经史之学。除了学堂本身分级设学的尝试外，某些一级制新式学堂还试图与其他学校形成程度上的衔接关系。1896 年，钟天纬设上海三等公学，内分蒙馆、经馆，程度等同于外国小学堂。按其规划，依南北洋头等、二等学堂例，经馆即三等学堂，蒙馆即四等学堂。⑦ 试图把三等公学与头等、二等学堂形成层级序列。并规定蒙馆以识字明义为主，经馆则专读四书五经，兼习英文。实则尝试仿照外国从小学至大学的学制层级安排，建构自蒙馆、经馆至二等、头等学堂的培养模式，而经学教育得以在经馆以上各阶段课程

① 《管理大学堂大臣孙家鼐折》，《戊戌变法档案史料》，沈云龙主编《近代中国史料丛刊初编》第 32 辑第 317 册，第 285 页。
② 《正始学堂大概章程》，《湘报》第 176 号，1898 年 10 月 14 日。
③ 盛宣怀：《拟设天津中西学堂章程禀》，麦仲华编《皇朝经世文新编》卷 5《学校》（上），沈云龙主编《近代中国史料丛刊初编》第 78 辑，第 389～390、394～395 页。
④ 《皇朝政典类纂》，"学校"15，第 4294 页。
⑤ 钟天纬：《学堂宜用新法教授议》，朱有瓛主编《中国近代学制史料》第 1 辑下册，华东师范大学出版社，1986，第 582 页。
⑥ 《拟教育办法画一条例》，《湖南官报》1902 年 5 月 30 日，"论说"。
⑦ 《上海三等学堂重刻本》（1903 年），朱有瓛主编《中国近代学制史料》第 1 辑下册，第 578、590 页。

设置中得到衔接。

整体而言，这一时期新式学堂的经学教育规划，呈现出的仍是混乱状态。虽然中体西用的办学取向与分科设学的办法已日益为人所知，但各专门学堂在很多人眼中的定位，仍不过是书院外另设的机构，以专习语言文字、器械制造、农工商矿等专门知识，"操众事以效其职业"，① 偏重西学，经学相关旧学课程仍多不设。而早期师范学堂因入堂学生中学具备基础、西学知识薄弱的状况，侧重学习西学，如南洋公学师范馆规定中西兼学，因来学者"于国学素具根柢"，实际国学并不上课。②

各普通学堂虽然兼顾经史，但往往自成一统，在科目划分与课程设置上五花八门。以何启蒙，各阶段应读何种经书，各学堂自定章程，互不衔接。随着晚清学务规模的扩大，学堂数量的急剧增加，制定统一的全国学制来规范各级各类学堂的层级划分、科目设置与教学内容，成为清季学务进程发展的内在需求。

三　经学进入学制的考量

清季壬寅、癸卯学制办法规仿日本，对此学界早有讨论，并注意到清季十年变革中日本因素的影响。③ 然而近代中西乾坤颠倒，学习欧美与日本的求强之路与传统"礼失求诸野"的取径大不相同。晚清官绅对于在西式分科设学框架内怎样体现"中体"，即经学等固有课程如何安排的问题上，颇费思量。欧美诸国学制办法，并无经学。作为学制仿行对象的日本，对于经学进入学制和学堂产生了怎样的影响，值得仔细探究。

1. 晚清学制考察中的日本意见

欧美各国学校宗教相关课程的开设，为清季一些官绅所留意，以作为

---

① 《胡聘之请变通书院章程折》，朱有瓛主编《中国近代学制史料》第 1 辑下册，第 156 页。
② 《杨耀文记各院（班）概况》，朱有瓛主编《中国近代学制史料》第 1 辑下册，第 526 页。
③ 美国学者任达在论述清季新政变革时，提出清季十年的变动，日本的影响起到至关重要的作用（〔美〕任达：《新政革命与日本—中国，1898~1912》，李仲贤译，江苏人民出版社，1998，第 215 页）。桑兵进一步指出，辛亥前后是日本影响中国最广泛而深入的时期。作为承接西学影响中国的东学，在中西两面均有格义附会的副作用（桑兵：《清季变政与日本》，《江汉论坛》2012 年第 5 期）。汪婉所著《清末中国对日教育视察研究》（汲古书院，1998）与吕顺长撰写的《清末中日教育文化交流之研究》（商务印书馆，2012）则分别探讨了晚近中国官绅赴日教育考察的具体状况。

新式学堂保存中国固有学问的参照。传教士对西方学制的介绍，是国人最初了解相关信息的主要渠道。德国传教士花之安于同治十二年（1873）著《泰西学校论略》（亦名《德国学校论略》或《西国学校》），介绍德国学校制度。其后，狄考文、李提摩太、丁韪良、林乐知等人也先后发表了一些专门介绍西方学制情形的著述，有助于朝野上下了解他国学校规制。这些著述对于外国宗教课程的开设情况多有涉及，影响了关注西式教育制度的中国官绅。

一方面，宗教课程的存在为旧学的保存提供了依据。张之洞在《劝学篇》中即注意到外国各学堂必诵读耶经的现象，在后来所拟订的癸卯学制《学务纲要》中，又提出"外国学堂有宗教一门，中国之经书，即是中国之宗教"。[①] 另一方面，外国宗教与中国经学在有神无神、伦理内涵等问题上毕竟有很大不同。所以张之洞在强调保存经学时，又把经书看作古学之一种，来比附"西国最重保存古学"的说法，[②] 说明在其眼中，进入学堂后的经学并非宗教可以比附。

西学分科并无经学的事实，使得部分采纳西式教育观念者主张取消经学，"喜新蔑古，乐放纵而恶闲检，惟恐经书一日不废"，[③] 导致清季在分科设学框架内如何开展传统学问一直存在争议。甲午战后，日本明治维新取得的成效让国人慨叹之余，兴起拜师念头。加之日本应对西学，本就多取材于长期受影响的中国文化，更易获得彼时国人的认同。

制定壬寅、癸卯学制，很大程度依赖于对日本学制的借鉴。清季，一些曾有赴华经历的日本教育界人士，对于晚清教育改革如何处理旧学的问题有着直接的评议。庚子年间，曾游历中国并担任日本《教育时论》主笔的辻武雄撰写了《支那教育改革案》，专门邮送数百册于清廷朝野上下。该文强调中国教育方法必须改革，否则"人才之盛恐未可期，富强之基亦未易望"。提及视为"人伦之大本"的孔子之教，认为"支那三千年之道德全系孔教所维持，是以学业修身须以孔教为主"。[④] 而曾任直隶师范学

---

① 《学务纲要》，朱有瓛主编《中国近代学制史料》第 2 辑上册，华东师范大学出版社，1987，第 83 页。

② 《学务纲要》，朱有瓛主编《中国近代学制史料》第 2 辑上册，第 84 页。

③ 《学务纲要》，朱有瓛主编《中国近代学制史料》第 2 辑上册，第 84 页。

④ 《教育时论》571 号，1901 年 2 月 25 日。又见璩鑫圭、唐良炎编《中国近代教育史资料汇编·学制演变》，上海教育出版社，1991，第 185～186 页。

堂教习的儿崎为槌，在所撰《清国学生思想界之一般（承前）》一文中，从一个日本教习的角度审视中国学生习读经书的过程、方法与效果，兼与日本教育制度做比较，认为"要把支那四百余州、四亿人口导向文明，实际上是一件不可能的事。拯救支那的道德，除大兴新学外别无其他"。实际上建议中国学生抛弃"非实用性"的经学，转向西学。①

儿崎为槌和辻武雄两人态度的差异，恰与明治初、中期日本教育界对待儒学的不同态度相似。江户时代，书塾与寺子屋教育大都以四书五经为主。明治初期，日本推行欧化政策，推行与江户时代大相迥异的教育办法，在彻底洋化的偏激主张下，提倡用西学取代中国儒学，甚至于1872年的太政官《文告》中宣告儒学不能救国，要清算儒学。直至1879年前后，围绕德育问题，儒学开始重新抬头。明治中期，随着东洋道德和西洋艺术口号的提出，《教育敕语》宣告恢复对儒家价值观念和道德伦理的注重，并推动了各学校以传统儒学为主的修身科的设立。在天皇主导下，日本道德之学又变成了以孔学为主。②

整体而言，庚子之后的日本教育模式，以1886年颁布的《学校令》及之后的各项修正令为基础，确立了西式分科设学框架的日本近代学校制度。中小学的读书识字、修身等科目中虽然还会出现四书五经的内容，但所学已以普及西学为主。就高等教育阶段而言，传统中国的学说除了被放进专门研究中国古典的汉学科目外，还被放入分科框架内的文学（主要仍是汉学）、历史（东亚历史）科。③ 为了应对西式分科，井上哲次郎等人还将哲学东洋化，把经学纳入重新建构的东洋哲学文化体系。④ 是以日本设学，经学相关内容主要被放入哲学和汉学分科开展。

清末东渡考察日本学制者极多，对日本设学如何处理中学的做法多有留意。在对日本大学的考察中，姚锡光注意到日本大学校分为文、理、

① 儿崎为槌「清國學生思想界の一般（承前）」『教育研究』明治38年（1905）4月1日、第72~74、85頁。
② 有关明治时期儒学复活的讨论，参见王桂编著《日本教育史》，吉林教育出版社，1987，第142~152、167~174页。
③ 具体课程设置，参见日本近代教育史事典编集委员会编『日本近代教育史事典』（平凡社、1971），第127~128、230~242页。
④ 日本教育史研究者也注意到近代明治时期西洋思想之东洋化，参见〔日〕小原国芳《日本教育史》，吴家镇、戴景曦译，商务印书馆，1935，第177页。

法、农、工、医六科，文科之中，汉文属焉。① 关赓麟具体考察东京帝国大学的学科设置，该文科大学分为哲学、汉学、国文学、史学、国史学、言语学、独逸文学、英文学、佛兰西文学等九科。哲学与国文学都设有汉文学科目，而汉学分经学、史学、文学专修科，科目互有不同。② 日本师范学校与大学类似，以汉文科讲授经学。朱绶考察日本男子高等师范，文科分为伦理、汉文、教育、国语、历史、英语、哲学、地理、理财、体操等九科。③ 王景禧考察小石川区大塚洼町高等师范学校，学科分为预科、本科与专修科，本科与专修科都列有国语汉文类，"听汉文讲师宇野哲人讲授《左氏传》及《老子》，学生皆极意体会"。认为日本高等学堂仍注重汉文。④

部分在日华人学校则设置了专门读经的学科。如横滨的商立中国大同小学校，由中华会馆专为教育在横滨经商的中国子弟及游学人员而设，分寻常、高等两科，课程内容则与日本小学校略异。高等课程分读本、修身、史学、地理、日文、英文、理科、写字、文学、算学、体操、绘图、唱歌等，读本课程主要就是读四书。⑤

日本保存旧学的做法被刻意找出，作为维护经学的依据。缪荃孙认为日本维新以后，国中的古礼相沿不废，"于学校特设一科，所谓国粹保存主义也"。⑥ 并以此批判中国新学家诋毁古礼的行为。林炳章则发现，明治时期的日本文部省审定修身教科书，"杂引我六经诸子语"。而日本汉学名家，亦时常有人。保存国粹、注重德育的议论，更数见不鲜，"知孔教

---

① 姚锡光：《东瀛学校举概》，吕顺长编著《晚清中国人日本考察记集成·教育考察记》（上），杭州大学出版社，1999，第 11 页。

② 关赓麟：《日本学校图论》，吕顺长编著《晚清中国人日本考察记集成·教育考察记》（上），第 181 页。

③ 朱绶：《东游纪程》，吕顺长编著《晚清中国人日本考察记集成·教育考察记》（上），第 114 页。

④ 王景禧：《日游笔记》，吕顺长编著《晚清中国人日本考察记集成·教育考察记》（上），第 638 页。

⑤ 关赓麟：《日本学校图论》，吕顺长编著《晚清中国人日本考察记集成·教育考察记》（上），第 212 页。

⑥ 缪荃孙：《日游汇编》，吕顺长编著《晚清中国人日本考察记集成·教育考察记》（下），第 528 页。

之精，亘古不可磨灭。所谓日月经天，江河行地，非浅流所能增损"。①

从明治初年视儒学为无用，到《教育敕语》颁布后重新提倡以儒学培养旧道德，日本国内对于教育界如何处理儒学的态度经历了极大的变化。是以当时日本的教育界人士对于中国学制内是否设经学的态度、意见并不统一，"此邦有识者或劝暂依西人公学，数年之后再复古学；或谓若废本国之学，必至国种两绝；或谓宜以渐改，不可骤革，急则必败"。②

罗振玉东游日本，获日本贵族院议员伊泽修二告知，新式教育不可抛弃经学："今日不可遽忘忽道德教育，将来中学校以上，必讲《孝经》、《论语》、《孟子》，然后及群经。"③ 胡景桂考察早稻田大学，获校长大隈重信提示，当时中国开办教育，要把经书融入伦理教育，"宜先颁明诏，将五经、四书有关伦理者另编读本，史鉴中易感动人心者撮其要领编为修身书。此非废弃经史、割裂经史也。将来专攻文科者仍责令全阅，不过借此简易之编，以一天下之志趣，以正天下之人心"。④ 二者意见，反映了明治中期后对于以儒学培养道德的日本官方态度，强调经学的道德教化作用，但在是否开设经学专门的问题上，已有了细致的分歧。

京师大学堂总教习吴汝纶接触众多日本教育家后，得来有关中国传统教育的论调以变革为主。东京帝国大学文学科教授井上哲次郎告诉吴汝纶，"教育不应时事，则无其效。孔子之教大好，然今日则见其未备"。汉学家大槻如电在问答中，强调日本也不能尽弃汉文，只欲弃无用文字，而旧学如科举重八股等可弃者颇多，"旧染积习，用力骈俪，所谓无益世道人心者。今而不废，恐不能新入智识也"。二人意见各有侧重，却一致认为中国旧学不能迎合时用。

虽然旧学不合时用，但日本的教育家大多并不赞成完全抛开经学，提出以中西兼顾为宜。尤其是从道德培养的角度出发，更要注重经学。日本高等师范学校教授长尾槙太郎认为，"今时当路皆知西学之为急，而汉学

---

① 林炳章：《癸卯东游日记》，吕顺长编著《晚清中国人日本考察记集成·教育考察记》（下），第556、580页。

② 《答贺松坡》，施培毅、徐寿凯校点《吴汝纶全集》第3册，黄山书社，2002，第407页。

③ 罗振玉：《扶桑两月记》，吕顺长编著《晚清中国人日本考察记集成·教育考察记》（上），第222页。

④ 胡景桂：《东瀛纪行》，吕顺长编著《晚清中国人日本考察记集成·教育考察记》（下），第608页。

则殆不省"，因学徒脑力有限，"姑择其急耳，然其弊则至忘己"。所以建议吴汝纶要将学堂各阶段中、西学课程合理分配，"今贵国设西学，欲汉洋两学兼修，患课程之繁，小中学、高等学校（大学预备校）课程半汉文、半西学，而晋入大学则专修其专门学，则庶乎免偏弃之忧"。① 曾担任文部省官员并参与制定《教育令》的田中不二麻吕则强调课本无论大小学堂，宜行酌量。如道德不取耶稣，而取孔孟之教。② 东京帝国大学教授法学博士高桥作卫并未与吴汝纶见面，却专门作《与北京大学堂总教习吴君论清国教育书》，建议中国振兴学制，"宜以孔道为学生修德之基"。③

日本教育界对于中国旧学是否以及如何纳入新式学堂给予意见，除了当时日本国内提出帮助同文同种的中国进行改革，分享自身学习西学的教育经验，以使中国接受东洋化后的西学，进而奠定日本在东亚思想界的话语权外，④ 还有现实因素的考虑。1900 年前后，日本国内的高等教育开始扩张，在东京、京都两所帝国大学的基础上，增设九州大学及东北大学，导致汉学科急需教师。甚至日本文部省派遣留学生，就是为了培养在新设大学中担任讲座的汉学相关教师。有研究指出，"正是在帝国大学设置分科大学并引入讲座制，及高等教育规模扩大的大背景下，文部省为培养胜任与中国相关讲座的教授，开始对华派遣留学生"。⑤ 从 1899 年到 1911 年，除了上文提到的服部宇之吉、宇野哲人外，狩野直喜、伊东忠太、冈本正文、桑原骘藏、岩谷温等人亦先后赴华留学。这些都导致日本国内对于中国传统学问不能不有所留意。

考察日本学制办法后，彼时官绅对于经学和学堂关系的认识出现了分化。由于明治初期与《教育敕语》颁布后对于儒学的态度截然不同，晚清

---

① 吴汝纶：《东游丛录》，吕顺长编著《晚清中国人日本考察记集成·教育考察记》（上），第 367 页。

② 吴汝纶：《东游丛录》，吕顺长编著《晚清中国人日本考察记集成·教育考察记》（上），第 375 页。

③ 《教育世界》卷 49，"光绪癸卯年四月上"，见璩鑫圭、唐良炎编《中国近代教育史资料汇编·学制演变》，第 193～194 页。

④ 大隈重信 1903 年在早稻田大学校友会上提到中国教育问题，"对于中国，除外交和政治以外，还可以通过同文同种的关系，对其进行扶助诱导和开发"（《大隈伯的对清教育谈》，转引自吕顺长《清末中日教育文化交流之研究》，第 326～327 页）。

⑤ 参见谭皓《近代日本对华官派留学史研究（1871～1931）》，博士学位论文，北京大学，2014，第 149～151 页。

国人同样标榜学习日本教育经验，却各有取舍。

一些考察人员在参考日本学制的基础上，开始考虑如何把经学课程具体规划到学堂中去。罗振玉在参考日本学制的基础上草拟了《学制私议》，对于各阶段学堂经学课程的内容有了划分，主张"将五经、四子书分配大、中、小各学校，定寻常小学第四年授《孝经》弟子职，高等小学校授《论语》、《曲礼》、《少仪》、《内则》，寻常中学校授《孟子》、《大学》、《中庸》，并仿汉儒专经之例专修一经，其余诸经为高等及大学校研究科。不得荒弃，以立修身道德之基础"。① 项文瑞在考察日本学校后，为上海闵行镇务敏学堂草拟办法，分为修身、读经（讲解）、字课（作文）、习字、历史、地理、算学、体操、读古文词、图画、理科、英文等项。提出读经教授以《论语》、《孟子》、《礼记》、《周礼》、《左传》五种为要，每教室所读，齐班最善。否则，未读者令听讲后即读，已读者但令细心听讲。并在诵读之外强调默写，"听毕，令默写。其益，比读更多，而班渐可齐"。②

接受了新式教育观念的时人则认为，日本明治维新后步入文明国家，一大原因就是明治初年从重汉学转为"采取欧美诸国教育新法"，③ 注意到经学"无用"的一面。赴日考察的关赓麟注意到日本维新以前，江户时期盛行汉学，学校课本概用中国四书五经，"迨西洋文物输入之顷，稍知汉学之无用，乃一变其制度"，最终"十余年间，文明思想播于全国"。④ 并注意到日本卫生学从身体角度出发对学童教育的考虑，"生徒之脑髓未全发达，而遽责以高尚精密之学问，及使之修业为时过久，则不特无益，且足以害其体魄。……近来诸卫生家，咸以小学校授业之法仍过高尚，且以极暂之时刻，使记多门之学科，必有害也"。⑤ 相关论述多为后来的新

---

① 罗振玉：《学制私议》，吕顺长编著《晚清中国人日本考察记集成·教育考察记》（上），第 238 页。

② 项文瑞：《游日本学校笔记》，吕顺长编著《晚清中国人日本考察记集成·教育考察记》（上），第 439 页。

③ 谢洪赉：《瀛寰全志》，商务印书馆，1903，第 166～170 页。

④ 关赓麟：《日本学校图论》，吕顺长编著《晚清中国人日本考察记集成·教育考察记》（上），第 177 页。

⑤ 关赓麟：《日本学校图论》，吕顺长编著《晚清中国人日本考察记集成·教育考察记》（上），第 170 页。

教育家所沿用，普及教育的强国之道就变成了效仿与学习日本明治初期移植西学的取径，或从保护儿童身体的角度立论，反对小学堂读经。

2. 不废经书

与日本明治教育政策先去汉学后又提倡的调整不同，中国晚清教育改革最初就已确定将经学列入学制，并加以注重。

西学进入中国，中学地位渐被动摇，而呈现出此消彼长的态势，引发时人忧虑。1898 年皮锡瑞考察时务学堂时已感慨道："今观诸生言洋务尚粗通，而《孟子》之文反不通，中学将不亡耶？"[①] 1903 年恽毓鼎科考阅卷，也发现西学带来的冲击，"各房二场卷，往往颂扬东西国为尧舜汤武，鄙夷中国则无一而可，至有称中朝为支那者。西学发策之弊，一至于此"。[②]

中学消亡的趋势引起官方重视，清廷在学习西法、推行新政的同时，强调中学为"根柢之学"。1901 年，新政上谕发布，虽为改革起见，却着重指出三纲五常不可变。[③] 之后张之洞、刘坤一奏准的《江楚会奏变法三折》，实际成为新政变革早期的具体方案，三折中的《变通政治人才为先遵旨筹议折》列举了学制改革办法，同样重申经学乃为立国立教之本，万不可废，"总之，中华所以立教，我朝所以立国者，不过二帝、三王之心法，周公、孔子之学术"。并规划了立学的初步设想，试图将经学融入各阶段学堂。[④]

清季兴学，各省督抚学务管理权限极大，在遵旨条陈新政办法时，讲求西学、不废经书成为共鸣。在设立新式学堂的过程中，开始主张增设经学课程以保存旧学。1901 年 11 月，袁世凯奏办山东大学堂，依照外国大、中、小学堂程度，分别设立备斋、正斋、专斋三等，并另设蒙

---

① 皮锡瑞：《师伏堂未刊日记》，清华大学历史系编《戊戌变法文献资料系日》，上海书店出版社，1998，第 637 页。

② 史晓风整理《恽毓鼎澄斋日记》，1903 年 4 月 21 日，浙江古籍出版社，2004，第 220 页。

③ 中国第一历史档案馆编《光绪宣统两朝上谕档》第 26 册，广西师范大学出版社，1996，第 460～462 页。

④ 张之洞：《变通政治人才为先遵旨筹议折》，赵德鑫主编，吴剑杰、周秀鸾等点校《张之洞全集》第 4 册，第 9～12 页。

壬寅学制的设学框架，整体划分为普通、专门两种。普通教育划为三段七级：初等阶段教育为蒙学与小学堂，小学堂阶段又分寻常、高等两级。中等阶段教育设立中学堂一级。高等阶段教育设有高等学堂、大学预科、大学堂以及大学院。专门教育主要为实业学堂和师范学堂：实业学堂分简易、中等、高等三级，对应普通教育高等小学、中学与高等学堂（或大学预科）程度。师范学堂则附设于中学堂，师范馆附设于大学堂。另为已入仕官员，于大学堂设立仕学馆。

经学被规划进学制体系中，普通类学堂除不立课程的大学院以及高等学堂艺科、大学堂预科艺科外，其余各阶段学堂皆设立经学课程。专门学堂则规定实业学堂偏重专门，仕学馆诸生本于经史诸学素有研究，皆不设立。而师范学堂规定按照大学堂师范馆章程办理，列有经学课程。各阶段学堂所设立的经学课程名目并不一致，分别为：普通教育的中学、小学、蒙学堂为"读经"，高等学堂与大学堂预科政科称为"经学"，大学堂诸项分科之一的文学科下设经学目，专门教育性质的师范学堂与大学堂师范馆课程称为"经学"。

根据学堂不同阶段，经学的教学程度也依照此前张百熙与张之洞电商办法开展，中、小学堂阶段只是读经，至升入高等与专门学堂阶段，再修习诸家传注解说。学制章程秉承清代官方注重理学[①]和书塾大都以四书开蒙的传统，普通教育蒙、小学堂阶段先从四书读起。小学堂至中学堂阶段，读完五经。中学堂毕业，则十三经读毕。升入高等学堂后，续讲各经自汉以后"注家大义"。大学堂预科下的政科与高等学堂程度相同。师范学堂则列有考经学家家法课程。在新的学制框架下，自小学、中学而至高等学堂、大学堂预科，经学教育不仅详订钟点、内容，而且注意层级上的衔接安排。

学制对各阶段经学教授与考验办法的规定，并不划一。蒙学堂阶段改变了传统注重诵读的传授方式，强调教授以讲解为要，诵读次之。在诵读问题上，出于保护儿童脑力的考虑，规定背诵只需择紧要处开展，严戒遍责背诵。中小学堂阶段读经，则仍注重经书成诵。至高等学堂后，修习传注解说。大学院则强调个人研究，不主讲授。至于各阶段学堂经学课程的

---

① 清代官方重视理学，把理学作为承祧道统的学说。详见朱维铮《中国经学史十讲》，复旦大学出版社，2002，第55、60页。

考验办法，蒙学堂主要由教习就平日讲授于常日、间日、每旬、每月考问，使学生口答或笔答。并有升学考试一项，考验所学。自小学以上各阶段学堂考核办法，除日常考课外，还有升班、年终与卒业三种考试，经学一科的成绩核算，就平日与考试分数平均而得。相较于旧时的日常考课与科举考试，新式学堂中的经学"检验次数"实际有所增多。

将经学系统规划到各级各类学堂中，是壬寅学制的首创。相较于东、西两洋，中国固有的经史之学，西式分科有史学可以对应，但并无经学。在如何应对西式分科的问题上，中日情形毕竟不同。日本的汉学做法也不可行，再加上哲学一词被保皇派的梁启超大肆使用，也为清廷不喜，不可借用。因此，日本教育经验一方面提供了学制框架，另一方面以文学分科归类和以修身、伦理涵盖经学为主的道德培养就成为旧学分科借鉴的办法。而相较于旧时的书塾、府州县学和国子监，经学教育并无层级的递升，壬寅学制将经学纳入从蒙学至大学堂各阶段的系统教学，有了内容学时的安排与层级次序的衔接。

壬寅学制的规划，将中西学兼容并包，试图中西并造，但在具体学科的安排上，势必有权衡取舍。依照壬寅学制各阶段教学安排，就课时比重而言，层级较低的蒙、小学堂，中学课程的比重远高于西学。随着学堂层级渐高，西学课程比重相应提高，逐渐超出中学（见表1-2、表1-3）。

表1-2　壬寅学制中、小学堂"中学"各科时刻

	蒙学堂（4年）	寻常小学堂（3年）	高等小学堂（3年）	中学堂（4年）
读经讲经	6	6	6	3
修身	6（前两年）；4（后两年）	6	2	2
中国文学	12	5	6	3
中国历史	3	6	5	3（包含外国历史）
每周各科总时刻	36	36	36	37（前两年）；38（后两年）

资料来源：据《钦定学堂章程》与《奏定学堂章程》（〔日〕多贺秋五郎编《近代中国教育史资料·清末编》所影印章程）内容制定。《钦定学堂章程》蒙学堂、寻常小学堂、高等小学堂以十二日为一周，但六日即完成一个循环，故蒙学堂、寻常小学堂、高等小学堂每周总时刻以六天计算，中学堂每周总时刻则按星期计算。

表 1-3　壬寅学制高等学堂、大学堂预备科"中学"各科时刻

	高等学堂政科	大学堂预备科政科
伦理	1	1
经学	2	2
诸子	1	1
词章	2	2
中外史学	3	3
中外舆地	3	3
每周各科总时刻	36	36

资料来源：据《钦定学堂章程》与《奏定学堂章程》（〔日〕多贺秋五郎编《近代中国教育史资料·清末编》所影印章程）内容制定。每周时刻按星期计算。

高等阶段以上学堂的教学安排明显注重西学，这与负责拟订壬寅学制的具体人事有关。张百熙在应诏奏呈新政改革意见以及进呈学堂章程的奏折中，都显示了对于参考西制日法的偏重。而获其重用并参与谋划学制章程的李希圣、沈兆祉等人，也勇于革新，使得舆论谓"北京大学堂中皆新党人物"。① 这些因素在学制课程中的反映，就是"东、西洋"学的色彩较为浓重。

经学虽列入学堂课程，却主要以日式分科框架来处理。尤以大学分科章程最为明显，仿照日本设置了文学科，将经学列为其下分目。大学分科所定的政治、文学、农业、格致、工艺、商务、医术七科为学术分类，经学只能依附其中。而高等学堂艺科与大学堂预备科艺科不设经学，政科所习中学比重不到全部所学的三分之一，显示了高等阶段以上学堂的重心偏于西学。所以大学堂师范馆学生后来回忆，当时所学已非传统模式，"现代科学是占最大成份的"。②

除了中、西学规划的问题外，学制规划下的中学各分科课程中，经学的重要性没有体现，而史学、文学的地位却有所提升。结合表 1-2 和表 1-3，各阶段学堂经学的课时安排占每周全部课时的比重分别为：蒙小学堂 1/6，中学堂 3/38~3/37，高等学堂政科与大学堂预备科政科 2/36，大

① 见方志钦主编《康梁与保皇会》，天津古籍出版社，1997，第 104 页。
② 邹树文：《北京大学最早期的回忆》，朱有瓛主编《中国近代学制史料》第 2 辑上册，第 960 页。

学堂师范馆1/36。经学的课时相较文学、史学持平，甚至不如，并没有体现其在"中体"中的特殊地位。

探究原因，一方面与桐城派有关。吴汝纶作为晚清桐城派殿军人物，被张百熙礼聘担任京师大学堂总教习。学人指出：受其影响，晚清教育界直隶一脉多宗桐城古文。而在直隶人脉的作用下，壬寅学制安排较少读经内容。① 吴汝纶赴日考察教育期间，就学堂如何设置中学提出建议，"国朝史为要，古文次之，经又次之"。② 明确将文学于新式学堂中的地位加以提升。这与吴汝纶本人的治学观点相合，据其弟子所言，他治经"因文以求经意"，"欲穷经者必求通其意，而欲通其意必先知文"。③ 并强调习古文才是新式学堂保存中学的关键，将姚鼐选《古文辞类纂》看作学堂必用书，"即西学堂中亦不能弃去不习，不习则中学绝矣"。④

另一方面，壬寅学制史学课时的安排与吴汝纶"以国朝史为要"说法的背景，是清季经学的式微和史学地位的上升。据梁启超1902年所言："今日泰西通行诸学科中，为中国所固有者，惟史学"，显示在模仿西式分科设学的过程中，史学较易比附。原本作为实学并称的"经史"之学，在学堂科目设置下进一步独立。而科举改章，废八股，改试策论，史学地位进一步得到提升。加上经世之风与国粹思潮的影响，史学日益重要。⑤

壬寅学制办法出台后，经学的地位没有得到体现，呈现出较为趋新的一面，引起争议。朝臣不满者极多，舆论刊出枢臣痛诋学堂章程的消息。⑥ 各地接获章程后，也提出质疑。张之洞依据湖北办学经验，认为壬寅学制中的经学安排存在两个问题：学堂功课繁多，是否需要限制读全经？读经

---

① 关晓红：《晚清学部研究》，第186页。

② 吴闿生编《桐城吴先生尺牍》第四，第55～58页。

③ 贺涛：《桐城吴先生经说序》，施培毅、徐寿凯校点《吴汝纶全集》第4册，第1168页。

④ 吴汝纶：《致严复》，郑逸梅、陈左高主编《中国近代文学大系》第9集第23卷《书信日记集一》，上海书店出版社，1992，第76～77页。

⑤ 关于经学和史学地位嬗变的问题，可参见章太炎《论经史儒之分合》，并参考周予同《有关中国经学史的几个问题》（朱维铮编校《周予同经学史论》，第482～484页）中关于经史关系的阶段分期，以及罗志田《清季民初经学的边缘化与史学的走向中心》（罗志田：《权势转移：近代中国的思想、社会与学术》，湖北人民出版社，1999，第303～341页）对于清季经史关系及从"通经致用"到"通史致用"的梳理。

⑥ 《时事要闻》，《大公报》1903年3月18日，第3版。

定有次序，学生程度不齐应如何处理？① 清廷也很快做出反应，增派荣庆
为管学大臣，《清史稿》认为此举用意是"百熙一意更新，荣庆时以旧学
调剂之"。②

1903 年 6 月，张百熙、荣庆会奏请派张之洞会商学务，以补《壬寅学
制》之不足。③ 在张之洞的主持下，新的癸卯学制诞生。而壬寅学制未能体
现经学等固有学问特殊性的问题，也成为后续癸卯学制亟待解决的症结。

二　癸卯改制与经学课程的调整

1904 年 1 月奏准的《奏定学堂章程》，因该年是癸卯年，又称癸卯学
制。对于壬寅学制的较大一项调整，就是增加经学比重。癸卯学制是张之
洞仍在借鉴日本学制框架的基础上，④ 将湖北办学经验与个人治学观念结
合，对壬寅学制进行修订的产物。与壬寅学制相比较，不仅修订了中学各
门分科的比例，调整增加了各类各级学堂经学课程的比重和内容，在学堂
不同阶段分别撰述通例或研究办法，完善了经学变成学堂一门学科后的授
受办法，而且对于经学如何分科的方案进行了调整，在分科大学阶段创设
经科大学，将各经专门研究。

奉命会商学务的三大臣就学制框架下经学如何规划的问题，各有自己
的主张。张百熙、荣庆对张之洞的调整方案就提出了不同的意见，恰与
《清史稿》对二人新、旧趋向的划分相合：张百熙及其下属认为张之洞的
方案在经学、词章等内容上增加过多，隐约加以抵制；⑤ 荣庆反而认为初
等小学堂经学课程的设置，课时依然太少，仍需增加。⑥ 各方意见不合，

---

① 张之洞：《致京管理大学堂张尚书》，赵德鑫主编，吴剑杰、周秀鸾等点校《张之洞全
　集》第 11 册，第 76 页。
② 《清史稿》卷 439 列传 226《荣庆传》，中华书局，1977，第 12401～12402 页。
③ 朱寿朋编，张静庐等校点《光绪朝东华录》第 5 册，第 5036～5037 页。
④ 张之洞除了鼓励留学日本外，还曾专门委派后来拟订癸卯学制的助手陈毅赴日游历考察
　教育，陈毅在致那珂通世的信函中对此有记载，"仆两次东游，专为考察教育。归谒总
　督张公，力陈国民教育当重之旨"。李庆编注《东瀛遗墨：近代中日文化交流稀见史料
　辑注》，上海人民出版社，1999，第 111 页。
⑤ 《时事新闻》，《大公报》1903 年 8 月 1 日，第 2 版；1903 年 8 月 17 日，第 3 版；1903 年
　8 月 21 日，第 2 版；1903 年 8 月 24 日，第 2 版。
⑥ 张之洞：《癸卯十一月十三日致荣华卿尚书》，《张文襄公函牍未刊稿》，中国社会科学院
　近代史研究所藏，甲 182－393。

屡起争端，难以形成定议。最终，奉旨会商学务的张之洞成为拟订癸卯学制的实际主持者，按其意见行事。[①] 鉴于癸卯学制章程中有着太多张之洞的烙印，有人指出"名曰章程，实公晚年学案也"。[②]

就整体框架及经学设置而言，癸卯学制承接了壬寅学制的部分内容。如仿照日本学制办法，学堂统系仍大致分为普通、专门两大类。经学的层级安排上，读经次序仍旧主张先以四书开蒙，中、小学堂读经，高等阶段以上各学堂研究经学注疏。经学的教授与考验办法上，小学堂阶段都强调注重讲解，增加各种考试以检验经学的教学效果。

但两种框架下的设学办法，存在很多差异。癸卯学制普通学方面的教育层级与壬寅学制略有不同，先设学前教育性质的蒙养院，此后再分三段六级。初等教育阶段，为初等、高等小学堂两级。中等教育阶段，为中学堂一级。高等教育阶段，包括高等学堂、大学预科、分科大学与通儒院。至于专门教育方面的划分，师范教育分初级、优级两种，分别对应普通中学堂、高等学堂程度。实业教育进一步细化层次，各项实业学堂均分为初、中、高三等。此外，还设有译学馆、进士馆、仕学馆等。

与壬寅学制相比较，整体看来，癸卯学制规划下的普通与专门学堂的经学课程内容和比重都有所增加。普通学堂除蒙养院与政法、文学、医、格致、农、工、商七个分科大学外，自小学堂至经科大学，各阶段课程皆设经学。高等学堂也不像壬寅学制中有政、艺两科存在设与不设的划分，所分三类都设有经学课程。壬寅学制中原本作为大学堂文学科分目下的经学，在癸卯学制中直接列为分科大学之一，通儒院同样将经学列为专科。专门学堂经学教育的规划也较癸卯学制详细，初级师范学堂完全科设有读经讲经课程，简易科则可不设。优级师范学堂公共、分类两科皆设，加习科不设。大学堂师范馆，规定按照优级师范学堂章程办理。至于农、工、商三种实业学堂，偏重专门，与学生素有旧学根底的大学堂进士馆、译学馆等，皆不设经学课程。

新的学制体系内，各阶段学堂经学课程的名目也有所变化。普通学堂方面，中、小学堂经学课程命名为"读经讲经"，高等学堂为"经学大

---

① 《时事新闻》，《大公报》1903 年 8 月 17 日，第 3 版。
② 许同莘编《张文襄公年谱》，北京图书馆编《北京图书馆藏珍本年谱丛刊》第 174 册，第 95 页。

义", 分科大学阶段的经科大学, 下分周易学、毛诗学、尚书学、春秋三传学、春秋左传学、仪礼学、周礼学、礼记学、孟子学、论语学与理学11门。专门学堂方面, 初级师范学堂完全科设有"读经讲经"课程, 优级师范公共科设有"群经源流", 分类科则设有"经学大义"。

关于开展读经的步骤和教授办法, 癸卯学制的规定更加详细。将中、小学堂每年应读经书的字数明确标出, 以便掌控学生进度。就各阶段学堂经学教授办法而言, 小学堂时期虽然强调经学课程以讲解为要, 但与壬寅学制不同的是, 只是记性较钝的学生不强责背诵, 一般学生仍需将每日所授之经, "必使成诵乃已"。所以小学堂每星期经学课程安排十二点钟, 半数时间用来读经, 半数时间用来挑背及讲解。中学堂每星期读经六点钟, 挑背及讲解安排有三点钟。而且中、小学堂阶段均订有每日温经半点钟, 属于自习性质, 不计入学堂教学时间。进入高等阶段学堂, 开始讲授经学大义。到了经科大学, 开展各经的专门研究, 重在自学而非授课, 规定由教员举示数条以为义例, 然后听由学生自行研究。

各阶段学堂经学课程的设置, 张之洞都详列通例或研究取径, 完善了癸卯学制设学框架下的授经办法。中、小学堂讲经, 强调须先明章指, 次择文义, 追求平正明显, 切于实用, 忌"繁难"与"好新恶奇"。高等阶段学堂钟点有限, 经义深奥, 所以只讲诸经大义[①]。至分科大学阶段, 才依照几个步骤开始研究, 即先明各经源流及流派, 次以群经、诸子、史学等证该经, 再次以外国科学等证该经等。经科大学的诸经研究办法, 张之洞一方面兼采汉宋,[②] 各阶段学堂经学课程并不划分汉宋壁垒; 另一方面主张中西会通, 将西学与经学研究结合起来。目的在于强调通经致用, 所以将群经总义定为"宜将经义推之于实用", 各经研究"务当与今日实在事理有关系处加以考究"。

因为癸卯学制规定的各学堂考试种类较壬寅学制增加, 分为临时、学期、年终、毕业、升学五种, 所以经学课程的考验随之增多。其中尤以毕业考试的规定较为细致, 分内、外两场进行, 外场口试各学科, 内场笔试

---

① 所谓"讲大义", 即"切于治身心、治天下者谓之大义。凡大义必明白平易, 若荒唐险怪者乃异端, 非大义也"。张之洞:《守约》, 赵德鑫主编, 吴剑杰、周秀鸾等点校《张之洞全集》第12册, 第169页。

② 这一做法也有可能受到作为其幕友的陈澧弟子梁鼎芬的影响。

头场须试经论。经学课程的检测方式，一方面继承了科考的形式，[①] 另一方面增加了口试与检查学科讲义的内容，希望由此加强对于经学教育的督导作用。

癸卯学制办法出台的初衷，就是修订壬寅学制趋新的一面。所以中、小学堂阶段经学的课时比重大幅度增加，蒙小学堂、高等小学堂和中学堂分别由壬寅学制中的 1/6、1/6、3/38～3/37，增加到 2/5、1/3、1/4 左右（见表 1-4）。

表 1-4　《奏定学堂章程》中、小学堂"中学"各科时刻

	初等小学堂（5 年）	高等小学堂（4 年）	中学堂（5 年）
读经讲经	12	12	9
修身	2	2	1
中国文学	12	12	4（前两年）；5（第三年）；3（后两年）
中国历史	1	2	3（第一年）；2（后四年）（包含外国历史）
每周各科总时刻	30	36	36

资料来源：据《钦定学堂章程》与《奏定学堂章程》（〔日〕多贺秋五郎编《近代中国教育史资料·清末编》所影印章程）内容制定。蒙学堂、寻常小学堂、高等小学堂每周总时刻以六天计算，中学堂每周总时刻按星期计算。

高等学堂阶段取消原来壬寅学制体系内政科、艺科设与不设的区别，各分类皆列有经学课程，更创设专经研究的经科大学。专门学堂的经学比重也有所增加。依照癸卯学制的规定，初级师范学堂完全科经学讲授，课时与程度等同于中学堂，优级师范学堂分类科等同于高等学堂程度，课时略减。两者的经学课时比重都已超过壬寅学制大学堂师范馆的规划，显示癸卯学制虽然同样沿袭来自日本的分科设学办法，却又注重凸显以经学为核心的"中体西用"的中学分科方案。所以在作为章程纲领的《学务纲要》中提到经学万不可少，明确表示对经学的偏重。学堂章程的立学宗旨

[①] 关于学堂考试与立停科举的关系，详见关晓红《殊途能否同归：立停科举后的考试与选材》，《中央研究院近代史研究所集刊》第 59 期，2008 年 3 月。

中强调"无论何等学堂，均以忠孝为本，以中国经史之学为基"。①

　　值得注意的是，经学的整体比重和地位虽然得到提升，但癸卯学制中、小学堂阶段诵读经书的内容，与壬寅学制相比却有所减少。这是因为，面对学堂中西学并存的状况，张之洞在《劝学篇》中就提到要保存中学，必须"守约易简"以救之；② 学堂功课繁多，不需要读全经。③ 按照壬寅学制的规定，中学堂后十三经已全部读完。癸卯学制则规定，至中学堂毕业，春秋三传只读《左传》，《礼记》、《仪礼》、《周礼》只读节本，《尔雅》不读。实际上十三经中只要求读完十经，且有三本经书只读节本，所学内容较壬寅学制减少很多（见表1－5）。

表1－5　壬寅、癸卯学制中、小学堂读经内容比较

	壬寅学制				癸卯学制		
	蒙学堂	寻常小学堂	高等小学堂	中学堂	初等小学堂	高等小学堂	中学堂
第一年	《孝经》《论语》	《诗经》	《尔雅》《春秋左传》	《书经》	《孝经》《论语》	《诗经》	《春秋左传》
第二年	《论语》《孟子》	《诗经》《礼记》	《春秋左传》	《周礼》	《论语》《大学》《中庸》	《诗经》《书经》	《春秋左传》
第三年	《孟子》	《礼记》	春秋三传	《仪礼》	《孟子》	《书经》《易经》	《春秋左传》
第四年	《大学》《中庸》			《周易》	《孟子》《礼记》节本	《易经》《仪礼》节本	《春秋左传》
第五年					《礼记》节本		《周礼》节训本

　　资料来源：参考周东怡「清末学制における『読経講経』科目の設置およびその内容について」（『アジア地域文化研究』第6号，2010年3月），但周表癸卯学制初等小学堂第二、三年所读经书内容有误。

　　高等学堂阶段，经学大义的讲授内容也有变化。张之洞早在《书目答问》经部下，就已经表示了对于清代注疏的推崇，"经学、小学书，以国

---

① 中国第一历史档案馆藏，军机处录副奏折，文教类，学校项，7213－44，胶片号：537－3258。

② 张之洞：《守约》，赵德馨主编，吴剑杰、周秀鸾等点校《张之洞全集》第12册，第169页。

③ 张之洞：《致京管理大学堂张尚书》，赵德馨主编，吴剑杰、周秀鸾等点校《张之洞全集》第11册，第76页。

朝人为极，于前代著作，撷长弃短，皆已包括其中"。① 故改变壬寅学制"读汉以来注家大义"的规定，要求各经注疏以清代为要（见表1-6）。

表1-6　壬寅学制、癸卯学制高等学堂经学科目内容比较

	壬寅学制		癸卯学制		
	政科	艺科	第一类	第二类	第三类
第一年	《书经》、《诗经》、《论语》、《孝经》、《孟子》自汉以来注家大义	无	《钦定诗义折中》、《书经传说汇纂》、《周易折中》		
第二年	三礼、《尔雅》自汉以来注家大义	无	《钦定春秋传说汇纂》		
第三年	春秋三传、《周易》自汉以来注家大义	无	《钦定周礼义疏》、《仪礼义疏》、《礼记义疏》		

资料来源：据《钦定学堂章程》与《奏定学堂章程》（〔日〕多贺秋五郎编《近代中国教育史资料·清末编》所影印章程）。

癸卯学制的各项章程条文，舆论大都认为与陈毅关系极大。② 但据张之洞幕僚所记，学制中有关经学的规划全部由张亲自操刀，"学务纲要、经学各门及各学堂之中国文学课程，则公手定者也"。③ 该说所言不虚，学制框架中的一些经学教育的主张，在张之洞早期著述和兴学办法中都有所体现。如没有放弃戊戌时期刊行《劝学篇》时对康有为等人借谈公羊而言变法的警惕，强调讲《公羊》，必须将其与《穀梁》、《左传》并习。小学堂主张讲解经文宜从浅显，高等小学堂必读《诗》、《书》、《易》数经的做法言论，也可寻迹于其之前所上有关湖北办学的《筹定学堂规模次第兴办折》。④ 中、小学堂阶段读《周礼》、《仪礼》与《礼记》等经书，主张用节本，也在接获壬寅学制时便已提出同样意见。⑤ 事实上，通过癸卯

① 范希曾补正，徐鹏导读《书目答问补正》，上海古籍出版社，2001，第1页。

② 胡思敬：《大臣延揽不慎》，《国闻备乘》，上海书店出版社，1997，第55页。另见王国维《奏定经学科大学、文学科大学章程书后》，《教育世界》1906年第118、119号。

③ 许同莘编《张文襄公年谱》，北京图书馆编《北京图书馆藏珍本年谱丛刊》第174册，第87页。

④ 该折提出"经文古奥，幼年读之明其义理之浅者，长大以后渐解其义理之深者。若幼学未经上口，且并未寓目，中年以往，必更苦其奥涩，厌其迂远，岂耐研寻"。见张之洞《筹定学堂规模次第兴办折》，赵德鑫主编，吴剑杰、周秀鸾等点校《张之洞全集》第4册，第94页。

⑤ 张之洞：《致京管理大学堂张尚书》，赵德鑫主编，吴剑杰、周秀鸾等点校《张之洞全集》第11册，第76页。

学制的拟订，张之洞得以将个人治学主张和湖北办学经验落实到全国学务规划中。

壬寅学制未及完全施行，便因异议之声作罢。癸卯学制颁布后，全国性的新旧教育的衔接转换开始付诸实践。作为旧学代表，分科设学框架内的经学，自然引起较多的关注和讨论。

三　学制颁布后的反应

癸卯学制颁布，即规划全国学堂按照西式分科框架整合旧学，经学因其特殊地位，成为关注的焦点。新学制中经学课程的规划，立意很高，但最终要落于实处。经学安排是否合适，变成学堂一门分科后与其他学科的关系怎样协调，引起舆论争议。

西式学制分科设学的办法，与中国固有学问的特性产生冲突。癸卯学制的课程设计，经学与多种学科都有极大关联。如修身、人伦道德等科内涵，本就多由经学所维系的道德体系建构。史学、文学等课程，也不能脱离经学开展。研究中国古代文学，离不开群经；对中国古代文辞的熟悉，有助于阅读古代经籍；讲授史学，《左传》等本是中国古史的重要内容；等等。癸卯学制虽然将传统旧学分门别类，设立各种学科，却并不能掩盖中学本身的关联，反而在一定程度上削弱了经学作为分科存在的必要性，引发有关经学与各科关系的讨论。

中学分科方案遭到质疑，各种经学分科问题的讨论，主要围绕以下方面展开：一是经学与伦理、修身共存的问题。晚清中国学堂内的修身、伦理课程，内容多取自四书、五经大义，"夫四书、五经，何者非修身，何者非伦理？吾不知此外更以何者为修身、伦理也"。[1] 故时论认为，为减少学科的重复设置，或将经学课程并入修身，[2] 或将修身、伦理课程归入读经。[3] 二是经科大学的设置存在争议。壬寅、癸卯学制对分科大学的规划本就不同，前者参照日本办法，将经科置于大学堂文学科下，后者则将经学、理学等放入专为中国固有学术而创设的经科大学。癸卯学制的做法，却又被主张沿用日式分科框架的时人视作难以理解。当时教育主张仍

---

① 史晓风整理《恽毓鼎澄斋日记》，1904 年 8 月 19 日，第 250 页。

② 《奏定小学堂章程评议》，《时报》1904 年 5 月 22 日。

③ 《上学务大臣条议》，《湖南官报》第 603 号，1904 年 3 月 25 日。

旧趋新的王国维，在看过癸卯学制章程后，即发出疑问："必欲独立一科以与极有关系之文学相隔绝，此则余所不解也。"① 认为经、文两科关系密切，不应分列，建议废置分科大学经科一项，仍放入文学科下。

在围绕癸卯学制章程的讨论中，时人揣摩到了学制拟订者注重经学的用意。一些趋新的报刊认为《奏定学堂章程》强调旧学，"更令萦心于旧学之经说"。② 王国维则进一步揣测张之洞的本意，认为分科大学经学、文学章程为"张尚书最得意之作"，详订教授细目及研究方法，不惮于"学术上所素娴者"陈其意见，而且以扶翼世道人心为己任，惧邪说横流，忧国粹丧失，"于此二章程中尤情见乎辞矣"。③

与在野舆论不同，朝堂上有关学制中经学课程的讨论另有重心。清廷早在新政上谕颁布之初已明确不废经学的办学态度，故各种官方讨论皆在如何设立经学分科以固中体的前提下开展。张百熙、荣庆、张之洞三位会商学务大臣虽主张不同，但分歧只是在经学程度和比重的问题上。学制颁布后，言官就学制问题提出的奏章，也大都旨在强化经学教育。故御史左绍佐奏称学堂关系重要，学生宜专习一经，不可删改经文。④ 另一御史张元奇奏请："蒙学但课中文，俟考入中学堂后再习西国语言文字。"实际上建议蒙小学堂阶段不用学习洋文，以免占用学生读经课程的时间。⑤

制度设计，自然立意高远。各种议论，不免有纸上谈兵之嫌。癸卯学制颁布后，影响最大的其实是遵循新章而行的"学林"。⑥ 新式学堂的教习与学生，留下了对于癸卯学制所带来变化的直接观感。

彼时担任新式学堂经学教习者，多系旧学出身。张之洞等人奏准的递减科举折为此提供了依据，"经生寒儒，文行并美而不能改习新学者，可选充各学堂经学科、文学科之教习"。从各地办学的实际状况来看，旧学功名影响了担任教职的学堂层级，一般中、小学堂经学教习多为廪、贡、

① 王国维：《奏定经学科大学、文学科大学章程书后》，《教育世界》1906 年第 118、119 号。
② 《警钟日报》1904 年 8 月 1 日。
③ 王国维：《奏定经学科大学、文学科大学章程书后》，《教育世界》1906 年第 118、119 号。
④ 中国第一历史档案馆藏，军机处录副奏折，文教类，学校项，7213－51，胶片号：537－3276。
⑤ 《清朝续文献通考》卷 102《学校》(9)，第 8609 页。
⑥ 语出许同莘编《张文襄公年谱》，评价张之洞参与规划学制一事，"今之学林，殆无不由公而变"。北京图书馆编《北京图书馆藏珍本年谱丛刊》第 174 册，第 162 页。

增、附生，少数为举人。高等阶段学堂则多为举人出身。而有一定门第和文名之经生宿儒，更容易获得经学教席。[1]

癸卯学制颁布之初，学堂经学教习大都未经师范熏陶，[2] 讲授办法不过是将原来参加科举考试的东西拿出来宣讲充数而已。如报刊记载某地中学堂经学课程，教习只是将自己以往所撰经解等类抄给学生阅看。[3] 保定广昌县小学堂延聘李得龄担任教习，举人出身，日以经义课士。[4] 湖北南省中学，其教习皆八股老秀才，不知黑板为何物。[5] 这样的情况大量存在，所以湖北等地不得不专为这些教员开办速成师范，补习相关知识。[6]

担任经学教习者，常怀"宗经卫道"之心。曹元弼担任苏州中学堂经学教习，其讲"以黜异端、息邪说为宗主"。[7] 刘尔忻主讲甘肃文高等学堂，平时极爱护学生，声誉很高。但一发现"欺君罔上、叛道离经"的学生，即严加责打。[8] 甚至一些教习在学堂加授经学。实业学堂本没有设置经学课程，担任河南禹州三峰实业学堂山长的王锡彤，主动为学生讲授《论语》。[9] 恽毓鼎则打算修改所在小学堂的授课内容，使学生所学专以四书、五经为主。[10]

不乏有些经学教习就自己掌握的旧学新知进行发挥，灵活授课。如在江西高等学堂担任教职的唐咏霓，讲述《周礼》，与西政、西艺相比附。[11]

---

① 公奴：《金陵卖书记》，张静庐辑注《中国现代出版史料》甲编，中华书局，1954，第399页。

② 直隶省视学1906年查视天津各学堂情形，发现学堂教员多非师范毕业者。《直隶教育杂志》1907年第4期。

③ 《警钟日报》1904年7月13日。

④ 朱有瓛主编《中国近代学制史料》第2辑上册，第274页。

⑤ 《警钟日报》1904年12月5日。

⑥ 光绪三十年九月张之洞札湖北学务处开设鄂省师范传习所，"以便各属选派备充小学堂教员之举贡生员，来省分入各师范传习所，讲授教育学管理法及初等小学堂各科学之要旨大义，俾粗谙师范规程，从事教育不致茫无措手"。张之洞：《札学务处开设师范传习所》，赵德鑫主编，吴剑杰、周秀鸾等点校《张之洞全集》第6册，第445～446页。

⑦ 《警钟日报》1904年7月23日。

⑧ 《清末甘肃文高等学堂的片段回忆》，朱有瓛主编《中国近代学制史料》第2辑上册，第672、675页。

⑨ 王锡彤：《抑斋自述》，河南大学出版社，2001，第115～117页。

⑩ 史晓风整理《恽毓鼎澄斋日记》，1904年8月19日，第250页。

⑪ 杨士京：《前江西高等学堂革命运动之回忆》，朱有瓛主编《中国近代学制史料》第2辑上册，第652页。

素有文名之经师，常就自己所宗授课。王闿运曾执教江西大学堂（实际程度为高等学堂），"所讲《论语》独辟思想"。①

学堂学生对经学课程的态度，因旧学根底和趋新程度的不同呈现差异。一些明显趋新的学生，如杭州武备学堂、河南高等学堂学生，强烈抵制阅读《孝经》、《小学》等"不急之务"的书籍，甚至为此罢课。② 革命性较强的《警钟日报》认为癸卯学制章程注重经学，悉以"压制学生、闭聪塞明为宗旨"。③ 但新政初期开办的学堂，多由书院、学塾等改办，各学堂生源很多也是有功名之秀才、廪生等，所以这些学生对旧学课程并不排斥。如1906年，大学堂师范馆共计招收学生321人，具有旧学功名者243人。④ 此类学生多具一定程度的文史根底，故在经学课堂上沉静好学，颇有"尊经"遗风。⑤ 像杭州府中学堂开设的经学相关课程，学生不但乐于听讲，并因获得赞誉而引以为荣。⑥ 甚至直隶高等学堂原本注重旧学课程，后来总教习试图将教学中心转向西学，导致该校师生皆心怀不满，与该总教习"长久存在着矛盾"。⑦

整体而言，癸卯学制办法出台后，分科治学与设学有了具体操作的方案。作为一门分科，新式学堂中的经学已然不同于原有形态。然而，在注重中体、强调三纲五常的立学原则下，经学与学堂其他学科相比，又有着独特的地位。经过张之洞的具体规划，各阶段学堂经学课程授受的内容、程度与方式基本确定，从章程条文上实现了新旧教育的衔接转换。

第三节　科举、学堂与经学

1904年1月癸卯学制的颁布，为经学进入学堂规划了具体的操作办

---

① 《警钟日报》1904年9月6日。
② 《河南高等学堂》，《国民日日报汇编》（三）。
③ 《警钟日报》1904年9月3日。
④ 房兆楹：《清末民初洋学学生题名录初辑》，第78~136页。
⑤ 陆殿舆：《四川高等学堂纪略》，朱有瓛主编《中国近代学制史料》第2辑上册，第618页。
⑥ 项士元：《杭州府中学堂之文献》，朱有瓛主编《中国近代学制史料》第2辑上册，第549页。
⑦ 《北洋大学事略》记直隶高等学堂，朱有瓛主编《中国近代学制史料》第2辑上册，第630页。

法。然而科举制度至 1905 年 9 月才奏请停罢，是以在晚清兴学史上出现了一段时间内科举与新学制规划下的学堂双轨并行的局面。自新式学堂开办以来，围绕中西学问题开展的科举与学堂之争，舆论纷扰，并逐渐将科举的存在视作新式学堂普及的障碍。然而，就科举与学堂经学课程之间关系而言，科举尚未停罢时，对癸卯学制规划下的学堂经学课程的影响，并不仅仅是阻碍的一面。而科举停罢后，学堂经学课程在新旧教育转化过渡及延续科举重任方面也起到很重要的作用。

一　科举与学堂共存

在癸卯学制章程颁布的同时，清廷谕准了张之洞等人奏请科举缓停的折子，希望通过十年三科递减，直至学堂足以取代科举功效，再将科举废除。而学堂经学课程的设计，本身就是学制拟订者试图将中学、西学兼容并包于新式学堂，从而将科举纳入学堂的重要环节。

科举与学堂共存，直接影响着学堂经学课程的开展：一方面，科举制度的长期存在，影响了旧学的培养方式，导致民众对新式学堂育才途径的不适应，甚至难以接受；另一方面，部分谋求出身的学堂学生，则把经学课程与举业功名联系起来，提高了学习的积极性。

在科举制度的影响下，经学成为教养模式的重要组成部分。士子习读经书、从事举业的过程，学人总结为"为应试而浸淫于儒家经典的过程，自然成为中国知识分子学习以儒学为立身行事的标准的社会化过程"，致使传统中国人重视儒家知识，"重视以儒学为基础的教育与风俗成为天经地义"。① 学童先在学塾识字和诵读经书，继而研习经籍，学习制艺，然后通过科举考试检测所学。科举考试推动了对经书内容的诵读，正如传教士所观察到的："学生要是不能从记忆中引用四书、五经的任何一段，要想在政府考试中竞争胜利是无望的。"② 官方则通过衡文标准引导士习文风，使士子在揣摩制艺的过程中进一步深研经义。

长期接受传统教育模式、对于西学新制尚不太了解的民众，难以迅速接受新式学堂，选择书塾者不在少数。1904 年 6 月，舆论在探讨教育普及

① 萧功秦：《从科举制度的废除看近代以来的文化断裂》，《战略与管理》1996 年第 4 期。
② 〔美〕潘慎文：《论中国经书在教会学校和大学中的地位》，朱有瓛主编《中国近代学制史料》第 4 辑，第 129～130 页。

问题时，发现学校在同书塾的竞争中处于劣势，"学校之设，已及数年，然舍一二商埠外，则教育之权大抵仍操于塾师之手"。① 很多民众对学堂仍存疑虑，选择让子弟入塾读书，以致学堂虽条件齐备，不行强迫办法而"无学生来学"。② 光绪末年，河南视学员调查学务时，发现各州、县、乡、村、市、镇开办初等小学堂数量较少，即有数处，亦沿旧法教授。究其原因，与习惯科举旧习的士绅难以接受学堂有关，"每由一二耆年迹近守旧，误以学堂为洋学，致生阻力"。③ 翻阅晚近学人的年谱、日记与回忆录等，书塾也是很多人旧学养成的主要途径。就新式学堂经学课程而言，相较书塾的旧学培养方式反而没有优势。

长期接受旧学训练、通过科考"检测所学"的士绅，开始质疑经学在新式学堂的培养模式。新式学堂的育才标准由办事专才取代传统道德文章的通才，分科框架下的教学内容由中西并包取代传统经典，引起质疑的声音。乡村教习刘大鹏对于新式学堂的教育方式表示怀疑，认为学堂大多是敷衍门面，"意在作育人才，而人才终不可得"。④ 翰林院出身的恽毓鼎忧心于癸卯学制带来的影响，"若即持此课士，恐十年之后圣经贤传束之高阁，中国文教息灭，天下无一通品矣"。⑤ 两说所谓"人才"和"通品"，明显带有传统人才标准的衡量观念。

不过，由于获得出身更为便捷，科举在一定程度上推动了学堂经学教育的开展。癸卯学制规定，凡各学堂学生，在肄业学年期内均不得应科举考试。但在学制条文中，却又准予学生毕业后可以参加乡、会试，使得部分学堂学生把经学课程的修习看作毕业后参加科考的积累。而科举所试不过"一日短长"，学堂必经"累年研究"，两相比较，科考让应试者更快得到出身。加上各地对学堂学生参加科考并未一律采取严格的禁令，即便部分地方严格遵照学制章程禁令而行，也有学生冒险改名，参与应试。⑥

是以部分中、小学堂的教习、学生为应试起见，对经学课程的学习态度颇为积极。每届试期，学生花费大量时间和精力读经温经。如淮安县

① 《教育普及议》，《东方杂志》第1年第4期，1904年6月8日。
② 《中外近事·强迫教育》，《大公报》1904年12月5日，第3版。
③ 《本部视学官调查河南学务报告书》，《学部官报》第53期，1908年5月10日。
④ 刘大鹏：《退想斋日记》，1905年3月14日，山西人民出版社，1990，第140页。
⑤ 史晓风整理《恽毓鼎澄斋日记》，1905年9月14日，第276页。
⑥ 报纸曾经登出台州官学堂学生为应试改名事情，见《警钟日报》1904年12月15日。

1904 年县考在即，该县所属山阳小学堂"上英文课者不过居十之二三，上算学课者不过十之四五，每月逢各书院开课之日，则无一上英文、算学课者"，学生皆手持经义，"揣摩吟诵焉"。① 湖州中学堂，学生案头"人人均置《直省闱墨》、《浙江闱墨》之《魁新鑰集》、《策论新选》等书"，竞相揣摩策论，而学堂教习也认可学生行径，谓其用功。② 高等阶段学堂的经学课程，也为科举所"推动"。福建高等学堂中文二班的经学课程仍以应付科举为主，称该班教习陈祖烈遵循旧途，完全没有遵循学制办法授课，"入班时一味劝学生作论策，诸生以策论为科学之敌，均忽之。陈恣行强迫。诸生以陈为讨厌，议定每篇只作百余字塞责"，导致陈大怒，将二班学生一体记过。③

学制章程颁布后，新式学堂的发展尚未显现成效，学堂学生反而积极参与科考。由于缺乏从上到下的学务监察机构，自学制颁布到立停科举的一年多时间里，经学课程在许多地方的实际开展状况并不符合学制章程"较科举时期有序有恒"的设想，不少仍在"服务科举"。各省沿守旧习、读书致力科举者仍居多数，导致科举妨碍兴学的舆论大量出现。

学堂学生仍固步于科举藩篱，引发了批评之声。有的书商通过中、西学各书的销售情况，而对当时一些学堂学生仍以科举为重，购书者多求《四书大全》、《五经备旨》的行为提出质疑。④

而一些在华的洋教习，更将科举视为学堂兴办不可不除的障碍，认为只有学堂学生读书的目的不为科第，只为国家富强，中国教育始可行。再三强调科举之无用，"夫中国之弱，果因应科举者之少乎？抑因应科举者之多乎？惟以科举之无济时用，故设学堂"。科举存在更影响学堂，每届应试之期，学生身在学堂，心念科举，"不谓处此学堂者，仍趋于科举之一途。借学堂为养身之地，又焉用此学堂为耶"。强烈呼吁科举停废，否则学堂难兴，人才终不能出。⑤

受到民间舆论的影响，原本递减科举的主张在官方的讨论中被放弃。

---

① 《警钟日报》1904 年 4 月 23 日。

② 《湖州某君来函论湖州学堂事》，《警钟日报》1904 年 9 月 27 日。

③ 《陈祖烈之威风》，《警钟日报》1904 年 12 月 10 日。

④ 公奴：《金陵卖书记》，张静庐辑注《中国现代出版史料》甲编，第 389、393~394 页。

⑤ 《大公报》1903 年 8 月 24 日，第 2 版。

一方面，伴随着日俄战争结果带来的冲击，时人对于学习日本以新式学堂育才谋求富强的意愿加强，停废科举的论调增多；另一方面，学堂本身的发展态势乱象纷呈，难以令人满意，科举妨碍学堂的论调大量出现。由此兴学趋向转为纳科举于学堂，认为学堂兼具培才与抡才功能，足可取代科举。① 在各方运作下，1905 年清廷发布了立停科举的上谕，希望通过舍去科举，确保学堂的持续发展。

二　立停科举与学堂读经

科举停罢，学务发展亟待解决以下问题：其一，建立健全学务行政机构，将学堂管理纳入有序轨道；其二，向朝野上下解释新旧教育转换的用意所在。因此，学部和提学使司设立，清季教育宗旨出炉。在以学堂出身代替科举功名的抡才方式外，经学作为固有学问的代表，如何在学堂中承接科举功能，以消除民众在新旧教育衔接时期培才方面的疑虑，成为各项学务举措安排的重心。

1905 年 9 月，清廷谕准立停科举，为广学堂去除阻力，"科举一日不停，士人皆有侥幸得第之心，以分其砥砺实修之志，民间更相率观望，私立学堂者绝少。又断非公家财力所能普及，学堂绝无大兴之望"。鉴于"科举凤为外人诟病，学堂最为新政大端"，清廷决定舍旧谋新，从而补救时艰，以图国富民强。

科举立停，则原定递减科举、逐步过渡到学堂的谋划取消。传统王朝学校体制让位，新式学堂成为培才、抡才的主要途径。问题在于如何解决科举停罢的后续问题，并转化原有科举资源为学堂所用。张之洞、袁世凯等督抚奏停科举时，提出维持"学校不敝"的五项举措："尊经学"、"崇品行"、"师范宜速造就"、"未毕业之学生暂勿率取"、"旧学应举之寒儒宜筹出路"。三项都与学堂经学教育的开展直接有关，反映了以学堂中经学的存在承担科举部分功用的目的。

"尊经学"的提出，主要是担心科举一停，"将至荒经不习"，所以寄希望于学制规划下的经学课程，"今学堂奏定章程，首以经学根柢为重，

---

① 停废科举的前因后果，详见关晓红《终结科举制的设计与遗留问题》，《中山大学学报》（社会科学版）2011 年第 5 期，及《议修京师贡院与科举制的终结》，《近代史研究》2009 年第 4 期。

小学、中学均限定读经、讲经、温经，暑刻不准减少。计中学毕业共需读过十经，并通大义。而大学堂通儒院更设有经学专科，余如史学、文学、理学诸门，凡旧学所有者皆包括无遗，且较为详备"。为免学务人员喜新厌故，"不知尊经"，请旨"饬下各省督抚、学政责成办理，学务人员注意经学暨国文国史，则旧学非但不虞荒废，抑且日见昌明"。① 通过注重学堂经学课程，使学生既习得西学，又不致变成无本之才。

"旧学应举之寒儒宜筹出路"举措，建议科举停罢后的旧学士子担任新式学堂经学、国文等学堂中学分科的教习。"师范宜速造就"则将旧学出身者分为两类：年壮才敏者出洋修习师范，"请旨切饬各省多派中学已通之士出洋"，分习速成师范及完全师范两种，"尤以多派举贡生员为善"；其不能入师范者，保送后通过考试以定去留。② 相当一部分旧学士子借此进入学堂，成为经学教习。

上述科举停罢后的补救办法，以学堂经学课程的开设维系伦常，并将部分从事举业的士子转化为学堂教习。随着学务开展，相关办法要加以落实，但科举之于学堂，"情事既不相同，则制度亦应稍变"，③ 因此，清廷着手建立新式学堂的行政管理机构，解决民众对于教育转型的困惑，并从学堂规制上确保经学不致荒废。

1. 学堂管理与人事安排

诏废科举后，原本在王朝学校体制下负有管理职能的礼部和国子监无法运作，学部作为晚清学务管理的中枢机构，出现于历史舞台。光绪三十一年十一月初十（1905 年 12 月 6 日），清廷谕准设立学部，作为全国性的新式学堂学务总汇之区，"以资董率而专责成"。④

学部成立后，为统筹新旧教育的衔接，将下辖各机构的职能、权限详细划分。下设五司、十二科、一厅、三局、两所。五司主管全国各类学务，其中专门司、普通司和实业司负责对应学堂的学务工作。专门司下的专门教务科负责核办高等学堂、大学堂及文学、政法、学术、技艺、音乐

① 中国第一历史档案馆藏，军机处录副奏折，文教类，学校项，7214-97，胶片号：538-106。
② 中国第一历史档案馆藏，军机处录副奏折，文教类，学校项，7214-97，胶片号：538-106。
③ 廖一中、罗真容编《袁世凯奏议》（下），第 1249～1251 页。
④ 中国第一历史档案编《光绪宣统两朝上谕档》第 31 册，第 200 页。

各种专门学堂一切事务，普通司下中等教育、小学教育、师范教育三科，相应负责中学堂、小学及蒙养学堂、师范学堂事务，实业司下的实业教务科掌农、工、商、艺徒、实业补习普通学堂、实业教员讲习所等实业学堂的设立维持、教课规程、设备规则及教员、管理员、学生等事务。各司职掌依照学制章程的学堂类型、层级加以划分，作为普通学堂和师范学堂必备科目的经学相关学务事宜，自然由学部专门司和普通司负责管理。

学部三局二所中的学制调查局、教育研究所和高等教育会议所，主要是对各项教育改良办法加以采择。京师督学局下设师范、中等、小学教育三科，主要负责京畿地区相关学务。上述二局两所，在各自职能范围内，对经学教育的具体问题施以管理。此外的编译图书局，附设研究所研究和编纂各种教科书，并通过审定、印刷发行加以控制，直接影响了晚清时期学堂经学教科用书的编纂使用。

学部还设有视学官、咨议官，以调查掌控各地学务办理的具体情形。咨议官主要是听取各界对学务的意见，建立学部与各界的联系渠道。[①] 视学官则专任巡视京外学务。宣统元年（1909）视学官章程公布后，视学官先后视察了直隶、山东、山西、河南、安徽、江苏、江西、浙江、湖北、湖南、广东、广西、福建等省的学务，对于了解各地经学课程的具体开展状况，针对性地进行统筹安排，帮助极大。

学部设立后，各省教育行政裁撤学政，改设提学使司。光绪三十二年四月（1906 年 5 月），学部拟定提学使司及学务公所官制与办事权限。提学使到任后，原学务处即行改为学务公所，作为提学使司的办公机关。学务公所分设总务、专门、普通、实业、图书、会计六课。专门课负责本省高等学堂及各种专门学堂教课规程、设备规则及关于管理员、教员、学生等一切事务；普通课负责本省优级和初级师范学堂、中小学堂、女子师范学堂、女子中小学堂的教课规程、设备规则及关于管理员、教员、学生等一切事务；实业课负责本省农业、工业、商业、实业教员讲习所、实业补习普通学堂、艺徒学堂及各种实业学堂之设立维持、教课规程、设备规则及关于管理员、教员、学生等一切事务；图书课则负责编译教科书和参考书、审查本省各学堂教科图籍、集录讲义、经理印刷等事务。由此，各省

① 中国第一历史档案馆藏，军机处录副奏折，03－7228－011，胶片号：539－0527。

学堂经学课程相关事宜，由提学使司普通、专门两课负责管理，经学教科书的审查印刷则由图书课负责。

与部设视学官相对应，提学使下设省视学六人，巡视各府、厅、州、县学务。各厅、州、县均设劝学所，按定区域，劝办小学，以期逐渐推广普及教育。①

由此，就学堂经学教育而言，学部的专门司、普通司，提学使司的专门课、普通课，具体对应各阶段学堂教科的管理，编译图书局、图书课负责教科书的审定和印刷发行。视学官则调查各地学务状况，以便掌握问题并加以调节。

而学部一段时间内的人事任命，有利于学务整体规划对于经学课程的注重。首任学部尚书荣庆早在商讨癸卯学制章程时就已明确表示要加大小学堂经学课程的比重。光绪三十三年八月（1907 年 9 月），学部设管部大臣，令大学士、军机大臣张之洞负责管理学部事务，权限在学部尚书之上，② 便于张之洞将自己的学制规划进一步贯彻到全国学务事宜中。担任学部参事官的陈毅、罗振玉等人，本就与张之洞湖北办学关系密切，取向一致。历任学部右丞及右侍郎的李家驹谈及学务，主张"提倡经学，保存国粹"。③ 任学部右参议的柯劭忞，旧学深厚，后担任经科大学监督。颇得荣庆、张之洞赏识的左丞乔树枏，在学部丞参中权力较大，极为注重经学，发现学生有"等五经于试帖"之语，认为"实属可危"，即函致学堂馆监督"即行撤革"。④ 而作为学部咨询学务意见的咨议官，也大多与经学渊源极深。⑤ 直至宣统元年张之洞薨逝，学部内的人事安排倾向于注重学堂经学课程。所以学部职员内虽有趋新论调，如曾历任左、右侍郎的严修即提出过减少学堂经学课程的建议，但因缺乏足够支持而付诸流产，

---

① 《遵议各省学务详细官制办事权限并劝学所章程折》，《学部官报》第 2 期，1906 年 9 月 18 日。

② 中国第一历史档案馆编《光绪宣统两朝上谕档》第 33 册，第 193 页。

③ 许恪儒整理《许宝蘅日记》第 1 册，1906 年 4 月 8 日，中华书局，2010，第 65 页。

④ 《冤哉被革》，《大公报》1907 年 1 月 25 日，第 5 版。

⑤ 光绪三十二年（1906）和三十四年（1908），学部先后两次奏派一等咨议官 12 人（陈宝琛、张謇、郑孝胥、汤寿潜、严复、刘果、杨枢等），二等咨议官 34 人（汪康年、陈三立、熊希龄、谭延闿、王同愈、夏曾佑、赵启霖等）。见《奏续调人员差遣折（附奏请派本部一二等咨议官片）》，《学部官报》第 4 期，1906 年 10 月 28 日；《续派一二等咨议官折》，《学部官报》第 51 期，1908 年 4 月 21 日。

"张相国未管学部之前，部中已有重订小学堂章程之稿，废读经讲经，初等更纳历史、地理、格致三科于国文中。张相国不以为然，迄今未发布"。[1] 学部职员有人呈请严定限制保存旧学为主的存古学堂，递交的草案经"相国亲自核阅"，即被弃之不理。[2]

提学使的人事任命，也使得直省教育行政对学堂经学课程的管理加以注重。1906 年，学部奏请简放各省提学使 23 人，[3] 全部是科甲旧学出身，其中至少 7 人曾任学政，4 人直接由学政改为提学使。[4] 所以清季提学使东游日本考察学务后，不少人提出要学习日本以"孔孟之学"补救学制弊端的经验。吉林提学使吴鲁即认为日本教育家欲以经书道德体系弥补办学问题，"近来教育家如嘉纳、伊泽辈欲提倡孔孟之教，讲明道德，以端风化而正人心"。[5] 陕西提学使刘廷琛发现明治之初的日本，推行欧化政策，不免弊害，后来依靠推崇孔孟道德加以挽救。主张"凡纲常名教等大经大法，我自有立国之道"，而"日本陈迹，实足为前事之师"。[6] 意在强调清末兴学在引进西学的同时，仍须注重经学等固有学问。

2. 颁布教育宗旨

在建立学务行政管理机构的同时，为消除民众疑虑，清廷还正式颁布教育宗旨，解释兴学旨趣。一面说明学堂开办为应世变，"因其病之所在而拔其株，作其新机"，从而补中国民质所最缺；一面提出中国政教固有乃"尽人皆当知而行之"，强调开办新式学堂不会废弃固有经学。

以经史之学作为立学根本，历经学务主事者阐明。1904 年，张之洞等人奏请颁行癸卯学制章程时，即提出立学宗旨大致办法：无论何等学堂，均以忠孝为本，以中国经史之学为基，俾学生心术一归于纯正。而后以西学瀹其智识，练其艺能，务期他日成材，各适实用。造就通才，慎防

---

① 《变通学堂章程之原因》，《教育杂志》第 1 年第 7 期，1909 年 8 月 10 日。

② 《议限制设立存古学堂》，《大公报》1910 年 1 月 22 日，第 4 版。

③ 中国第一历史档案馆编《光绪宣统两朝上谕档》第 32 册，第 75 页。

④ 关晓红：《晚清学部研究》，第 115 页。

⑤ 中国第一历史档案馆藏，军机处录副奏折，内政类，5470－63，胶片号：413－2481，"吴鲁"。

⑥ 《署理陕西提学使刘廷琛奏陈调查日本学务情形片》，故宫博物院编印《清光绪朝中日交涉史料》卷 70，1932，第 11 页。

流弊。① 1905 年，京师大学堂总监督也提出教育宗旨应注重经学，"窃谓中国教育宗旨，智能必取资欧美，而道德必专宗孔孟"，以维系人伦。主张"凡经籍所传义理，秦、汉、唐、宋、明以来儒家之论说，必抉其精密切要者，以立德育之本，以为修己治人之法。待其训育熏陶者久，道德灌注于人心者既深，而后顺良、信爱、忠义、勇敢之风，自勃然其不可遏焉"。②

吸纳各方意见后，由学部侍郎严修拟定教育宗旨。③ 光绪三十二年三月初一（1906 年 3 月 25 日），学部奏请宣示教育宗旨，当日奉旨颁行全国。④ 该宗旨兼顾中西，受日本《教育敕语》影响，注重中国固有，定为忠君、尊孔、尚公、尚武、尚实五条。学部将忠君、尊孔作为中国政教固有，加以宣扬，区别新学异说。忠君的教育宗旨，在于宣扬保存帝制，不能脱离经书维系的"君臣之纲"。而尊孔宗旨，尤其强调学堂经学教育的必要性：

其一，驳斥经学无用的说法。认为自泰西学说流播中国后，时有进化、保守之说，乃至"事事欲舍其旧而新是图"。诠释进化观念，"乃扩其所未知未能，而补其所未完未备"。强调制度条文可有变更，但大经大法不可放弃。废弃经学的说法，不过是"狂谬之徒误会宗旨，乃敢轻视圣教，夷弃伦纪，真所谓大惑矣"。

其二，挟洋自重，以东西两洋史实佐证学堂经学教育的合理性。一方面注意到各国教育尊重保全本国言语、文字、历史、风俗、宗教等的实情，另一方面以日本明治维新尊王倒幕为例，论述保存中国经学之必要。认为作为当时中国学制仿行对象的日本，"其国民之知识技能已足并驾欧美，然犹必取吾国圣贤之名言至论，日进学生而训导之，以之砥砺志节，激发忠义"，强调孔子之道，"不但为中国万世不祧之宗，亦五洲生民共仰之圣"。

---

① 张之洞：《厘订学堂章程折》，赵德鑫主编，吴剑杰、周秀鸾等点校《张之洞全集》第 4 册，第 168 页。
② 《大学堂总监督张奏开办预科并招师范生折》，《东方杂志》第 2 年第 4 期，1905 年 5 月 28 日。
③ 严修所起作用，参见严修自订，高凌雯补，严仁曾增补《严修年谱》，齐鲁书社，1990，第 180 页。
④ 中国第一历史档案馆藏，军机处录副奏折，文教类，学校项，03 - 7216 - 53，胶片号：538 - 657。

其三，将学堂经学课程的开展视作尊孔的重要方式。"无论大小学堂，宜以经学为必修之课目，作赞扬孔子之歌，以化末俗浇漓之习。"其具体办法则礼俗上要求"春秋释菜及孔子大诞日，必在学堂致祭作乐，以表欢欣鼓舞之忱"，教学上则将"其经义之贯彻中外，洞达天人，经注经说之足资羽翼者"编为教科，颁之学堂，以为圭臬。

其四，强调学堂经学课程的开展须遵照学制章程而行。"高等以上之学堂自可力造精微，中小学堂以下则取其浅近平实，切于日用，而尤以身体力行，不尚空谈为要旨。"从学童开始，形成尊孔基础，"务使学生于成童以前即已薰陶于正学，涉世以后不致渐渍于奇邪"，使民心愈固。①

忠君与尊孔，揭示了通过学堂经学教育维系世道人心的目的。清廷在对教育宗旨的批复中，肯定了学堂经学课程在培养人伦和端正趋向上的作用，"自古庠序学校，皆以明伦，德行道艺，无非造士。政教之隆，未有不原于学术者。即东西各国之教育，亦以无人不学为归，实中外不易之理"。希望教育宗旨能够"俾定趋向，期于一道同风"，而尊孔宗旨能够"正学、昌明、翼教，乃以扶世人"。并谕令各学堂师长、生徒，"尤宜正本清源，辨明义利，不视为功名禄利之路，而以为修齐治平之规，于国家劝学育才之意方为无负"。②

清季教育宗旨的颁布，主要在于解释科举停废后新旧教育如何衔接，宣扬学堂教育并非仅仅"舍其旧而新是图"，阐明固有学问在学堂中的重要地位。为确保教育宗旨的传播，1906 年学部奏请《劝学所章程》，要求各厅、州、县一律设立宣讲所，聘请宣讲员，宣讲教育宗旨等内容。"忠君、尊孔、尚公、尚武、尚实五条谕旨，为教育宗旨所在。宣讲时，应反复推阐，按条讲说。"③意在科举停罢后，希望民众能够明白朝廷纳科举于学堂、办学注重道德教化的立意。

3. 学堂规制调整

科举停罢后，原有科举的部分功用为学堂经学课程所继承，鉴于旧学

---

① 《学部奏请宣示教育宗旨折》，朱有瓛主编《中国近代学制史料》第 2 辑上册，第 151 ~ 153 页。
② 中国第一历史档案馆编《光绪宣统两朝上谕档》第 32 册，第 49 页。
③ 中国第一历史档案馆藏，军机处录副奏折，文教类，学校项，03 - 7217 - 17，胶片号：538 - 777。

失去科举带来的督导和检测，学部进一步完善癸卯学堂规制，以确保各学堂不荒废经学。

　　癸卯学制详订了各学堂考试办法，《各学堂考试章程》规定高等小学堂毕业考试由该地官员负责，中学堂毕业考试由该地知府负责，高等学堂毕业考试则由主考会同督、抚、学政负责。但后来学务行政管理机构变化，裁撤学政，改设提学使，主考人员发生变动。而各府、州、县所办学堂数量增多，若仍由各地官员专门负责考试，未必熟悉学务。出于以上考虑，考试章程自应酌量变通。所以，光绪三十二年十二月，学部奏准修改各学堂考试章程，按照学堂程度由各省提学使司或官员会同各项学务人员共同负责考试。此后的学堂考试，确定为临时、学期、学年、毕业、升学五种。

　　修改后的各学堂考试章程，规定了毕业考试要注重经、史之学的考验，以确保旧学传承。按照不同类型，开设经史课目的学堂，就所授内容进行考验，未设课目之学堂，须加试经学及中国史学各一题。特别规定中等程度以上之学堂举行毕业考试，中国文学必出二题，一题就该学堂所授主要学科命题，以观学生知识能否贯通；一题就中国经义和史事命题，以观学生根底是否深厚。①

　　至于学期与学年考试，规定了以经学内涵为主的修身、伦理课成绩要与学生平日品行一起计算。中等阶段以下学堂举行学期、学年考试时，将品行分数与修身科分数平均为修身成绩，高等阶段以上学堂于学期、学年考试时，将品行分数与人伦道德科分数平均为人伦道德成绩。②

　　考试章程的调整，使得学堂学生不仅要注意经学课程的修习，而且要将人伦道德付诸实践，才能取得好的成绩。学人研究指出立停科举后学堂考试章程的调整起码有两层用意，不但希望借助修改学堂考试章程，以努力保留读经问史的传统，延续科举时代的世风，而且希望能够整饬学堂，控制学生，消弭祸乱，以维持长治久安。③

　　学堂所学毕竟中西并置，为免偏重西学，致使旧学荒废，朝堂多有去

---

① 《修改各学堂考试章程折》，《学部官报》第 13 期，1907 年 3 月 5 日。
② 《修改各学堂考试章程折》，《学部官报》第 13 期，1907 年 3 月 5 日。
③ 参见关晓红《殊途能否同归——立停科举后的考试与选材》，《中央研究院近代史研究所集刊》第 59 期，2008 年 3 月。

除学堂流弊的奏议。1907 年 8 月，翰林院侍读周爰诹奏陈八条学务祛弊之法：撤回东洋留学生、暂停卒业考试、不可用为乡官、严查学堂阅报、洋文教习宜通中学、不宜袭用礼拜、不必别置服色、宜祛速成之名。并附奏六条挽救建议：四书五经皆令默试、人伦道德勿参新说、八旗小学宜培根本、师范学堂宜设省城、蒙小学教育宜设法普及、存古学堂宜设法推广。① 时隔一月后，御史沈潜奏陈四条挽救学堂流弊办法：崇儒先以端趋向、广登进以揽贤才、慎习染以立防闲、重专门以求实济。② 两人所提洋文教习宜通中学、人伦道德勿参新说、四书五经皆令默试、崇儒先以端趋向数项办法，都是希望新式学堂注重中体，用经学教育实现道德教化，祛除习染。

　　清廷迅即颁布懿旨，统一规定学部、各教育行政管理人员、学堂管理人员、教习和学生等皆须注重经学。1907 年 11 月，懿旨着学部严切申明学堂管理禁令，令各该督、抚、提学使，务须于各学堂监督、提调、堂长、监学、教员等慎选器使，督饬妥办。强调办学"以圣教为宗，以艺能为辅，以理法为范围，以明伦爱国为实效"。并令学部随时选派视学官员，往各处考察。对废弃读经讲经功课、荒弃国文不习的行为严格问责，不仅将学生立即屏斥惩罚，教习和学堂管理人员一并重处，同时追究各督、抚、提学使及管学之将军、都统等的责任。强令各学务管理机构及各学堂将该项管理禁令悬挂堂上。学堂学生的毕业文凭也将该禁令刊录于前，俾昭法守。③ 通过视学官的检查督导，从学部、督、抚、提学使、学堂管理人员、教习到学生，建立了从上到下的责任链。清廷希望以该项学堂管理禁令，杜绝学堂荒废经学的可能性。

　　管理禁令之外，学部还对学制规定中的管理办法进行调整。1909 年，学部奏请增订《各学堂管理通则》，将原学制规定增补删改，严令各学堂学生专心学业，遵守礼法，不准离经叛道。违反者除立行斥退外，分别轻重，酌加惩罚。④ 因学生立会演说渐多，1910 年，学部将各学堂管理通则与禁令通行直省督、抚、学司及各学堂，要求各地董诫学生专心向学。⑤

---

① 中国第一历史档案馆藏，军机处录副奏折，文教类，学校项，7220－97，胶片号：538－1638。
② 中国第一历史档案馆藏，军机处录副奏折，文教类，学校项，7221－9，胶片号：538－1735。
③ 中国第一历史档案馆藏，军机处来文档案，光绪文教类，学校项，600 卷，咨文附折。
④ 《奏增订各学堂管理通则折》，《学部官报》第 115 期，1910 年 3 月 31 日。
⑤ 《通行直辖学堂及各省督抚学司复录学生不准干预国家政治及立会演说上谕一道重申诰诫文》，《学部官报》第 130 期，1910 年 8 月 25 日。

希望借助管理通则和禁令，规范学堂秩序，引导学生严守礼法，使经学教育落到实处。

学堂服制作为行检表率，也被规定划一。癸卯学制中的《学务纲要》明确要求各学堂学生的冠服宜划一整肃。但据张之洞观察，各学堂不仅多藏有非圣无法书籍，擅自删减经学课程时间，而且学堂冠服，率皆仿效西式，剪发胶鬘诸弊层出，风气嚣张，不守礼法，实为隐忧，清廷于1907年谕准学堂冠服章程。① 学部于1909年又奏准女学服色章程，借以去除奇邪奢靡之习，以裨化民成俗，敬教劝学。②

除了对新式学堂加强管理外，为免赴洋留学者偏重西学、忽视中学，清廷对留学生出国资格和归国选拔的考试，也增加了对经学等旧有学问的考察。

在官方出台的留学章程中，出国留学生的资格认证增加了中学程度的审查。1902年，外务部奏复派赴出洋游学办法章程，强调官费留学生除了涉猎西学外，还须中学优长，器宇纯粹。③ 1906年，鉴于留学生日益增多，学部通行各省选送游学限制办法，限定游学日本资格。长期留学人员，除了学习浅近工艺外，中学程度必须符合中等阶段学堂以上毕业程度，否则应先在本国补习。短期留学速成法政、师范人员，必须中学中文俱优，方为合格，否则不准出洋。④ 1909年，外务部、学部会奏赴美留学考选办法，要求学生必须国文通达，具有中学根底。⑤ 各项留学资格的限定，都是为了确保出洋人员能够具有一定程度的旧学根底，做到中西兼长。

留学生归国后的考试任用，同样强调经史之学的考验。1906年，学部奏定考验游学毕业生章程，⑥ 除了就各留学毕业生文凭所注学科进行考验外，还有一场考试中国文一题、外国文一题，答一题为完卷。⑦ 1907年，学

① 《学部礼部奏遵议学堂冠服程式折》，《政治官报》第8号，1907年11月2日。
② 《奏遵拟女学服色章程折》，《学部官报》第112期，1910年3月2日。
③ 《邸抄》第100册，第51254页。
④ 《学部奏咨辑要》卷一，〔日〕多贺秋五郎编《近代中国教育史资料·清末编》，第410页。
⑤ 《学部奏咨辑要》续编，陈学恂、田正平编《中国近代教育史资料汇编·留学教育》，上海教育出版社，1991，第172~174页。
⑥ 光绪三十一年考验游学毕业生办法，因科举未停，学部未设，援照乡会试复试之例，奏请在保和殿考试，本系权宜之计。至光绪三十二年，学部奏准考验游学毕业生自是年始，每年八月举行一次。
⑦ 《学部奏咨辑要》卷二，〔日〕多贺秋五郎编《近代中国教育史资料·清末编》，第437~438页。

部奏请考试进士游学法政专科毕业人员，分为两场，除了考试所习法政外，还专门考试经义论说。① 1909 年，学部奏准修改后的考试毕业游学生章程，正场考试分为两项：第一项试中外文字，第二项试科学。② 同年，学部增拟游学毕业考试内场办事章程八条，放宽第一场考试中外文字办法，规定习农、工、医、格致科者，准其作外国文。但习法政、文、商科者，仍须试中国文。③ 各项办法，都程度不同的强调加试中学，舆论揣摩这一举措的用意在于"中学深者，类皆能知忠君大义"。④ 借助留学生归国考试内容的检测，中学有根底者择尤录取，使留学生能够在探索西学之余，注重固有学问。

各项规制的出炉，反映了清廷在人才培养和选拔任用上的综合考虑，即西学学有所长，又不荒废作为中体的经学。如同孙家鼐所说，"学堂偏重西学，恐经学荒废，纲常名教，日益衰微。拟请设法维持。凡学堂毕业生考试，分门别类。仅通语言文字者为一科，只供翻译之用，习制造者当另设官职，不畀以治民之权。惟中学贯通，根原经史，则内可任部院堂司，外可任督、抚、州县"。⑤ 主张将根原经史作为人才拔擢的标准。但是这种观念，又和学堂分科设学培养专才的整体取向抵触，显示了时人对新式学堂培养目标的理解出现差异，导致在如何看待经学课程的问题上渐呈分歧。

三　转科举所用于学堂

科举停罢后，各种相关资源如何转移，并为学堂所消化和吸收，考验着办学人员。善后措施亟待开展，新式学堂的行政管理管理机构不断健全，相关规制也在完善，舆论呼吁科举存留有待转化，"科举既停，士子非学堂无以进身，国家非学堂无以取士。是则循名核实，因时制宜，自当以向之用于科举者转而用于学堂"。⑥ 原有的王朝学校体制下的建置已经没有存在的必要，而各地书院经过咸丰、戊戌及庚子前后的几次改制，与书塾一起，开始改办学堂。

王朝学校体制下的府、州、县学与书院、书塾的存在，为新式学堂的

---

① 《学部奏咨辑要》卷三，〔日〕多贺秋五郎编《近代中国教育史资料·清末编》，第 484 页。
② 《学部奏酌拟考试毕业游学生章程折》，《政治官报》第 636 号，1909 年 8 月 5 日。
③ 《学部奏增拟游学毕业考试内场办事章程折》，《政治官报》第 703 号，1909 年 10 月 11 日。
④ 《廷试留学生注重国文》，《盛京时报》1910 年 5 月 12 日。
⑤ 《清实录》第 59 册，第 454 页。
⑥ 《时事采新汇选》第 16 册，8494～8495 页。

开办提供了便利。晚清兴学，受限于财政，诸多举措大都有心无力。府、州、县学的学宫为学堂开办提供了处所，① 各地新式学堂也有相当一批就是承接了书院和书塾的旧址，为学务进展节省了经费。除了"节流"外，原本科考相关学产，也大都转化为办学经费，为新式学堂的开办提供了"开源"便利，进入学堂的经学教育自然相应开展。

科举停罢，学堂在培才、擢才上的作用增加，影响了经学教育途径的选择。继科举、学堂之争后，围绕中西学问题，又掀起了私塾与学堂之争。清季民初，各地书塾大量存在，在与学堂的竞争中相当一段时间不落下风。癸卯学制初等及高等小学堂章程，都规定了由书塾改办学堂的办法，1906 年，学部奏准《劝学所章程》，改良私塾成为劝学所的重要职责。在学部的推广下，各地私塾改良会广泛建立。为了学堂普及，清廷官方对私塾开始改良，一定程度上导致民众转为选择学堂，接受新式学制规划下的经学培养方式。

科举停废后，学堂经学教育的受众数量增加。书院改办学堂，成为大势所趋。自科举既停，镇江士人数十人先后禀请将书院经费改办学务，虽有缅怀旧学四人禀见太守，力请保存书院月课，但太守鉴于时事，加以婉拒。② 而在京官员也纷纷联系本籍官绅，"以科举已停，旧有书院应作学堂，请即照办"。③ 书塾同样受到冲击，塾师难以维持旧业。科考一停，山西塾师刘大鹏即注意到"同人之失馆者纷如，谋生无路"，发出"奈之何哉"的感慨。④ 湖北刘启沛因该县高等小学堂开办后，"学生均向学堂投考"，只能解散学馆。⑤ 科举停废不到半年，朱峙三观察到从学塾转向学堂者明显增多，一方面"县市教书先生今春学生甚少"，另一方面"各生家庭均观望城内新开之三堂小学也，纷纷问讯"。⑥ 这显示了立停科举直接刺激了民众在受教育途径上的选择，从学塾读经转为接受新式学堂经学教育。

---

① 新式学堂的开办地址与旧有学校"学宫"（内含祭祀与教学两种模式）的关系，值得关注。相当数量的学堂选择在学宫内教学旧址开办，可见时人也注意到新式学堂重在"教学"。
② 《府守无保存书院之能力》，《中外日报》1905 年 10 月 13 日，第 3 版。
③ 《苏省京官电请裁撤书院》，《中外日报》1905 年 10 月 13 日，第 3 版。
④ 刘大鹏：《退想斋日记》，第 147 页。
⑤ 《中外日报》1908 年 10 月 28 日，第 3 版。
⑥ 胡香生辑录，严昌洪编《朱峙三日记（1893～1919）》，1906 年 2 月 27 日，华中师范大学出版社，2011，第 176 页。

旧有官学资源也逐渐为学堂经学课程所用。1905 年，刑科给事中吴煦奏请以国子监改办中学专门学堂。① 该建议虽未被采用，却反映了时人存在以旧设官学改办专门学堂保存固有学问的倾向。而各府、州、县学的教职人员，直接为学堂经学课程的开展提供了师资。1907 年，御史张瑞荫鉴于"自学堂渐兴，科举日废，生员四方觅食，教职无以聊生，以致职守尽荒，学宫日坏"，奏请谋划府、州、县学教职人员出路，"莫若即学宫隙地设一蒙学，令教职为蒙学之师"。② 因教职人员的知识体系基本由旧学建构，难以执教西学分科，让他们担任蒙学教习，其实就是执教经学等中学分科。学部在议复张瑞荫的奏议中肯定了这一做法。但考虑到教职程度不一，不乏学术湛深、德行纯备之人，加上学堂教员缺乏，"如概限以充当初等小学堂教员，转致屈抑人才"，不必限定于初等教育阶段，即变相主张将其推广至各阶段学堂使用，"由地方官吏揣度地势，酌量人材，斟酌办理"。③ 该主张与张之洞等人奏停科举时提出的"旧学应举之寒儒宜筹出路"办法为经学课程提供了两种教习来源。

科举停罢，导致相关设施、经费、师资等方面转为学堂所用。表面看来，科举退出历史舞台，学堂一家独大。但清廷试图纳科举于学堂，经学分科的存在即延续了科举的部分重任，使得旧时观念仍在一定程度上影响甚至限制着清季兴学的进程。

除了在旧学传承、人伦培养、出身等问题上始终与学堂纠缠不清外，科举时代的遗产还包括传统教育对新式学堂生源的影响。由于学制初颁，各阶段学堂除了蒙学堂外，都缺乏合格生源。清季新式学堂的招生标准，不得不沿用旧学程度来判定。读过何种经书，俨然成为划分学生入学层级的标准，成为新旧教育过渡的重要衔接。通常而言，读过某经或四书之一者，可入初等小学堂；读过四书或几本经书者，可入高等小学堂或中学堂；读过四书、五经或于某经有专门研究者，可入高等学堂。所以学部在奏请各项学堂招考限制章程时，附有以经书诵读程度为界定的变通考选办法，像中学堂规定"年在十五岁以上、二十岁以下，已读《孝经》、四

---

① 中国第一历史档案馆藏，军机处录副奏折，光绪朝文教类，03 – 7215 – 29。
② 《掌山西道监察御史张瑞荫奏为州县学官日见残破亟宜修理事》，中国第一历史档案馆藏，军机处录副奏折，03 – 7219 – 057；胶片号：538 – 1343。
③ 刘锦藻编《清朝续文献通考》卷 97《学校考》（4），"直省乡党之学"，第 8572 页。

书，文理明顺者，亦可考选入学"，高等小学"其年在十岁以上、十五岁以下，已读《孝经》、《论语》，略解文义者，亦可考选入学"。①

新式学堂开办，由此得以顺利招生并将旧学生源按阶分配。如保定两江中学附设有小学堂，即按经书所读程度兼顾西学的标准划分了招生条件：14~18岁子弟，"英文读至《法程文编》二集，或仅初阶三四十课，算学习至数学终、代数始或仅命分，读经数部，汉文清通"，可入中学或高等小学堂；8~14岁幼童，未习西学，"曾读过蒙经者"，可入初等或高等小学堂。②

梁启超曾对清代兴学历程有过描述："吾国自经甲午之难，教育之论，始萌蘖焉。庚子再创，一年以来，而教育之声，遂遍满于朝野上下。"③言论中的教育一词，明显并非传统模式，而是带有西式观念的分科教育。

自新式学堂开办，如何兼顾中西学便成为问题。中西学体与用的权衡，专才通才的取舍，一直困扰办学人员。甲午之后，时人学习日本学堂育才办法，中学在新式学堂中按照西学分类办法被重新条理。作为中国固有，经学难以与西学分科对应，无成法借鉴，致使无系统时期的学堂经学教育在各自筹划下乱象纷呈。庚子后实行新政，为解决各地学务统一规划的问题，壬寅、癸卯学制先后出炉，分科设学的框架全面推行。变成一门分科的经学得到重视，在各阶段学堂有了具体的内容安排和程度衔接。

立停科举，使得科举与学堂的双轨并行被迫中止，"维系中体"成为学堂经学课程的责任。学堂内经学课程的设置，成为旧学传承与维系人伦的关键。此后学务行政管理机构的设立与人事安排、教育宗旨的颁布、学堂规制的调整，无不有着尊孔读经的观照，以确保经学不至荒废。

癸卯学制颁布后，学堂经学教育从条文规定进入实际操作层面。但科举停罢，进入学堂的经学又担负起更多责任。无论主张保存旧学抑或是教育改良者，势必对学堂读经给予更多的关注。原本针对科举的趋新舆论，逐渐展开对学堂旧学教育内容的批判。在此背景下，各阶段学堂经学课程逐渐启动。

---

① 《学部奏酌拟各项学堂招考限制章程折》，《北洋官报》第 1725 册，1908 年 5 月 22 日。
② 《两江中学招插班生》，《北洋官报》第 2146 册，1909 年 7 月 30 日。
③ 梁启超：《论教育当定宗旨》，陈景磐、陈学恂主编《清代后期教育论著选》下册，第 479 页。

第二章　制度条文与办学实情

癸卯学制颁布后，如何按照学制条文分科设学与教学，成为学务开展亟待解决的问题。进入学制后的经学分科，依据规定在不同阶段学堂要具体表现为中、小学堂读经讲经，高等学堂讲授经学大义等。

但各学堂课程的设置，却难以遵照学制条文而行。如章太炎即提出，"在中国做先生，不像日本做先生的容易"，原因就是"一边是学生程度已经整齐，一边是学生程度还没有整齐，入京师大学的，或者只有入得小学的程度；入小学、中学的，或者也有入得大学校、高等学校的程度"。[①] 学堂学生程度不齐，知识积累难以划一，制约了清季办学。

各阶段学堂经学课程的开设，因学堂层级、类型的不同，学生程度、培养方向上的区别，学堂主办者理念、喜好的差异，影响了学制规定的贯彻，呈现出较条文规定更为复杂的局面。具体考察经学课程的开设实情，有助于了解时人嫁接固有学问于新式学堂的考量，从而把握中、西学在清季学堂中的实际定位。

第一节　中小学堂读经讲经

晚清中、小学堂的开办，因所需条件较易，也是官方兴学的重心，故数量较多。尤其是小学堂，各地办学数量的增加极为迅速。

除了受到学堂开办条件的影响外，中小学堂经学课程的开设，还与学堂的开办类型有关。晚清新式学堂类型的划分，一般分为官立、公立、私

---

① 章太炎：《庚戌会衍说录》，《教育今语杂志》第 4 册，1910 年 6 月 6 日，"社说"。

立三种。这一划分办法受到日本影响，姚锡光在《查看日本学校大概情形手折》中就注意到日本学校类型与经费来源的关系：官立者，国家所出经费；公立者，其邑里所筹经费；私立者，乃一人或数人所出经费。^① 但日本税则明确，容易区分。清季以中央、地方架构划分税则，是受到外来影响随着宪政进程逐渐开始的，认识模糊。加上学堂经费来源多样，政策又几经调整，难以仿照日本办法划分学堂类型。^② 因此晚清开办的官立、公立、私立学堂，出现了按照办学者身份、经费性质、税收种类等不同的划分办法。

癸卯学制章程虽有公立、私立学堂字眼，但其条文规定，多系针对官办考虑。所以，学制颁行后一段时间内的公立和私立学堂，尤其是后者并未严格纳入实施对象的控制范围，管理相对宽松。

由于学制章程的颁布始料未及，各地办学对于公立、私立学堂大量出现的情形也准备不足。1907 年，浙江汇报学务进展，"（该省）慈谿、乐清、平阳三县有中学堂，有民立小学，而无官立小学。海宁、平湖、桐乡、嵊县、新昌、瑞安、丽水、青田、松阳、遂昌、龙泉、庆元、云和等州县，有公立或私立小学，而无官立小学"。学部认为浙江风气早开，对此难以相信，多方查证。^③ 然而浙江出现的办学状况并非意外，其实反映了清季兴学的一种趋势。就不同类型学堂而言，官办学堂在 1904 年以前占绝对数量优势。公立、私立学堂数量自 1905 年开始急剧增加，公立学堂一般占到学堂总数的 2/3，个别地方私立学堂取得优势。^④ 据学务统计，光绪三十年（1904）至宣统元年（1909）官立、公立与私立学堂开办态势见表 2 - 1。

---

① 姚锡光：《东瀛学校举概》，"公牍 1"，吕顺长编著《晚清中国人日本考察记集成·教育考察记》（上），第 14 页。

② 既有研究指出，清政府的学堂经费政策经历了初创、补充阶段，并根据形势变化和实际需要进行调整，《奏定学堂章程》时期注重对于经费来源的规定，《地方自治章程》阶段，与地方自治相配合，强调官治与自治对经费筹集职责的分工，并将公立学堂经费的筹集归入地方自治经费筹集之中。参见戚梅《清末广东学堂经费的筹集：以新政时期官立及公立学堂为中心》，硕士学位论文，中山大学，2005。

③ 《札浙江提学使确查各厅州县学堂情形并设法整顿文》，《学部官报》第 24 期，1907 年 6 月 21 日。

④ 学人研究注意到这一变化，参见桑兵《晚清学堂学生与社会变迁》，广西师范大学出版社，2007，第 137 页。

表 2 – 1　光绪三十年至宣统元年各省官、公、私立学堂比例

年份	学堂总数	官立		公立		私立	
		学堂数	占比（%）	学堂数	占比（%）	学堂数	占比（%）
光绪三十年	4222	3605	85	393	9	224	6
光绪三十一年	8277	2770	33	4829	58	678	9
光绪三十二年	19830	5224	26	12310	62	2296	12
光绪三十三年	35913	11546	32	20321	56	4046	12
光绪三十四年	43088	12888	30	25688	60	4512	10
宣统元年	52348	14301	27	32254	61	5793	12

资料来源：《宣统元年分第三次教育统计图表》中《各省学堂处所历年比较表》，国家图书馆古籍馆编《近代统计资料丛刊》第 32 册。

清季公立、私立学堂数量的急剧增加，影响了学制的贯彻实行。公立、私立学堂大量出现，课程设置相较官办学堂有一定的自由度，导致经学课程的实际开展，呈现出与学制规定相比更为复杂的面相。

一　小学堂

兴学之初，各省无力同时筹办各级学堂。学制颁布后，小学堂因耗费少，开办易，并可由大量书塾改办，办学数量增长最快。据民国时期的教育家统计，1905 年的学堂学生总数约为 258876 人，其中小学生数量 23 万余。[①] 晚清官方教育统计，除了京师地区外，各省小学堂由光绪三十三年的 33749 所，学生 872760 人，增至宣统元年的 50301 所，1490008 人。[②] 初等小学堂办学数量、学生人数所占比重较大。宣统元年各省各项学堂岁出中，小学堂岁出超过半数。[③] 即便是贫弱地区和边远省份，教育萌芽时期，也常选择先立小学为基础。俟教育稍有可观，再将中学堂、高等学堂

[①] 吴研因、翁之达：《三十五年来中国之小学教育》，《最近三十五年之中国教育》，商务印书馆，1931，第 26～27 页。

[②] 各省数字见《光绪三十三年分第一次教育统计图表》、《宣统元年分第三次教育统计图表》中《各省普通学堂学生统计表》，国家图书馆古籍馆编《近代统计资料丛刊》第 28、32 册。有学人曾对小学堂学生与教职员工的比例做出统计，见李华兴主编《民国教育史》，上海教育出版社，1997，第 637 页。

[③] 见《宣统元年分第三次教育统计图表》中《各省各项学堂岁出比较图》，国家图书馆古籍馆编《近代统计资料丛刊》第 32 册。

增设。①

虽然小学堂的数量急剧增加，但具体办理情况多样。鉴于学堂需费甚巨，办理急切，不得不借力绅、民，"官不能遍逮，必分任于绅，绅亦不能独任，必借助于民"。② 各地公立、私立小学堂大量创办，且上升势头迅速，导致出现上述浙江学务进展状况，部分地区小学堂多为公立、私立类型，官办较少甚至没有。浙江状况并非个案，1908 年河南进行学务调查，发现偃师、西平等县办学，公立、私立小学堂数量远远超过官立小学堂。③

按照癸卯学制规定，小学堂经学课程名为"读经讲经"，每周 12 个钟点。初等小学堂读经内容为四书、《孝经》及《礼记》节本，高等小学堂读《诗经》、《书经》、《易经》以及《仪礼》节本、《周礼》节训本。

就不同类型学堂而言，官立学堂较为遵守学制章程。1909 年吉林学务调查，发现官立两等模范小学堂高等、初等小学读经课程皆名为"读经讲经"，每周 12 个钟点，并规定时间不得增减，各科功课预先排定，严格遵守学制规定而行。④ 同年针对广西省城模范小学堂的调查结果显示，该学堂设初等、高等二班，分别对应初等小学堂、高等小学堂程度，其中经学分科的内容、钟点安排与学制规定并无不同。⑤

当然，并非所有官办学堂都能依照学章设课，有些官办小学堂经学课程的设置与学制条文并不吻合。据河南连续三年的学务统计调查，该省各处官立小学堂经学课程名目有"经学"者，钟点有 3、6、7、8、9、10、12 等不同安排。所读经书程度更是混乱，安排为初等小学堂读经内容的《论语》成为高等小学堂课程，或将中等学堂所习《左传》纳入小学堂学习计划。⑥

---

① 中国第一历史档案馆藏，军机处录副奏折，文教类，学校项，7215 - 91，胶片号：538 - 428；中国第一历史档案馆藏，宫中档朱批奏折，文教类，学校项，24，胶片号：8 - 2827。
② 《时事采新汇选》第 16 册，第 8494 ~ 8495 页。
③ 《第一路省视学员报告书》，《河南教育官报》第 44 期，1909 年 7 月 2 日。
④ 《吉林官立两等模范小学堂章程》，《吉林教育官报》第 12 期，1908 年 8 月 11 日。
⑤ 《抚部院据提学司详送模范小学章程咨部立案文》，《广西官报》第 19 期，1909 年 6 月 13 日。
⑥ 据《河南教育官报》第 5、6、7、8、11、12、13、15、18、23、25、43、44、45、46、47、50 期，1907 年 10 月 7 日、1907 年 10 月 21 日、1907 年 11 月 6 日、1907 年 11 月 20 日、1908 年 1 月 4 日、1908 年 2 月 16 日、1908 年 3 月 3 日、1908 年 4 月 1 日、1908 年 5 月 14 日、1908 年 7 月 28 日、1908 年 8 月 27 日、1909 年 6 月 18 日、1909 年 7 月 2 日、1909 年 7 月 17 日、1909 年 7 月 31 日、1909 年 8 月 16 日、1909 年 9 月 28 日。

官立学堂已然不乏违章情形，相对而言，公立、私立学堂受到限制较少，设学更为多样，在经学课程的设置上也更显灵活。

公立、私立学堂遵章设立经学课程者同样存在，如四川第二民立学堂调查者观其章程，极为叹服，誉为"为四川民立学堂之冠"。[①] 据河南河内、南阳、舞阳等地的学务调查，三县公立与私立学堂经学学科，在所习经书与钟点安排上与官立学堂并无差别，在学章规定范围（见表2-2）。

表2-2 河南三县官、公、私立学堂学科设置对照

学堂名称	开办时间	教科	经学程度	经学教习
河内县				
河内县高等小学堂	光绪三十年七月	修身、经学、国文、算术、中史外史、地理、博物、图画、农学、体操	《礼记》	
□城高等小学堂	光绪三十二年三月	修身、经学、国文、历史、算术、格致、体操、东文	《诗经》	
私立第三初等小学堂	光绪三十一年正月	修身、经学、国文、算术、历史、地理、格致、图画、体操		
南阳县				
南阳县高等小学堂	光绪三十一年二月	修身、经学、国文、算术、历史、地理、格致、图画、体操	《书经》	安庆澜，汝阳县廪生师范毕业生
元妙观独立元宗两等小学堂	光绪三十一年十月由元妙观道士捐赠	修身、经学、文学、算术、历史、地理、格致、图画、体操	审定本	
民立劝忠两等小学堂	光绪三十一年十月	修身、经学、算术、国文、历史、地理、格致、图画、英文、习字、体操	《书经》、《易经》	
□氏私立高等小学堂	光绪三十年九月	修身、经学、国文、算术、中史、地理、格致、图画、体操	《易经》	

① 《警钟日报》1904年9月14日。

学堂名称	开办时间	教科	经学程度	经学教习
		舞阳县		
舞阳县高等小学堂	光绪二十九年二月	修身、经学、国文、历史、地理、算术、格致、图画、体操、音乐	《易经》、《仪礼》	
舞阳县第一公立高等小学堂	光绪三十二年正月	修身、经学、国文、历史、地理、算学、格致、图画、体操		

资料来源:《河南教育官报》第 18、24、44 期,1908 年 5 月 14 日、1908 年 8 月 11 日、1909 年 7 月 2 日。

但从普遍情况来看,公立、私立小学堂经学课程多数是违章设置,如四川省视学员调查新津县学务,发现"公立、私立不受劝学限制,自行其是"。① 1904 年,江苏学务处查访省城办学状况,公立、私立小学堂课程配置不重衔接,彼此互异,导致学生一经易师,"顿将前读各书或即弃而不读"。② 1908 年,福建连城县学务调查,视学员认为该县高等小学堂虽立经学课程,但不合学章,"读经讲经有合计不过数点者"。而该县就原文昌宫书院改建的公立两等小学堂,一年级教授钟点总计 30 时,而国文已占 18,经学与地理、历史等科"皆置诸不论不议之列"。③ 湖北咸宁县某初等小学堂,由商绅蔡文会捐资创设,所学内容为"《三字经》、《千字文》、《三才略》、《史鉴节要》等均非教授儿童适用之书",学务管理人员主张按照学制章程迅速改良。④

由于公立、私立小学堂的大量出现,超出学制拟订者和各地办学人员的预期,准备不足,致使公立、私立小学堂的经学课程设置并未严格规划,较为自由。但各公立、私立小学堂因学生毕业出身仍然需要官方认证,学级升迁也须纳入学制轨道,仍难做到全部自行其是。随着视学员调查各地学务的

① 《本署司札新津县据川中区省视学报告学务情形文》,《四川教育官报》第 12 期,宣统元年十二月。
② 《警钟日报》1904 年 12 月 19 日。
③ 《光绪三十四年上学期调查连城县属学务情形报告》,《福建教育官报》第 9 期,宣统元年三月。
④ 《本司详复督宪咸宁职商创设五路初等小学请立案文》,《湖北教育官报》第 1 期,宣统二年正月。

具体状况，官方意识到办学类型的多样化，对于各处公立、私立学堂依据学制章程加以整顿，提出改良意见，希望统一规划各小学堂的经学课程设置。

二　中学堂

中学堂是衔接学制初等教育和高等教育的重要阶段，承上启下。癸卯学制规定，各府至少设中学堂一所，并鼓励州县自设。高等小学毕业后升入中学堂，修业年限 5 年。毕业后既可从事各项实业，也可升入高等专门学堂继续进学。

清季中学堂的发展态势与小学堂相比，相对缓慢。官方学务统计调查显示，光绪三十三年，全国共有中学堂 419 所，学生 31682 人。宣统元年，增至 460 所，学生 40468 人。[①] 三年间各省中学堂与学生数统计见表2－3。

表 2－3　光绪三十三年至宣统元年各省中学堂及学生统计

	学堂数			学生数		
	光绪三十三年	光绪三十四年	宣统元年	光绪三十三年	光绪三十四年	宣统元年
京师	21	20	22	948	1258	1587
直隶	31	30	31	2039	2316	2419
奉天	4	3	5	342	404	505
吉林	4	5	5	331	368	526
黑龙江	2	1	1	169	105	156
山东	19	20	22	1050	1118	1206
山西	25	26	25	1639	1425	1360
陕西	13	13	14	771	799	943
河南	22	23	22	1331	2036	2551
江宁	11	20	20	1129	1598	1516
江苏	12	9	11	1473	1119	1639

[①]　见《光绪三十三年分第一次教育统计图表》、《宣统元年分第三次教育统计图表》中《各省普通学堂统计表》，京师数字据光绪三十三年《京师中学以下各学堂统计总表》与宣统元年《京师督学局所属普通学堂学生统计表》制出，国家图书馆古籍馆编《近代统计资料丛刊》第28、32册。

续表

	学堂数			学生数		
	光绪三十三年	光绪三十四年	宣统元年	光绪三十三年	光绪三十四年	宣统元年
安徽	21	22	25	988	1533	1844
浙江	32	30	23	2025	2256	2430
江西	23	29	33	1473	2070	2286
湖北	17	24	21	1391	2036	2560
湖南	39	42	47	3220	3734	3992
四川	52	50	51	5356	5323	5828
广东	25	27	29	2600	3058	3122
广西	12	12	15	1231	1440	1700
云南	8	7	7	458	407	416
贵州	1	2	4	146	293	445
福建	14	13	15	1095	1163	1044
甘肃	11	11	11	477	370	372
新疆		1	1		35	21
合计	419	440	460	31682	36364	40468

资料来源：见《光绪三十三年分第一次教育统计图表》、《光绪三十四年分第二次教育统计图表》、《宣统元年分第三次教育统计图表》中《各省普通学堂统计表》，京师数字据光绪三十三年《京师中学以下各学堂统计总表》与光绪三十四年、宣统元年《京师督学局所属普通学堂学生统计表》制出，国家图书馆古籍馆编《近代统计资料丛刊》第28、30、32册。

　　各地中学堂同样存在官立、公立、私立的不同开办类型。据京师督学局对1906～1909年北京地区中学堂的调查，可以发现中学堂的办学类型仍以公立居多。既有研究指出，这一时期京师地区中学堂发展的大致趋势是公立增加，官立基本不变，而私立则呈减少趋势（见表2-4）。

表2-4　京师地区中学堂一览

	官立中学堂	公立中学堂	私立中学堂
光绪三十二年	4	15	2
光绪三十三年	4	17	
光绪三十四年	4	16	
宣统元年	3	19	

资料来源：《京师督学局一览表》（宣统元年分）内载《京师各学堂历年增减表》，转引自李静《1901～1911年北京地区中学教育研究》，硕士学位论文，首都师范大学，2007。

相较于公立与私立中学堂的经学课程，官立者较为遵守学章。由于学制规划中前四年读《左传》、第五年读《周礼》，内容明确，所以中学堂经学的讲读易为办学者把握。1908年吉林官立中学堂订立章程，学制5年，经学课程名为读经讲经，具体程度为前四年修习《春秋左传》，每日约200字，第五年修习《周礼》节训本，每日约200字。时间安排为每星期读经6个钟点，讲经3个钟点。在经学分科的名目、程度与钟点安排上与学制完全一样。① 广州府中学堂的经学课程，据沈祥龙、陈伯衡回忆："每星期是九个课时的，六个课时讲经，三个课时读经，所教的经学有《周礼》和《左传》",② 同样是严格遵照学制章程开展。

官立中学堂不合定章者，并不罕见。部分中学堂经学教授内容与小学堂、高等学堂混淆，如河南郑州中学堂经学所习，除《春秋》外，还有《尚书》。③ 河北道河朔中学堂，所授为"经学源流"。④ 河南永城县的官立中学堂，教授《礼记》。⑤ 就时间而言，经学课程从2个钟点到定章9个钟点，在各地学堂时刻安排上都有出现。甚至湖北的南省中学堂将经学时间增多至15个钟点。⑥

公、私立中学堂的自我规划更为加重。天津私立第一中学堂由严修等人在1904年设立，学科分为用中文书籍教授的国文、历史、修身、读经、地理、物理、博物、生理等，以及用英文书籍教授的外国历史、外国地理、英文读本及文法、代数、几何、化学等，⑦ 与癸卯学制所定学科有很大差异。即便科目仿照癸卯学制设立，经学课程的具体设置也是名同而实异。杨斯盛1905年在上海设立的私立浦东中学堂，将经学课程时间严重

① 《吉林官立中学堂章程》，《吉林教育官报》第15期，1908年9月25日。
② 《沈祥龙、陈伯衡记清末广州府中学堂》，朱有瓛主编《中国近代学制史料》第2辑上册，第521～522页。
③ 《第一路省视学员报告书（丁未四月）·郑州中学堂调查表》，《河南教育官报》第6期，1907年10月21日。
④ 《河北道河朔中学堂表》，《河南教育官报》第11期，1908年1月4日。
⑤ 《第三路省视学员报告书（三十三年冬季调查）·永城县官立中学堂》，《河南教育官报》第12期，1908年2月16日。
⑥ 《警钟日报》1904年12月5日。
⑦ 《奏派调查直隶学务员报告书》，《学部官报》第20期，1907年5月12日。

压缩，前三年为每周 2 个钟点，后两年每周仅 1 个钟点。[①]

由于教学程度的安排，中学堂西学分科的内容和钟点增加，经学教育面临的状况与小学堂并不一样。癸卯学制规定中学堂开设中国文学、历史、修身、读经讲经、外国语、地理、算学、博物、物理化学、法制及理财、图画、体操等 12 个科目，学制 5 年。就时间安排来说，读经讲经课时最多，每周 9 个钟点。外国语学科规定为前三学年每周 8 个钟点，后两学年每周 6 个钟点，仅次于读经；此外的学堂分科，前四学年还开设有博物每周 2 个钟点。自第四年起，增设理化课程，每周 4 个钟点。第五年增设法制及理财等课程。

中学堂增设了诸多西学分科，经学教育的开展不能不受到影响。外国语课程，小学堂阶段不允许学习，中学堂不仅开设，而且在时间安排上仅次于经学，甚至一些中学堂本就由原本专习外国语言文字的同文馆改办。如 1903 年管学大臣议复广州驻防书院义学改设学堂事宜，即令其仿照京师同文馆归并大学堂办法，将广州旧有同文馆并入该驻防中学堂。[②] 部分中学堂除了英语外，还开设其他语种的课程，如湖南中学堂的日文、顺天中学堂的法文等。[③] 致使部分中学堂学生外国语言文字及西学知识较好，中学程度反而不足。1909 年福建厦门公立中学堂学务调查发现，学堂学生共百余人，仅第二学年第三学期教授中学分科，且学生多从同文书院转学，故"英文、数学俱有可观，国文程度则稍低"，视学人员不得不对此情况加以注重。[④]

中学堂与小学堂相比，同样存在官立、公立、私立的不同开办类型，造成了相应学堂经学课程设置的差异。但与小学堂分科不同，中学堂课程中的西学内容增加，使得中学堂经学课程更多受到西学分科的影响。在安置经科的同时，又须兼顾各西学学科，权衡取舍下，不免因分科太多影响了经学课程的开展。

总而言之，中、小学堂官立、公立、私立不同类型的存在，造成了经

---

① 《光绪三十二年十月私立浦东中学校暂定章程》，朱有瓛主编《中国近代学制史料》第 2 辑上册，第 457～458 页。

② 《清实录》第 58 册，第 716 页。

③ 《京师督学局一览表》，《学部官报》第 32 期，1907 年 9 月 8 日。

④ 《宣统元年上学期调查泉永两府州属学务情形报告》，《福建教育官报》第 19 期，宣统二年三月。

学课程具体开展的多样化。学制章程的实施，因为公立、私立学堂的大量出现，呈现出复杂的局面。学制拟订时并未预料到此种情况，各地学务调查呈现这一问题后，学务管理人员加强了对于公立、私立学堂的整顿，通过学制章程，助其改良。

官方以外，在野士人对公立、私立学堂经学教育的违章和"随意性"也有所认识。刘师培注意到清季学校林立，出现了公立、私立各校，"固多遵守定章"，"然阳奉阴违，视若具文者，亦所在多有"。① 指出公立、私立学堂，存在大量违背学制章程的问题。皮锡瑞与刘师培判断不同，认为学堂并非"固多遵守定章"，多数为"阳奉阴违"的情况。官立者虽开设经学课程，但"功课无多"，有名无实，"略存饩羊之遗"。民立学堂，"多无经学一门"。故希望官方能够加以挽救，"严饬各处学堂，无经学者亟加一门，有经学者更加程课"，施以惩戒，"凡学堂不教经学者，即行封禁。不重经学者，罪其监督堂长"，从而实现"圣教益以昌明，而所学皆归纯正矣"。②

第二节　高等学堂与大学堂经学课程

清季高等教育开办，因中学堂办理需年，无法提供足够的生源，所以各学堂徒有高等之名，实则程度不及。如同美国史家赖德烈对近代中国教会学校程度的评价："开始的时候，多数书院并没有超过美国的中学。每个学校也仿照美国的办法附设有预科，又是一直往下延续到小学的几个年级。有的虽起名叫做大学，但这种称号与其说是事实的描写，倒不如说是一种雄心壮志和宏伟希望的表现。"③

壬寅、癸卯学制颁行以前，各地大学堂仿照袁世凯办理山东大学堂办法，实际教学不过中、小学堂程度。1901 年，山东巡抚袁世凯奉旨于省城开办大学堂，鉴于该举迫在眉睫，而山东各属中、小学堂难以骤成，故另辟蹊径，将大学堂分为三等办理：备斋程度等同小学堂，习浅近学；正

---

① 钱钟书主编，李妙根编《刘师培辛亥前文选》，三联书店，1998，第 104 页。
② 《清皮鹿门先生锡瑞年谱》，王云五主编《新编中国名人年谱集成》第 16 辑，台北，台湾商务印书馆，1981，第 102 页。
③ 朱有瓛主编《中国近代学制史料》第 4 辑，第 472 页。

斋程度等同中学堂，习普通学；专斋程度等同大学堂，习专门学。实际办理时先不设专斋，从中等与初等阶段教育的备斋、正斋入手。①

山东大学堂虽然提出程度等同高等阶段的"专斋"名目，但实际并未开办。湖南大学堂开办，提出设立"高等"程度，并将经学课程加以规划。课程以山东奏定章程为准，将学科拟分三部，"第一部为文科、法科之阶，第二部为理科、工科之阶，第三部为农科之阶"，三部都有经学课程。② 这一划分已经靠近后来的学制规定，且把经学作为必修科目。部分大学堂开办，注意到经学教育的改良。福建大学堂强调训诂考证非今所急，"应择其切要有关政治者，以资讲习经史专门之业，余则从缓"。③ 江西大学堂延请王闿运担任经学教习，为舆论所赞，认为"壬秋先生为经学名儒"，无考据家习气，足可胜任。④ 王闿运为学生讲《小戴记·礼运》，提出："礼是个节制，此节制实不可无。所谓法律中有自由，法律外无自由也。"⑤ 既用现实生活作譬喻，又能注意到法律、自由等当时外来观念，注重通经以致实用。

癸卯学制颁布后，鉴于学生程度难以达到，各大学堂、高等学堂兼办中、初等教育，采取降低程度的混合学级编制。这使得部分学堂经学课程的开展受限于学生程度，不能遵行学制高等阶段经学教育的规定。高等阶段学堂经学教育或补习中等阶段经学课程，或直接讲授经学大义，与学制规定的统一讲授经学大义的要求相去甚远。

一　高等学堂

学制初行，没有办学基础，缺乏合格的中学堂毕业生，清季高等学堂的办理大多摆脱不了山东大学堂的办法。但学堂学生中、西学程度不一，影响了各高等学堂经学教育的开展。有的学堂中西并进，经学和西学课程一样补习中学堂程度；有的学堂则中西分途，西学课程补习中学堂内容，经学课程直接讲授高等内容。

---

① 杨凤藻编《皇朝经世文新编续集》卷五《学校上》，沈云龙主编《近代中国史料丛刊初编》第 79 辑，第 365～379 页。

② 《抚院开办大学堂章程札》，《湖南官报》第 55 号，1902 年 6 月 15 日。

③ 《闽省设立大学堂章程》，《湖南官报》第 108 号，1902 年 8 月 7 日。

④ 《大儒施教》，《警钟日报》1904 年 9 月 6 日。

⑤ 《名师讲义》，《警钟日报》1904 年 9 月 19 日。

随着学制颁布，统一规划各学堂程度，原有大学堂大多依照规定降为高等。壬寅学制中的《高等学堂章程》，将各省会所设学堂规定为高等学堂，办理十年后，视其程度足与大学堂一致，方可改称大学堂。故各地已设大学堂，除京师、山西及北洋三处外，余皆改为高等学堂。各地高等学堂，大都由此而来（见表2－5）。

表2－5　各省高等学堂变迁历史统计

学堂名称	学堂沿革	出处
浙江高等学堂	光绪二十七年杭州求是书院改为大学堂，光绪二十九年改称浙江高等学堂	《学部官报》第42期
江苏南菁高等学堂	光绪二十七年南菁书院改成南菁高等学堂，光绪三十三年改为南菁文科高等学堂	《谕折汇存》卷22；《南菁学校大事记》
四川高等学堂	光绪二十八年就尊经书院筹办四川大学堂，次年改办高等学堂	《四川文史资料》第20辑
山东高等学堂	光绪二十七年筹办山东大学堂，后改高等学堂	《学部官报》第54期
直隶高等学堂	光绪二十四年创办，光绪二十七年重建，次年开学	《学部官报》第20期
陕西省城高等学堂	光绪二十八年成立陕西大学堂，光绪三十一年改成陕西省城高等学堂	《续修陕西通志稿》卷36
陕西宏道高等学堂	光绪二十八年宏道书院改建宏道大学堂，后改为宏道高等学堂	《皇朝道咸同光奏议》卷7；《政艺丛书》政书通辑卷5
河南高等学堂	光绪二十八年筹办河南大学堂，后改办高等学堂	《学部官报》第28期
（江宁）江南高等学堂	光绪二十八年开办	《学部官报》第71期
（江苏）江北高等学堂	光绪二十八年开办江北大学堂，次年改名江北高等学堂	《湖南官报》第419号
安徽省城高等学堂	光绪二十八年开办安徽大学堂，后改为高等学堂	《学部官报》第38期
江西省城高等学堂	光绪二十八年开办江西大学堂，光绪三十一年改为高等学堂	《学部官报》第34期
两湖高等学堂	光绪二十八年由两湖书院改建而成	苏云峰《张之洞与湖北教育改革》
湖南高等学堂	光绪二十七年开办湖南大学堂，次年改为高等学堂	《湖南省教育志供稿》

续表

学堂名称	学堂沿革	出处
广东高等学堂	光绪二十八年开办广东省大学堂，光绪三十三年改为两广高等学堂	《广东文史资料》第17辑
广西高等学堂	光绪二十八年设立广西大学堂，次年筹改高等学堂	《谕折汇存》光绪壬寅年（1902）；《东方杂志》1904 年第 12 期
贵州高等学堂	光绪二十八年开办贵州大学堂，后改为贵州高等学堂，光绪三十三年改为简易师范学堂	《谕折汇存》光绪壬寅年（1902）；《林文直公奏稿》卷 4
福建高等学堂	光绪二十八年筹办闽省大学堂，后改为高等学堂	《谕折汇存》光绪壬寅年（1902）；《学部官报》第 8 期
甘肃文高等学堂	光绪二十八年筹办甘肃大学堂，次年改为甘肃文高等学堂	《甘肃文史资料选辑》第 4 辑；《清季各省兴学史》，《人文月刊》第 1 卷第 7 期
云南高等学堂*	光绪三十三年东文学堂改设云南方言学堂，宣统元年方言学堂改为高等学堂	《学部官报》第 106 期
奉天高等学堂	光绪三十四年开办奉省方言学堂，宣统元年改为高等学堂	《四川教育官报》第 6 期
青岛特别高等专门学堂	宣统元年由中德两国政府合办，清廷立案认可	《学部官报》第 97 期

注：*另有一云南高等学堂，由云南按察使陈灿于光绪二十九年就五华书院原址设立。见黄炎培《清季各省兴学史》，《人文月刊》第 1 卷第 8 期。

　　《奏定学堂章程》规定高等学堂修业三年，分为三类：第一类为预备入经学科、文学科、政法科、商科等大学者修习，科目包括中国文学、人伦道德、经学大义、历史、地理、法学、辨学、外国语、理财学、体操等；第二类为预备入格致科、农科、工科大学者修习，科目包括中国文学、人伦道德、经学大义、算学、外国语、化学、物理、矿物、地质、图画、体操等；第三类为预备入医科大学者修习，科目包括中国文学、人伦道德、经学大义、算学、外国语、拉丁语、化学、物理、植物、动物、体操等。①

---

① 朱有瓛主编《中国近代中国学制史料》第 2 辑上册，第 570～571 页。

　　三类经学大义课程的具体安排一致：在时间上，每周总计 36 个钟点，经学均为 2 个钟点。在程度上，第一年讲授《钦定诗义折中》、《书经传说汇纂》和《周易折中》，第二年讲授《钦定春秋传说汇纂》，第三年讲授《钦定周礼义疏》、《仪礼义疏》和《礼记义疏》。诸经大义，主要用钦定八经，注重全经之纲领与汇通。教习讲授要求以简明为主，不流偏倚，择其最要大义阐发，不必全讲。①

　　彼时一些高等学堂，名为高等，实则行以中学堂教育。按照癸卯学制规定，初等小学 5 年，高等小学 4 年，中学堂 3 年，培养出合乎高等学堂程度的学生，要在学制颁布十余年后。所以癸卯学制特意变通入学条件，以类似预科的方式开展高等学堂，"选品行端谨、中国经史文学确有根柢者，先补习算学、格致、历史、地理、英语、东语、图画、体操各种普通学一年，然后升入高等学堂正科学习"。②

　　鉴于当时高等学堂学生的西学知识普遍薄弱，不得不补习西学相关内容，影响了经学课程的开设。在此基础上开展起来的经学教育，变得混乱。江北高等学堂经学课程，期于三年内将《春秋左氏传》等诸书课毕，不过是学制规定的中学堂经学程度。③ 山东省城高等学堂类同于此，因高等小学、中学堂尚未设立，以备斋、正斋为入高等之预科，故设备斋、正斋以及高等正科三班，经学课程相应设置。④ 江南高等学堂经学课程分为两种，预科讲授经学，本科授经学大义，实际上是兼顾高等与中等程度的经学课程。⑤

　　由于学生程度不合，部分高等学堂旗帜鲜明地设立预科，作为高等学堂之预备，经学等课程即按中学堂程度办理。如四川高等学堂初拟照定章补习普通一年升入正科，后参酌中学堂章程，改为三年毕业。据该学堂学生回忆，"清光绪二十九年，川省各府州县刚才开办中学，没有毕业生。故高等学堂开办时招收秀才、廪生之类入学。首先办普通甲、乙、丙等班及优级理科师范若干班"。⑥ 实际就是先按照预科（中学堂程度）办理高

---

① 朱有瓛主编《中国近代中国学制史料》第 2 辑上册，第 572～579 页。
② 朱有瓛主编《中国近代中国学制史料》第 2 辑上册，第 579 页。
③ 《宫中档光绪朝奏折》第 17 辑，第 127～129 页。
④ 《本部视学官调查山东学务委员报告书》，《学部官报》第 54 期，1908 年 5 月 20 日。
⑤ 《江宁提学使呈报全属学堂一览表》，《学部官报》第 71 期，1908 年 11 月 4 日。
⑥ 陆殿舆：《四川高等学堂纪略》，四川省政协文史委员会编《四川省文史资料集粹》第 4 卷，四川人民出版社，1996，第 431 页。

等学堂。

癸卯学制规定高等学堂以一年预科达到中学堂毕业生程度，未免不切实际。各高等学堂在实际操作中不得不拉长时间，导致经学教育"中学堂化"的时间也相应延长。浙江高等学堂学务调查发现，1905 年该堂高等预备科已届第四学期，经学课程每周 3 个钟点，讲读《周礼》。① 显示了预备科经学教育已经两年，且按中学程度开展。直至 1908 年，该学堂才拟开办高等学堂第一类、第二类正科，按照章程补齐课程，将经学教育提上高等应有程度。②

随着中学堂毕业生数量增加，高等正科渐次开办，这种局面仍没有改变。部分中学堂毕业生因程度低劣不能升入本科，仍须补习。如直隶高等学堂学生程度太浅，视学员调查程度大多相当于寻常中学堂，故将该堂添加中学堂补习科。③ 这一办法为学部允准，并通行他地仿照。1910 年，学部咨文山东巡抚办学事宜，准其于高等学堂内添设中学堂，并饬"仿照直隶等省办法于高等学堂内酌加中学补习一科"，归并教授。④ 这导致高等学堂经学教育仍旧按照中学堂程度开展。

中德合办的青岛特别高等专门学堂，实际也是按中学堂程度办理。1909 年开学的青岛特别高等专门学堂，⑤ 在拟订的章程中规定学科章程、管理通则皆遵照癸卯学制，预备班中学分科有经学、文学、人伦道德等课程，招收学生以高等小学堂毕业生为合格。⑥ 入学程度的规定，显示了其以高等学堂之名，行中学堂之事。

此时的高等学堂办学，受限于学生大都西学知识欠缺的状况，补习中学堂知识，影响了经学教育的"高等化"。据陆殿舆回忆四川高等学堂授课情形，学生在文、史方面已有根底，所缺乏的是"数、理、化、自然科

---

① 《浙江高等学堂丁未年第一学期综计表》，《学部官报》第 42 期，1907 年 12 月 15 日。

② 《咨复浙抚高等学堂课程仍照定章办理文》，《学部官报》第 67 期，1908 年 9 月 25 日。

③ 《奏派调查直隶学务员报告书》，《学部官报》第 20 期，1907 年 5 月 12 日。

④ 《咨鲁抚高等学堂添设中学准照办并饬加设中学补习科归并教授文》，《学部官报》第 131 期，1910 年 9 月 4 日。

⑤ 《青岛大学开学》，《教育杂志》第 1 年第 11 期，1909 年 12 月 7 日。

⑥ 《奏山东青岛设立特别高等专门学堂磋议情形并商订章程认筹经费折》，《学部官报》第 97 期，1909 年 8 月 26 日。

学和外国史地、政法等知识"，故"课程侧重在这方面"。[1] 多数高等学堂
的经学教育受困于学生的西学程度，不得不补习中学堂阶段的教育内容，
甚至部分由方言学堂改办的高等学堂，有了一定西学基础，却仍补习中学
堂功课，经学教育同样"中学堂化"。癸卯学制颁布后，学部强调开办普
通各学，有意将方言学堂改办普通。1909 年，奉天奏称将方言学堂改办
高等，先补习中学堂功课。[2] 云南方言学堂同样仿照此办法，改设高等。[3]
此类高等学堂经学等学科的学习内容仍系补习中学堂程度。

　　是以一些专门的文高等学堂摆脱了西学限制，方能开展高等阶段经学
教育。江苏南菁高等学堂由原南菁书院改办。因诸生仅旧学占优，故奏请
学部依据高等学校第一类和文科大学主要科目参酌配置，改设文科高等。
学堂本科分哲学、文学两部，经学为必读科目，预科第二年加授"群经大
意"。[4] 经端方奏请立案，在专办文科的途径下，高等学堂经学大义课程
得以实现。甘肃文高等学堂类同于此。1903 年，杨增新筹办甘肃大学堂，
并聘刘光贲为总教习，后即改办甘肃文高等学堂，学生百余人，部分系以
秀才资格报考。[5] 由于二者专办文科高等学堂，重心为中国固有学问，受
到西学的牵制少，故高等程度经学课程的开展较为迅速。

　　高等学堂因为学生西学知识薄弱，无法达到高等程度，不得不采取降
低程度的办法，补习中学堂阶段的教育内容。经学课程受到限制，相应开
展中学堂《左传》、《周礼》的教育。而在专办文高等的情况下，经学教
育的"高等化"教授才快速开始。这体现了癸卯学制下的高等学堂经学教
育在"中西并造"中面临着"程度不齐"的困境。

二　大学堂

　　清季大学堂数量不多，官方认可的大学堂仅有三所。山西大学堂分设
中学、西学专斋。北洋大学堂偏于理工。分科大学设立较晚，京师大学堂

---

① 陆殿舆：《四川高等学堂纪略》，四川省政协文史委员会编《四川省文史资料集粹》第 4
卷，第 431 页。
② 朱有瓛主编《中国近代中国学制史料》第 2 辑上册，第 679 页。
③ 《护理云贵总督沈秉堃奏拟将云南方言学堂改办高等学堂折》，《学部官报》第 106 期，
1909 年 11 月 23 日。
④ 朱有瓛主编《中国近代中国学制史料》第 2 辑上册，第 598 ~ 600 页。
⑤ 《清末甘肃文高等学堂的片段回忆》，《甘肃文史资料选辑》第 4 辑，第 97 ~ 106 页。

除了预科外，附设有译学馆、师范馆等。名为大学堂，实际施行高等、中等程度教育，甚至兼容师范等专门性质的教育。各大学堂的经学教育，各具特色。

1. 山西大学堂

山西大学堂由山西巡抚岑春煊于 1902 年筹建，后经协商，将李提摩太筹办的中西大学堂归并为西学专斋，原设学堂作为中学专斋。西学专斋由李提摩太经理，约定 10 年后归还。

分设中、西专斋，意图在于中、西学分途并进。岑春煊在筹议合办大学堂时就提出："我课中学，彼课西学，各尽所能，同臻精粹，混融新旧，贯通中。"① 中学、西学专斋取径不同，课程安排上有很大差异。西学专斋设有英文、算学、化学、物理、历史（世界史）、博物、地理（中外地理）、图画、体操等课，以英文、算学为主课，由外国教习讲授。教学内容以西学为主，并不设经学课程。

中斋由令德堂书院和晋阳书院改建，设学初期颇有些书院习气。中斋开办时，效仿令德堂分政、艺、经、史四科。每月初八以史论或经义课题一道，择优给奖，仿佛旧时书院。据曾入该斋的王家驹回忆，当时科举未停，学生为了应试仍旧钻研十三经。前上党书院山长贾耕担任经学教习，主要讲授《书经·禹贡》。中斋不分班授课。学生大多来自旧时书院，又有名流做老师，自负甚高。②

1904 年，宝熙整顿山西大学堂，仿照西学专斋分科设学的办法，修订中学专斋课程。丢掉原有划分政、艺、经、史四门的办法，除保留经学外，添设英文、俄文、日文、法文、数学、化学、物理、历史、地理、博物、图画、体操等课程。在聘任的各科教习中，经学教习由直隶滦州人段洙担任。学制颁布后，改造后的中学专斋与高等学堂情况相似，因为学生西学知识欠缺，要补习中学堂教育，故在专斋内依照程度分设中等、高等科。1906 年视学员调查山西学务发现，中学专斋设有四班，均为中等科程度，科目为文学、修身、讲经、历史、地理、东文、算术、博物、化

---

① 陈学恂主编《中国近代教育史教学参考资料》下册，人民教育出版社，1987，第 246 页。

② 朱有瓛主编《中国近代中国学制史料》第 2 辑上册，第 1014 页。

学、物理、图画、体操等，学生正面临毕业，预备进入高等科。① 而预设的高等科课程设有经学、国文、人伦道德、法文、英文、形学、化学、代数、体操、图画等科。② 鉴于中学专斋的毕业生请奖给以贡生身份，可见在学部眼中，其程度大体与高等学堂等同。由此而言，专斋中的中等科与高等科经学课程，程度也大致对照中学堂与高等学堂程度。

西学专斋偏重西学专门，并未设立经学课程，即便是收归后的课程改造，也没有添设。原定西学专斋的毕业学生升入专门工程与法律班深造。法律班课程为英文、契约法、罗马法、法理、名学，矿学班课程则为矿学、化学、物理、机器学、英文、气学、数学、图画等。③ 课程不设经学，各项分科也与学制章程并不吻合，但因原定协议以 10 年为期，是以学部并未干涉。法律、矿业两班，依照自己办法于 1910 年毕业。1911 年，期限将至，学部提出收归西学专斋后的整顿办法，其一、二年级学生改用京师分科大学等处讲义教授，三、四年级学生参照分科大学及北洋大学堂程度酌量补习。④ 实际打算按照学制规定下的分科大学程度加以改造。西学专斋收回后，学部议复毕业年限及奖励办法，准予第一学期矿工学生依照北洋大学堂讲义教授，程度合格，4 年毕业。修业六学期以上学生，则须参照京师大学堂和北洋大学堂讲义加习一年，5 年毕业。已毕业学生如愿回堂补习，准予交部复试，程度相符者同样给以奖励出身。⑤ 收归后的各项调整办法，皆没有注意在西学专斋中添加经学分科。

2. 北洋大学堂

北洋大学堂由袁世凯于 1902 年奏建。1903 年，在天津中西学堂旧址建立的北洋大学堂正式开学。⑥ 开办之初，附设分习俄、法两国语言文字的译学班，毕业后即停办。普通教育规定先办预科，三年后再接办本科。本科计有土木工（甲、乙班）、采矿冶金（甲、乙班）、法律（甲班）三科五班，土木工、采矿冶金科之甲班，限至宣统二年（1910）暑假毕业。

---

① 《奏派调查山西学务员报告书》，《学部官报》第 10 期，1906 年 12 月 26 日。
② 《山西提学使申送山西全省学务报告书》，《学部官报》第 44 期，1908 年 1 月 4 日。
③ 《山西提学使申送山西全省学务报告书》，《学部官报》第 44 期，1908 年 1 月 4 日。
④ 《又奏山西西学专斋整顿办法片》，《政治官报》第 1248 号，1911 年 4 月 23 日。
⑤ 《又奏山西西学专斋整顿办法片》，《学部官报》第 152 期，1911 年 5 月 9 日。
⑥ 丁致聘编《中国近七十年来教育记事》，第 11～12 页，《民国丛书》第 2 编《文化·教育·体育类》。

故学部于 1910 年奏请简派大臣，会考北洋大学堂毕业生。①

　　与山西大学堂西学专斋偏重专门西学类似，北洋大学堂偏重理工类课程，经学等中学分科课程被严重边缘化。天津中西学堂作为北洋大学堂前身，就对西学有所偏重。规定头等学堂修业 4 年后，分习电学、工程、机器、矿物、律例 5 种专门学。② 改办北洋大学堂后，依旧划分头等、二等两级，头等专门科分习工程学、矿学、法律学、机器学，二等预备科习化学、算术、英国语言文字等。③ 先办预科 3 年，再将专门分科正式开设。④ 预科的中学课程，经学并没有成为一门分科。专门尤注重西学，不设经学。

　　管理人员针对北洋大学堂的课程改良，虽然注意到预科学生要注重国文，却又以留学生身份限定教习选任资格，导致对中学课程的改良有限。代理监督丁惟鲁曾提出 8 条改良意见，其中课程宜加整顿以便毕业考验的改良意见，是鉴于预备科学生多非中学堂毕业生，建议补习国文及普通学知识。而教员宜分科担任的意见，则提出中文教习均由直隶学务处在外国专门毕业的留学生中遴选担任。⑤ 中文教习强调以留学生担任，显然更为注重教习的西学教育背景，而非旧学根底。所以丁惟鲁的学堂改良意见虽然强调补习国文，但其所偏重还是西学。

　　就分科设学而言，1907 年学部调查北洋大学堂，法律科、矿学科与土木工科教科表中，中学课程仅见国文国史，不列经学。就分科教学而言，教习中有中国教习 10 人，外国籍教习 7 人。⑥ 除了法律学、土木工学、矿物与地质学、西史与理财学、法文、德文以外国教习外，国律、国

① 《学部奏请简大臣会考北洋大学堂毕业学生折》，《政治官报》第 1056 号，1910 年 10 月 6 日。

② 麦仲华编《皇朝经世文新编》卷五《学校上》，沈云龙主编《近代中国史料丛刊初编》第 78 辑，第 389～390、394～395 页。

③ 《直隶教育杂志》第 2 年第 4 期。

④ 《奏请简大臣会考北洋大学堂毕业生折》，《学部官报》第 138 期，1910 年 11 月 12 日。其记载为光绪三十二年接办本科。《北洋周刊》记载北洋大学堂沿革，谓光绪三十一年暑假后，已有法律学、土木工程以及采矿冶金之正科生。见朱有瓛主编《中国近代中国学制史料》第 2 辑上册，第 976 页。

⑤ 《直隶教育杂志》第 2 年第 4 期。

⑥ 《奏派调查直隶学务员报告书》，《学部官报》第 21 期，1907 年 5 月 22 日。

文等项皆由中国人担任，并无担任经学专门分科的教习。[1]

这显示了北洋大学堂偏重西学之余，有意办理分科大学程度的专门大学。这一情况为学部发现，并得到认可。1908 年，学部调查北洋大学堂情形，认为土木工学、采矿冶金学和法律学各班学科属于高等阶段普通学教育的内容太多，专门分科大学阶段的教育程度不够，建议将高等阶段普通学的科目划拨预科，专门科目则补足相应教授课程的内容和钟点，学生毕业方可按照分科大学请奖。[2] 在北洋大学堂办理西学专门分科大学而非经科大学的办学取向下，经学教育自然无从谈起。

3. 京师大学堂

学制颁布以前，京师大学堂偏重中国固有学问的授受。癸卯学制颁布后，除了预备科外，附设师范馆、译学馆、进士馆等教育机构，课程设置各有侧重，并非全部设立经学课程。

晚清学制出现以前，京师大学堂所授以旧学为主，并尝试将中学分科而设。按照《京师大学堂章程》的规定，大学堂设学生通习的普通学、选习一门的专门学两类课程。普通学包括经学、理学、文学、中外掌故学、诸子学、体操和初级的算学、格致学、政治学、地理学 10 种，为全体学生必修科目。后孙家鼐修订课程，将理学并入经学，诸子、文学不再专立一门。[3] 戊戌后，大学堂课程仅设《诗》、《书》、《易》、《礼》4 堂，《春秋》2 堂，另立史学、政治、地理 3 堂。上半日习经史，下半日习科学。经史类课程的教习多来自翰林院，讲解古代典籍，所教多为八股文法。学生虽稍习科学，重心仍在科第。[4] 1901 年，清廷委派张百熙为管学大臣，下诏恢复京师大学堂，并将同文馆并入大学堂。[5] 张百熙掌校后，在拟订壬寅学制时，增加西学课程，缩减经史等旧学课程。[6]

癸卯学制颁布后，大学堂机构逐渐规范。京师大学堂除了预备科外，原设师范、仕学二馆。1902 年，张百熙改同文馆为翻译科，后将翻译科

---

[1] 《奏派调查直隶学务员报告书》，《学部官报》第 22 期，1907 年 6 月 1 日。
[2] 《奏请简大臣会考北洋大学堂毕业学生折》，《学部官报》第 138 期，1910 年 11 月 12 日。
[3] 《光绪朝东华录》第 4 册，总 4155～4157 页。
[4] 刘锦藻《清朝续文献通考》卷 106《学校考》(13)，总第 8649 页。
[5] 朱寿朋编，张静庐等校点《光绪朝东华录》第 4 册，第 4798 页。
[6] 朱有瓛主编《中国近代中国学制史料》第 2 辑上册，第 758～759 页。

归并为译学馆，于 1911 年停办。① 1904 年，仕学馆归并入进士馆，1907年改办为京师法政学堂。② 1905 年改建医学馆，次年改办为京师专门医学堂。③ 1908 年，师范馆改为京师优级师范学堂。④ 1907 年，增设博物品实习科，1910 年停办。⑤ 1902 年，京师大学堂正式招考。首先招考速成科，计仕学馆录取新生 57 名，师范馆录取新生 79 名。⑥ 1904 年，预科与优级师范开始招生。1909 年，预科改为高等学堂。⑦

除了预科与师范馆外，大学堂其余机构不设经学课程。而师范馆与预科因学生程度不同，又呈现差异。大学堂监督奏报招生办法时，提出："学生中年龄较长、汉文较优者，俾充优级师范；其西文夙有门径、或年少易于练习者，选入预科。"两类学生，明定取舍，"师范者，风气之导也，非重国文，无以立小学、中学之正鹄；预科者，专家之储也，非明习西文，无以通西学之奥窔"。⑧ 实则以中、西学程度作为区分，中学较优者入师范馆，西学有基础者入预科。

是以师范馆较预科更加注重经学教育。速成师范馆学科分国文外国语部、历史地理部、数学物理部、博物农学部四类，所学不同，但都把经学作为必修。在办学人员看来，智能取资欧美，而道德必专宗孔孟，"凡经籍所传义理，秦汉唐宋明以来，儒家之论说，必抉其精密切要者，以立德育之本，以为修己治人之法。待其训育熏陶者久，道德灌注于人心者既深，而后顺良、信爱、忠义、勇敢之风，自勃然其不可遏焉"。⑨ 据师范馆博物农学部学生王画初回忆，师范馆旧学课程较多，"此等科目，担任教习的每延揽国内名流，但学员不感多大兴趣。在办学的当局，足见仍未

---

① 朱有瓛主编《中国近代中国学制史料》第 2 辑上册，第 884～886 页。

② 朱有瓛主编《中国近代中国学制史料》第 2 辑上册，第 876 页。

③ 《北京大学二十周年纪念刊》，第 28～29 页。

④ 《京师译学馆校友录》记序，第 1～3 页。

⑤ 萧超然：《京师大学堂创办述略》，《北京大学学报》1985 年第 1 期。

⑥ 刘锦藻编《清朝续文献通考》卷 106《学校》(13)，第 8649 页。

⑦ 《学部奏大学堂预备科改为高等学堂遴员派充监督折》，《政治官报》第 538 号，1909 年 4 月 29 日。

⑧ 《大学堂总监督张奏开办预科并招师范生折》，《东方杂志》第 2 年第 4 期，1905 年 5 月 28 日。

⑨ 《大学堂总监督张奏开办预科并招师范生折》，《东方杂志》第 2 年第 4 期，1905 年 5 月 28 日。

脱中学为体，西学为用的老调"。① 预科最初设立法文、英文、德文三类，各分甲、乙两级。后又添设法政预备科。② 相比师范馆，预科课程更为侧重西文的学习。

整体与普通高等学堂补习中学程度相似，师范馆经学课程则又有不同。师范馆课程，第一年定为补习普通学科，实系补习中学堂内容。除了外国历史地理与语言外，中学课程为经学大义、国文、中国历史地理等。虽然多数学科补习中学堂阶段的内容，师范馆经学课程却已按照高等程度讲授经学大义。

京师大学堂经学教习最初由浙江黄岩人王舟瑶担任，并将其经学讲义刊行。王氏论及"读经法"，将学问分为精神与形式两种，前者为己，后者为人。但均以德育为本，以智育、体育为辅。讲述经义，以阐发自强精义为主旨，将自强分为强以力、强以智、强以德三个阶段。并引用《春秋公羊传》三世说，认为据乱世竞力，升平世竞智，太平世竞德，德育最重，体育、智育不过是达到太平世的手段。将德育、智育、体育比附看成《中庸》所谓"智、仁、勇"。强调自强的内涵在于培养民智，充实民力，陶冶民德。这种比附经书的做法，与传统政治变革借鉴经籍的做法相似。庄吉发曾对此有评价："一言以蔽之，清季的变法自强，其终极目标便是要使中国进于太平世的阶段。从张鹤龄与王丹瑶撰述讲义的思想基础来看，都在阐述'通三统'与'张三世'的观念。洋务运动时期的军事建设，无异是竞力的表现。甲午之役以后的教育改革则是竞智的表现。智既可以胜力，欲救亡图存，必须改造国民。改造国民首重教育，这就是甲午之役以后，清廷鉴于军事改革的失败，转而尝试从教育改革入手以图富强的主要原因。"③

京师大学堂经学等旧学课程的开展，颇有"坐而论道"的味道。据庄吉发回忆，大学堂创办初期，教学方法虽重讲演，但因师范、仕学两馆学生年纪多数大，出身高，旧学根底深厚，所以在教学上特别注重讨论，师

① 王画初：《记优级师范馆》，陈平原、夏晓虹主编《北大旧事》，北京大学出版社，2009，第 11 页。
② 《光绪三十年添招师范生开设预备科》，朱有瓛主编《中国近代中国学制史料》第 2 辑上册，第 839 页。
③ 《庄吉发记京师大学堂教材教法》，朱有瓛主编《中国近代中国学制史料》第 2 辑上册，第 943 页。

生间常互相讨论，坐而论道。学生平日要将上课内容和阅读心得按照经义、史事、时务、政治四类撰写札记，并呈请教习评阅。[①]

整体而言，高等阶段的经学教育，限于学生程度不及，降低程度补习中等阶段教育内容，而难以开展经学大义课程。多数高等学堂冠以高等之名而行中学堂教育之实，经学教育随之中学堂程度化。只有脱离了西学限制的专门文高等学堂，才得以讲授经学大义。大学堂阶段的经学课程同样受困于学生程度。山西大学堂中、西斋分途并进，中学专斋补习中学堂阶段的经学教育内容，西斋则和北洋大学堂一样偏重专门西学，不设经学。京师大学堂师范馆和预科开设经学课程，不过后者重在讲授西学，只有师范馆在补习西学的同时，得以讲授经学大义。经学教育，因学堂将中西学熔于一炉，在高等阶段实施出现困境。

第三节　师范学堂经学课程

晚清兴学，师资缺乏，开办师范学堂以应急需，渐成共识。不过，师范学堂的旧学培养却出现纠结：从培养固有学问师资的角度出发，师范学堂经学教育的开展，为人所重。就西学教育而言，聘用外国教习，经学课程无法上手。[②] 一些师范学堂设学强调西学专门知识的培养，有意弱化经学等旧有学问的授受。

癸卯学制将师范教育分为中等、高等两级，中等包括初级师范学堂、师范传习所以及讲习科等，高等为优级师范学堂。强调经学课程的开设，就程度而言，初级师范比照中学堂程度，优级师范比照高等学堂程度。

师范学堂相较普通学堂，属于专门教育，但癸卯学制在两者经学课程的规定上却并未体现出区别，造成了师范学堂开展经学教育的困扰。一方面，与中学堂、高等学堂不同，师范学堂为应清季办学师资之需，分科课程多了教育学相关内容；另一方面，与普通学堂生源不同，尤其优级师范

---

① 《庄吉发记京师大学堂教材教法》，朱有瓛主编《中国近代中国学制史料》第 2 辑上册，第 944 页。

② 梁启超总结外人执教的数处弊端为：言语不通，一经翻译则失真；其国幼学不同于中国，教法难以相同；执教洋员多来自不同国家，事庞言杂，难以沟通；外国教习薪俸优厚，耗费较大；只注重西学传授，忽略中国固有学问。梁启超：《变法通议·论师范》，《饮冰室合集》（1），中华书局，1989，第 35～36 页。

学生多有功名，旧学根底较深。这使得初级、优级师范经学课程的开办，不能与中学堂、高等学堂完全等同。

一 初级师范学堂

小学堂大量开办，相应师资需求急剧增加，是以师范学堂开办初期，多系速成类简易科、讲习科与传习所。这些学堂，因学生多具旧学根底，所以注重西学培养，从学制规定到各地速成类师范学堂的开办，经学都未纳入课程设置。直至初级师范完全科开办，经学教育才得以开展。

依据学制规定，初级师范学堂程度与中学堂大致等同。但为培养教习起见，初级师范学堂增设了教育类课程。为便于毕业后教导幼童，习字也列为课程。所以初级师范学堂完全科学制五年，订立的课程包括修身、中国文学、读经讲经、教育学、历史、地理、物理及化学、算学、习字、博物、图画、体操12科，并规定各地办学视具体情形可添加农业、商业、手工、外国语中的一科或数科。① 完全科各年课程设置及钟点安排见表2-6。

表2-6 初等师范学堂完全科各学年每周各科目时刻

课程	第一年	第二年	第三年	第四年	第五年
修身	1	1	1	1	1
教育	4	6	8	14	15
读经讲经	9	9	9	9	9
中国文学	3	2	2	1	2
历史	3	3	3	1	1
地理	2	2	2	2	1
算学	3	3	3	3	3
理化	2	2	2	1	无
博物	2	2	2	无	无
习字	3	2	1	1	1
图画	2	2	1	1	1
体操	2	2	2	2	2

资料来源：朱有瓛主编《中国近代中国学制史料》第2辑下册，第232~235页。

---

① 朱有瓛主编《中国近代中国学制史料》第2辑下册，第224页。

　　从表 2－6 可以看出，初等师范学堂的教育重心放在了专为师范而设的教育分科，时间安排逐年递增。就经学课程而言，前四年《春秋左传》，第五年《周礼》，每周读 6 讲 3，内容和钟点规划与中学堂相同。①

　　癸卯学制规定初级师范学堂可先于省城暂设，各州、县再仿照办理。因小学堂初办，入学资格虽限定为高等小学堂毕业生，但准予从廪、贡、增、附、监生中招收。按照程度分为五年完全科与一年简易科两种，程度不足者先入预备科一年。在此规定下，师范教育稳步发展，各省师范学堂发展状况如表 2－7 所示。

表 2－7　光绪三十三年至宣统元年各省师范学堂统计

	学堂处、所数			学生数		
	光绪三十三年	光绪三十四年	宣统元年	光绪三十三年	光绪三十四年	宣统元年
直　隶	—	54	28	5331	3341	2040
奉　天	37	31	33	1745	1634	1894
吉　林	7	13	7	350	653	470
黑龙江	6	8	4	234	359	236
山　东	75	62	16	1686	1344	1283
山　西	23	26	17	1086	1217	812
陕　西	23	19	10	1015	774	580
河　南	91	116	62	3566	5663	3818
江　宁	13	19	19	1686	2250	2000
江　苏	13	8	5	933	614	493
安　徽	6	16	19	446	792	1093
浙　江	33	26	13	1364	1834	1219
江　西	21	24	17	1101	1179	887
湖　北	24	13	17	2403	1495	1702
湖　南	27	21	16	2119	2316	1961
四　川	31	16	38	2728	1245	2173
广　东	44	10	9	3459	1020	1003

---

①　朱有瓛主编《中国近代中国学制史料》第 2 辑下册，第 232～235 页。

续表

	学堂处、所数			学生数		
	光绪三十三年	光绪三十四年	宣统元年	光绪三十三年	光绪三十四年	宣统元年
广　西	16	15	13	1000	1464	1467
云　南	17	19	18	1327	1456	1140
贵　州	8	11	9	729	787	726
福　建	21	18	8	1531	1075	641
甘　肃	4	35	36	211	454	791
新　疆	1	1	1	41	106	143
合　计	541	581	415	36091	33072	28572

　　资料来源：统计数字不含京师，包括优级师范、初级师范、传习所以及讲习所等。见《光绪三十三年分第一次教育统计图表》、《光绪三十四年分第二次教育统计图表》、《宣统元年分第三次教育统计图表》中《各省师范学堂学生统计表》，国家图书馆古籍馆编《近代统计资料丛刊》第28、30、32册。

　　由表2-7可知，各地师范学堂发展差异极大。相较于其他区域，直隶、河南、山东、湖南、湖北、四川等地规模较大，尤以山东、河南等地开办师范数量较多。既有研究统计得出，河南速成性质的师范机构较多，而山东多为正规的初级师范学堂。新疆、贵州、甘肃等地的师范教育发展缓慢，初级师范学堂、讲习科与传习所的学堂数量与学生人数都远少于其他省份。[①]

　　初级师范学堂在学制中比照中学堂程度开展经学教育，但不同类型的初级师范学堂，因学生程度有别，经学课程的开展呈现多元化局面。迫于师资匮乏，师范简易科和传习所发展很快。官方统计，1907年各地已设简易科179所，学生15833人；传习所与讲习科等276所，学生9844人。[②]速成师范性质的学堂在初级师范中占了相当大的比重。具体教学上，鉴于学生多有旧学根底，为了教员的快速养成，放弃经学等旧学课程。

　　为应急而设的初级师范一年简易科，在学制规定的分科课程中，将完全科所设读经讲经、理化、博物、习字等去掉。[③]各地办理师范大多先从

---

① 参见李红《清末师范教育论述》，硕士学位论文，山东师范大学，2003。
② 见《光绪三十三年分第一次教育统计图表》中《各省师范学堂学生统计表》，国家图书馆古籍馆编《近代统计资料丛刊》第28册。
③ 朱有瓛主编《中国近代中国学制史料》第2辑下册，第235页。

简易科开始。1905 年，河南巡抚陈夔龙鉴于通省合计 107 厅、州、县，各设高等小学堂一所，已需教员不下百人，奏请开办初级师范学堂。① 考选学生后，先以简易科教授，俟毕业后迅即派充各小学堂担任教员。② 为协调各学堂配套师资，1906 年，学部通行各省将省城师范生名额增加，至少应设初级一年简易科学生 500 人，从而加速养成小学教习。要求各省全力推广师范，并定于 5 个月内，派部视学员分省巡视具体办理情形。③ 这推动了各地简易科的开办，江苏、江西、山东、山西、陕西、福建、云南、四川、河南、广西、奉天、新疆、贵州等地纷纷电呈学部，汇报遵办情形。④ 大量开办的师范简易科，强调西学培养，不设经学课程。

　　师范传习所、讲习科等速成机构类同简易科，注重西式分科和教育法的讲授，不强求经学课程的设置。按照癸卯学制的规定，师范传习所为培养初等小学堂副教员设立，学期 10 月。在初级师范学堂尚未齐设时，挑选省城初级师范简易科优等毕业生入所传习。毕业后给予副教员凭照，可在各乡、村、市、镇开设小学。学制拟订者意识到这是速求小学教员的权宜办法，强调初级师范学堂完全科毕业有人后，要将传习所逐渐裁撤。并规定传习所毕业生所教未必合格，将来再由初级师范毕业生加以改正。师范学堂还设有预备科及小学师范讲习所。前者为准备入读师范学堂而普通学程度不足的学生而设，课程主要为补习普通学。后者招收传习所毕业但尚未受过正规师范教育，或曾任蒙馆塾师而未学过普通学科、教学方法的小学堂教员。⑤

　　限于办学经费有限，学生程度不及，大量师范传习所迅速开办。湖北兴学较早，各学堂缺乏教员，1904 年，张之洞札文湖北学务处广设师范传习所。⑥ 同年张之洞饬文各府，因经费难筹，学生难选，将所设中学堂一律暂改为初级师范学堂，先办速成师范或师范讲习所，以师范留学或省

① 刘锦藻编《清朝续文献通考》卷 107《学校》（14），第 8659~8660 页。
② 中国第一历史档案馆藏，军机处录副奏折，文教类，学校项，7214－46，胶片号：537－3553。
③ 《通行各省推广师范生名额电》，《学部官报》第 1 期，1906 年 8 月 20 日。
④ 《各省复推广师范电》，《学部官报》第 1 期，1906 年 8 月 20 日。
⑤ 朱有瓛主编《中国近代中国学制史料》第 2 辑下册，第 222~223 页。
⑥ 张之洞：《札学务处开设师范传习所》，赵德鑫主编，吴剑杰、周秀鸾等点校《张之洞全集》第 6 册，第 445~446 页。

城师范学堂毕业生担任教员。① 各地多设传习所，以补师范完全科之不足。如绍兴设速成师范传习所，以便塾师补习。② 广东变通设立半日师范讲习所，招收塾师，4个月毕业，给予文凭后方准开设蒙塾。③ 天津劝学所在师范学堂内附设夜班传习所，半年期满。考验优秀者，可将所教私塾改办初等小学堂，尤为优异者则聘为小学堂教员。④ 京师也设立了夜课师范讲习所，招收塾师入所学习。⑤ 由督学局选派优级师范毕业生派充传习所教员，以求剔除旧习，启迪新机。⑥

师范传习所没有设置经学课程的学制规定，而多数传习所的办学实情也否定了讲授经学的可能。据包天笑回忆，师范传习所设计是不差，理由有两点："一则，私塾既废，这些私塾先生饭碗都要打破，不能不予以改造；二则，小学既兴，还需要不少师资，改造以后，便可以把向来教私塾者转而教小学了。"但正是师范传习所学生身份的特别，导致了旧学难以施教。传习所的学生大都是塾师，年龄在花甲以外。而传习所的教习多为留学生，尤以留日速成师范生居多，年二十岁左右。这导致传习所内学生的旧学优于教习，而辈分甚至可能是教习的尊长。是以有些教习看见学生名单后，便拒绝任教，因为"里面有一位教过我书的老师，我甚顽劣，他打过我手心，而今却来教他，太难堪了"。⑦ 无论从旧学程度还是人伦角度出发，都无法要求传习所的教习开设经学课程，教导塾师。

传习所学生多系塾师，熟悉经学等旧有学问，进入传习所主要是接受快速的西学和教育学训练，从而得到继续执教的资格，因而课堂状况极为古怪，"最妙的这班学员先生（因那些老先生，未便称之为学生，改称之为学员），向来爱不释手的小茶壶以及水烟袋，也都带到了课堂里来。当他们听讲听到高兴时候，便点头播脑的说道：'这倒对的！'喝了一口茶，润润喉咙。或者听到得意的时候，说道：'这个我赞成！'旁顾他的学友

① 张之洞：《札各府暂停中学先办师范讲习所》，赵德鑫主编，吴剑杰、周秀鸾等点校《张之洞全集》第6册，第453~454页。
② 《申报》1906年3月3日，第9版。
③ 《申报》1906年3月7日，第9版。
④ 《移设师范传习所夜班》，《大公报》1907年8月15日，第5版。
⑤ 《订定划一师范课程》，《大公报》1907年5月23日，第4版。
⑥ 《传习所之特色》，《大公报》1907年10月26日，第4版。
⑦ 包天笑：《钏影楼回忆录》，中国大百科全书出版社，2008，第251页。

道：'诸君以为如何？'于是划了火柴呼噜呼噜地吸起水烟来"。教员并不敢对此有何异议，因为这群学生"要他们以为对，可以赞成，也就不容易了，不然，给他们引经据典反驳起来了"。[①] 所以苏州的师范传习所附设了讲习会，专门招收塾师，简要讲授各专科，分习管理、物理、算术、生理、图画、体操、琴歌等学科，18 周毕业。[②] 内容以西学知识为要，并不包含中学。据河南学务调查，汜水县、河阴乡、新郑县、密县、中牟县、新野县等地传习所，学科多为教育、修身、国文、历史、地理、格致、算学、图画、体操等，不设经学课程。[③]

有些速成师范设立了经学课程，不过因为缺少统一规定而程度不一。如河南淅川厅师范传习所的经学课程，规定每周 3 个钟点，讲授经学大义。郏县师范传习所的经学课程，则为每周 6 个钟点，讲读《左传》。[④]由于没有统一规定，淅川厅师范传习所经学大义类似优级师范经学教育程度，郏县师范传习所讲授《左传》则是初级师范完全科程度，可说是各自为政，极为混乱。

学部在视学调查中发现速成师范大多教法不合，饬令各地改良。[⑤] 为防流弊，各地有意裁撤，加上完全科渐次开办，速成师范随之减少。1907年，广西师范传习所停办 21 所，改为师范学堂 1 所，改为初级师范学堂 1 所。[⑥] 1909 年，署山东巡抚孙宝琦奏请将该省师范学堂改办优级师范，令各府、直隶州设初级师范完全科，并将师范简易科一律停办。[⑦] 据官方进行的学务统计调查，自光绪三十三年至宣统元年，两年之中各地师范简易学堂数量减少 67 所，学生减少 8638 人。传习所、讲习科等数量减少到182 所，学生减少到 7670 人。[⑧] 1910 年，鉴于学制颁布已历五年，各省简

---

① 包天笑：《钏影楼回忆录》，第 251 ~ 252 页。

② 《申报》1907 年 8 月 21 日，第 11 版。

③ 《河南教育官报》第 7、8、24 期，1907 年 11 月 6 日、1907 年 11 月 20 日、1908 年 8 月11 日。

④ 《河南教育官报》第 25 期，1908 年 8 月 27 日。

⑤ 《河南提学使孔祥霖造送河南全省学务调查表》，《学部官报》第 29 期，1907 年 8 月 9 日。

⑥ 《广西丁未上学期简易师范及师范传习所一览表》，《学部官报》第 64 期，1908 年 8 月27 日。

⑦ 《清实录》第 60 册，第 309 页。

⑧ 见《宣统元年分第三次教育统计图表》中《各省师范学堂学生统计表》，国家图书馆古籍馆编《近代统计资料丛刊》第 32 册。

易科毕业者渐多，小学堂已不患无师。同时小学堂毕业生增多，初级师范学堂生源程度发生改变，可以开展完全科范教育。学部通行各省，除风气未开的边远地区仍准暂时办理外，各省初级师范简易科一概停办。①

在学部的调控下，各地简易科大量停办，初级师范完全科的办学数量开始增加。1907 年，各省初级师范完全科共计 64 所，学生 6390 人；至 1909 年，增加为 91 所，学生 8358 人。② 区域性差异较为明显，边远偏僻地区初级师范完全科的设立严重滞后。在 1909 年的学部调查表中，陕西、山西、吉林、贵州、甘肃等地均仅设 1 所，学生数量也较少，黑龙江、新疆两地并未设立。③

相对于速成师范而言，经学教育随着完全科的开办而得以开展。但各地初级师范完全科的办学情形并不一样，经学课程也并不统一遵照学制。

部分师范学堂兼办简易科与完全科，经学分科出现在完全科课程。1905 开办的河南第一师范学堂简易科，不设经学课程。而 1906 年才开办的该师范学堂完全科，则明确订立经学课程。1907 年的学务调查发现，该师范完全科遵照学制规定，讲读《春秋左传》。④ 河南第二师范学堂同样兼设简易、完全两科，其完全科课程经学教授，据视学员观察课程所记，"采取《春秋列国世纪》编辑讲义，自周起至戎狄微国止。下期预定，摘讲顾氏《春秋大事表》，自时令表起讲授，至官制表止"，⑤ 也是遵章行事。

单独开办完全科的初级师范，经学课程情况也未能一律。广西桂柳庆思设立的初级师范，经学课程规定前四年《春秋左传》，每日约 200 字，每星期教授 9 个钟点；第五年《周礼》节训本，每日约 200 字，每星期教授 9 个钟点，完全遵章而办。⑥ 部分初级师范完全科的经学课程，在时间

---

① 《通咨各省优级选科俟在堂各生毕业后应改办完全科简易师范除边远省分暂准办理余一律停止文》，《学部官报》第 123 期，1910 年 6 月 17 日。

② 见《光绪三十三年分第一次教育统计图表》、《宣统元年分第三次教育统计图表》中《各省师范学堂学生统计表》，国家图书馆古籍馆编《近代统计资料丛刊》第 28、32 册。

③ 见《宣统元年分第三次教育统计图表》中《各省师范学堂学生统计表》，国家图书馆古籍馆编《近代统计资料丛刊》第 32 册。

④ 《河南教育官报》第 4 期，1907 年 9 月 22 日。

⑤ 《河南教育官报》第 13 期，1908 年 3 月 3 日。

⑥ 《学司李拟定桂柳庆思设立第二初级师范学堂章程》，《广西官报》第 34 期，第 2 年第 12 号，1908 年 11 月 8 日。

和内容安排上都有变化。河南淅川厅初级师范学堂，虽讲授《左传》，但每周只有 4 个钟点。[①] 上海龙门师范，1905 开校初规定按照初级师范学堂章程办理，却定以 3 年毕业，[②] 改变了学制规划的时间，也导致经学授受随之改变。部分独立开办的初级师范完全科，仍旧不设经学课程。如河南叶县初级师范学堂，分科课程为国文、修身、教育、地理、历史、格致、算术、绘图、体操，并无经学。[③]

初级师范学堂经学课程的开设受到清季办学急需师资的影响。为求教员培养的速成，简易科和传习所等速成初级师范教育机构，以传授西学和教育法为主。至完全科渐次开办，初级师范学堂经学课程的开设情况才随之好转。

二 优级师范学堂

按照癸卯学制的规定，优级师范学堂即高等师范，分为公共科、分类科、加习科三级，公共科与分类科的经学课程各有侧重，加习科则不设经学。

分类科，学期三年，按照侧重主要分为四类。第一类以中国文学、外国语为主；第二类以历史、地理为主；第三类以算学、化学、物理学为主；第四类以动物、植物、矿物、生理学为主。将人伦道德、经学大义、教育、心理、体操作为通习课程。经学大义每周 6 个钟点，第一年修习《钦定诗义折中》、《书经传说汇纂》与《周易折中》，第二年为《钦定春秋传说汇纂》，第三年为《钦定周礼义疏》、《礼记义疏》和《仪礼义疏》。

公共科，学期一年。于第一年未入分类科以前，将各类紧要知识加以修习。学科分为人伦道德、群经源流、辨学、中国文学、英语、东语、算学、体操 8 科。群经源流每周 2 个钟点，教习主要从《钦定四库全书总目提要》经部内择紧要数种讲其大要。

加习科，学期一年。为分类科学生毕业后自愿选修管理法、教授法等有关教育内容加习而设。学科分为人伦道德、专科教育、教育学、教育政

---

① 《河南教育官报》第 25 期，1908 年 8 月 27 日。
② 《江苏巡抚瑞澂奏上海龙门初级师范毕业请奖折》，《北洋官报》第 2155 册，1909 年 8 月 8 日。
③ 《河南教育官报》第 25 期，1909 年 8 月 27 日。

令机关、教育制度、实验心理学、美学、学校卫生、儿童研究与教育演习
10 科，学生从中选修 5 科以上。

此外，还添设专修科及选科。专修科系因各地中等学堂最缺乏某种学
科教员而特置，使学生专修。选科为愿担任中等学堂教员选习分类科中一
科或数科者设立。①

就学制章程条文而言，优级师范学堂并未对经学教育加以注重。分类
科每周 36 个钟点，重心多在教育学、外国语、化学、物理学、动物学、
植物学等西学课程。公共科群经源流课程的教授内容既简单，钟点也远少
于英语（12 个钟点）、东语（6 个钟点）等语言类课程。加习科则重在教
育学的授受，并无经学课程。②

优级师范学堂学生的出身使得经学教育的开展缺少必要性。晚清优级
师范学堂的开办是因为缺少合格的中学堂毕业生，初以旧学居多，多为
举、贡、生、监。③ 诏停科举后，官员开办师范学堂，也常从旧学士子中
考选。④ 这造成了优级师范学堂的旧学色彩极为浓厚。既有研究对优级师
范学堂曾有过统计，发现四川优级理科师范 20 名学生中，监生 8 人，附
生 9 人，增生 3 人。京师大学堂师范馆至 1906 年共有学生 321 人，其中
243 人有功名。该馆 1906 年毕业的 22 名广东籍优级师范生中，18 人有功
名。1907 年的 98 名毕业生中，有举人 14 名，其余皆为廪、增、附、监、
贡生。据两广学务处对 681 名粤籍广州各类师范毕业生的统计，正途士绅
占 50.4%。⑤ 学生旧学出身居多，中学程度较深，一方面为学堂经学课程
的开展提供了优质的生源；另一方面，经学教育对其却又没有了修习的必
要。在西学师资急需的前提下，许多优级师范各学堂对经学教育采取简化
甚至忽略的方式，以转移精力于西学等学生基础较为薄弱的学科。

优级师范学堂的发展速度极其缓慢。学制规定下的设立办法，拟于京
师以及各省城设立一所，招收中学堂及初级师范毕业生，因各地无相当程
度之学堂毕业生，准于举、贡生员中挑选入学。据官方统计，1907 年各

① 朱有瓛主编《中国近代中国学制史料》第 2 辑下册，第 247～257 页。
② 朱有瓛主编《中国近代中国学制史料》第 2 辑下册，第 248～255 页。
③ 朱有瓛主编《中国近代中国学制史料》第 2 辑下册，第 343 页。
④ 朱有瓛主编《中国近代中国学制史料》第 2 辑下册，第 410 页。
⑤ 参见桑兵《晚清学堂学生与社会变迁》，第 147～148 页。

省优级师范完全科仅有 2 所，学生 527 人。至 1909 年，增加到 8 所，学生 1504 人。①

　　各地优级师范学堂的开办，出于学生旧学程度较深的考虑，大多未能严格遵照学制章程中公共科、分类科等的规定开设经学课程。

　　1903 年，三江师范学堂创建。② 初分本科、速成、最速成三等，分别是三年、二年、一年毕业。③ 癸卯学制颁布后，即照章程让教习分授文学、中国经史、舆地、算学、体操等学，"分习一年速成科、二年速成科、三年本科，学成陆续派充各州县小学堂教习。至第四年即添置高等师范本科，以备各处中学教习之选"。④ 1905 年，改名两江师范学堂。⑤ 至 1907 年，两江师范学堂开办了最速成科、速成科、本科、分类科第三类、分类科第四类，还有历史舆地、农学博物、图画手工、数学理化等选科班，数学理化预科班及补习科。⑥ 两江师范学堂内各类经学课程与癸卯学制规定并不完全一致。优级本科理化数学部、博物农学部与学制规定的分类科第三类、第四类课程办法大体吻合，但其本科、公共科不设经学课程，与学制要求开设群经源流课程的规定不符。⑦

　　1906 年，袁世凯奏设北洋师范学堂于天津。⑧ 按照学制规定，分设完全科、专修科与简易科三种，循序递升：公共科修改为三年毕业，为升入分类科准备；分类科为数学理化、地理历史与博物三类，三年毕业；加习科为分类科毕业生自行呈请入学研究，一年毕业。相较于学章，公共科不仅时间由一年拉长为三年，科目也有调整，用修身取代人伦道德，群经源流与中国文学两门课程合并为"经学及国文"，实则将经学教育的程度降

---

① 见《光绪三十三年分第一次教育统计图表》、《宣统元年分第三次教育统计图表》中《各省师范学堂学生统计表》，国家图书馆古籍馆编《近代统计资料丛刊》第 28、32 册。

② 张之洞：《创建三江师范学堂折》，赵德鑫主编，吴剑杰、周秀鸾等点校《张之洞全集》第 4 册，第 118～119 页。

③ 《调查三江师范学堂条议》，朱有瓛主编《中国近代中国学制史料》第 2 辑下册，第 338 页。

④ 《宫中档光绪朝奏折》第 19 辑，第 825～829 页。

⑤ 《三江师范学堂易名两江师范学堂》，朱有瓛主编《中国近代中国学制史料》第 2 辑下册，第 341 页。

⑥ 《两江师范学堂同学录》，宣统元年冬月。

⑦ 《光绪三十四年（1908）两江师范学堂课程》，朱有瓛主编《中国近代中国学制史料》第 2 辑下册，第 366～367 页。

⑧ 《东方杂志》第 3 年第 2 期，1906 年 9 月 18 日。

低，时间缩短。各分类科课程变动更大，地理及历史类将经学大义课程改为"经学及国文"，数学理化类、博物类则直接将经学课程易之以西学分科课程。①

京师大学堂本来设有师范馆，后来分科大学有待开办，学部为管理方便，另行筹办京师优级师范学堂。1908 年，京师优级师范学堂设立，② 通行各督抚选送学生赴京考验。③ 同年，举行第一次升学考试，录取 80 余名学生入公共科。此后两年，三次补招各省保送学生，录取 150 余人入公共科。其间，首批公共科学生已升入分类科，入第一类者 30 余人，入第三类者 40 余人。至 1911 年，未毕业学生总计约 230 人，分类科 80 余人，其余在公共科。④

京师优级师范学堂的课程设置，与癸卯学制较为吻合，公共科与分类科经学课程的设置，据该学堂学生回忆，颇能遵照学制办法，"当时明文规定，'人伦道德为各学科根本，须臾不可离'，讲授时不可对'古人洞加訾议'。讲授'经学大意（义）'时，断不可好新恶奇，致启驳杂支离之弊"。⑤

开办优级师范公共、分类、加习三科，时间长，收效慢，各省限于经费与学生程度，转以速成性质的优级师范选科或专修科来培养师资。

专修科教学目标具有针对性，有助于快速养成初级师范学堂各门分科的教员，其课程设置也更贴合学章对各科教习的要求。如北洋师范学堂开设的经科专修科，主要是为了养成中学堂及初级师范经学教习，教授内容主要为"读法第一；《易》第二；《书》第三；《诗》第四；《体》第五；《春秋》第六；《孝经》第七；《论语》第八；《孟子》第九；《尔雅》第十；小学第十一；教授法第十二"，⑥ 既考虑到中学堂读经讲经课程的需

---

① 《奏定北洋师范学堂章程》，朱有瓛主编《中国近代中国学制史料》第 2 辑下册，第 372 ~ 374 页。
② 《奏设京师优级师范学堂并遴派监督折》，《学部官报》第 57 期，1908 年 6 月 19 日。
③ 《学部通行各督抚选送各生赴京师优级师范学堂电》，《学部官报》第 104 期，1909 年 11 月 3 日。
④ 《北京师范大学校史》，第 16 ~ 20 页。
⑤ 《北京师范大学校史》，第 16 ~ 20 页。
⑥ 《北洋师范学堂专修科教授预定案》，朱有瓛主编《中国近代中国学制史料》第 2 辑下册，第 377 页。

要，设有读法，又将中小学堂所读经书重点修习。并开设教授法，兼顾师范学堂培养师资的目的。

优级师范选科为速成起见，学科设置不求完备，常缩减或删去经学课程。1906 年，学部颁行《优级师范选科章程》，推动并引导各省优级师范选科的设立。① 湖南常德府西路师范学堂将甲、乙班改办理化选科，科目均照学部优级选科简章安排，不设经学。② 浙江两级师范学堂兼设优级、初级，分别培养中、小学堂师资。开办之初，设立优级选科，预科 1 年，本科 2 年，共 3 年。仿照分类科设置办法，设立数学、理化、史地、博物四科。各分类选科因时间缩短，对于学制规定的经学大义缺而不设。③

随着学生程度的改变，各地优级师范的教学内容开始调整。1909 年，为确保毕业生胜任中学堂教习，学部下令停办选科，转办补习科、公共科，以便升入优级分类科。④ 鉴于各省中学堂、初级师范毕业生不多，1910 年学部变通办法，准许各省优级师范学堂附设补习班，"考选二年以上之初级师范简易科毕业生入班补习，课程酌照初级师范后三年科目办理，期限定以三年，期满时考试及格，准升入优级师范公共科肄业"。并规定各处除照章办理公共科外，即照此变通办法附设补习班。⑤ 浙江两级师范学堂闻风而动，先在 1909 年招收中学堂三年级以上学生成立补习科，次年招收中学堂毕业生成立公共科。⑥ 学制规定，初级师范经学课程，后 3 年讲授《春秋左传》和《周礼》。按照学部变通办法附设的优级师范补习班，导致了经学课程的"初级师范化"。

整体而言，多数优级师范学堂以选科方式设学，出于学生"于文史尚有根柢，但于新知素养太浅"的考虑，⑦ 偏重教育学和西学分科，有意忽视了经学课程的设置。停办选科改办优级师范公共科、分类科的时间太

① 朱有瓛主编《中国近代中国学制史料》第 2 辑下册，第 260～261 页。

② 《师范学堂撰拟办法》，《北洋官报》第 1966 册，1909 年 1 月 31 日。

③ 《郑晓沧记浙江两级师范学堂》，朱有瓛主编《中国近代中国学制史料》第 2 辑下册，第 392～396 页。

④ 《通咨各省优级选科俟在堂各生毕业后应改办完全科简易师范除边远省分暂准办理余一律停止文》，《学部官报》第 123 期，1910 年 6 月 17 日。

⑤ 《通行督学局各省督抚各省学司优级师范准设补习班文》，《学部官报》第 124 期，1910 年 6 月 27 日。

⑥ 《郑晓沧记浙江两级师范学堂》，朱有瓛主编《中国近代学制史料》第 2 辑下册，第 393 页。

⑦ 《郑晓沧记浙江两级师范学堂》，朱有瓛主编《中国近代学制史料》第 2 辑下册，第 393 页。

晚，未见成效即因辛亥革命而中辍。是以除了京师优级师范等学堂外，优级分类科的办理少之又少。学部本身对于优级师范学堂教育内容的督导，也往往重视西学。① 部分设立优级公共科的学堂如北洋大学堂虽讲授经学，但内容简略，常和国文等课兼而教之。即便如此，也为将注重西学科目设置的时人视作规模完备。1905 年，河南巡抚陈夔龙奏请豫省选派学生前往北洋师范学堂以培养中学堂教习，理由即是"北洋所设优级师范学堂章程完善，规模闳厂"。②

师范学堂学生旧学居多，既有学堂初办缺乏合格生源的无奈，也是诏停科举后疏通旧学出路的有意为之，导致师范学堂学生的中学程度深厚，而教学安排不免倾向于视作急务的西学。癸卯学制章程虽然注意到进士馆等专门学堂因生源中学程度较深而不设旧学课程，对于情况类似的优级师范学堂却未同样处理。这造成师范学堂实际开办时，鉴于学生的中西学程度，大多简化甚至不设经学课程，偏离了学制规定。

第四节　学制规定与实际演化

章程条文落到实处，常因各种具体因素而出现变异，故不能将纸面文字简单等同于史事本相。晚清兴学，进展明显，问题亦多。学制体系内的各学堂不能全部按照学制规定设置经学课程。而在学制办法外，同样有着经学教育的存在。重新梳理经学课程在学制规定与实际演化中的联系与区别，有助于理解经学教育出现偏差的所以然。

一　学制体系内的经学课程

癸卯学制的颁布，虽然有着统筹各地学务、划一设学办法的初衷，但就各阶段学堂实际开办情形而言，与学制条文规定明显存在差距。学堂经

---

① 宣统三年，学部复试各省优级师范生，发现有人呈请免试，一律加以驳斥，还核阅所呈英日文教科书程度，认为异常浅近，程度有待加深。并通行各省优级师范学堂概不准呈请免试外国文，"应由提学司转饬所属优级师范学堂，无论补习科、公共科、选科、分类科，所有外国文课程，均应按照定章切实讲授。以后无论毕业或复试，外国文一门，一概不准援案呈请免试，以重定章"。《学部奏咨辑要》三编，转引自朱有瓛主编《中国近代中国学制史料》第 2 辑下册，第 266 页。
② 《宫中档光绪朝奏折》第 22 辑，第 101～102 页。

学课程的开设，因为办学区域的不同、办学条件的限制、办学人员理念的差异，出现了远较学制规定纷繁复杂的情况。

1. 风气影响

清季兴学，各地办学基础差别很大。就一国而言，风气开通有先后，偏远省份办学层级较低，学务发展缓慢；就一省而言，各地文野程度不一，往往近省府县兴学较快，距远府县速度缓慢，"或仍守书院之旧而不知学堂为何事，或思改书院为学堂而苦于不得其法，或力本能办故为延宕而不办，或有人欲办因经费不足而不能即办"。① 舆论评价兴学之难，并非难在省会，而难在郡邑；非难在郡邑，而难在乡镇。原因就是各地闻见太陋，锢弊已久。②

学堂开办因地域风气而有差异，经学课程的设置相应受到影响。风气开通较早的地方，在学制颁布前已订立分科设学办法，但状况参差不齐。部分新式学堂偏重西学，未将经学纳入教学内容；有些学堂虽然开设经学课程，但是办法与学制规定差别很大。如直隶1902年设立的小学堂，学期四年，经学课程包含经学、四书五经、经学策论三种形式。③

癸卯学制颁布后，部分已设学堂主动按照学章调整学科课程，将学生程度不及的学堂降低程度，或补习低等程度的教育内容，以求学生程度与学堂层级相符。④ 癸卯学制章程乃张之洞主持拟订，"湖北各学堂尤其直接栽培者"，⑤ 故大多能主动遵章而改。所以湖北已办中学堂，因学生程度不够，要求按照学制补习小学堂读经讲经内容。⑥ 未及时加以调整的学堂，经学务调查发现问题后也相应发生改变。视学员按照学制规定对各学堂的学科设置加以评判，符合定章者给以慰勉，不符章程者则令其遵章改办。1908年，学部要求五城中学堂修改课程，"此后京外官绅兴办各种学

---

① 《论穷僻州县兴学尤不可缓》，《东方杂志》第1年第1期，1904年3月11日。
② 《演说乡学》，《湖北官报》第132期，1910年8月20日。
③ 《直督袁奏筹设师范学堂暨小学堂暂行章程折》，《湖南官报》第135号，1902年9月3日。
④ 《清实录》第60册，第284~285页。
⑤ 《警钟日报》1904年4月8日。
⑥ 1905年，张之洞札湖北学务处饬鄂省中学暨实业各学堂补习小学功课，见张之洞《札学务处饬中学暨实业各学堂补习小学功课》，赵德鑫主编，吴剑杰、周秀鸾等点校《张之洞全集》第6册，第452页。

堂，无论官设、公设、私设，俱应按照现定各项学堂章程课目切实奉行，不得私改课目，自为风气"。①

风气迟开或未开地区，新式学堂开办较晚，不少学堂开办于癸卯学制颁布后。这造成两方面影响：一方面学制办法已经出炉，新建学堂有统一标准可以仿效办理，按章设学。1908年，河南省临漳县禀办四乡初等小学堂，就注意到学科设置的严格性，"按定章必修科八门，修身、读经讲经、中国文字、算术、历史、地理、格致、体操"。② 另一方面，办学资源有限，限制了程度较高的学堂开展相应教育。如新疆、贵州等地办理师范，初级师范学堂完全科数量远少于其他省份，遑论优级师范。学制规定中的经学教育，也难以开展。

2. 因袭旧法

立停科举，推动了各地书院、书塾向学堂的转变。尤其是初等小学堂，多系书塾等旧有机构直接改办，数量极多。这些学堂很难快速转变教育方法，不少学堂的教学内容换汤不换药，经学课程不过是沿袭旧法教授。以河南晚清办学状况为例，其小学堂发展态势参见表2-8。

表2-8 光绪三十三年至宣统元年河南省小学堂开办情况统计

	高等小学堂						两等小学堂						初等小学堂					
	学堂数			学生数			学堂数			学生数			学堂数			学生数		
	光绪三十三年	光绪三十四年	宣统元年	光绪三十三年	光绪三十四年	宣统元年	光绪三十三年	光绪三十四年	宣统元年	光绪三十三年	光绪三十四年	宣统元年	光绪三十三年	光绪三十四年	宣统元年	光绪三十三年	光绪三十四年	宣统元年
河南	152	150	166	5585	7334	8847	68	103	182	2755	4570	6488	1270	1964	2948	23309	39985	63770

资料来源：《光绪三十三年分第一次教育统计图表》、《光绪三十四年分第二次教育统计图表》、《宣统元年分第三次教育统计图表》中《各省普通学堂学生统计表》，国家图书馆古籍馆编《近代统计资料丛刊》第28、30、32册。

---

① 《咨督学局转行五城中学堂监督改定该堂功课文》，《学部官报》第57期，1908年6月19日。

② 《河南教育官报》第36期，1909年3月6日。

　　据表 2 - 8 所示的官方统计，1907 年河南高等小学堂开办了 152 所，相较于初等小学堂的 1270 所，相差极大。而差距出现的原因，就是大量书塾改办初等小学堂。据 1907 年对河南办学情况的考察，"河南教育实自今年始"，该省学堂虽有开办四五年者，大都仍是书院及义塾办法。各州、县、乡、村、市镇初等小学堂有待普及，"即有数处，亦多沿旧法教授"。①

　　沿袭旧法教授的情况在各地极为普遍。1905 年，山西巡抚奏陈晋省办学事宜，认为各蒙小学堂"所有教员管理教授，均未合法"。② 1907 年，学部对山东办学情形加以质疑，"其各州县设立学堂独多而不无可疑者，如泰安县之初等小学一百十八处、汶上县之初等小学一百八十六处，皆系同时开学，恐非事实所能办到。邹平县之蒙养学堂六十九处，而学生不过八十人，是其中有数十处仅有学生一人，其为不实，更不待言。其余如惠民县之初等小学一百五十九处、汶上县之初等小学一百八十六处、恩县之初等小学三百六十四处、临清州之蒙养学堂三百二十一处，其中有三十二年咨到册籍所载不过一二处，或并未设立，而一年之内骤增至百余处或数百处者，恐非实在情形"。认为即便学堂数量没有问题，也与学堂办理不实有关，"必多系民间私塾，强加以学堂之名，填写充数"，强调亟应确查，以便核实。③ 同年学部对浙江初等小学堂办理情形的评价，也是出于同等理由，"非以义塾滥充，即竟听其阙略"。④ 1908 年，视学员调查福建寿宁县学堂，发现该地实际并无初等小学堂，"其所谓初等者，与蒙塾同换一名牌，而中间毫无变动"。⑤

　　各地官员为响应朝廷兴学政令，将大量书塾改办为小学堂，尤其是初等小学堂。但过分追求学堂数量的急剧增加，造成各地办学重量不重质的局面。1906 年，舆论评价开封小学堂办理多不合法，癸卯学制规定初等小学堂应有三四十名学生，乃足一班，"查各属学堂表……阖属初等小学

① 《本部视学官调查河南学务报告书》，《学部官报》第 53 期，1908 年 5 月 10 日。

② 《清实录》第 59 册，第 261 页。

③ 《咨东抚彻查各府州县学堂实在情形并饬催报告表册文》，《学部官报》第 21 期，1907 年 5 月 22 日。

④ 《札浙江提学使确查各厅州县学堂情形并设法整顿文》，《学部官报》第 24 期，1907 年 6 月 21 日。

⑤ 《光绪三十四年上学期调查闽清等县学务报告》，《福建教育官报》第 1 期，光绪三十四年七月。

生各堂不及十名者尤占最多数。中牟且多，止四五名者。密县公立小学二十九堂，共止学生百三十二名，则每堂皆不及五名矣。以四五名或七八名学生谓之办一学堂，得乎?"认为该地小学堂办理多系"敷衍"。①

经学在这些学堂中的存在，虽然冠以读经讲经的课程名目，实际仍承袭旧法，名实不副。不少官员为求兴学，直接将学堂牌匾挂在私塾门上，对其教授内容多不闻不问。② 按照癸卯学制的规定，初等小学堂应该读四书、《礼记》节本等经书。一些学堂仍以老学究充任教习，采取书塾教学办法，1904 年涞水县小学堂设学，仍旧乡塾性质。③ 同年顺天查学，涿州一小学堂所读"仍《三字经》、《千字文》、四书之类"。④

除了书塾外，部分中学堂还由书院改办。1902 年开办的苏州中学堂，即由正谊书院改建。⑤ 1906 年，晋绅公议借用贡院创设山西省城公立中学堂，并附设高等小学堂。⑥ 书院改办学堂，影响了学堂教学的开展。1904 年，福建龙山书院改建汀郡中学堂，其中经、史、文辞等学科的教习与管理人员，皆从前举贡优为，悉视科名为准征，特生徒科学均无进步。⑦

书塾、书院改办学堂，原有塾师、山长改充学堂教习或管理人员，致使学堂经学教育因循旧法，未和癸卯学制对接。视学人员依据学章针对此项问题提出修改建议，希望去除旧习。

3. 理念差异

清季学务调查显示，同一办学类型，经学分科的设置可能差别极大;同一地区、同一学堂内的经学教育，情况也有不同。推究原因，在于学制条文落到实处，因学务人员办学理念的差异而发生变化。

兴学初始，清廷就明谕各督、抚、学政切实督饬地方官，劝谕绅士广设小学堂。诏停科举后，京师学务处奏请每半年汇咨学堂情况，"所有各府、

---

① 《盛京时报》1906 年 12 月 23 日，第 3 版。
② 《时报》1904 年 5 月 14 日。
③ 《直隶教育杂志》1905 年第 1 期，第 40 ~ 41 页。
④ 《直隶教育杂志》1905 年第 1 期，第 33 页。
⑤ 《邸抄》第 110 册，第 56330 ~ 56331 页。
⑥ 《清实录》第 59 册，第 436 页;又见刘锦藻编《清朝续文献通考》卷 106《学校》(13)，第 8652 页。
⑦ 《光绪三十四年上期调查汀州府长汀县属学务报告》，《福建教育官报》第 7 期，宣统元年二月。

厅、州、县已办各学堂，由本省学务处随时派员，周历各学，细考其教授方法、科学等级、教员程度、管理事宜"，并严定州、县功过。① 将办学成效与官员考绩联系在一起。各堂长、教务长、教习等，更与学堂经学分科的具体开展有关。自学部而下，经督抚、提学使、各地官员、学堂堂长、教务长乃至教习，个人办学理念的不同，都可能造成经学课程设置的差异。

各省督抚与提学使，出于维系伦常的考虑，注重尊孔的办学宗旨，提倡学堂经学教育的开展。两江总督端方收到图书馆委员王耕心所撰《兼治五经衷义》一册后，当即批示：

> 自兴学办学堂以来，朝廷明定教育宗旨，其一曰宗圣，嗣又钦奉懿旨尊孔子为大祀，圣谟广远，万世昭著。钦定学堂章程则自初等小学即注重读经讲经，入校之初，会授《孝经》，次及四书，日课月程，务令通晓。此固吾中国国粹所寄，凡有教育之责者，所应敬谨遵守者也。徒以群言庞杂，大道披猖，守先则古之心不敌其通变趋时之见，遂至良法美意名存实亡，人心世道之忧，深堪悯叹。

端方注意到学制条文的良法美意没有付诸实践，强调办学应谨遵学章，所以对王氏所著点评为："潜心正学，夙负时名，撰《兼治五经衷义》一篇，冀为挽救，立言不朽，嘉尚良深。"认为该书挽救时弊，对症发药，建议提学使司依据学制加以采择，檄饬各学堂切实办理，"期于经训修明，士风纯美，是为至要"。② 希望各学堂能够注重读经讲经课程。吉林提学使吴鲁既注意阐释清季兴学的立意，亲自宣讲教育宗旨，③ 又专门撰写经书讲义，教导该地学子。④ 并严格遵照学制章程开办模范学堂，将学制规划下的经学教育落到实处，作为表率，令全省学堂仿照办理。

各州县官员办学，在舆论眼中大多不明教育，"所谓即用、截取、大挑、拣选各班之牧令，果皆学堂出身乎？果皆明白教育真相乎？"但又担负起各地开办学堂的具体重任，"为升途起见，为保荐起见，为粉饰耳目起见，受事之初，必宣布一谕示。下车之后，必会商诸绅董"。办学却又

---

① 朱寿朋编，张静庐等校点《光绪朝东华录》第 5 册，第 5411 页。
② 《北洋官报》第 1971 册，1909 年 2 月 5 日。
③ 《吉林提学使吴宣讲教育宗旨之概要》，《吉林教育官报》第 1 期，1908 年 2 月 16 日。
④ 《吉林提学使吴经学讲义（示吉林学子）》，《吉林教育官报》第 1 期，1908 年 2 月 16 日。

面临种种限制，"或以境邑之瘠苦，经费无从筹画也；或以风气之未开，父老不相允从也。而为之官者，半系贫寒旧族，万无解囊独任之魄力"。又惧上官之呵责，虑声名之败坏，以掩耳盗铃之计，为补苴搪塞之谋，"或建数楹小屋，内悬一牌，曰此蒙养学堂也。或在庙宇门外横列一匾，曰此初级小学也。为牌匾数十，分布于四城四乡，彬彬然，学校如林矣。至其内容教育之如何，生徒入学之多寡，则耳可得而闻，口不可得而名焉。或仍以老学究充当教习，或即以三、千、大、中为课本"。① 于是学堂出现了种种名不副实情形，于教育无益。

以学务不通官员去办理学堂，自欺欺人，多数为虚应故事。浙江兴学，官员但知涂饰门面，聚财力于高等，"而初等非所注意，非以义塾滥充，即竟听其阙略"。② 山东潍县新任官员认为新式学堂耗费大，乡间难以办理，且功课繁而童子无此才力。③ 而且官场人事纠葛复杂，即便视学员发现问题后想要整治，也是掣肘太多。如河南视学查明夏邑县某令废弛学务，提学使司欲施以薄惩，而受各方牵制竟难以行事。④

州县官员的办学态度，影响了学堂经学课程的设置。虚应故事者多沿袭旧法，但不乏自觉依照学制办理者。1907 年，江西知县易顺豫认为学制章程有关中小学读经讲经的规定，"理周法密，虑远思深，实力奉行，犹恐不及"，鉴于各省兴学照章办理较少，江西亦不免此等流弊，遂致文两江总督端方，"请通饬各府、厅、州、县中学堂、高初小学堂一体敬谨遵照奏定章程，切实认真办理，勿得稍有改易，视若具文"。⑤ 1908 年安徽绩溪调查显示，县属学堂及各乡私塾"共三百二十八所，学生共三千九百余名"，该地县令就明确意识到各学堂未能遵照学制设置教法、学科，饬令改良，以期进步。⑥ 各督抚通过学制章程把握官员的办学得失，所以署山东巡抚吴廷斌因济南、泰安、兖州、济宁州四属学务办理得当，因

---

① 《论乡隅学堂与警察之流弊》，《大公报》1906 年 4 月 22 日，第 2 版。
② 《札浙江提学使确查各厅州县学堂情形并设法整顿文》，《学部官报》第 24 期，1907 年 6 月 21 日。
③ 《巡检阻学》，《大公报》1907 年 5 月 25 日，第 6 版。
④ 《本部视学官调查河南学务报告书》，《学部官报》第 53 期，1908 年 5 月 10 日。
⑤ 《时事采新汇选》第 20 册，第 10598 页。
⑥ 《申报》1908 年 4 月 22 日，第 2 张第 3 版。

"悉遵定章，学生亦无浮嚣之气"，奏请奖励。①

　　州县官员影响一地风气，而学堂管理员与教习通过时间安排和程度设置，直接影响了经学教育的开展细节。1907 年，山西学务调查发现，学堂管理员多不谙学务，"查各学堂除数处有学堂出身人员办理稍合外，其余多地方绅士承办，大率皆因陋就简，校长不知分班号目，监学不知上课时间，甚至有反对新学，每事与教员意见相反者，亦属屡见"。② 同年，河南学务调查情况发现，各乡村市镇学务不兴，"每由一二耆年迹近守旧，误以学堂为洋学，致生阻力"。③ 天津各学堂教员多非师范毕业生，"各教员四十余人中，保定师范毕业者只一二人，其余俱系自请，并不由司加札。……初师毕业者不过十之一二，传习毕业者不过十之四五，此外均未经传习。夫以传习生而教高等，已属不合，况未经传习者"。④ 以这些人选管理、执教学堂，经学课程的开办不免沾染旧时风气。

　　学堂管理员与教习系旧学出身，导致经学教育趋于旧法。1908 年调查福建学务，尤溪县两等小学，教科均依旧式，"以四书、五经为单人教授，终日兀坐"，仿佛书塾。视学员发现该省初等小学堂多有此病，"宜亟为整顿者也"。⑤ 古田县公立两等小学堂堂长林炳先乃"前充邑中书院山长"，办学用意在"收书院之羡"。该县卓山两等小学堂管理员、教员均不懂教育理法，"经书则督令背诵，有教读而无讲解"。⑥ 浦城县开化较早，"其地为朱紫阳、真西山两先生之所过化"，理学名区，遵章办学反而阻力重重，"肄业诸生以改良学制为己任，虽师长之久拥讲席者亦痛斥之，于是新界与旧界之冲突以起"。民立城东两等小学堂合各私塾改办而成，"各教员均未习过师范，课授生徒之时各守私塾之习惯，各自讲解，无所统一"。东乡富沙初等小学堂，分科课程分配不当，经学课程时间安排多，又重背诵。西乡西山两等小学堂，学科程度等同私塾，高等程度经学教员

---

① 《清实录》第 59 册，第 781 页。

② 《山西提学使申送山西全省学务报告书》，《学部官报》第 44 期，1908 年 1 月 4 日。

③ 《本部视学官调查河南学务报告书》，《学部官报》第 53 期，1908 年 5 月 10 日。

④ 《直隶教育杂志》1907 年第 4 期，第 39~40 页。

⑤ 《光绪三十四年上学期调查尤溪永福两邑学务报告》，《福建教育官报》第 2 期，光绪三十四年八月。

⑥ 《光绪三十四年上学期调查闽清等县学务报告》，《福建教育官报》第 1 期，光绪三十四年七月。

章奎焕授以节录《五经汇解》，与学章相比"失之繁重"。① 湖北长阳县积习较深，经学课程"总以多背诵经书为能事"；教授内容更是混乱，"查初等小学竟有读《诗经》、《书经》者，或有读《易经》、《左传》者，问以讲义，概不了然"。② 1911 年，湖北对武昌府兴国州乐平里初等小学堂进行科目调查，发现其"徒重经学，绝不注意于算、操两科"。只得改聘教习，另行教授。③

部分学堂教习的言行举止与在书塾时并无二致，讲台喝茶、吸烟成为常事。九江中学堂因教习、管理人员都有鸦片癖，有"好大烟馆"之名，课程仅有经史、算学、英文三门。经学并未单独分科设置，学生不感兴趣，教习也缺乏执教热情。学生总计 40 人，出入自由，到堂者或仅二三人，有次甚至仅一人到堂。经史教习并未改善教学，只是告知学生，"请诸君稍为我顾脸，以后勿再旷课"。④

二　学制规定外的经学课程

内忧外患的时代背景，使得兴学育才成为清季朝野上下的共同目标。官方虽然以癸卯学制作为新式学堂的设学办法，但时人对学制办法未必全然认同，对如何保存旧学也另有考虑，开始尝试在学制规定外开展经学教育。

癸卯学制规定各实业学堂不设经学课程，以确专门实业教育能顺利开展。但积年旧习熏染，出现了坚持以经学作为实业学堂课程的情形。科举尚未停废时，王锡彤执教河南禹州三峰实业学堂，即为学生讲授《论语》。⑤ 诏停科举后，部分实业学堂仍旧坚持开设旧学课程。南洋高等实业学堂专科国文课，由监督唐文治担任教学，主要教授四书、五经，"尤以《孟子》和《诗经》讲得最多"。⑥ 1910 年，该实业学堂仍有专门担任

---

① 《光绪三十四年上学期调查浦城县学务报告》，《福建教育官报》第 4 期，光绪三十四年十月。

② 《本司札长阳县整顿学务文》，《湖北教育官报》第 6 期，宣统二年七月。

③ 《宣统二年十二月武昌府兴国州乐平里初等小学堂事实表》，《湖北教育官报》第 2 期，宣统三年正月。

④ 《警钟日报》1904 年 10 月 23 日。

⑤ 王锡彤：《抑斋自述》，第 118、120 页。

⑥ 朱有瓛主编《中国近代学制史料》第 2 辑下册，第 145 页。

经学分科的教习。① 奉天高等实业学堂以徐鸿宝为监督，徐尤长经学，"兼授《春秋左传》"。② 在学制规定外，因为办学人员坚持个人兴学育才的看法，经学进入一些实业学堂。

学制体系外，逐渐出现了重新规划经学教育的尝试。1907 年，国学保存会提出开设国粹学堂，以保存国粹、阐明实学、养成通才为办学宗旨。学生入学资格定为年在 17 至 22 岁、国文清通、国学有根底者为合格，正额 60 名，旁听生 20 名。学科课程强调以国学为主，略仿各国文科大学及优级师范，分科讲授。学期三年，半年为 1 学期，6 学期卒业。③ 并重新规划了中学分科，订立经学等各项中学分科的教授办法，详见表 2 - 9。

表 2 - 9　国粹学堂中学相关学科设置

学科	时间及程度					
	第一学期	第二学期	第三学期	第四学期	第五学期	第六学期
经学	经学源流及其派别	汉儒经学	宋明经学	近儒经学	经学大义	经学大义
文字学	文字源流及其派别	字音学	偏旁学	训诂学	析字学	论理学
伦理学	古代伦理学	汉唐伦理学	宋明伦理学	近儒伦理学	伦理研究法	教育学
心性学	古代心性学	中古心性学	近代心性学			
哲学				古代哲学、佛教哲学	宋明哲学、近儒哲学	
史学	年代学、大事表、历代兴亡史	外患史	政体史	外交史	内乱史	史学研究法
文章学	文学源流考、作文	文章派别考、作文	文章各体、作文	文章各体、作文	文章各体、作文	著书法

资料来源：《拟国粹学堂学科预算表》，《国粹学报》第 3 年第 1 号，1907 年 3 月 6 日。

为复兴古学，国粹学堂打算在 6 个学期内教授 21 门学科。除了上述分科外，国粹学堂还设置有其他学术学科，如政法学、宗教学、实业学、

① 朱有瓛主编《中国近代学制史料》第 2 辑下册，第 139～140 页。
② 朱有瓛主编《中国近代学制史料》第 2 辑下册，第 179 页。
③ 《拟设国粹学简章》，《国粹学报》第 3 年第 1 号，1907 年 3 月 6 日。

社会学、考古学、典制学、地舆学、历数学、译学、博物学、书法学、音乐学、图画学、武事学等。

在经学教育的具体规划上，国粹学堂与学制规定存在异同两面。在开办简章中，国粹学堂自比优级师范学堂程度，所以经学课程与癸卯学制中优级师范学堂分类科第一类（以中国文学、外国语为主）的规定有重合，都是讲授经学大义。但与优级师范学章规定不同，国粹学堂将经学大义课程统一压缩到第三年完成，而在前两年四个学期分习经学源流及其派别、汉儒经学、宋明经学、近儒经学，似更贴近经科大学的课程规划。这恰好反映了上述"略仿各国文科大学及优级师范"的设学办法。

国粹学堂的开办初衷，是希望培养出"古学复兴"的人才，"从学之士，三载业成，各出其校中所肄习者，发挥光大以化于其乡"。进一步学风所被，"凡薄海之民，均从事于实学，使学术文章寝复乎古，则二十世纪为中国古学复兴时代，盖无难矣，岂不盛乎！"①

不过，古学复兴口号的提出，仍旧不能脱离西学进入中国的现状。所以在学堂课程中，同样添设有政法学、社会学、实业学、博物学等西学课程。如学人研究指出，"归根结蒂，其在实践上最终是表现为推动传统学术向近代化的转换。……说明其本质是创新，而非复古"。② 而且社会舆论对学堂经学教育仍存质疑，专门性质的国粹学堂自然很难获得较大支持。这一在学制体系外另行创新的经学教育方式，限于经费无着而最终作罢，并未实行。

教会学校本就偏重西学和宗教知识，这种办学趋向虽在科举停废后加重，但仍有教会学校坚持开设简单的经学课程。1904年，被视作中国首所教会大学的山东登州文会馆与广德书院合并为广文学堂，迁至潍县。其正班招收中学堂毕业生，学期五年，分科设有修身、讲经、外国文、中国文、心理学、历史、算学、理化、博物、法制、体操等。经学教育主要在前两年开展：第一年上学期《诗经》、《孟子》，下学期《书经》、《孟子》；第二年上学期《礼记》、《论语》，下学期《左传》、《论语》。③ 圣约翰大学分设中、西两斋，西学斋不设经学课程，中学斋简要学习四书五

---

① 《拟设国粹学启》，《国粹学报》第3年第1号，1907年3月6日。
② 郑师渠：《晚清国粹派：文化思想研究》，北京师范大学出版社，1997，第137页。
③ 王元德、刘玉峰：《文会馆志》，潍县广文学校印刷所，1913。

经，备馆第二年《孟子》，第三年《礼记》节读，第四年《尚书》。正馆第一年《论语》、《周礼政要》，第三年春秋三传。[①] 与癸卯学制比较，这些教会学校的经学教育规划相对简单，不过中、小学堂程度，而且课程授受受到中国传统注重背诵与夏楚之法的影响。既有研究提出，教会学校直到清末，都无法对经书教学的方法进行任何重大的改革。[②]

学制规定外的经学教育方式，规划各有侧重。相对癸卯学制而言，国粹学堂经学教育的内容增多，程度加深；教会学校则简化处理，在内容和程度上都有所减弱。值得注意的是，即便强调古学复兴的国粹学堂，仍旧需要考虑将政法学、实业学等西学分科纳入课程体系，以求中西兼顾。这进一步说明了在西学的冲击下，经学等中学分科于学堂中已丧失主导地位。

通过考察科举停罢后经学课程的具体开设状况，可以窥视近代学堂融中、西学于一炉的办学实情。仅从学制的章程条文加以分析，很可能得出学堂中、西学并设，将固有学问与西学融为一体，"鱼与熊掌兼得"的判断。然而，实际情况并非如此。各地办学条件的差异、旧有风气的影响、办学人员的理念差异，都影响了学制实施，使得晚清学堂经学课程的开设出现了异变。

在癸卯学制颁行之前，吴汝纶就提出了"新旧二学，恐难两存"的忧虑。因为借鉴的外国学制办法"乃欧、美公学，屡经教育名家递修递改，久而乃定，则亦未可轻议"。中西学问混在一起，拉长学习时间。且从教育方法考虑，"西学但重讲说，不须记诵，吾学则必应倍诵温习"，不可并在一堂。[③] 否则，学生负担过重。

清季兴学，朝野上下对西学的认知本就普遍薄弱，更无衔接递进的层级培养基础。在普遍欠缺西学专门知识的前提下，学堂将西学课程的设置看作"当务之急"。据曾在安徽学堂就读的高一涵回忆，学习西学也被青年学生视为第一等学堂大事，"当时安徽青年学生羡慕西方文明成了风气，大家认为要学习西方科学必先学习西方文字，因而把学习英文看作压倒一

---

① 朱有瓛主编《中国近代学制史料》第 4 辑，第 438～439 页。
② 参见陶飞亚、吴梓明《基督教大学与国学研究》，福建教育出版社，1998，第 60～61 页。
③ 施培毅、徐寿凯校点《吴汝纶全集》第 3 册，第 406～407 页。

切的功课，别的功课考试不及格不要紧，千万不要使英文不及格"。[1]

各学堂苦于西学功课的筹划，学生略有根底的旧学分科或无暇顾及，或人为忽略，致使经学并未进入部分新式学堂的课程设置。所以一些官立、公立、私立学堂，高等学堂预科以及速成类师范课程不设经学。高等学堂、中学堂阶段的经学教育受限于学生的西学程度，不得不分别补习中学堂与小学堂程度的经学教育内容。师范教育、简易速成和补习办法取代了完全程度的经学课程安排。不少学堂的课程设置因偏重西学而忽视固有学问，或沿袭旧法而违反学章，使得癸卯学制的"法良意美"大都无从落实。

经学在进入学制与学堂后，经过分科框架的改造，已非本来面目。随着学制的实施，经学日益以西方学术分类的视野来衡量。作为学堂一门分科的经学，不仅地位下降，在学堂失去主导地位，而且在分科教学的安排中，让位于西用之学，难以担负维系教化和支撑中体的重任。清季经学课程的开设实情，与学制规定的预期出现偏差。但诏停科举后，延续科举功用维系中体的学堂经学教育，又势在必行。办学人员多方筹措，对各学堂经学教育进行引导和规范，以期经学课程顺利开展。而经学课程的授受效果如何，成为经学能否融入学堂的关键。

---

[1] 高一涵：《辛亥革命前后安徽青年学生思想转变的概况》，中国人民政治协商会议全国委员会文史资料研究委员会编《辛亥革命回忆录》（4），中华书局，1962，第436页。

第三章　经学课程的授受与成效

　　癸卯学制章程颁布，经学课程渐次开设，却难以据此定言中国固有学问已然融入新式学堂。随着新式学堂逐渐取代旧有的学校、书院与学塾，西式教育的一整套理念和办法也逐渐为人所接受。经学成为学堂的一门分科课程后，要依靠教习传授给学生，才能完成教育过程。虽然学制章程中订立了将其学科化的办法，但在实际开展中呈现出来的面貌，远比章程条文的规定复杂。经学课程是否以及如何编写教科书，教习如何选任，教授办法如何，取得效果怎样，均是经学融入学堂不能回避的问题。

　　固有学问的授受与修习本有定法，制约了学堂经学教育的开展。一方面，为迎合学制，用西式教育观念条理固有学问，已不可避免；另一方面，由于教育内容、方式以及目标上的差异，固有学问与他国系统不相凿枘。通过考察经学融入学堂的具体情况，可以探究经学在学堂开办融合中、西学的过程中被怎样调适。

第一节　经学教科书的编写与审定

　　清季兴学，经学最终以分科的方式被纳入新式学堂教育。因缘仿行西方学制的规范要求，在尝试分科教学的过程中，学堂经学教习或自编讲义，或照搬日本用书，书局以及一些国学保存机构也参与到经学教科书编写的过程中。清季官方对各种经学教科书或讲义加以审定的同时，推出了部编教科书版本。在中西学交融碰撞的大背景下，经学教科书的编写，不仅遇到如何迎合西式教育体制而又能维系旧学的难题，也预示着经学融入学堂的走向。

　　壬寅、癸卯学制的颁布，推动了分科教学的实施，根据学制的规范与教学统一的要求，各种版本的经学教科书相继面世。鉴于新式学堂经学课程开展的实际需求，学部无法回避经学教科书的问题，只能通过审定教科书的方式，试图在维系旧学和采取西制之间寻求一种微妙的平衡。对晚清经学教科书从自编到审定的探讨，有助于了解清季经学融入学堂的实际状况，借以展现教育转型时期对旧学的调适和取舍。[①]

一　经学教科书

经学的传统授受注重述而不作，"先辈慎重经义，惟以圣贤成训立身教人，不敢轻言著述也"。[②] 与今天意义上的教学活动相似的是，传统书塾以四书五经作为"教材"或者"教科书"之用，程度稍高再辅以注释经书的传、注、笺、疏等著述，并因学派立场的不同，用书或有差异。

学人研究表明，"教科书"一词的引入，与传教士有极大关系。[③] 彼时传教士主持教育者鉴于西学各科并无教材，而于传教士大会上决议成立"学堂教科书委员会"。[④] 当时的教会学校为迎合中国学生的需要，开设了经学课程，却仍只是采用四书五经作为"教材"。

甲午后，中国自办肄习普通学的新式学堂开始大量出现。与早期的教会学校相似，经学课程的讲授大多仍旧是采取按书讲学的模式，并无教科书名目。随着西式教育制度和观念的传播，中国出现了是否编写经学教科书的争论。由于传统概用四书五经讲学，无所谓教科书，与西学分科使用教科书的做法截然不同，编写经学教科书，不免有割裂经文之嫌，很难获得认可。因此，自晚清以来，对于要不要编写、能不能编写经学教科书的问题，一直争论不休。

围绕是否编写新式学堂经学教科书的问题，时人站在不同立场阐发了意见。一种意见支持编写，但认为耗时耗力。曾任京师大学堂总监督的吴汝纶就有此意。1898 年，吴汝纶上书李鸿章谈论兴西学事宜，谈及编书

[①] 除了从经学史角度进行论述外，一些学人注意到经学教科书与新式教育的关系，周邦道等人曾对包括经学教科书在内的晚清教科书刊行状况有所统计（《第一次中国教育年鉴》戊编，开明书店，1934，第 115～122 页）。王建军对晚清时期自编教科书的整体状况有所梳理（王建军：《中国近代教科书发展研究》，广东教育出版社，1996）。毕苑则对晚清时期商务印书馆编写的经训教科书的刊行状况有所统计（毕苑：《经学教育的淡出与近代知识体系的转移——以修身和国语教科书为中心的分析》，《人文杂志》2007 年第 2 期）。

[②] 曹元弼：《叶侍讲墓志铭》，《碑传集补》卷九，第 586 页。

[③] 参见王建军《中国近代教科书发展研究》，第 309 页。

[④] 《第一次中国教育年鉴》戊编，第 115 页。

问题，"又况欲荟萃经、子、史之精要，取菁华去糟粕，勒为一书，请旨颁行，此亦谈何容易！窃谓此等大政，不筹有着之款，不延名家之师，即京师大学堂尚难猝成，何况各行省、州、县，必应筹议章程，以凭详请奏令"。① 赞同编书者甚至提出了具体办法，贵州学政 1902 年提出仿照王安石论孟义办法，编订功课书，大意"以发明圣贤经传之义理为本，间出己意加之论断，并引用古今事迹以证据之"。②

另一种意见明确表示反对编写。梁启超早在奏设大同译书局时，就提出六经如日中天，学生应该全读，字字皆实，并无糟粕，"则全体精华何劳撮录"，将经学一门提出不在编译之列。③ 孙家鼐办理大学堂时，认为删节割裂经文必然引起士论诸多不服，出于尊经的考虑，断不可编辑经书。④

值得注意的是，此时无论赞成还是反对主张编写经学教科书者，大都是站在经学必不可少的立场。差别只是在于一方主张编写，以便经学更好地融入学堂；另一方则认为经书无法编写，即使编写出来也很难获得士人认可，因此无须编写。而新的学制章程，欲将经学纳入新式学堂教育体系，自然要面临如何编写与审定经学教科书的问题。

二　学堂自编教科书

壬寅、癸卯学制颁布后，对于是否编写经学教科书的问题，采取了一种灵活的处理方式。表面上，采取不编经学教科书的办法。按 1902 年壬寅学制的章程设计，中小学堂读经课多即用所读四书、五经授讲。1903 年时任学务大臣颁行的暂定各学堂应用书目中，经学门列举了以下各书：

> 《四书章句集注》（十九卷，明经厂大字本，扬州鲍氏刻本，南昌万氏刻本，武昌局刻本），明监本宋元人注五经（明经厂本，扬州鲍氏刻本，南昌万氏刻本，江宁局刻本，崇道堂本，武昌局刻本，正经正史及汇刻书不举卷数暨撰人注家），永怀堂古注十三经（明金蟠

---

① 施培毅、徐寿凯校点《吴汝纶全集》第 3 册，第 200 ~ 201 页。
② 《贵州学政赵熙奏请开设译书局片》，《湖南官报》第 37 号，1902 年 5 月 25 日。
③ 《梁启超奏译书局事务折》，汪家熔辑注《中国出版史料（近代部分）》第 3 卷，湖北教育出版社、山东教育出版社，2004，第 274 页。
④ 《孙家鼐奏复筹办大学堂情形折》，北京大学校史研究室编《北京大学史料》第 1 卷，北京大学出版社，1993，第 48 页。

葛鼎问刻本今江宁书局补足印行，杭州局刻本），经典释文序录（武昌局刻本），传经表通经表（四卷洪亮吉撰，授经堂重刻本，式训堂从书本作毕沅撰）。参考书：十三经注疏（阮刻本），御纂七经（官刻本，局刻本），皇清经解（一千四百八卷，阮元编，学海堂本），皇清经解续编（一千四百三十卷，王先谦编，南菁书院本）……①

实际上，仍旧把原有经书及经解、集注等书作为教学用书。但这套暂定应用书目只是仓促之间经学教育用书的简单罗列，没有依照学堂不同层次和程度做出划分，与按级递进的学制规划并不吻合。

1904 年颁布的癸卯学制章程相较于壬寅学制，规划更为详细。各阶段学堂经学所用书目除中小学堂读经课用经书原本或选定节本外，高等学堂、优级师范选用钦定、御纂诸书，只有经科大学应用各书需要自行编写，鉴于经科大学开办较晚，而暂不急需。但在癸卯学制《学务纲要》中，提出学堂教科书的编写方式，"官编教科书，未经出版以前，各省中小学堂，亟需应用，应准各学堂各科学教员，按照教授详细节目，自编讲义"，经学部审定后，即可应用。作为学堂一门分科的经学同样允许私编讲义，这推动了各地学堂自编经学讲义和教科书。而 1906 年颁布的教育宗旨，在"尊孔"一条下详列经学作为各学堂必修课目，并明示了经学教科书的编写："其经义之贯彻中外，洞达天人，经注经说之足资羽翼者，必条分缕析，编为教科，颁之学堂以为圭臬。"②

随着癸卯学制的施行，各学堂教习开展经学教育需要考虑讲解的规定，"凡讲经先明章旨，次释文义。务须平正明显，切于实用"。小学堂讲经尤须"令圣贤正理深入其心，以端儿童知识"。因此，各学堂经学教习讲经，不免要设定参考用书。

小学堂一般即将朱熹《四书章句集注》为通行承用之本，风气未开地方则采用《备旨》、《味根录》等书。③ 1906 年，御史王步瀛奏请将《大学衍义》、《衍义补辑要》、《小学集注》于学堂刊布，作为教科必读书。④

---

① 《湖南官报》第 377 号，1903 年 5 月 17 日。
② 朱有瓛主编《中国近代学制史料》第 2 辑上册，第 152 页。
③ 《广东提学札各属禁用彪蒙书室绘图四书新体读本文》，《福建教育官报》第 9 期，宣统元年三月。
④ 《清实录》第 59 册，第 414 页。

中学堂与高等学堂教习则以《十三经注疏》为参考，结合自己的旧学知识开展教学。南宋胡安国所著《春秋传》也被部分中学堂直接用作教科书。1905 年开学的南阳府官立宛雨中学堂，读经讲经课程即分别以《周礼》、《左传》和《胡氏春秋》用作教科书。①

随着兴学进程的开展，各阶段学堂比照学制层次和程度的不同，逐渐有经学教习自编讲义。

河南师范学堂教员黄云凤等主张应就《孝经》、《小学》、《曲礼》诸书，择其关切时局处，编为课本。② 云南明州举人甘德柄弟兄私立两等小学堂自编经学、国文课程讲义，被视学员评价为确有成效。③ 作为高等小学应读之书的《仪礼·丧服经传》，坊肆间没有单行节本，广东高枚特意编写《仪礼丧服郑注易明录》，以便教授。④ 黄镕执教嘉定府中学堂，留下了以"春秋王制考"为主的《经学讲义》。⑤ 执教川南师范学堂的罗顺番，编写经学讲义 11 卷。⑥

不过官方认可的仍是按照经书讲学。癸卯学制规定中学堂读经讲经用书为《春秋左传》、《周礼》，《周礼》可用黄叔琳《周礼节训本》代替。学部第一次审定中学堂、初级师范学堂暂用书目，读经讲经课程遵照学章，没有开列书目。所以广西提学使司调查学务，要求中学堂以上学堂，各学科"除英文、图画、体操、经学外，余俱用印刷讲义"。⑦ 图画、体操课程无须使用讲义，英文只能取自翻译，经学课程不用，则是因为已有各本经书不需使用讲义。而河南许州中学堂监督纪在鼎配备中学堂图书，将学堂用书分为极应购备和从简购备两项，"学生应用书兹就本堂急应购备者列左。《春秋左传（武英殿读本）》，《袖珍华英字典》，《初级英文范》，以上各五十份。教员参考书，奏定章程同上"。该学堂原从简购备各书为："《康熙字典》、《历代名臣言行录》、《明儒学案》、《通鉴地理今

① 《河南教育官报》第 85 期，1911 年 4 月 29 日。

② 《河南教育官报》第 32 期，1908 年 12 月 8 日。

③ 《云南教育官报》第 24 期，1909 年 10 月 3 日。

④ 《广东学务大事表·审查图书课本表》，《广东教育官报》第 12 号，宣统三年第 3 期。

⑤ 《经学讲义一卷》，清末四川刻本，复旦大学图书馆馆藏。

⑥ 《川南师范学堂经学讲义十一卷》，四川大学图书馆馆藏。

⑦ 《学司李据杨守玉衔调查学务普通缺点饬各府厅州县各学堂改良札》，《广西官报》第 27 期，第 2 年第 5 号，1908 年 7 月 28 日。

释》、《十三经注疏》、《东华录》、御纂七经、《万国史纲》、《春秋大事表》……各拟购一份。"① 《春秋左传》即为学生经学课程用书，参考书则兼采《十三经注疏》、《春秋大事表》及御纂七经。

高等以上各阶段学堂情况有所变化。与中小学堂不同，经学教习开始讲述经学大义。为授课方便，自编经学讲义的做法更为普遍。刘尔炘在甘肃文高等学堂讲述《诗经》、《尚书》、《周易》、《春秋》时，留下《诗经授经日记》、《尚书授经日记》、《周易授经日记》和《春秋授经日记》讲义。潘任担任江南高等学堂教习，编写了《孝经讲义》。② 皮锡瑞执教湖南诸学堂，留下《经学历史》、《经学通论》、《师伏堂春秋讲义》等经学讲义。王舟瑶担任京师大学堂师范馆教习的经学讲义，与张鹤龄的伦理学课程讲义一起以《京师大学堂伦理学经学讲义初编》刊印出版。

经科大学开办后，一些教习同样自编讲义。《周礼》学教习胡玉缙自抒所得，是以有《周礼学》。③ 夏震武教授分科大学补助课，主讲四书及大学衍义，"乃以《孟子讲义》、《大学衍义讲授》，教诸生"。④

学堂经学讲义和教科书，多出自教习或监督之手。各种学堂自编经学讲义和教科书，因其门派立场而各有差异，姑且不论。在教科书编写过程中，因编写者本身对于西学认知和接受程度的差异，却逐渐分化为不同途径：

一是编写者是旧学出身，对于西学所知不多，常仿照中国古代治经办法编写讲义。像徐大煜为小学堂读经所用四书而作《四书义述》即仿程朱办法，"在昔古本大学，最多错简，自程朱考经文别为叙次，而补传一篇，尤脍炙人口，有功圣道不浅。今仿程朱改订之例，上窥宣圣束古之心，凡有注释，悉从旧说。不详名氏，用避繁琐，间附己意，斯与立言大旨不悖，引童蒙于实学实力之途"。⑤ 江苏东台县中学堂教习吉城，拟就中学堂经学课程编写《左传》讲义，分为六类：左祐，则贾服以求经训，参考杜注及清代诸儒之说；左考，通参事实如顾栋高《春秋大事表》所载疆

---

① 《河南教育官报》第29期，1908年10月25日。

② 《江南高等学堂经学讲义：孝经讲义》，南京大学图书馆馆藏。

③ 《许庼学林二十卷》，张舜徽：《清人文集别录》卷24，第661页。

④ 《夏震武》，蔡冠洛编纂《清代七百名人传》第四编，周俊富辑《清代传记丛刊》，台北，明文书局，1985，第1564~1565页。

⑤ 徐大煜：《论语义述序》，《湖北文征》第13卷，湖北人民出版社，2000，第72页。

域、山川、兵事等；左论，则参考马骕《左传事纬》、高士奇《左传纪事本末》、顾氏随笔诸总论及各家一人一事初论；左翼，则国语、公羊、穀梁、毛诗、戴记、周秦古子史谈异文等；左系，则授受源流；左微，则个人所撰《左传小读》中诗微、兵微诸篇。①

二是编写者对西学有所涉猎，取径外人，翻译或直接选用日本经学读本。山西优级师范学堂附设高等小学，讲习苦乏精笈。学堂监督罗襄将日人《论语类编》、《朱子孟子要略》等书付诸活印，直接用作课本，"盖语其粗，则事以类区，比校之学存焉；而童子能辨，语其精，则义随论别，研究之法系焉。惟夙儒乃通，执圣之权，抉经之心，即浅可以索深，举正不复堕邪，装成一册，冀祛二弊，教育名家或能谅予之隐而不以为钜谬耶"。②

因趋新程度的不同，经学教科书有了不同面貌。取径外人者，讲解经义则多一层日人的附会认知，很难获得普遍认可。师法古人者，鉴于编写者于旧学有一定根底，似乎更为接近传统经学面貌，却难免有割裂经义、自说自话之嫌。

三　书局和其他机构教科书

随着新式教育的施行，教科书与教材的大量需求，也为近代出版机构提供了商机。为了满足学堂经学教科书的市场需求，商务印书馆、文明书局、乐群书局、集成图书公司、彪蒙书室等先后投入了对经学教科用书的编写。各书局中尤以商务印书馆的影响大，"光绪二十九年以后，各学堂教科书，大多数出于商务印书馆"。③

出于受众数量以及编写难易程度的考虑，各书局编写对象多为小学堂读经讲经所用教科书。涵芬楼收藏的清末经训教科书有 17 种 59 册。商务印书馆出版的《高等小学经训教科书》，使用学堂极多，并获得视学员的认可。1908 年福建松溪县学务调查发现，官立高等小学堂读经用商务经

---

① 吉城：《鲁学斋日记（外二种）》，1910 年 4 月 18 日，国家图书馆出版社，2010。
② 罗襄：《重印论语类编孟子要略序》，《湖北文征》第 13 卷，第 78 页。
③ 《第一次中国教育年鉴》戊编，第 115～122 页。

训教科书按课教授，视学员评价为"课程支配尚属得宜"。① 此外，一些书局出售的经学教科书还有：中国图书公司的《大字四书》，南洋官书局的《节本礼记》，乐群书局的《孝经课本》、《节读分课经书》以及配套《节读分课经书教案》，千顷堂的《绘图礼记节本》，彪蒙书室的《四书新体读本》、《四书白话解》、《绘图大学新体课本》、《绘图中庸新体课本》、《绘图论语新体课本》、《绘图孟子新体课本》、《图画四书白话释》、《绘图孝经新体课本》、《初级普通经学读本》等。②

　　这些书局出版的小学堂经学教科书，常采取将经义解读通俗化并牵引比附西学的做法。1905 年，彪蒙书室印行施崇恩、何明生等合演校订白话解释的《绘图四书速成新体白话读本》，附有图说，作为蒙学修身及读经科之用。③ 该书解前贤言论，常牵引新学知识，辗转比附，如"解大学在明明德，既推到德律风之德，又绘为德律风之图；解心广体胖，既推到体操之体，又以体操为练习；解论语时习之习，绘为体操之图；解巧言令色，谓巧言如西人留声机器，因绘为留声机器图；解表里精粗之表，而绘为摄氏华氏寒暑表；析天下之天字，因绘为行星绕日图；解中庸修道之谓教，而绘为释迦牟尼像；解中庸忠信重禄，而绘为重学试验器皿图。……解知止而后有定，推说到重学之定心不定心；解质之鬼神而无疑，推说到气质、流质、定质；解物有本末之物，既分动物、植物、非生物三大类，又推到水中微生物；解知所先后句，说到外国币制先令之先"。在绘图和内容上都与前人解经办法差别极大。并极力将西学知识融入释义，"解贱而好自专说到专制政体，非天子不议礼说到下议院权。尤与圣贤背道。而解新民之新，云旧的总陈腐，新的总合时"。④ 希望借新编经学教科书融入西学新知，使学生经学教育同样接触西学事物。

　　由于受众相对较多，书局版本的经学教科书施行范围较一般学堂自编教科书为广。彪蒙书室的小学堂读经课本在广东、直隶、奉天等地都有使

① 《光绪三十四年上学期调查松溪政和两县学务报告》，《福建教育官报》第 12 期，宣统元年七月。

② 参见毕苑《经学教育的淡出与近代知识体系的转移——以修身和国语教科书为中心的分析》，《人文杂志》2007 年第 2 期。

③ 《第一次中国教育年鉴》戊编，第 115 ~ 122 页。

④ 《广东提学札各属禁用彪蒙书室绘图四书新体读本文》，《福建教育官报》第 9 期，宣统元年三月。

用。甚至奉天咨送的学堂统计表，内载辽阳州所属各小学堂读经讲经课程皆用该读本教授。①

除了书局刊印类型外，国学保存机构也尝试编写经学教科书。1905年，国学保存会鉴于学堂林立，而中学教科书难以编写，"中学教科书尚无善本。我国旧有之载籍，卷帙浩繁，编纂极难，故无一成书者"。② 并以教科书所需甚急，而经学等课程竟无一善本教科书可用，"明诏废科举、兴学堂，而所需要教科书尤急。现查坊间所有之国学教科书，非译自东文，则草率陋劣，竟无一可用之本"。③ 所以委托刘师培专门编写《经学教科书》，以应急需：

> 伦理、经学二科，为吾国国粹之至重要者。……故学堂课程首列此二科，诚重之也。乃吾国于二科之教科书，未闻有编辑成书者。坊间有一二，则不完不备，草率特甚。致学者，欲稍窥国学，亦苦无门径。本会苦心编辑，先成此二书，诚以为国学之津筏，使学者得此，实不啻入学堂而受最高等国学之教育，事半功倍，其便于少日失学之人，实非浅鲜。④

与一些学堂自编讲义师法古人的做法相比，刘师培编写的《经学教科书》，因其本身旧学根底深厚，同样在解读经书古籍的问题上并不过多比附西学。而各书局经学教科书版本则明显不同。因各书局还担负编写西学教科书的任务，加上一些书局编辑多有留学背景，对于西学新知多有涉猎，所以书局版本的经学教科书增多了西学色彩。诸如上述彪蒙书室出版的四书白话读本，对经义解读辗转附会，以经书内容比附西学。这一做法或许有利于增益学堂学生的西学认知，却不免有损于经书微言大义的神圣性。因此，在学部审定时，成为查禁的对象。

---

① 《督宪杨准学部咨禁用上海彪蒙书室教科书札饬提学司转饬遵照文》，《北洋官报》第2112册，1909年6月26日。

② 《国粹学报略例》，《国粹学报》第1年第1号，1905年2月23日。

③ 《编辑国学教科书广告》，《国粹学报》第1年第8号，1905年9月18日。

④ 《经学教科书》、《伦理教科书》成书广告，《国粹学报》第1年第9号，1905年10月18日。

四 学部审定与部编教科书

相继出现的经学教科书和教科用书，有学堂自编应用者，有由私人编辑者，有由书商发行者，有由日本教科书直译而成者，情况不一。学堂之设虽有定章，而"教科各书初无定式，大率随人编辑，任使通行，其权半操之于书商"，导致"学界中人莫不苦教科书之无善本"，同时慨叹"现行教科书之谬误"。① 为规范教科书起见，学部公布了教科书审查制度。

1906年，学部以部编教科书未竣以前，取各家著述，先行审定，以备各学堂之用，并于是年公布第一次审定初等、高等小学堂暂用教科书凡例，以及中学堂暂用书目表。虽然学部出于按书讲学的考虑，经学教科用书即按照癸卯学制章程规定参用各经书，并未列于颁布的中小学暂定书目中，但鉴于各地自编经学教科书的不断出现，在《学部官报》以及各省官报、教育官报上，逐渐刊出了对一些经学教科书进行审定的消息。

学部在迎合新制与维系旧学上的苦心孤诣，通过对经学教科书的审定得到展示。各种书局编写的经学教科书，常因宗旨或内容过于趋新，无视旧学体例，而被斥为荒谬或不合用。除商务印书馆所出《高等小学经训教科书》并无批驳意见外，其他如乐群书局、文明书局、集成图书公司等书店所出版本，多为学部批驳查禁。② 乐群书局的节读分课经书，认为与癸卯学制章程不配套。③ 彪蒙书室的《绘图四书新体读本》则遭到学部严加查禁，谓书名费解，内容鄙俗，"平天下句下插入水平图，明明德句下插入德律风图，天下平忽屦入水平，并各绘一图，更足疑误后学，诸如此类，不一而足，万无审定之理"。认为该书误导学童，滋生谬种，将驳斥批语汇咨各处，通行严禁。④ 河南、广东、直隶等地收到学部咨文后，相

---

① 《甘肃教育官报》第6期，1910年1月25日。

② 《第一次中国教育年鉴》戊编，第115~122页。

③ 《乐群书局呈国文新教科书须改正初等小学修身教科书应将全书呈部再行审定节读分课经书及初等小学格致新教科书毋庸审定批》，《学部官报》第136期，1910年10月23日。

④ 《督宪杨准学部咨禁用上海彪蒙书室教科书札饬提学司转饬遵照文》，《北洋官报》第2112册，1909年6月26日。

继通行各属，将彪蒙书室该书严禁购用。①

私人编写的经学教科书，也视其在宗旨、内容上的采择而各有不同的审定批示。对于完全因循旧法、无视新学制规定者，学部不加采纳，如孙凤垲著《学庸讲义》，学部批为："是编乃科举时代取坊行高头讲章及四书题镜等书合凑成之，与教科书不合。"② 而忽视传统、不谙体例者，也遭到批斥，如严良辅《论语说文教科书》被批为："是编将说文字与论语墼杂揉为一，无是体例。题为论语说文教科书，亦不可通。"③ 符合体例、编排不善者，则建议修改，如高校编写的《仪礼丧服郑注易明录》，"编中经传章句间有未尽明晰，已逐条批列书眉。书发还再行校补。俟校补完善"，再行使用。④ 而体例明确、宗旨纯正的教科书，受到充分肯定，如刘师培所编《经学教科书》，被批为："教科书宗旨纯正，文理明通，诚如该举人所云。该举人学会著书尤宜勉益，加勉此案。"⑤

学部希望通过审定教科书，端正经学教授的趋向，既能顾及朝廷兴学引进西方教育制度的本意，又能保持传统学问本身的特性，所以审定的重要目的就是去除附会弊病。湖北廪生陈敦源所呈《学易喻言》两书，学部认为有强行附会本国学说之弊，"《大学格致》征鉴本温公阳明二曲诸说而引伸之，尚有发明。惟书中既主王氏致良知之说，又兼取程子即物穷理及朱子格致缺傅之说，反多牵合。《学易喻言》意在专铨易象，必分属大学八目，又专取诸证以阐义。名曰喻言，更多傅会。以上二书，均不合教科书之用，无庸审"。而以固有学问比附外国政俗的流弊，也为学部注意。但焘《周礼政诠》毋庸审定，理由是："查周礼政铨取日本政俗，以证周官例言，自谓折衷中外、权衡古今，用意固未尝不善。但必一一牵合，转不免多所傅会。如曰衣服之为学校制服，教国子弟犹乃木兼任贵胄女学校长……其他解释经注处亦间有误会，此类书本非教科所必需，无庸

---

① 各省详细咨文见《通行各属遵照学部札审定批斥彪蒙书室按单一律严禁购用文》，《河南教育官报》第 47 期，1909 年 8 月 16 日；又见《广东提学札各属禁用彪蒙书室绘图四书新体读本文》，《福建教育官报》第 9 期，宣统元年三月。
② 《孙凤垲呈学庸讲义无庸审定批》，《学部官报》第 136 期，1910 年 10 月 23 日。
③ 《严良辅呈论语说文教科书毋庸审定批》，《学部官报》第 137 期，1910 年 11 月 2 日。
④ 《广东学务大事表·审查图书课本表》，《广东教育官报》第 12 号，宣统三年第 3 期。
⑤ 《学部大臣批据禀》，《国粹学报》第 3 年第 1 号，1907 年 3 月 4 日。

审定。"①

　　除了通过审定的办法规范各种自编教科书外，清廷官方还试图直接编写经学教科书，希望以部编经学教科书的方式，规范引导及整合学堂中的经学课程。

　　1902 年，京师大学堂设立编书处，欲取将学堂所设中学各分科分门编辑课本，"一曰经学课本，二曰史学课本，三曰地理课本，四曰修身伦理课本，五曰诸子课本，六曰文章课本，七曰诗学课本"。② 其中经学课本的编纂，除四书、五经分年诵习外，诸家注释拟略仿《尔雅》之例编纂《群经通义》，天地人物游乐政刑，类别部居，依此叙列。强调简赅而不求繁言；大义微言师承派别也区分门目，略加诠次。③ 但 1904 年 8 月编书处停办，编书计划遂中辍。

　　1906 年，应翰林院侍读柯劭忞奏请，上谕令学部堂官慎选汇编教科书善本："着学部堂官慎选教科书善本，择发明经传有益身心之言，汇成一编，以资教授伦常之道，礼仪之防，尤于风俗人心，大有关系。学生品谊言行，务当随时考察，分别奖惩。各种科学固应讲求，经、史、国文尤为根本，断不宜有所偏废，庶宏造就而底纯全。"④ 图书局成立后，正式将此事提上日程。同年，学部设图书局编辑教科书，编辑大意大半仿文明书局及商务印书馆教科书体例。下设八股，经学修身为一股。⑤ 图书局成立后，正式将编印经学教科书提上日程。

　　1908 年，学部编译图书局将经学教授书分编大字读本、集注解释两种："聘请翰院诸公楷书字体，刊刻成册，均颁发各省提学使，令其或交官书局翻印，颁发私局刷印，俟装妥后按照学堂处所多寡发给，所有书价均由该省学司集凑经费解学部云。查此项经书，系由学部详加校勘，内中一无讹错，实有俾［裨］于蒙小学堂。"⑥ 所谓大字读本，因科考士子常

　　① 《但焘呈周礼政诠毋庸审定批》，《学部官报》第 137 期，1910 年 11 月 2 日。

　　② 《政艺丛书·政书通辑》卷 4，1902。

　　③ 《大学堂拟定编书处章程》，《湖南官报》第 67 号，1902 年 6 月 27 日。

　　④ 中国第一历史档案馆藏档案，军机处录副奏折，文教类，学校项，7219－36，胶片号：538－1285。

　　⑤ 《清末学部编译图书局略考》，汪家熔辑注《中国出版史料（近代部分）》第 1 卷，第 623 页。

　　⑥ 《颁发经书读本》，《吉林教育官报》第 3 期，1908 年 3 月 17 日。

习惯携带小本四书，而很多学堂所用经书依旧是字体较小，"殊与视力有碍"，① 不利学童，所以有了大字读本的名目。而集注解释，则采用《四书章句集注》、《钦定七经纲领》、《钦定书经图说》等书。大字本为学生用书，集注解释则为教习所用。书出后，即令各学堂一体遵用。② 部编教科书出版情形，见表 3－1。

表 3－1　部编经学相关课本一览

书　名	册　数	价　值
御纂内则衍义	8	银元一元三角
钦定七经纲领	1	银元一角二分
钦定书经图说	16（2 函）	京足银八两
易经	6	银元三角二分
书经	6	银元三角二分
诗经	4	银元三角二分
礼记训纂	10	银元一元
周礼	5	银元一元
仪礼（丧服经传并记）	1	银元八分
大字大学	1	铜元三枚
大字中庸	1	铜元六枚
大字论语（学而为政八佾里仁）	1	银元二分
大字论语（公冶长雍也述而秦伯）	1	银元二分五厘
大字论语（子罕乡党先进颜渊）	1	银元二分五厘
大字论语（子路宪问卫灵公季氏）	1	银元三分
大字论语（阳货微子子张尧曰）	1	银元二分五厘
大字孟子（梁惠王上梁惠王下）	1	银元三分
大字孟子（公孙丑上公孙丑下）	1	银元三分
大字孟子（滕文公上滕文公下）	1	银元三分
大字孟子（离娄上离娄下）	1	银元三分
大字孟子（万章上万章下）	1	银元三分

① 《宣统元年上学期调查省城两等小学堂报告》，《福建教育官报》第 16 期，宣统元年十一月。

② 《学部札办编译图书局印出易书诗各经及续出高初等小学各种教科教授书图行司翻印转饬一体遵用文》，《云南教育官报》第 35 期，宣统二年八月。

续表

书　名	册　数	价　值
大字孟子（告子上告子下）	1	银元三分
大字孟子（尽心上尽心下）	1	银元三分
大学章句	1	铜元四枚
中庸章句	1	铜元七枚
论语集注（学而为政八佾里仁）	1	银元五分
论语集注（公冶长雍也述而秦伯）	1	银元五分五厘
论语集注（子罕乡党先进颜渊）	1	银元五分
论语集注（子路宪问卫灵公季氏）	1	银元五分五厘
论语集注（阳货微子子张尧曰）	1	银元三分五厘
孟子集注（梁惠王上梁惠王下）	1	银元五分五厘
孟子集注（公孙丑上公孙丑下）	1	银元四分五厘
孟子集注（滕文公上滕文公下）	1	银元四分五厘
孟子集注（离娄上离娄下）	1	银元四分五厘
孟子集注（万章上万章下）	1	银元四分
孟子集注（告子上告子下）	1	银元四分五厘
孟子集注（尽心上尽心下）	1	银元五分
大字孝经	1	银元二分
小学集注	2	银元二角二分
诗经古籍	1	银元一角
小学各科教授法	1	银元三角
大学衍义体要	8	银元一元三角

资料来源：《学部图书局售书处发卖书籍第八次广告》，《福建教育官报》第 21 期，宣统二年五月；《福建教育官报》第 22 期，宣统二年七月。

　　学部为便利起见，还专门将教员、学生每学期应用各书籍合为一份，规定凡整购一份书籍者，价格从廉。[1] 并在各省官报与教育官报连续刊登学部图书局售书广告，以扩大部编教科书的使用。

　　需要注意的是，学部审定各经学自编教科书，虽然对于沿袭科举旧习的做法并不赞同，提倡要符合新式教育之用，但其批驳更多的则是各自编教科书忽视体例、盲目比附西学的纰漏，表现出维系旧学传统的考虑。而

---

① 《学部图书局售书处发卖书籍第八次广告》，《福建教育官报》第 21 期，宣统二年五月。

其所编教科书，除了《四书章句集注》及《钦定七经纲领》、《钦定书经图说》外，不过仍旧翻印四书五经，说明官方仍在坚持"按书讲学"的意思，不主张对经书进行编纂修改，并未认同那种"汇辑各经而成一书"的办法。

经学教育从原本的按书讲学到编写教科书，正是近代教育转型过程中试图用西式教育办法改造传统学问的表现。为了适应这种教育转型，晚清时期出现了学堂讲义、书局以及其他机构等各种自编的经学教科书，展现了时人在迎合西学的同时，努力在新式学堂教育体系内将固有学术进一步妥善安置的尝试。

从新式教育的角度出发，教科书和教材的使用是普及教育的重要工具，用教科书模式来重新包装经书，不失为新式教育环境下延续经学存在的一个办法。然而，传统学问本身的特性又制约了这一过程，导致经学教科书的编写一直存在很大争议。康有为于 1916 年对以教科书取代经书的做法提出质疑，或可对争议的原因做一解释。在康有为看来，教科书难免谬陋，很难取代经书。即使教科书的编写有条不紊，其编者"比于孔孟之圣且智何若？其相远若天渊焉，殆不待辩也"。[①]

因此，编者难比孔孟之"圣且智"，经义本身又不容割裂，经学教科书的编写自然难以获得普遍接受。自编讲义师法古人的做法已很难获得认可，而趋新的学人和出版机构进一步在解读经义时牵引比附西学，甚至直接采用日人著述的做法，则势必更难让守成的时人接受。所以，学部审定各种自编讲义、书局所编教科书，以驳斥居多。而所谓的部编教科书，不过是对经书和集注解释的翻印。

学部虽然试图从旧学传统出发，通过审定的方式对于自编经学教科书调整固有学问的偏颇加以纠正，但问题的根本在于固有学问本自成体系，强迫安置于西式学制这一外来系统之下，已然失去本相。刘师培所编经学教科书虽然获得学部认可，但刘师培自己在《经学教科书》开篇就提出"夫六经浩博"，却不合于教科，但因经学包罗甚广，不能不择而用之。[②]既不合于教科，那么经学教科书的编写自然左右为难。这一过程及其纠

① 康有为：《致教育总长范静生书》，姜义华、张荣华编校《康有为全集》第 10 册，中国人民大学出版社，2007，第 323 页。
② 刘师培著，陈居渊注《经学教科书·序例》，上海古籍出版社，2006，第 3 页。

结，显示了经学融入学堂的困境。[①]

第二节　经学教习的选任

癸卯学制章程规定，各阶段学堂教习的资格以师范学堂或外国学堂毕业生为合格。限于办学实情，学制不得不变通条件，各学堂开办之初可以选任程度相当的华教习。而关于学堂经学教习的考选任用，学制中并无明文规定。

清季各学堂普遍师资匮乏，兼为安置科举停废后的旧学士子，多数经学教习在欠缺师范教育的情况下担任学堂教职。学制章程对各阶段学堂学生入学条件严格规范，却对执教资格没有限制。科举方停，经学教习资格的获取，为旧学士子提供了一条出路。但缺少界定，各色人员涌入教席，也导致了经学教育的随意性。即便随着师范学堂开办有年，毕业生增多，师范生担任中、小学堂经学教习的比重上升，高等学堂经学教习却仍以旧学宿儒地方贤达为主。这说明清季新式学堂经学教习的选任，始终未能做到以师范出身作为统一的标准。

清季兴学，诸多学堂分科，尤其是西学课程，都面临师资缺乏的困境。学堂不得不高薪聘用西学教习，"中国人从西国学归者，其索价至高。……若延聘西人为师，则束脩尤巨"。[②] 相较其他学堂学科，作为中国固有学问的经学在教习问题上受限较少。是以部分学堂开办，由于西学教习缺乏难以施教，常选择先开展经学课程，至延聘到西学教习后再相应增设西学课程。如光绪三十二年开办的甘肃全省优级师范学堂，经学教员是年三月已到堂，算学领班、英文与东文教习分别于同年二月、三月、四月到堂，历史、地理兼博物、体操教习则分别在光绪三十三年三月、三月、九月到堂，可是理化兼英文、算学兼图画、算学助教直至光绪三十四

---

① 左玉河认为在晚清学制转型中，经学无法适应新式学堂讲授及学科整合的需要，难以在现代学科体系中找到对应的位置。参见左玉河《现代学科体系观照下之经学定位》，《江海学刊》2007 年第 3 期。

② 吴汝纶：《答方伦叔论皖中兴学》，陈景磐、陈学恂主编《清代后期教育论著选》上册，第 475 页。

年三月、正月、三月才分别到堂。① 该省官立中学堂，各项分科课程的教习聘用时间同样差别很大。经学、修身、中文三科由一人担任，光绪三十二年正月即已到堂，英文教习则于光绪三十四年七月到堂，地理、算学、体操教习则迟至宣统元年正月方到堂。② 欠缺教习，课程无从开展，从此角度而言，经学课程"领先"于其他学科。

通过考察 1907 年至 1908 年河南学务调查对小学堂经学课程情况的统计，可以发现在 29 所记载了经学教习详细情况的小学堂中（28 所为高等小学堂，1 所初等小学堂），28 名经学教习都是旧学出身，余 1 人非旧学出身而从师范学堂毕业。旧学出身各教习中，举人 7 人，廪、增、附贡生等 21 人。曾担任府州县学教职者 3 人。旧学出身而又从师范毕业者 7 人，旧学出身而又从中学堂毕业者 1 人。③

由上可知，担任小学堂经学分科教习者多系旧学出身，以廪、增、附贡生居多，不乏举人和原有学校体制下的官学教职人员。上述情况以高等小学堂居多，如果考虑数量较多而程度稍低的初等小学堂普遍状况，担任小学堂经学教习者应多为廪、增、附贡生。这说明为旧学人员谋求出路的举措，确实通过经学教育得到一定程度的实施。诏停科举后，清廷有意引导部分士子谋取学堂各中学分科课程的教习。而从事举业的庞大人群，显然不乏足以充任学堂经学教习之选。随着府、州、县学难以维系，其教职人员也转为学堂所用。大量旧学人员为学堂经学课程提供了足够的教习人选。

癸卯学制规定，小学堂教习由初级师范学堂毕业生担任。学制初行，欠缺合格的师范毕业生，大量教习"无证上岗"。随着学务开展，师范毕业生的数量增加，对学堂教习师范训练的要求渐趋于严格。一些士子不得不接受师范教育以谋求教职，是以出现了兼具旧学与师范学堂毕业生身份

---

① 《甘肃优级师范学堂光绪三十四年上学期调查表》，《甘肃教育官报》第 2 期，1909 年 9 月 28 日。

② 《甘肃中学堂宣统元年第七学期调查表》，《甘肃教育官报》第 6 期，1910 年 1 月 25 日。

③ 依据《河南教育官报》第 5、6、7、8、11、12、13、15、18、23、25、43、44、45、46、47、50 期，1907 年 10 月 7 日、1907 年 10 月 21 日、1907 年 11 月 6 日、1907 年 11 月 20 日、1908 年 1 月 4 日、1908 年 2 月 16 日、1908 年 3 月 3 日、1908 年 4 月 1 日、1908 年 5 月 14 日、1908 年 7 月 28 日、1908 年 8 月 27 日、1909 年 6 月 18 日、1909 年 7 月 2 日、1909 年 7 月 17 日、1909 年 7 月 31 日、1909 年 8 月 16 日、1909 年 9 月 28 日。

的小学堂经学教习。

部分小学堂逐步用师范毕业生取代旧学人员担任教习。河南舞阳县高等小学堂经学教习梁金锡经术湛深，文笔雅驯，"于国文、经学两科实有心得"，为校内诸生所钦佩。但因其非师范毕业生，与章程不符，知县于1909年"奉札撤退"。当地不得不另派合乎条件的程庚前来接替。① 可见师范出身已逐渐成为能否担任小学堂经学教习的重要条件。

中学堂程度较小学堂高，教学内容不一样，相应教习人选也有差异。与小学堂相比，中学堂经学教习大致有以下几种类型：

其一，相对于小学堂廪、增、附贡生居多的情况，举人的数量增加。

其二，一些享有声誉的经学大家或名士出现于中学堂教席。如苏州中学堂专门礼聘曹元弼担任经学教习。②

其三，中学堂经学教习师范毕业生不在少数，并出现留学毕业生。1905年开学的河南南阳府官立宛雨中学堂，聘用固始县优廪生、优级师范学堂毕业生杨焕文担任修身、经学、国文、历史等科教习。同年开办的河南淅川厅官立中学堂，经学、修身、音乐、东文、博物等科教习由湖北孝感县附贡生、日本大学毕业生宁儒瑗担任。③

其四，优秀的小学堂经学教员可以升任中学堂经学教员。宣统二年三月，湖北省委派省内外学务职员，即札派北路和中路高等小学经学教员调任第二中学堂经学教员。④

但师范学堂设立无几，毕业者更属寥寥，所以各小学堂只能通融聘用，以便教授。1909年，学部拟订《检定小学教员章程》，以确定小学教员资格。该章程显示了对师范教育的偏重，"初级师范学堂完全科毕业生，官立二年以上初级师范简易科中等以上毕业生，优级师范完全科毕业生，及优级选科师范毕业生，在奏定奖励义务章程准充小学教员者，均无庸检定"，其他应行检定各员试验科目，除了修身国文与经书外，还有教育学、

① 《舞阳县知县邓希端禀陈遵饬办理学务并酌量变通各条文》，《河南教育官报》第53期，1909年11月13日。
② 《警钟日报》1904年7月23日。
③ 《河南教育官报》第25期，1909年8月27日。
④ 《三月委派省内外学务职员一览表》，《湖北教育官报》第3期，宣统二年三月。

历史、算术、地理等项。这推动了旧学人员修习师范的必要，① 致使小学堂经学分科的教习群体中，师范毕业生的数量进一步增加。

为确保对学堂教习资格的管理和控制，学部先后拟订了检定小学堂教员和中学堂教员的章程。两者都显示了对于师范教育的偏重，大量优级师范和初级师范学堂的毕业生都"无庸检定"。检定小学堂教员的考试科目，除了经书、修身与国文外，还有教育学、算术、历史、地理等项。② 检定中学堂教员分主要科、补助科考验。中学堂修身与中国文学教习，应试主要科为人伦道德、中国文学，补助科列有经学大义。读经讲经科教习，应试主要科为《易经》、《书经》、《春秋左氏传》与经学大义，补助科为小学、中国文学。③ 意在使中小学堂经学教习注重师范训练，同时不荒废经学根底。

依据学制原则，各阶段学堂分科设学，程度越高则分科越细，教习相应担任分科教习。但中国传统教育贵通不贵专，除个别书院外，教学一般不分科，即使略有分的形式，教习也没有固定专门化。而且清末兴学，经费有限，师资匮乏，故常见一教习担任数项课程教职。中、小学堂经学教习往往同时执教国文、历史、修身或伦理等课程。限于传统教育观念和办学资源有限的掣肘，很难做到专人专职。高等学堂阶段，这一情况有了变化。各地学务调查报告显示，不少高等学堂的经学、国文、历史等课程各有专人负责，实现了专人专职的分科教学。

高等学堂经学教习身份也往往高于中小学堂教习，多为名士贤达或饱学宿儒。曾任广东起凤书院山长的姚永朴，获誉桐城派后期大师，被延请为安徽省城高等学堂经学教习。④ 曾创办陕西崇实书院的刘光蕡，戊戌时期有"南康北刘"之说，被聘为甘肃文高等学堂总教习兼经学教习。刘光蕡逝世后，继任者为在籍翰林刘尔炘。⑤ 上述高等学堂经学教习，或曾为书院山长，或在籍翰林，声望极高。也正由于地位尊荣，很难要求他们接受师范教育，所以高等学堂经学教习中罕见师范学堂毕业生，为旧学贤达所垄断。

---

① 《学部奏遵拟检定小学教员及优待小学教员章程折》，《教育杂志》第 2 年第 1 期，1910 年 2 月 10 日。
② 《学部奏遵拟检定小学教员及优待小学教员章程折》，《教育杂志》第 2 年第 1 期，1910 年 2 月 10 日。
③ 《大清法规大全续编》卷 1 《教育部·学堂总章》，第 25～27 页。
④ 《奏派调查安徽学务员报告书》，《学部官报》第 38 期，1907 年 11 月 6 日。
⑤ 《清末甘肃文高等学堂的片段回忆》，《甘肃文史资料选辑》第 4 辑，第 97～106 页。

　　至于师范学堂经学教习，因为初级、优级师范学堂经学教育分别等同于中等、高等学堂程度，所以前者经学教习的选任情况和中学堂类似，后者与高等学堂类似。不过，相较于普通教育，师范学堂更注重用师范毕业生的资格来限制教习的选任。如云南丽江 1908 年筹设初级师范学堂，专门强调以师范毕业者充当读经讲经教员。①

　　综上所述，癸卯学制并未明文规定经学教习的选任办法，科举停废后，经学教习成为疏通旧学的一条出路，导致各学堂经学教习旧学人员居多。但在西式教育观念的影响下，时人对学堂教习的期许，在于深谙所授学科而又洞悉教授管理办法，"庶不致教法茫然，无从措手"。② 随着更符合新式学堂办学理念的师范学堂毕业生日益增多，中小学堂经学教习中师范生的数量也开始增加。

　　经学教员往往文史知识扎实，西学教育办法却所知不多。教授经学，又非仅在师范学堂毕业素无中学根底之人可比。这使得如何规范经学教习，使其兼具旧学和新知，左右为难。检定学堂教员章程的提出，正是希望推动学堂教习注重教育法等师范训练。

　　但用师范学堂毕业生完全取代旧学，也不可能。彼时学堂学生多有中学根底，如章太炎所说，"先生的知识，要百倍于教科书，十倍于学生，方才支持得下（为甚么比教科书要高百倍，比学生只要高十倍呢？因为学生的知识，颇有在教科书之上的）"。③ 全部以略旧经学甚至毫无根底的师范毕业生担任经学教职，自然不太可能。而且，素有名望的经师，接受西学和西式教育观念的主动意愿不强，办学人员惧其声望也无法强迫加以改变。所以，清季各阶段学堂经学教习，中小学堂师范生的数量渐有增加，而高等学堂仍多由旧学人员担任。

第三节　经学课程的授受

　　经学进入学堂，中西学能否融合无间相当纠结。学制章程对于各学堂

① 《丽江府彭署守报明筹设初级师范学堂情形禀》，《云南教育官报》第 16 期，1908 年 12 月 22 日。

② 朱有瓛主编《中国近代学制史料》第 2 辑上册，第 81 页。

③ 章太炎：《庚戌会衍说录》，《教育今语杂志》第 4 册，1910 年 6 月 6 日。

经学课程的授受规定了详细办法，但原本设想落实到具体教学上时，出现了偏差。经学课程的授受呈现出学制规定外的异变。

一　读经讲经

癸卯学制详细规划了中小学堂的经学教育，并从每日读经的具体字数掌控进度。初等小学读毕《孝经》、四书与《礼记》节本，总共 5 年。第一年，每日约读 40 字；第二年，每日约读 60 字；第三、四年，每日约读 100 字；第五年，每日约读 120 字。每年除假期外以 240 日计算，可读 101500 字。《孝经》（2013 字）、四书（59617 字）全读外（共 61600 字），余则读《礼记》节本。① 高等小学读《诗经》、《书经》、《易经》以及《仪礼》一篇，总共 4 年。每日约读 120 字，四年可读 115200 字。除《诗经》（40848 字）、《书经》（27134 字）、《易经》（24437 字）全读外（共 92417 字），《仪礼》可只读《丧服经传并记》一篇，计 4437 字，合《诗经》、《书经》、《易经》共 96854 字，余暇甚多，从而易于毕业。② 中学堂读《春秋左传》及《周礼》，总共 5 年，每日读 200 字，5 年共读 240000 字。《春秋左传》（198945 字）与《周礼》节本（25000 字）合计 213000 余字，尚有余力温习。③

由于对经学课程的内容、时间与字数进展都有详细规定，所以按章操作的学堂读经秩序整齐。在遵守学制规定的基础上，部分学堂预先进行课程设计，进一步规划了读经进度。1908 年吉林学务调查发现，官立两等模范小学堂按照学制要求将读经课程分作若干课，预先排定。如高等小学读《诗经》，先将《诗经》分作三学期，平均计算一学期内某课应读至某处，先期列表排定。④ 也有些学堂进度混乱，未注意衔接。如 1909 福建学务调查发现，省城泉山两等小学堂高等一年级读《左传》，二年级却仍在读四书，⑤ 显然与定章不合，视学员发现后即令纠正。

学堂读经，如何教读学生很重要，与教习的口音和讲解能力直接相

---

① 朱有瓛主编《中国近代学制史料》第 2 辑上册，第 177～178 页。
② 朱有瓛主编《中国近代学制史料》第 2 辑上册，第 192 页。
③ 朱有瓛主编《中国近代学制史料》第 2 辑上册，第 384 页。
④ 《吉林官立两等模范小学堂章程》，《吉林教育官报》第 12 期，1908 年 8 月 11 日。
⑤ 《宣统元年上学期调查省城两等小学堂报告》，《福建教育官报》第 16 期，宣统元年十一月。

关。直隶牛镇初等小学堂经学教习，教读《中庸》"厚往薄来"数句，因口齿清楚而被视学员赞许。[1]湖北人罗人杰担任河南舞阳县高等小学堂经学教员，因口音隔阂而使经学课程难以顺利开展，不得不借故去职。[2]湖北孝感县霞起庵教员管培癸句读蒙混，讲解不清，难以令视学员满意，予以裁撤。[3]

学生如何去读同样影响读经效果。学生读经办法参差不齐，各地学务管理人员不得不设法改良。厦门同安县官立两等小学堂，读经时各人抢读争诵，被建议改良为"诵读课书须令一人范读，众人随读，不宜高声争诵，以保肃穆"。[4]天津小学堂读经出现类如唱歌情况，劝学所建议禁止："读经声音不得类如唱歌，语气应分轻重，字句应有顿挫，气宁促毋缓，音宁低毋高，合读之先，应先择数生单读。"[5]鉴于学生读经信口喧嚣，京师督学局提出读经之法宜全班学生合读，从而使音节了然，教员易于辨正，不致错误。强调读书之声宜有缓急抑扬，并令教员应先读一句或数句以示范，然后命学生皆照此法合声读之，再教再读。而读经姿势也得到重视，视学员发现学生诵读时前后俯仰、左右摇动，颇欠端正，认为易养成"浮动之习气"，且乱教员听闻，建议应"正身端坐，高声朗读"。[6]

癸卯学制要求读经讲经课程每日除用一点钟读经外，还要用一点钟挑背浅解。所谓"挑背"，即随意指令资质较钝学生背诵经书。挑背的办法与旧时书塾诵读之法容易混淆，导致书塾故事重演于学堂。教习责令学生背诵四书，因学生"或有所遗"，"立以夏楚从事，并令长跪阶下云"。[7]各学堂也有把挑背浅解时间全用于挑背，或用抽签法选择学生背诵，或令

① 《光绪三十四年李播荣调查武清县东北两路各学堂报告》，朱有瓛主编《中国近代学制史料》第 2 辑上册，第 278 页。

② 《舞阳县知县邓希端禀陈遵饬办理学务并酌量变通各条文》，《河南教育官报》第 53 期，1909 年 11 月 13 日。

③ 《本司札孝感县奖撤初等教员按并拨给张氏初等私立津贴文》，《湖北教育官报》第 1 期，宣统二年正月。

④ 《宣统元年上学期调查泉永两府州属学务情形报告》，《福建教育官报》第 19 期，宣统二年三月。

⑤ 《直隶天津官立民立小学教员在劝学所分科研究会公决议案》，《河南教育官报》第 36 期，1909 年 11 月 13 日。

⑥ 《督学局教授管理改良办法》，《河南教育官报》第 7 期，1907 年 11 月 6 日。

⑦ 《县学堂之野蛮历史》，《警钟日报》1904 年 9 月 17 日。

某一学生站在讲台背书，不一而足。管学人员对此只能一一做出处理，强调"应遵小学奏章，不必强责背诵"，建议于读经讲解半点钟后再令挑背。在挑背方式上，主张学生不必上讲台，于本位站立即可。在挑背人选上，不得专挑一人，亦不得只挑优等生，每学生默背三两句，即挑他生续背。①

所谓"浅解"，在于教习讲经要讲浅显切用大义。小学堂经学课程强调讲解经文尤宜浅显，使儿童便于理解。本应随读随讲，方免学生遗忘，但讲经与读经时间安排分开，导致部分学堂讲、读的内容也被分开。广西精进小学堂即出现读《孝经》而讲《国风》的局面。② 而经学教习在学制方法与旧时风气之间摇摆，难以把握学制精神。福建西乡西山两等小学堂，初等科教员黄盛恩、王性恒等均偏重文字记忆，注重传统诵读之法，讲解很少。高等科教员章奎焕讲授经学注重讲解，却以节录《五经汇解》为课本，忽视浅显要求，失之繁重。③ 教员流品复杂，检定教员时获评"讲解荒谬"、"学问平庸"者不在少数。④ 整体而言，经书本就晦涩难懂，小学堂经学教习讲解经书大多很难做到通俗易懂。

中学堂讲经，通常不过由教习将个人所撰述经解等书抄给学生阅看而已。⑤ 至于名士的教学办法，一仍其旧。曹元弼执教苏州中学堂，每月上课五六次，名为"经期"。每届经期，则曹率其弟子各乘轿而来，"居中昂坐，闭目讲论，其说要以黜异端息邪说为宗主，而己则以孟子自居"。另一教习管尚勋，上课状如说书先生，左手擎一小茶壶，右手捧一水烟袋，供列讲案，学生仿行，以致烟焰横空，布满课室。⑥

中学堂经学课程以《左传》为主要，但今文家、古文家对《左传》看法不同，学派差异影响了学堂经学的教授。廖平弟子乐黄镕担任四川嘉定中学堂经学教员，依据廖平三传一家说教读《春秋》，"他说唐虞三代

---

① 《督学局教授管理改良办法》，《河南教育官报》第 2 期，1907 年 8 月 23 日。
② 《学司李批候选巡检蒋鼎禀开精进小学备价请领书籍》，《广西官报》第 20 期，光绪三十四年三月。
③ 《光绪三十四年上学期调查浦城县学务报告》，《福建教育官报》第 4 期，光绪三十四年十月。
④ 《本司札孝感县奖撤初等教员按并拨给张氏初等私立津贴文》，《湖北教育官报》第 1 期，宣统二年正月。
⑤ 《警钟日报》1904 年 7 月 13 日。
⑥ 《警钟日报》1904 年 7 月 23 日。

都是假的，六艺都是孔子的创作，就是所谓托古改制。为什么《左传》里面在孔子以前人的口中征引六艺的文字？他说这便是孔门的有组织有计画的通同作弊了。他怕空言无益，所以才借助于外，托诸古人。又怕别人看穿了他的伪托，不信任他，所以才特别自我作古的假，造出许多的历史"。① 而同省的成都省城分设中学堂经学教习，讲解《春秋》以清人马骕《左传事纬》为参照，② 并不采用今文家观点。

癸卯学制中还规定了"回讲"之法，择紧要处，令学生讲解。检验学生学习效果，考察学生解悟与否。但各学堂的实际教学过程，是学生囫囵读过，经学教习偶觉错误后稍加更正，即为了事。而学生回讲但顺文朗读或背诵一通，不能解说其意。或者专门令某一学生回讲，并不考察其余学生，疏忽整体教学效果。因此，视学员建议应在教授时随讲随问，使听懂学生举手，再择一二学生反复问答，使全部学生豁然以解。③

二 经学大义

高等学堂，学制规定学生 20 岁以上入学，办学之初准许年龄放宽至 30 岁以下。由于学生年岁已长，久经旧学习染，接受经学教育相对容易。据四川高等学堂学生陆殿舆回忆，学生大都沉静好学，有尊经遗风，"我在那儿呆过三年，未见闹过学潮。因为高等学堂学生年龄都在二十以上，对学问已具有中等教育的基础，正在谋求进一步的深造。当时有人说：高等学校和中学的差别，第一是气象肃穆，第二是同学温恭有礼"。④

多数高等学堂师生，偏于"守成"。1902 开学的直隶高等学堂，由丁家立主持教务。该学堂本来注重旧学教育，丁家立以灌输西学为主要方针，改变学生总平均分数计算方法，使中文课成绩分量只占英文课三分之一。由此，直隶高等学堂师生与丁家立时有冲突。丁家立去职后，兼任总教习的张伯苓不中不外，也为师生不喜，未能久任。⑤ 甘肃文高等学堂学

---

① 郭沫若：《少年时代》，《郭沫若自传》第 1 卷，新文艺出版社，1953，第 124～125 页。
② 郭沫若：《少年时代》，《郭沫若自传》第 1 卷，第 194～195 页。
③ 《督学局教授管理改良办法》，《河南教育官报》第 2 期，1907 年 8 月 23 日。
④ 陆殿舆：《四川高等学堂纪略》，四川省政协文史委员会编《四川省文史资料集粹》第 4 卷，第 436 页。
⑤ 《北洋大学事略》，第 14～15 页，转引自朱有瓛主编《中国近代学制史料》第 2 辑上册，第 630 页。

生张友梅，作文引用黄梨洲《明夷待访录》"君也者，天下之大害也"，被经学教习刘尔炘视为"欺君罔上，叛道离经"，准备用戒尺责打。①

视学人员调查高等学堂，也常满意而归。湖南高等学堂 1903 年开办预科，1909 年汇集五班预科生及各中学堂毕业生举行升学考试，选取合格学生 140 名，分设高等第一类、第二类正科两班。经学部考察，认为"所有在校学生均知谨守规则，励志潜修，尚无玩愒嚣张之习"。② 在学部看来，高等学堂学生谨守礼法，遵守学章，与中小学堂动辄"学生性情嚣张"的评语可谓截然不同。

高等学堂经学教习普遍缺乏师范训练，在经学课程的具体教授上往往因袭旧法。像 1902 年开学的河南高等学堂经学大义课程由湖北应山县人、拔贡王琢担任。每上堂时，即将应授内容抄写于黑板，让学生照抄，迨抄写完毕，课程也基本结束。③ 这其实是旧学出身者对新式教育办法认识不足，不知印刷讲义。江西省城高等学堂由湖北黄陂人、附贡生、湖北道师范学堂毕业生胡寿金担任经学教习。④ 据杨士京回忆，该学堂监督、会办、教习皆八股制艺出身。故学堂虽名为新教育，实则未脱科举习气。学生曾经讥笑课程内容"科学全不讲，古董搬出来；一日三问答，怪哉真怪哉"。⑤而甘肃文高等学堂专门收录学生学习经书的心得和史论，经教习采择后，印刷成《经学日记》、《史学日记》两种，谓为佳作名选，赠售全省各县。⑥ 这一做法，脱胎于科举时期将应试文章、书院课艺择优刊刻的行径。

高等学堂经学教习授课注重通经致用，阐释经义往往与时事联系。王闿运在江西高等学堂前身江西大学堂的经学课堂上，就提出学制不允许学生干预国政的规定有误，"是学生不学政治，所学果何事乎？"⑦继任江西高等学堂经学教习唐咏霓授课，将中国经书内容与西学西制联系起来，讲

①　《清末甘肃文高等学堂的片段回忆》，《甘肃文史资料选辑》第 4 辑，第 97～106 页。

②　《暂署湖南巡抚杨文鼎奏高等学堂照章升办正科情形折》，《学部官报》第 131 期，1910年 9 月 4 日。

③　《河南提学使孔祥霖造送河南全省学务调查表》，《学部官报》第 28 期，1907 年 7 月30 日。

④　《奏派调查江西学务员报告书》，《学部官报》第 35 期，1907 年 10 月 7 日。

⑤　杨士京：《前江西高等学堂革命运动之回忆》，朱有瓛主编《中国近代学制史料》第 2 辑上册，第 652 页。

⑥　《清末甘肃文高等学堂的片段回忆》，《甘肃文史资料选辑》第 4 辑，第 97～106 页。

⑦　《大儒施教》，《警钟日报》1904 年 9 月 6 日。

述《周礼》比附西政、西艺。① 甘肃文高等学堂由刘尔炘主讲经学，常礼拜孔子，平日爱护学生，故为学生敬重。刘尔炘对清廷极弱及外人侵凌，义愤填膺。曾在大礼堂书写对联"我都是黄帝子孙，俯仰乾坤，何堪回首？你看那白人族类，纵横宇宙，能不惊心！"直抒胸臆，传诵一时。②

因为治学精深，久负盛名，高等学堂经学教习授课不免夹杂个人学术理念。刘尔炘深受关中理学的影响，强调儒家践履，主张读书要"推其究竟，融会贯通"，在《劝学迻言》中提出读经要"发明经旨，反诸身心，见诸事业"，"不以书为圣贤之空谈，而以书为圣贤之实事"。从《论语》中提出"弘毅"二字作为甘肃文高等学堂校训，要求学生"愤国家积弱情形，学个自强人物；体孔孟旧时宗旨，养成滚热心肠"。③ 讲述《尚书》、《周易》、《诗经》、《春秋》时，均留下授经讲义。以春秋为例，主要采用《左传》所载，参考宋人观点，加以个人评述，如"自隐元至桓二十余年之间，列国情状大抵不外因篡夺而开争战，当时兵事枢纽往往在宋、郑两国。迨桓二年以后，宋殇被弑，郑庄枭雄亦渐老矣，中夏大势，又复改观。历考经传所书，惟逆理乱伦之事依然如昨，而干戈少息，列侯意气渐就平夷"。④ 就春秋故事，以己意浅白说出，并对《左传》以及朱熹等人注解加以申述。

由于治学立场不同，高等学堂的经学讲授出现了门户划分。姚永朴、姚永概弟兄作为桐城骨干，执教安徽高等学堂。作为晚清今文经学大家，廖平历任四川高等及优级师范学堂教习，皮锡瑞兼任湖南高等、师范、中学堂各学堂经学教习。不同门径学风，通过教习传授影响学生。

担任四川高等学堂经学教习的廖平，1909 年撰写了《左丘明考》，认为左丘明即启予商，为子夏之后，《公羊》、《穀梁》为子夏姓名之异文，

---

① 杨士京：《前江西高等学堂革命运动之回忆》，朱有瓛主编《中国近代学制史料》第 2 辑上册，第 652 页。
② 《清末甘肃文高等学堂的片段回忆》，《甘肃文史资料选辑》第 4 辑，第 97～106 页。
③ 参见张景平《士与二十世纪的实践性儒学——试论刘尔炘的思想、实践与其意义》，《国学论衡》2007 年第 10 期；孙功达：《甘陇硕儒——刘尔炘》，《兰州教育学院学报》（社会科学版）1995 年第 2 期。
④ 《甘肃高等学堂授经日记》，《甘肃教育官报》第 3 期，1909 年 10 月 28 日；《文高等学堂教习刘编修尔炘授经日记》，《甘肃教育官报》第 6 期，1910 年 1 月 25 日。

三传并为子夏所传，并将这种观点授予学生。① 皮锡瑞1905年撰写《经学历史》一卷，1907年编写《经学通论》五卷，都是讲学湘垣高等学堂时的经学讲义，由湖南思贤书局刊印。② 皮锡瑞讲述《经学历史》，分为开辟、流传、昌明、极盛、中衰、分立、统一、变古、积衰、复盛十个时代，并将经学流变分别阐述。相较于传统经学研究以经师、经籍、典制为中心，皮锡瑞认为《经学历史》只是一部简便的经学通史，是了解经学变迁的"辅助的或分门的参考资料"，仅便于学堂讲授。鉴于《经学历史》内容简单，"以授生徒，犹恐语焉不详，学者未能窥治经之门径"，皮锡瑞继而编纂《经学通论》。大旨为：一当知经为孔子所定，孔子以前不得有经；二当知汉初去古未远，以为孔子作经说必有据；三当知后汉古文说出，乃尊周公以抑孔子；四当知晋宋以下专信古文《尚书》、《毛诗》、《周官》、《左传》，而大义微言不彰；五当知宋元经学虽衰，而不信古文诸书，亦有特见；六当知国朝经学复盛，乾嘉以后，治今文者，尤能窥见圣经微旨。认为"执此六义以治诸经，乃知孔子为万世师表之尊。正以其有万世不易之经。经之大义微言，亦甚易明"。③ 所以皮锡瑞讲授《经学通论》，对经书的撰著流传、内容要义、历代考证得失与治学门径进行阐述。所谓开辟、流传、昌明、极盛、中衰等分期，大多以今文经立场判断。讲授时强调今文经"尤能窥见圣经微旨"，将自己的治经主张授予学生。

　　癸卯学制规定以钦定八经讲授经学大义，然而高等学堂经学教习多系名士宿儒，治学精深，坚持己见，以致学章条文形同虚设。视学人员碍于

① 廖幼平编《廖季平年谱》，巴蜀书社，1985，第69页。
② 皮名举：《皮鹿门先生传略》，皮锡瑞：《经学历史》，中华书局，2008，第351~352页。据《师伏堂日记》记载，皮锡瑞1903年受聘于湖南师范馆，讲授经学、伦理两门课程。他在开学之前拟定了课程的基本内容，"拟讲经学家法章程数条，自汉及今，大旨略具"（《师伏堂日记》，1903年2月26日），以及"早起吃饭，到馆略等，遂上讲堂。照《大学堂章程》，考经学家法，从先儒卜子谈起。讲毕，作次日讲义，讲荀子传经之功，遂归"（《师伏堂日记》，1903年3月12日）。有学者研究得出判定《师伏堂经学杂记》第一册所收经学短文，就是皮锡瑞光绪二十九年（1903）在湖南师范馆讲授经学课程时编撰的讲义原稿［吴仰湘、姚茂军：《皮锡瑞〈经学家法讲义〉稿本的内容及其价值》，《湖南大学学报》（社会科学版）2008年第2期］。另据皮锡瑞著述目录记载，皮锡瑞次子皮嘉祐曾在宣统元年根据皮晚年在湖南高等学堂、中路师范及长郡中学堂三校讲义，编成《师伏堂春秋讲义》一书，共两卷，排印于长沙（《皮鹿门先生著述总目》，皮锡瑞：《经学历史》，第356页）。
③ 皮锡瑞：《经学通论·序》，中华书局，2008，第1~2页。

声望地位，难以对其经学课程提出改良意见，甚至只有提学使亲自出面，才能触动这些作为教习的地方名士。1909 年，赵启霖赴任四川提学使，一至当地，即于教育会发表演说，谓学堂于学生品行策励、志气激发、习气剪除并未注重，以致学风日坏，建议提倡义理之学，"希望大家互相勖勉，在本原上用功。学术有本原，而后人才有效果"。赵启霖核阅省城各学堂讲义，认为廖平所讲经学"离奇怪诞"，"三传同出子夏说"穿凿附会，令各学堂不得延聘延其为教习，并严禁各学堂传看廖平的经学讲义。①

　　因各教习夙负资望，有经师重名，变动调整往往阻力重重。赵启霖罢黜廖平的行为，赞成者不少。陈继训记述该段经历，"有廖某者，久拥皋比，附会经传，以狂蛊一世，士习嚣然，公立予罢黜。学子逾规，多所惩窜。未期月，风教丕振"。② 对其举措颇为赞赏。而江春霖更认为有挽救办学弊病的功效，"秋间得复书，领悉一是，比维尊候万福。蜀中邪说盛行，赖执事力挽狂澜，佩服无似"。③ 即便如此，赵启霖辞退廖平的行为仍然遭受阻碍，"省中学绅见予遽行辞退，群起反对。予晓以正论，言辞退廖平乃为川省士习人心起见，众始无辞"。④ 而历任甘肃文高等学堂、存古学堂教职的刘尔炘，对提学使有关读经的不当言强烈抵制。甘肃提学使俞明震认为读经没有必要；刘尔炘迅即邀请兰州教育界人士到左公祠，反对废经不读，声色俱厉，认为讲废经的人不仅数典忘祖，而且不会讲经却要废经以遮羞。直至俞明震请人调停，并将个人撰写的《明儒学案评》呈给刘阅看，显示他们治学有同样见解，才平息风波。⑤

　　学堂经学教习，对于学制办法并未全部接受，致使经学课程的授受出现异变。中小学堂读经讲经，读经、挑背、浅解、回讲等项，都难以依照学制规定操作。高等学堂学生虽较能接受读经课程，教习却非依照钦定八经讲授经学大义，多授以个人的治经路数。甚至部分中小学堂经学教育注重传统诵读，授课并未体现学制规定"新"的一面。

---

① 施明、刘志盛整理《赵瀞园集》，湖南出版社，1992，第 337～338 页。
② 陈继训：《清四川提学使赵公暮表》，施明、刘志盛整理《赵瀞园集》，第 383～384 页。
③ 《江春霖来函》，施明、刘志盛整理《赵瀞园集》，第 394 页。
④ 施明、刘志盛整理《赵瀞园集》，第 338 页。
⑤ 韩定山：《我所亲历的甘肃存古学堂》，《甘肃文史资料选辑》第 4 辑，第 109～114 页。

第四节　教授方法的研究与改良

各学堂教学出现状况，经学课程的实际教授存在问题，致使学务人员反思并调整经学教育的办法。学务机构很快做出应对，对各地广泛设立的小学堂提出具体建议：一方面，京师督学局等管学机构提出了规范学堂教授管理的系列办法，以去除不良习气；另一方面，各地办学机构也组织商讨改良课程教授的途径，具体教学问题得到讨论，推动了学堂经学教育的改良。

一　教授方法的改良

在开办过程中，一些学堂逐渐完善经学课程的考验办法，大致分为默写、背诵、还讲几项，使学生熟识经文，粗懂经义。如山西晋明小学校经学课程，教习讲完后，即令学生还讲。学生齐声诵读后，再令各学生轮流挨读，直至背熟。不同经义互相发明者，令学生加以条举。与新政新学有关系的经义，尤其多让学生熟悉。[①] 湖南醴陵县族学章程规定经学考试就已授经书随意选择四五处，令学生背诵，然后默写，最后令学生讲解，多方考察学生的掌握情况。[②]

在教授课程时，一些经学教习开始引入经过日本过渡而来的西方教育学理论。如德国教育学与心理学家赫尔巴特的"五段法"教育理论，经由日本传入中国，并被改用在经学教育上。所谓五段法，即将教学过程分为预备、提示、联想、系统与方法（应用）五个阶段。这一教育理论，在晚近教育界流传极为广泛，据俞子夷回忆，"首次大战前，小学教法主要从日本输入，而其内容与本质主要是基于五段法的一套"。晚清小学堂，多加使用。如1903年的南通师范实习小学，"五段法是常用的"。[③] 五段法逐渐施展于经学教育，1907年，《河南教育官报》刊出一篇文章名为《孔圣五段教授法》，将中国旧学授受比附西式教学理论。而一些新式小学堂的读经课程，

---

① 《山西晋明小学校各科教授法》，《湖南官报》第522号，1903年11月6日。

② 《醴陵县职员刘皋□等推广族学酌拟章程上抚宪禀》，《湖南官报》第937号，1905年3月11日。

③ 俞子夷：《现代我国小学教学法演变一斑——一个回忆简录》，《华东师范大学学报》（教育科学版）1987年第4期。

明确标榜使用五段法。1907 年的河南辉县学务调查发现经学教习用五段教授法讲经，视学员大为赞赏，认为"尤能推陈出新，实为各属之冠"。① 天津一些小学堂开展读经课程，"于未授正课之先"，就应授经书内容"稍加谈话"，即变相采用了五段教授法第一段的"预备之教法"。②

管学机构意识到经学课程的开展与学制规定出现偏差后，开始对经学课程进行引导，使其规范。1907 年，京师督学局对教育进程中出现的种种旧有之弊，提出教授管理改良的办法。就小学堂读经讲经课而言，旧有之弊主要为读经用书不划一、不令学生合读且字音多误、姿态不对、挑背回讲时间过久或专挑一人、诵读多讲解少等项。京师督学局提出改良办法详见表 3 - 2。

表 3 - 2　京师督学局通行各学堂读经讲经课程相关教授管理改良办法

关于教育事项旧有之弊	说明	酌定改良办法
读经用书不划一	查奏定章程读经一科载明各等程度所用均有定书，如初等小学应读《孝经》、《论语》，则读《孝经》某章时，全班应均读此章，不得此读《孝经》，彼读《论语》，任意参差。查有一班中或读《论语》，或读《小学》及他经者，殊使诵声淆乱。	亟宜按照奏章所定程度改归一致。
不令学生合读，字音多误	读经之法宜全班学生合读，庶音节了然，不致错误。即或偶误，教员亦易于辨正，查有学生读经一堂中，信口喧嚣，摇身俯仰，殊欠雅驯，且乱教员听闻。	读书之声宜有缓急抑扬之致，教员应先读一句或数句以示范，然后命学生皆照此法合声读之，再教再读。如说话然，并文义亦可因之明显。久之教员可令一学生代为，如法先读，不合法则与之更正。
背书用抽签法	……旧日塾师……试验学生能否记忆，曾否用心，使学生益知奋勉，教员转应胸有成竹，如教授时于各学生之勤惰及其敏钝一一熟悉，□中挑背时，或择惰者与钝者提□而警觉之，或择勤者与敏者讲答而奖劝之，即一挑背，亦具许多妙用。若仅凭抽签，漫无审择，殊未合法。	此法亟宜改正，应遵小学奏章，不必强责背诵，于读经讲解半点钟后全班挑背，每学生至多以二三句为准，即可毕事。

① 《河南教育官报》第 11 期，1908 年 1 月 4 日。

② 《直隶天津官立民立小学教员在劝学所分科研究会公决议案》，《河南教育官报》第 36 期，1909 年 3 月 6 日。

关于教育事项旧有之弊	说明	酌定改良办法
背诵历史地理等教科书	查有于经书外背诵各项课本或伤儿童脑力。	查奏章背诵，专就经书而言，其温经功课尚在自修时，若历史、地理等科人地事物之名称往往诘曲〔屈〕聱牙，至为繁难，断不宜使之背诵。此项科目，只于试验时令学生笔述口答，用觇其能否记忆，其背诵此项课本者，概宜除去。
一班背书以两教员分听	一班学生额应四五十人，如使一一久背，无论两教员不敷分听，虽再加数教员分听，仍恐力有不给。且一堂声音杂乱，何从听辨。	宜照小学奏章学科程度及编制章第十二节办理。
讲解专用文语不参用白话比喻	教员讲解多照原文，囫囵读过，或句读间增易一二字，即为毕事。或尽用文言。求其以白话解释、多方比喻者甚少，殊不便儿童解悟。	教员讲解须有方法，有精神。宜藉白话多方征引比喻，但用白话解说时宜以正当确切为要。
小学教授课程编发，生闷对难于索解，教员只照讲义粗读一过	小学教授有编发讲义纸篇直读，学生不解何谓，殊非解小学之法。	编发讲义纸篇必中学以上程度，至小学教授只用审定课本足矣。
教员但按课本誊写于黑板上，使学生照录	时刻有限，总使讲解多占时刻，若一点钟专向黑板上誊写课本，顺读一过，时限已到，势必潦草，学生何能受益。	使学生照誊黑板，或因教科书一时未备，不得已行之。教员于写板时亦必期敏速整齐，不得多延时刻，误却讲解。或用誊写□照教科书缮印，或另作小黑板预先写妥，如画地图博物等法均可。
教员在讲台坐讲	教员坐讲非惟形式不合，且运动不灵，或宜画略图于黑板以昭示学生，或宜提书纲要于黑板，以详示学生，使之格外注意。或持教鞭，指点黑板所提示之事项，或宜比例传神，皆不能旋转如意矣。	讲台上坐位总以不设置为宜。
教员在讲台饮茶吃烟	讲堂规则学生不许饮茶吃烟，一以昭整肃，一以专听受。教员本身作则，若首先犯规何以训学生，且讲解时间半易为饮茶吃烟时间，尚有暇与学生讲解乎，恐必无余力以兼顾也。	此系旧时陋习，急宜免除。

续表

关于教育事项旧有之弊	说明	酌定改良办法
读经讲经课程表上注作经学名目,钟点有多于奏章所定者	查奏章中小学堂课程读经讲经一科只按学生年龄程度就应习之经讲读之,若经学名目宜属之专门经生家,小学未易几也。又按奏章,此项科目中学九点,小学十二点,乃合各项必须科目斟酌适宜,于定章外更加钟点,必侵他项课程时间。	宜按奏章改正。
讲堂诵读多而讲解少	学堂课程讲解重于记诵,若徒事诵读,是仍如从前村塾旧习,殊不合学堂教法。	讲堂最重讲解,不可偏于记诵。
课程表所列有以温习背诵默写等事为正课者	查奏章中小学堂所订课程,钟点各有应讲之学科,若偏重温习背诵等事,恐于正课有碍。	急应照奏章改正,注重讲解。至温习等事,宜在自习时,不可列入正课。
学生读讲四书有用石印本者	教育者必合教授养护训练三者皆备,方完教育者之责任。而养护一端,必合儿童全体官骸,密察而计画[划]之,如何利其发育,如何防其损害,皆为养护上之必要,如使儿童注视黑板,必讲光线及字画之大小、距离之远近。诚恐有损儿童之视觉器也。四书用石印本,字迹小而艰于视察,于儿童视觉器甚有损。	四书宜用官板正字。
刷印本字迹太小,破体字亦多	刷印课本字迹太小,与上用石印四书本之弊同,至以破体字注入儿童之脑,后日恐难矫正。	小学不宜编发讲义纸篇,前已言之。或照教科书刷印课本,字迹务使真楷显豁,校正无误为适宜。

资料来源:《督学局教授管理改良办法》,《河南教育官报》第 2、3、4、6 期,1907 年 8 月 23 日、1907 年 9 月 8 日、1907 年 9 月 22 日、1907 年 10 月 21 日。关于"回讲"、"挑背"、"诵读"数项前文已述者,此表不再详列。

这其实可以视作官方对学堂经学教育与传统书塾教育模式从教授方法上进行的界定。很多列出的旧弊,如背诵多讲解少,本是塾学教导幼童教的主要方式。教习于讲堂吸烟喝茶,也是多数塾师的写照。督学局强调按章操作,革去各项旧习,就是希望各学堂能够通过西式框架的癸卯学制完成对旧有教育方式的改造,并且在回讲办法和学生用书等具体问题上,吸收西方教育观念，注意儿童生理及心理健康。

除了京师督学局外，各地劝学所也在筹谋如何改良经学教育。河南郏县劝学所强调学堂用书不得违背经书义理，"学堂读书，六经四书为主，旁及子史以外，参观各书，亦必与孔孟之旨不背而足以发明义理者，非此不得授课"。① 直隶劝学所更是为官立、公立、私立不同学堂教员组织小学堂分科教学研究会，专门商讨经学分科的教学问题。

二　经学分科教学的研究

为解决学堂各分科课程出现的具体问题，在官方的引导下，各地成立了专门探讨和研究小学堂分科教育方法的机构。直隶小学堂分科教学研究会、北京学务研究会、吉林小学教育研究会相继问世。上述机构研究问题所涉及的学务层面广泛，并非专为解决经学课程问题，但对经学教育都给予高度关注，为官立、公立、私立各小学堂经学教授经验的交流提供了平台。

吉林小学教育研究会让各教习以提议方式提出个人问题或建议，与会人员在讨论后通过决议做出决定。该研究会就高等小学读经课程曾有两次决议。吉林第一高等小学堂教员李膺恩鉴于学制虽对经学课程订有背诵、温习，但时间不多，恐致随得随失，提议"拟读毕一册或半册后，再令重温。俟温熟，再读第二册或下半册，惟不可占时太多，有误别项功课"。决议认为高等小学堂章程订有温经钟点每日半点钟，"可遵照部章，在讲堂督令重温，不宜于教授时刻内再添钟点"。同校堂长吴玉琛提议在讲解、背诵、回讲办法外，添加默写一项。决议认为学制已规定有默写一项，断难偏废。但默写必须于读经讲经课程时间内开展，以免增加学生负担，"今定于每星期本科授课钟点内令学生默一次或二次，以半小时为限"。②

北京学务研究会通常以说帖方式展开会议。有说帖质疑学制规定高等小学一年级讲读《诗经》，提议变通。认为"孔子删诗而存邶、鄘、卫、王、郑、齐、陈诸变风，原欲读诗者知淫乱之可耻，而戒之不敢犯也"，然未成年儿童，不宜时常与其言淫乱之事。癸卯学制虽然规定讲《诗经》

---

① 《河南教育官报》第 26 期，1908 年 9 月 20 日。

② 《吉林小学教育研究会决议事件》，《河南教育官报》第 52 期，1909 年 10 月 28 日。

参用朱注、毛序，但不同篇幅应有区别，提议"正风雅颂，仍参用朱注、小序。凡词意显为淫乱之事，而足昭炯戒者，可仍遵朱注。如卫风之墙有茨章，陈风之株林章，齐风之南山章，是皆词意显为淫乱之诗，可仍从朱注。除其变风如邶、鄘、卫、王、郑、齐、陈诸国之诗，其余词意浑含多忠臣义士托以讽时事而悟君心者，可概从小序"。主张将朱注视为淫奔之诗内容暂从缓讲，待升入中学堂后补讲。①

直隶小学堂分科教学研究会的议事流程与吉林小学研究会相似，以提议、决议的方式商讨问题，但就小学堂经学分科教学问题的讨论更加具体，深入细节。有关读经分科的议案，对经书生僻问题展开细致的探讨。诸如"孟子或问乎曾西"中的"曾西"是曾子之孙还是曾子之子，孟子所谓"屈产之乘"是否为山西汾州府石楼县东南四里一带的地名，《论语》中的王孙贾与《战国策》所载是否二人，等等。② 该研究会就经学教授方法也有议案，提出不宜告之注释或小注原文、读经合读之先宜择数生单读、授读经书免去黑板书写、用五段法预备讲授、学生旷课补齐讲授办法、讲授以一人独任较为精专等诸项建议。与会人员通过讨论，既获得经学知识的交流，又就课堂具体问题获得可行的操作办法。

甚至一些提议已非细枝末节的讨论，而是对学制的章程条文提出异议。像学制在应读经书次序的安排上，规定初等小学堂依次讲读《孝经》、《论语》、《大学》、《中庸》、《孟子》及《礼记》节本；高等小学堂则依次讲读《诗经》、《书经》、《易经》和《仪礼》节本。有的直隶小学堂教习就认为《论语》、《孟子》何者先读有待商榷，先读《论语》取其章节较短可以按时授毕，先读《孟子》取其词意显豁学童易于领悟。最终议决为仍遵学制办法，"惟遇理论深奥之处，讲解时不可拘泥，当以浅理发明之"。③ 就四书、《诗经》的读讲次序安排，分科研究会形成的决议否定了学制办法，认为"《学》、《庸》若按奏章，尚在《孟子》之前。现因《学》、《庸》语意较《孟子》深奥，故在《孟子》之后讲授，《学》、

① 《北京学务研究会会议事件》，《河南教育官报》第 36 期，1909 年 3 月 6 日。
② 《直隶天津官立民立小学教员在劝学所分科研究会公决议案》，《河南教育官报》第 36 期，1909 年 3 月 6 日；《天津小学分科研究会议案》，《北洋官报》第 2241 册，1910 年 2 月 20 日。
③ 《天津劝学所小学教员分科研究会公决议案》，《甘肃官报》第 42 册第 4 期，光绪三十四年八月。

《庸》讲授毕，然后再讲《诗经》"，① 后一决议已涉及对学制章程的调整。
考虑到直隶小学堂分科教学研究会的相关决议，不仅刊载于《北洋官报》，
河南、甘肃等地的官报和教育官报也都专门报道，其对学章调整的建议在
一定范围内得到了推广。

当然并非仅有直隶小学堂分科教学研究会就学制中的经学教育办法提
出意见，各省教育团体同样提出对学制规定进行调整的建议。参与创办苏
州私塾改良会的沈亮棨认为经书安排与学堂程度不符，《论语》、《孟子》
只有十分之三四尚合初等小学堂，"遇极深之篇，徒费时刻，无异于事，
暂可跳去不讲，只须读二三遍足矣"。更主张学堂教习讲四书不用局限于
学章规定，不必限定参考朱注。②

晚清教育改革时期，学堂经学教育的确"引人注目"。从督学局、劝
学所、学务研究机构到教育团体，都就学堂经学课程问题展开讨论，并就
学制规定提出了调整修改的建议。各种意见的提出，反映了学制规定下的
经学授受并未如同预期般理想，分科框架内的经学教育隐藏着危机。

第五节　成效与走向

从学制章程条文的拟订，到各学堂经学课程的具体开设，时人努力尝
试将经学融入学堂。虽然程度不同，面临的状况不一，各阶段学堂分科教
学中的经学教育却都效果不佳，走向趋于衰败。

一　小学堂读讲失宜

官立、公立、私立等不同办学类型的出现，各种办学因素的影响，导
致各小学堂经学课程的设置难以划一。加上学堂经学教科书有教习自编讲
义、书局刊布以及学部编纂等不同版本，经学教习品流复杂，教授方法千
差万别，使得小学堂经学教育取得的效果难以达到学制预期，章程条文在
实际执行中出现偏差。

通过各地学务调查报告以及管学人员的学务统计，可知小学堂经学教

---

① 《天津劝学所小学教员分科研究会公决议案》，《甘肃官报》第 42 册第 4 期，光绪三十四
　年八月。
② 《沈亮棨条议教员应尽之义务》，《河南教育官报》第 20 期，1908 年 6 月 13 日。

育的目标没有达到。癸卯学制要求"教授之法，以讲解为要"，而实际执行状况是，"专令诵读"成为学务调查中各地的普遍陋习。传统经学教育方式的影响根深蒂固，甚至到了1910年，湖北长阳县学务调查仍然显示，"该县积习太深，无论何等学童，总以多背诵经书为能事……问以讲义，概不了然"。① 甚至有视学员专门提倡经书诵读办法，贵州省视学员欧阳朝相查视八寨厅学务情形，即因官立两等小学堂于读经讲经课程不甚注意背诵，要求加以改良。②

　　癸卯学制对小学堂讲经的要求是"宜从浅显"，使儿童易于理解。但经义本就深奥，深入浅出地进行解说，无疑对经学教习要求很高。鉴于小学堂教习旧学资格廪、增、附贡生居多的实际情况，讲经显然很难达到这种效果。部分教习甚至将读经与讲经分开，"所读非所讲，所讲非所读"，更添加学童理解难度。③ 这使得部分初等小学堂毕业生经学教育程度不足，与高等小学堂的衔接出现问题，"查第一高等小学第一年级生四书多未卒读，即读毕，亦多未解。故往往于解国文时，文内用一四书成句，而全班知者寥寥"。④

　　小学堂学生正处于活泼时期，而"经学一科时间既多，又重背诵"，徒尚严恪，不免转减儿童就学兴趣。⑤ 经书本就晦涩，学童对于各项事物仍缺乏辨别能力，一旦教习的教授方式僵硬呆板，讲解难以通俗易懂，自然失去兴趣。1909年福建视学调查发现，泉山两等小学堂高等一年级师生对于功课"均觉索然无味"，初等学生"多不注意教师，亦未能发动趣味"；另一宫巷两等小学堂读经课程亦"就本文敷衍叙过，殊乏趣味"。⑥

　　而晚清小学堂教育的实际开展方式，也影响了经学教育的效果。清季兴学伊始，地方财力困窘，各小学堂学生人数不多，程度不齐，且经费绌

① 《本司札长阳县整顿学务文》，《湖北教育官报》第6期，宣统二年七月。
② 《贵州教育官报》第1期，宣统三年三月。
③ 《学司李批候选巡检蒋鼎禀开精进小学备价请领书籍》，《广西官报》第20期，光绪三十四年三月。
④ 《吉林小学教育研究会决议事件》，《河南教育官报》第52期，1909年10月28日。
⑤ 《光绪三十四年上学期调查浦城县学务报告》，《福建教育官报》第4期，光绪三十四年十月。
⑥ 《宣统元年上学期调查省城两等小学堂报告》，《福建教育官报》第16期，宣统元年十一月。

而教员不能多聘，校舍狭而学生不能多容，为求教育普及，师法外国将不同年级学生合班教授的单级教授法在小学堂中使用极广。① 单级编制节省经费，方便兴学，但就学科教育而言，忽视程度差别，容易造成混乱。单级办法下的小学堂读经就出现了此读《大学》彼读《论语》的状况，如湖北长阳县初等小学堂上课时，既有读《诗经》、《书经》者，又有读《易经》、《左传》者，参差不齐，诵声混乱。② 上述福建泉山两等小学堂也是因经费支绌多班合并，高等一年与初等三、四年合编，初等二年与一年合编，故教授为难，学生读经难以维持顺序。③ 合级造成的编制混乱，影响学生读经，也影响教习讲经。

　　教授存在问题，学生失去兴趣，经学课程的考验自然不能取得好的成绩。管学人员对小学堂毕业生的经学程度多有质疑。1910 年，广东镇平县的高思两等小学堂举行毕业考试，学生经学程度遭到怀疑，"该学堂高等甲班前期学期教授细目表经于本年正月审核，功课尚多参差，经书一项，前五学期尚读四书，五学期后始兼程赶习《诗经》、《易经》，虽据称未入校以前，经书多能熟习，故讲读较易等语，究属功课潦草"。④ 龙川县明新高等小学堂甲班八名毕业生也被认为学生经学程度不够，需补习后再行考验，"将该堂前缴去年下学期教授表及甲班前四学期简表详加审核，甲班各科功课大致虽完，但所习《仪礼》过形草率，应再加温习。该高等小学生廖岳生等八名俟温习齐全，即由县核明定期举办毕业考试"。⑤ 文昌县罗峰高等小学请示期举行毕业考试，被认为经学课程安排混乱，"查第一、二、三学期习《礼记》而不习《诗经》，该校第四学期教授表前漏未报，嗣造该班各期教授总表，又将《诗经》填在第三学期，要求查复后

① 《学部奏拟订临时小学教员养成所暨单级教员养成所简章折并单》，《政治官报》第 1360 号，1911 年 8 月 13 日。
② 《本司札长阳县整顿学务文》，《湖北教育官报》第 6 期，宣统二年七月。
③ 《宣统元年上学期调查省城两等小学堂报告》，《福建教育官报》第 16 期，宣统元年十一月。
④ 《镇平县高思两等小学校长禀遵章毕业请迅派员监考由》，《广东教育官报》第 3 号，宣统二年第 3 期。
⑤ 《龙川县明新学堂禀历期表册缴齐高等小学甲班生八名请核准毕业由》，《广东教育官报》第 7 号，宣统二年第 7 期。

再予核办"。①

出于对小学堂经学教育效果的忧虑，即便某些学堂的经学考验取得好的成绩，视学人员和管学机构也难以相信，多方质询。1908 年，福建上杭县琴冈官立高等小学堂经学考试，最优等学生分数皆在百分以上，遭到视学员怀疑，"经学时间过少……每级主任教员不过四五时功课，似觉有名无实"。② 1910 年，广东澄迈县澄江第二高等官小学堂学生李膺在毕业考试中获得甲等，察核后认为考核过松，"试卷分数失之宽滥"；并对考试办法提出异议，"所命试题，经学只问《诗》、《书》两经，于《周易》、《仪礼》均未发问"，对于经学考试汉学源流给予否定，"该堂于专习之经不分题考验，而问及汉朝之经学，不免轻重失宜矣"。③ 同年，福建福鼎县核示官立高等小学堂甲组学生毕业试卷，认为读经一科专用默写，考试不认真，"殊属不合"，要求查办经科教习，并"该县亲赴该学堂召集毕业各生，再行照章认真考验"。④

官方注意到小学堂经学教育的问题日益严重。1909 年，京师高等小学堂举行毕业考试，经学考卷无一合格，国文也无佳卷。督学局不得不会议研究改良经学教授，以图补救。⑤ 学部也注重此事，会商整顿之法。⑥ 不久，京师督学局召集学堂职员，探究"嗟我一辈青年，其谁误之欤"的原因，虽然学生程度不齐，但主因在于教习"教授未能认真"，堂长也未尽职。强调"嗣后调查各学堂，所有经学、国文课卷均须调局核阅，如教员改笔有不合法者，本局惟有将该教员立即撤退，断不稍事姑容，致一误再误也"。⑦

经学分科的考试结果让人震惊，而国文程度的衰落也可佐证经学教育的不成功。有言论认为"无所谓国文也，经学而已。亦无所谓经学也，读

---

① 《文昌县禀罗峰高等小学请示期举行考试毕业由》，《广东教育官报》第 7 号，宣统二年第 7 期。

② 《光绪三十四年下学期调查上杭武平两县学务报告》，《福建教育官报》第 13 期，宣统元年八月。

③ 《澄迈县禀缴澄江学堂毕业生李膺甲等试卷表册详察核给奖由》，《广东教育官报》第 4号，宣统二年第 4 期。

④ 《批福鼎县黄令鼎翰详会考高等小学甲组学生毕业试卷请核示等由》，《福建教育官报》第 19 期，宣统二年三月。

⑤ 《改良经学课程》，《大公报》1909 年 2 月 15 日，第 3 版。

⑥ 《改良经学教授法》，《大公报》1909 年 2 月 14 日，第 2 张第 1 版。

⑦ 《孟丞堂对于小学之箴言》，《大公报》1909 年 3 月 19 日，第 2 张第 1 版。

焉讲焉而已。盖经学者不独为载道之书，而实国文之祖"。① 因小学堂国文教育与经学息息相关，国文作文命题多出自经义。② 国文作文也可用来检验学生平日读经功夫。

　　1908 年前后诸多学堂国文教育出现问题，从侧面反映了小学堂经学教育的令人失望。1908 年，宁提学使发现"小学国文去岁检查，多未合法"。③ 同年，视学员调查云南省建水县学务，忧心于学生国文程度，建议"嗣后初等小学堂应注重国文一科"。④ 福建泉永两地学务调查，视学员做出悲观判断，认为国文将日益衰落，"综观厦埠各学……尚有为地方抱深虑者。其一，各学校课程多注重科学，而不着意国文。查该地就学儿童多曾经历私塾，故国文均有根柢。科学虽多，尚能容纳。过此，学校日增，则未必尽经私塾，恐学力不周，国文程度将有江河日下之势"。⑤

　　京师高等小学堂处于学部眼皮底下，毕业考试尚是"经学一科无一合格之卷"，外地小学堂的经学教育情形可想而知。小学堂经学教育取得的效果不佳，为学制办法的改良埋下伏笔，也使得部分官绅重新思考幼童教育途径的选择。

二　中学堂办理不善

　　小学堂读经效果不佳，造成毕业学生程度不及，进而影响到中学堂经学教育的开展。据 1908 年福建邵武、光泽学务报告，邵武府小学堂经学教习并不称职，导致中学堂学生程度远达不到学制要求，"实则程度不过与高等小学等耳"。⑥ 而小学堂毕业生经学基础不够，造成中学堂教育难以依照学制安排的计划开展。直隶各中学堂监督在学务公所内会议学务，东路厅中学堂监督乔楷春鉴于学堂办理实情，提议初等小学堂应注重经学、国文课程，

---

① 《时事采新汇选》第 20 册，第 10598 页。

② 《宣统元年上学期调查省城两等小学堂报告》，《福建教育官报》第 16 期，宣统元年十一月。

③ 《宁提学宣布议案》，《四川教育官报》第 8 期，光绪三十四年八月。

④ 《本司叶奉督宪批省视学钱显曾禀调查建水县学务情形一案遵批核议通饬各属嗣后初等小学堂应注重国文一科文》，《云南教育官报》第 16 期，1908 年 12 月 22 日。

⑤ 《宣统元年上学期调查泉永两府州属学务情形报告》，《福建教育官报》第 19 期，宣统二年三月。

⑥ 《光绪三十四年上学期调查邵武光泽两县学务报告》，《福建教育官报》第 10 期，宣统元年四月。

"以为高小、中等各堂之基础"。中学堂监督会议学务问题，却以小学堂教育问题为主题，显示了小学堂经学教育带来的滞后影响。

一些中学堂不得不改设预科，补习高等小学堂的教学内容。广西泗色中学堂拟照高等小学堂程度办理预科，时限两年，经学一科限两年间读毕《诗》、《书》、《礼》、《易》。以两年时间修习四本经书，恐非聪颖绝伦更以穷日之力治经不可，还要兼顾其他学科，自然难以实现。所以官员审核时并不认可，理由是"读而不讲，徒读何为？随读随讲，时间有几?"① 既已耗费大量精力补习小学堂程度，中学堂本身的经学教育进度相应滞后，所以广西提学使调查发现"教授之紊乱无有过于吾省今日之学堂"，因《左传》授受极不合理，"某中学经学《左传》终第四年亦未完全"。②

因为学生西学知识薄弱，相对而言，经学似乎比中学堂西学分科更易取得好的成绩。像四川嘉定中学堂初办时，教习与管理人员皆不称职。堂长对于办学的经验和知识完全没有。教习聘请按县份摊派。地理教习讲地理公然讲起八卦方位，说日本在中国的南边，朝鲜在日本的东边。英文教习说的到底是不是英文，很难保障。其余教习也都相差不远。③ 此后更换的教职员，教学效果也极其有限。作为新来教习佼佼者的地理教习并不是在讲科学，而是拼命熬文章。少年时代的郭沫若便在这所中学堂，他对西学各科教习均不满，却极佩服经学教习黄镕，自认因黄氏培养起来对今文经学的趣味。④ 项士元回忆杭州府中学堂的经历，也十分佩服经学教习兼学堂监督邵伯䌹。学生相率学习该教习着装举止，师生融洽，以读书为乐。该学堂经学课程，由于"师授课善于讲解，同学多听而忘倦"，所以毕业学生"于文史多具有根柢"。⑤

不过，中学堂科目繁多，导致学生因分科太多耗费精力，直接影响了中学堂经学教育的效果。直隶就发现当地中学堂学生"每于英文竭力记诵，而于经学一科多忽略，不甚关心"，不得不于当地学务公所会商解决

---

① 《泗色中学堂监督陈廷杰遵饬改编预科暨编定教授细目各情形禀并抚批》，《广西官报》第21期，光绪三十四年四月。
② 《学部札核复广西提学使呈咨议局整顿全省教育议案抄录原案通饬查照办理文》，《云南教育官报》第49期，宣统三年六月下册。
③ 郭沫若：《少年时代》，《郭沫若文集》第1卷，第106~107页。
④ 郭沫若：《少年时代》，《郭沫若文集》第1卷，第119~125页。
⑤ 项士元：《杭州府中学堂之文献》，朱有瓛主编《中国近代学制史料》第2辑上册，第549页。

办法，商量如何使学生将各科一并重视。① 1908 年，庞鸿书、锡良奏称各省学堂林立，课程殆称完备，于中国经史类皆分科兼习，但时间太少，率不易通。各处教员，或科学颇有心得，而中文反属肤浅。②

是以郭沫若中学堂经学课程的成绩，远逊于其他学科。他在嘉定中学堂修习两年多后，于 1909 年转至四川成都省城分设中学堂三年级程度的丙班。分设中学虽然在当地名气响亮，但实际与嘉定中学堂程度相当，旧学教习被郭沫若认为"连我们嘉定中学的有些先生都还赶不上"，西学教习"真是同样的可怜"。但该校的师资配备已是很好，英文教习是提学使衙门英文科的科长，理化、数学教习是执教几所学堂的"红教习"，经学教习则是一位成都名士。③ 按照郭沫若原本良好的经学基础，经学课程的考验中本应取得好成绩，然而在该学堂 1910 年的秋考中，郭沫若的经学成绩一塌糊涂（详见表 3 - 3）。

表 3 - 3　郭开贞（郭沫若）1910 年秋考成绩

修身	试验	80	77
	品行	73	
	读经		60
	讲经		
国文	作文	90	80
	习字	69	
外国语	英文	88	93
	英语	98	
	历史		95
	地理		75
算数	代数	92	95
	几何	97	
	博物		100
	图画		67
	体操		60

资料来源：郭沫若《少年时代》，《郭沫若文集》第 1 卷，第 194~195 页。

---

① 《直隶学务公所会议中学议案》，《河南教育官报》第 32 期，1908 年 12 月 8 日。
② 《宫中档光绪朝奏折》第 26 辑，第 241~243 页。
③ 郭沫若：《少年时代》，《郭沫若文集》第 1 卷，第 194~195 页。

郭沫若转学时进入该学堂三年级程度的丙班，表 3 – 3 应是其升入四年级的学年考试，反映的是中学堂第三年各门分科的成绩。表中显示，郭沫若总平均 80 分（旷课核减 1 分），列最优等。其中，外语、算术、博物等西学分科成绩优异，国文、历史等中学科目也很不错，经学一门却勉强合格。就教育条件而言，成都数一数二的官立中学堂，当地名士担任经学教习，郭沫若原本对经学极有兴趣且有一定程度的根底，已优于多数中学堂学生，经学成绩却仅 60 分。如果把学堂程度、教习资历、学生基础等各项条件的标准降低，那么一般中学堂的经学教育更无法期待好的成效。就此而论，中学堂经学教育很难称得上成功。

三　高等学堂渐趋衰败

晚清各高等学堂教育的整体效果，评价不高。各省办理高等学堂办法往往与学制规定不合。浙江高等学堂添习专门分科，令一学生兼习数门，分散精力。[①] 山东高等学堂未如学章规定以某一外国语言为主课，将英、法、日、德四国语言全部教授。[②] 安徽省城高等学堂教授中国历史仅讲至五代，有违教授普通历史注重近世史的初衷。[③] 1909 年，山东高等学堂正科毕业生调京复试，"咨送六人，均以不及格见摈。闻其于英文题目，皆不知出处，故无从著笔"。舆论发现，问题并非仅出于学生，学堂教习也有责任，"闻题目传至山东，英文教习，亦俱不甚了了，无怪学生之曳白矣"。由此引发时人对高等学堂办学成效的质疑，认为学堂经费支出与育才成效不成正比，"查山东高等学堂，开办最早，开办费八十余万，常年经费十万，至今核计，已消耗百三四十万，以六除之，计每二十三万两，造就一人，今且无一及格者。噫，育才之难，可见一斑矣"。[④]

高等学堂各西学分科的办学效果尤其较差。直隶高等学堂分设本科师范班，1907 年学务调查发现学生程度太浅，本科四班学生学力较优者不过十余人，其余皆大致等同普通中学堂一年级学生。[⑤] 同年，河南高等学

---

① 《咨复浙抚高等学堂课程仍照定章办理文》，《学部官报》第 67 期，1908 年 9 月 25 日。
② 《本部视学官调查山东学务委员报告书》，《学部官报》第 54 期，1908 年 5 月 20 日。
③ 《奏派调查安徽学务员报告书》，《学部官报》第 38 期，1907 年 11 月 6 日。
④ 《应考选美学生不及格》，《教育杂志》1909 年第 10 期，1909 年 11 月 7 日。
⑤ 《奏派调查直隶学务员报告书》，《学部官报》第 20 期，1907 年 5 月 12 日。

堂西学分科教育程度太低，学部鉴于该学堂所聘教习不能胜任，要求辞退，"该校号为高等，其不合资格之教员断难充数。宜先将学力太差及不通官话者先行辞退。即以东文教习三宅喜代太言之，到堂两年余，所授仅日本俚语，未免进步太迟，况该教习乃冈山县寻常师范出身，以之担任高等理科，其庸有当乎"。①

高等学堂为补习西学知识，势必增加相应课程的钟点，导致师生分配于经学课程的时间减少。如 1905 开办的陕西省城高等学堂，先于学堂内补习中学堂教育内容后再升入高等。补习内容偏重西学，每周课时总计 36个钟点，英文、日文已占 20 多个钟点。言官奏参该学堂偏重西学的补习办法，认为教学内容本末倒置，致使中学荒废。1906 年，浙江道监察御史王步瀛鉴于陕西高等学堂教法失宜，"于中国根本学问亦势必荒落，不暇兼顾并营。皆由近年学务人员任用失当，故张皇补宜，本末倒置，实于陕西学界大有损害"，奏请遵照学制章程进行改良，以资造就。②

依据官员奏报和各地学务报告，各省高等学堂的分科设置多有分歧，故学部不得不加以整顿。鉴于江苏、福建、山东、陕西等地高等学堂的外国语课程各订办法，学部于 1909 年奏准各省划一外国语课程。③ 但学部办法没能解决问题。1910 年，学部考察发现高等学堂教育名不副实：各省高等学堂皆已设立，然事属创办，学生程度未能合格，教科设备又不完全，以不合格之学生入不完全之学堂，虽袭高等之隆称，不足为大学之预备。④

高等学堂教育效果整体不佳，经学分科的教学效果却因学生程度的变化而出现变动。1903 年开办的四川高等学堂，最初招收秀才、廪生入学，分设普通甲、乙、丙等班及优级师范理科若干班。经学伦理教习为华阳县

---

① 《本部视学官调查河南学务报告书》，《学部官报》第 53 期，1908 年 5 月 10 日。
② 《咨陕抚钞行御史王步瀛奏整顿陕西学务各折稿片》，《学部官报》第 7 期，1906 年 11 月26 日。
③ 《咨大学堂通咨各省划一高等学堂外国文课程文》，《学部官报》第 90 期，1909 年 6 月18 日。
④ 张邃青：《记河南初开办的学堂——河南高等学堂》，朱有瓛主编《中国近代学制史料》第 2 辑上册，第 638～639 页。

举人、内阁中书陆慎言，1903 年到堂。① 其教授的乙班经学课程时间安排见表 3 - 4。

表 3 - 4　四川高等学堂普通乙班各学级每周经学课程时间

	第一学年		第二学年		第三学年	
	第一学期	第二学期	第一学期	第二学期	第一学期	第二学期
经学伦理	2	3	2	1	1	1

资料来源：《普通乙班全学级每周课程时间表》，《四川教育官报》第 11 期，光绪三十三年十一月。

普通乙班第三年第二学期学生毕业成绩，经学伦理极其优秀（详见表 3 - 5）。

表 3 - 5　光绪三十三年四川高等学堂普通乙班第三年第二学期毕业成绩

	经学伦理成绩	各科平均成绩	六期各科平均成绩	列序
高培英	98	87	84	1
萧全善	98	84	82	2
严治（镛）	100	86	80	3
傅春祥	89	87	79	4
谢光晋	75	77	79	5
吴子中	98	81	79	6
张先声	89	78	77	7
苏绍颖	90	78	77	8
刘斗南	75	78	73	9
黄光临	85	74	72	10
邓林柯	85	81	72	11
王钧□	95	78	72	12
王麒玉	89	77	71	13
帅永年	98	84	72	14
惠桂华	90	77	71	15
杜品琳	98	75	70	16

---

① 《四川高等学堂总理教员监学委员姓名籍贯表》，《四川教育官报》第 9 期，光绪三十三年九月。

	经学伦理成绩	各科平均成绩	六期各科平均成绩	列序
徐原煜	95	72	70	17
陈熙纯	90	74	70	18
赵一鸣	85	74	69	19
吴海渠	90	79	69	20
杨政铨	90	74	69	21
胡明钦	99	79	68	22
汤苏民	60	71	67	23
关尚志	88	77	67	24
陈文□	78	72	66	25
谢秉埠	90	77	66	26
□光朝	85	73	63	27
赖和友	70	76	59	28
彭昌南	78	58	58	29
张炳□	88	67	58	30
魏怀熙	70	55	57	31
何成□	70	67	54	32
康文苑	80	68	53	33

资料来源：《普通乙班全学级每周课程时间表》，《四川教育官报》第 11 期，光绪三十三年十一月。

　　该班共 33 名学生，经学伦理课程的成绩分布情况是：满分 1 人，90 分以上 100 分以下者（含 90 分）14 人，80 分以上 90 分以下者（含 80 分）10 人，70 分以上 80 分以下者（含 70 分）7 人，60 分 1 人。全班学生成绩近半在 90 以上。除个别情况外，学生经学伦理课程的成绩普遍高于六期各科平均成绩，显示了经学要较其他分科教育效果好。这与陆殿舆对清末四川高等学堂学生经史知识丰富的判断吻合，"关于文史方面，这些学生已具有根柢，所缺乏的数理化、自然科学和外国史地、政法等知识"。①

　　随着中学堂毕业生增多，上述情况随着高等学堂生源的改变而发生变

①　陆殿舆：《四川高等学堂纪略》，四川省政协文史委员会编《四川省文史资料集粹》第 4 卷，第 431 页。

化。经历了中学堂阶段教育训练的学生，在中、西学程度上与原来招收的学生不同，西学水平有所提高，中学水平却反退步。而且，高等学堂渐混入有中学堂文凭而无相当学力的学生。据郭沫若回忆成都高等学堂的学生状况，"高等学堂在成都是最高的学府，然而那最高学府的最高学员，就我们所知道的，就有不少是买得私立中学堂的文凭而考入的"。[①] 由此学堂学生经学成绩急剧下滑（详见表 3－6）。

表 3－6 宣统元年四川高等学堂预科乙班第三学期考试成绩

	经学成绩	各科平均成绩	列序
邓德辉	90	90.4	1
曾 镕	55	90.2	2
蔡 模	90	88.7	3
王思九	100	88.5	4
黄文林	80	88.3	5
萧秉钧	70	87	6
罗兴志	90	86.5	7
赵其国	100	86.3	8
曾树藩	65	85.2	9
岳忠国	80	84.3	10
王五□	60	84.2	11
何忠棠	75	82.7	12
朱 彦	75	82	13
杨鼎铭	65	81.2	14
刘汎舟	75	81.2	15
周克殷	95	80.5	16
袁炯昭	50	79.2	17
黄功绩	70	77.3	18
秦光璧	95	77.2	19
李大湘	75	76.2	20
李奇禄	60	75.5	21
杨炜光	80	74.6	22

① 郭沫若：《少年时代》，《郭沫若文集》第 1 卷，第 196 页。

	经学成绩	各科平均成绩	列序
蔡时严	95	73.2	23
蔡　征	50	73	24
曾庆全	95	71.7	25
林树声	95	71.4	26
曹洪飞	85	70.5	27
萧相如	85	69.6	28
余少由	60	69.2	29
李春膏	50	68	30
黄丕□	50	67.5	31
李　庚	60	67.5	32
张光璧	70	67.3	33
马司政	65	67.2	34
邵化南	80	67	35
□　恒	55	66.7	36
邱兆熊	85	66.4	37
黄云龙	60	65.1	38
罗春华	95	64.6	39
王文德	75	64.3	40
杜廷栋	80	64	41
李德崇	100	63.7	42
谢焕高	55	62.5	43
洪永忠	70	62	44
林锦义	55	61.4	45
陈光远	65	61.3	46
刘洪□	90	61.2	47
王龙光	80	60.7	48
李思□	55	60.4	49
糜觐光	65	59	50
王文林	75	57.8	51
刘书阁	50	53.5	52
王绍烈	85	53.1	53

续表

	经学成绩	各科平均成绩	列序
尚怀国	55	53	54
王玉铭	50	50.1	55
彭正良	75	47	56
温钟炳	65	38.5	57
任国彬	55	36.4	58

资料来源：《预科乙班第三学期试验积分表》，《四川教育官报》第6期，宣统元年六月。

由表3-6可知，高等学堂学生经学成绩90分以上者大量减少，60分以下者大幅度增加。不少学生经学课程的成绩低于各科平均分，反映了学生对经学知识的掌握程度已不如其他学科。这一情况说明，随着中学堂毕业生增多，高等学堂经学教育渐呈衰败。相较于学生西学成绩的逐渐提高，高等学堂的旧学教育成效却与学制预期日益偏离。

四　师范学堂出现偏差

各学堂经学教习中师范毕业生的数量，是衡量师范学堂经学教育效果的直观标准。学制规定师范为各学堂培养师资，但经学作为中国固有学问，使得师范教育和经学教习之间的关系，与学制规定出现了偏差。

就表面情形来看，晚清兴学中小学堂经学教习兼具旧学和师范毕业生身份者日益增多，似乎师范学堂为中小学堂经学教习的培养提供了平台。然而，很难直接判定经学教习旧学知识由师范学堂训练而来。从学生程度而言，师范学堂最初招收学生多系从旧学士子中考取，学生颇具旧学功底，入读的简易和速成性质的师范学堂大多不设经学课程。从教育内容而言，多数师范学堂培养师资注重教育学等西学分科，较少设立经学课程。多数师范毕业生并未在学堂获得经学方面的教育，师范学堂只是为其提供了西学知识的训练以及执教新式学堂的资格。

认识到师范教育实情的管学人员，开始注意考验师范毕业生的经学程度。广东阳春县在查核初级师范简易科毕业生翁鹤年试卷时，就主张简易师范毕业学生应加试经学，"该堂平时功课未授经学，考试毕业时照章应加题试验，该分数另作一科计算"。后因国文部分题目考试《论语》，将其作为经学考试内容通融办理，才免补考。① 学部又先后奏颁检定小学教员和检定师范、中学堂教员章程，② 经学程度成为受检应试的部分内容。速成和简易类的师范毕业生，都面临重新检定的筛选。随着师范完全科毕业生增多，各地速成类师范毕业生面临淘汰。官方通过检定教员的方式，增加了完全科毕业生的上岗机会，同时限制了简易科以及非师范毕业人员担任教习的机会。

　　在官方看来，检定教员有双重考虑：一为简易科毕业生寻求出路，筹办简易师范本是鉴于学事方起师资缺乏的状况暂应急需而设，后学部限令一律改办完全。自师范完全科毕业日多，简易科毕业生相形见绌，"是检定办法正为简易师范谋立足之地"。二为疏通旧学，章程准予举、贡、生、监、中文明通及通晓各项科学、愿充小学教员者一体检定，"系因此项，多有现充教员，或学问优长，或富有经验，倘抹其成绩，概令向隅，奚以示至公而资熟手。彼未受学堂教育，加以检定，止可去莠留良，非重试验而轻学业也"。③

　　然而，经学教习文史知识扎实，西学却所知不多，面对中小学堂教员检定应试各科，格致、算学仅通大意，体操更非所长。所以有湖北教习担忧高等小学经、史两门不在专科检定范围，势必须受普通教员检定，"窃恐因算学、体操两门程度不及，致所长亦为淹没"。建议为方便旧学检定，修改检定办法。湖北学司认为高等小学经、史两科教授程度浅，教员皆应通晓，故专科不予检定。至旧学湛深博通经史诸人，"原不必以高等小学为位置"，可报名受检初级师范及中学堂教员。④

　　随着学务进程的开展，学堂教习的受检结果显示速成类师范毕业生的知识储备发生变化，转为西学较优而中学稍劣。根据 1911 年广东检定广、肇、罗、惠各属高等初等小学教员各科成绩情况，可以看出相应变化：检定高等小学堂教员，分经义、国文、修身、算学、教育学、理化、历史、

①　《阳春县申缴初级师范二年简易科毕业生翁鹤年等试卷表册请察核并附禀考列中等以下者请准给顶戴由》，《广东教育官报》第 15 号，宣统三年第 5 期。

②　《大清法规大全续编》卷一《教育部·学堂总章》，第 25～27 页。

③　《批师范生薛维萱禀检定章程有妨学务由》，《广东教育官报》第 14 号，宣统三年第 4 期。

④　《本司通饬各属奉学部核准检定教员细则及检定委员会专则文》，《湖北教育官报》第 9 期，宣统三年。

地理、博物、体操各科，受检教员 61 人，其中经义检定成绩 60 分以上仅 3 人（分别是 60 分 2 人，75 分 1 人），相较之下，各教员教育学、博物和理化的成绩多为 70 分以上，教育学甚至有满分。而经义成绩最优者 75 分，教育学、理化的成绩均为 30 分，充分显示了该教员的"旧学"身份。[①] 检定初等小学堂教员 140 人，分经义、国文、修身、教育、算术、格致、历史、地理、体操等科，经义 60 分以上（包含 60 分）仅有 13 人，经学受检情况严峻。[②] 按照检定办法，平均分在 60 分以上且主要科目不低于 60 分才算及格，准充高等及初等小学堂正教员。根据经义的检定结果，约 20 名受检高等小学教员中才有 1 人及格，约 10 名受检初等小学教员中才有 1 人及格。大量受检教员经学程度难以达到要求，说明以简易科为过渡的经学教习资格获取方式出现断裂，中小学堂经学教育出现师资危机。

执教安徽师范学堂的姚永概也注意到相关变化，在 1909 年的日记中，对师范学堂学生旧学程度的下降不由感慨："今年新招之生大半由各府、州、县学校中来，中文好者已寥寥，而不守规则、喜生事之人，实繁有徒，令人追思简科已毕业学生，而叹近年校风到处之坏，误人子弟，败坏社会，良用浩叹。"[③]

虽然各中小学堂经学教习师范毕业生人数增多，但很难说这是师范学堂的经学教育发挥了作用。多数速成、简易类师范学生不过是借助学堂教育学等西学知识的培养获取执教资格，完成从旧学向学堂教习的转变，师范学堂本身的经学教育实际上对各学堂经学教习的养成作用不大。

整体而言，由于从学制颁布到民初改元的时间较短，无法对晚清学堂学生受到的经学教育进行自小学堂至高等学堂的完整考察。但郭沫若的学堂经历，可以提供一个清季自小学堂至中学堂接受经学教育的个案。

学制规定中小学堂经学教育不过是简单读讲各经，以便将来升入高等学堂、大学堂研求经义。然而学制规划无法落实，学生读经也难以一以贯之。就郭沫若而言，其在中、小学堂接受的经学教育已颇为连贯。从小学

---

① 《本司检定广肇罗惠各属小学教员分数表》，《广东教育官报》第 18 号，宣统三年七月中旬。

② 《本司检定广肇罗惠各属小学教员分数表》，《广东教育官报》第 18 号，宣统三年七月中旬。

③ 姚永概著，沈寂等标点《慎宜轩日记》（下），1910 年 1 月 10 日，黄山书社，2010，第 1134 页。

堂到中学堂，经学教习都是廖平门生，受到连续的今文经学的熏陶。据郭沫若回忆，小学堂经学教习帅平均是廖平弟子。读经讲经课第一学期只教了一篇《王制》，而后讲《今文尚书》。经过他的教导，少年郭沫若知道经学有今文、古文之分，培养起对今文经学的兴趣，在假期主动翻阅《皇清经解》，尤其对"阎百诗的伪尚书考"感兴趣。进入嘉定中学堂后，受教于帅平均的同门黄镕。黄依据廖平"三传一家"的学说教《春秋》，郭沫若小学堂阶段培养的对今文经学的趣味，因而得以维系。然而，郭沫若两年后转学成都省城分设中学堂，新的经学教习只是拿着《左传事纬》照本宣科，郭沫若对经学的兴趣丧失，今文经学的培养也从此中断。①

　　郭沫若在中小学堂连续遇到主张今文经学的教习，较一般学堂学生已算幸运。其他学生因不同阶段经学教习各有门径，一旦升学则所讲所教已然不同，无以持续，不知所从。且教习高下有别，一些经学教习不明教法，教授混乱，造成学生理解困难。皮锡瑞对此情况曾有形象概括："教员人自为书，家自为说，新旧异趣，高下殊途。每换一人，则教法不同，甚或全然反对，生徒莫知所从，以致师弟冲突。"② 经学"家学"和"人学"的问题，③ 在学堂教学中并没有得到解决，无法像西学分科那样随着学级递升实现教育的延续性和连贯性。

　　而且，出于近代中国教育的不自信，经学教育的办法开始渗透进较多比附的内容。教习援释前言，则穿凿附会。或借用日本讲义授受，或讲解经义比附西学，经义授受开始脱离故往。1910 年，章太炎提出古书的训诂文义，从中唐到明代，一代模糊一代，以前中国人自己尚不明白，外国人自更难明白，"你看那日本人读中国书，约略已有一千多年，究竟训诂文义，不能明白"。且日人成见已深，又不晓得中国声音，不明训诂，"几个老博士，翻腾几句文章学说，不是支离，就是汗漫。日本人治中国学

① 郭沫若：《少年时代》，《郭沫若文集》第 1 册，第 70~71、84~85、91、124~125、194 页。
② 《清皮鹿门先生锡瑞年谱》，王云五主编《新编中国名人年谱集成》第 16 辑，第 101 页。
③ 对于家学的理解，见顾颉刚《古史辨自序》，河北教育出版社，2000，第 48~49 页。傅斯年也有类似看法。参见桑兵《分科的学史与分科的历史》，《中山大学学报》（社会科学版）2010 年第 4 期。

问，这样长久，成效不过如此，何况欧洲人只费短浅的光阴，怎么能够了解？"① 而学生稍窥故编，昧于择别，对于经书难免有畏难情绪。不感兴趣者，则一无所获；即便认真研读，所学也已较中国传统学问本身有所差异。这种经学教育的隐忧，直至民国时期一些学者才开始有所发现，并试图加以纠正。

综上所述，各阶段学堂经学教育的效果都乏善可陈，中小学堂经学教育可说是一塌糊涂。和最初纳科举于学堂，使学堂兼得培才和抡才的目的类似，经学进入学堂的目的，是希望新式学堂培养西学专才的同时，能够兼得旧学训练。然而，办学过程中呈现出来的状况，是经学在是否编纂教科书问题上存在争议，教习选任不能依靠师范学堂完成，按级递升的教学进度难以实现，传统学问的固有办法制约了学堂经学课程的开展，学制章程规定付诸实践后面目全非。

而且经学修习耗时很久，也很难适应学堂的衡量体系。传统学人认为读经的通与不通，都是一种境界。汪容甫提出："读书十年，可以不通。"王闿运就认为"不通"二字，就经学而言，境界甚高，是读书读经有心得的表现。② 在学堂体系内，十年读书不通的做法，自然行不通。

学堂学生对经学教育失去兴趣，经学成为学堂课程中无聊与令人讨厌的代表。1911 年，两湖优级师范学堂学生朱峙三认为经学课程所讲无味，于学堂中的存在是一种复古倒退，"如此世界大势，办学堂者无不知之，此真王莽复井田也"。③ 经学课程不受欢迎，变成"最厌恶者"。④ 学生反而对鼓吹革命思想的《民呼报》"阅之有味动人"，⑤ 说明借助经学维系道德的办学立意，没有发挥实效。

学堂经学教育出现问题，很多学童回归学塾的旧学培养方式。顾颉刚

① 章太炎：《论教育的根本要从自国自心发出来》，汤志钧编《章太炎政论选集》，中华书局，1977，第 510 页。
② 王闿运认为："俗人多不能解，非读书有心得，又肯虚心者，不肯出此言也。然而难言之矣。汉学始有不通境界，宋学以意断，遂无不可通矣。此境甚高，读经可得，而治文史者则无所谓不通。吾未信汪容甫之真能不通也。"钱基博：《王闿运》，卞孝萱、唐文权编著《民国人物碑传集》，凤凰出版社，2011，第 414 页。
③ 胡香生辑录，严昌洪编《朱峙三日记（1893～1919）》，1911 年 2 月 4 日，第 278 页。
④ 胡香生辑录，严昌洪编《朱峙三日记（1893～1919）》，1911 年 2 月 6 日，第 279 页。
⑤ 胡香生辑录，严昌洪编《朱峙三日记（1893～1919）》，1911 年 2 月 5 日，第 279 页。

的祖父认为五经应读全，而新式学堂却无法达到这一目标，因而亲自教授进入苏州第一中学堂的顾颉刚读经。① 深明西学、后曾赴欧担任留学生监督的蒯光典，不可谓不开通，也邀请吉城于家中教导两子读经。② 与学堂开办有期而读经效果不佳相对应，私塾始终保持着相当数量的存在。其原因固然在于民众对于新式学堂的存疑，同时也说明了经学融入学堂的"不尽如人意"。是以报纸感慨学堂未尝日少，而私塾却似日见其多，"每有入学堂一二年，转返而延师课读者"。③

　　种种情况，说明经学融入新式学堂出现问题。经学进入学堂，类同"新瓶装旧酒"，但旧酒味酸，人莫肯酤。随着癸卯学制的推行，经学教育取得的实际效果，背离了张之洞规划学制的初衷。作为体现纲常伦理的中体，为延续其维系道德教化的功用，经学试图进入学制和学堂变成一科而难以成功，在学堂中处境极为尴尬。舆论评价出现怀疑和否定的倾向，引发了对经学课程态度的分化。一方面，趋新教育家质疑融不入学堂的经学课程，是否还有存在的必要；另一方面，办学人员另立专门存古学堂培养旧学，并调整学制内经学课程的授受内容和方法，希望借以改善经学融不入学堂的困境。相关举措已说明，清季时人对经学融入学堂的不成功已有清晰认识。

---

① 顾颉刚记述其祖父话语："五经是总该读全的。你因进了新法学堂，只读得《诗经》、《左传》和半部《礼记》。我现在自己来教你吧。"见顾颉刚《古史辨自序》，第 30 页。
② 吉城：《鲁学斋日记（外二种）》，1907 年 3 月 17 日，第 505 页。
③ 《清谈·学堂私塾》，《申报》1910 年 3 月 20 日，第 1 张后幅第 4 版。

第四章　经学教育的变通与调整

经学课程地位特殊，而融入学堂的效果不佳，学务管理人员自然不能视若无睹，在学制体系内外进行了经学教育的调整和变通。一方面通过学制体系外另立专门学堂，以补充普通学堂经学教育的不足；另一方面调整学制，应对学堂读经的困境。作为学制拟订者的张之洞，则考虑开办经科大学来挽救其他各阶段学堂经学教育之失。

各种办法的提出和实施，是进一步将经学融入学堂的努力与尝试，同时也将新式学堂经学教育的尴尬与流弊充分暴露，直接影响了清季民初教育界与社会舆论对待学堂读经的态度。

第一节　学堂体系外的变通

作为癸卯学制体系外培养旧学的专门途径，以便应时局之余兼存书种，晚清存古学堂应运而生。仿办存古之风，清末一度流行。一方面反映了官绅对于如何保存旧学维系礼教的极大关注，另一方面，则与学制推行后在传承中学方面的不尽如人意有关，寄希望于通过保存古学的专门学堂和学制规划下的普通学堂相辅并行，从而实现中西并造。

一　议设旧学专门

癸卯学制虽然注重旧学，《学务纲要》专门列有设立中国旧学专门为保存古学、古书之地的说法，却并未详订办理章程。换言之，存古一类学堂最初并没有出现在全国学务统一规划进程的安排中。随着学制实际执行的效果不尽如人意，学堂经学课程的开展又让人大失所望，很难担负维系圣教和支撑中学的重任，忧心于西学的大行其道，官绅开始重新思考保存旧学的办法，存古学堂由此登上了晚清的历史舞台。

　　然而，议设旧学专门性质的学堂，并非仅见于张之洞。科举立停后，原本以科举为主导的王朝学校体系下的旧学传承成为问题。围绕科举停废后的旧学疏通和保存问题，一些京官提出了设立国学专门的建议。

　　支持设立旧学专门的建议，首见于科举停罢后围绕国子监改造的设想。科举停罢，传统王朝学校建置已无存在必要。光绪三十一年十月二十二日（1905 年 11 月 18 日），刑科给事中吴煦奏请以学务大臣兼翰林院并管国子监事务，并设计了以国子监改办中学专门的规划。鉴于科举停废，学部不日成立，建议"其国子监课程，则请以中学为主，而别采各项科学组成之。奏定章程中，各种学堂最重中国文学一科，古者成均教法，干戈与礼乐并重，暗合西制，请饬学务大臣参酌学堂章程，厘定功课，并给予学生出路，以宏作育而资造就"。① 实际相较于学制规划中的普通类学堂教育，国子监改办以中学为主、兼采西学的专门学堂。然经政务处议复，"翰林院并不归并，所请以学务大臣兼管翰林院之处，应毋庸议。鸿博特科，未便遽定年限，应俟馆员疏通后，奏请钦定。从之"。② 议复的结果，该条建议并未被采纳。

　　吴煦奏请设立国学专门的想法较为粗疏，御史赵炳麟则提出了更为详细具体的主张。光绪三十二年，赵炳麟奏请设立国学专门学堂，主张在学制外另立专门，以保存传统学问。③ 他肯定了传统学问的有用，"我中国硕学通儒递相传延，绵绵不绝，微言奥义，西国大政治家莫出其范围，是文明实有关于治平者，莫我国学若也"。继而对学制兼顾中西学的做法表示质疑，认为依之而行，不过耗费钱财，一事无成，"臣考奏定学堂章程，自小学至大学，一切中西学科皆兼授并课，古今中外陶铸一炉，用意良善。然各学之理想至赜，一人之精力无多，恐西学难究其精微，中学转荒于务广，欲两收其益，凡一无所成。国家岁用巨万之经费，不大可惜乎？"所以请旨另行设立国学专门学堂，"每省设国学专门学堂一所，大省以二百人为额，中省百五十人，小省百人，分经、史、文学三科详订妥章，专心研究。其学生现暂以举贡生员、年力富强、学有根柢者考充，他日中学堂毕业，选国文优等充之，以五年毕业。选最优等为翰林，优等为国学进

① 中国第一历史档案馆藏，军机处录副奏折，光绪朝文教类，胶片号：03－7215－29。
② 《德宗景皇帝实录》卷 550，光绪三十一年十月二十二日；《清实录》第 59 册，第 310 页。
③ 中国第一历史档案馆编《光绪宣统两朝上谕档》第 32 册，第 216 页。

士举人，量才录用"。并将这一办法与学制结合起来，"国学专门既立，原定之高等学堂章程，凡关于经、史、文学三项者，皆可减少钟点，俾得悉力于各种科学，似于中西学业两有裨益"。这一建议虽未被采纳，却详细提出了专门学堂的设学办法以及与如何与学制相结合的初步设想，希望对本国固有学理加以珍重，"谓之保存国粹，所以坚国民之爱国心"。①

"学术人心，关系至大"，孔子升祀后不久，梁鼎芬奏请设立曲阜学堂。光绪三十二年十一月二十二日（1907 年 1 月 6 日），即有上谕准建山东曲阜学堂，"着张之洞督同湖北提学使黄绍箕等，悉心筹画，妥慎办理"。② 次月，御史赵炳麟奏请明定教育宗旨，认为曲阜学堂的建立，"特立曲阜学堂，尊孔子之教，明君崇圣育才之至意"，有改良风气的功用。将孔子之教视为无所不包，认为彼时学术之大害，不在言不尊孔，而在行不尊孔，导致旧学晦暗不明。

赵炳麟将办理曲阜学堂视作正学治乱的标杆，"现当曲阜学堂开办伊始，天下学术之正伪，视此为标准；我朝国本之治乱，视此为转移"。并借此宣示教育宗旨，"拟请明谕天下，定教育宗旨。俾知我皇太后、皇上兴学之意，以'明人伦，重躬行'为崇圣第一要义；不在拘文牵义，徒托空言"。具体安排"责成湖广总督臣张之洞会同学部慎选师儒，注重行谊，求孔、孟之正宗，破门户之陋习，详定规则，奉核施行"。期望能够昌明正学，"务期国学昌明，世风隆厚，以仰体朝廷重道育才之盛心"。③

各督抚在兴学的过程中，也逐渐提出办理旧学专门。相较御史言官而言，各督抚提出更为具体的操作方案，设计了相关学堂章程与设学办法。

光绪三十一年十月，河南抚陈夔龙、学政王垿奏设尊经学堂，略仿通儒院之意，考取通省举、贡入堂肄业。章程中有首尊经学、精研理学、博览史学各条，皆仿大学分科办法。④ 光绪三十二年，湖南巡抚庞鸿书等奏请湘省改设学堂，意欲设立四所旧学专门学堂。他详列理由，意图通过此项办法：

① 《御史赵炳麟奏请立国学专门学堂折》，《河南教育官报》第 5 期，1907 年 10 月 7 日。
② 中国第一历史档案馆编《光绪宣统两朝上谕档》第 32 册，第 254 页。
③ 中国第一历史档案馆藏，军机处录副奏折，文教类，学校项，7219－50，胶片号：538－1323。
④ 《学部奏湘省学堂不合定章拟令改正折》，《东方杂志》第 3 年第 6 期，1906 年 7 月 16 日。

首先，认为保存国粹亦外国所重，"窃维今日环球各国学堂皆重国文，凡礼教风尚及精美擅长之学术技能，宝爱护持，名曰'国粹'，以保全为主"。而中国经书等项，作用更大，"中国圣经贤传，阐明道德，维系人伦，忠孝至行，平治大猷，皆由此出。即列朝子史，事理兼赅，各种词章，军国资用，亦皆经术之绪余，文化之辅翼，未可听其废弛"。

其次，认为学堂兼办中西致使中学渐趋衰微，"学堂科目赅括中西，其于经学、史学、理学、词章学，皆未暇专精，窃恐将来中学日微，必至各学堂亦鲜教国文专门之教员，而中师渐绝"，而经学通过学堂培养很难达到专门研究程度，"经理纬史，奥义宏文，非用力久，未易豁然。而各学堂暑刻无多，即赋性灵明，仅可略知大意"，若求深造，必另立专门。

最后，认为科举停废后，设立专门学堂既不乏生源，也可妥善安置旧学出身，"今科举既废，旧学寒畯不乏穷经之士，以彼颇年研讨于中学，素有根柢，果其专心致志，不难入室登堂。且皆为国家昔年奖励之人才，当此学务振兴，亦岂忍令其皓首无归，中途废弃?"①

由此，湖南拟开办四所存古学堂。在孝廉书院旧址，将校士馆改为达材学堂，专收举人、五贡入学肄业，以百人为额；在校经堂旧址设立成德学堂，专取中年以上旧学生员专研经史、理学、词章学者，作为其肄业之地；在岳麓书院旧址设景贤学堂，取通省中年以上生员入堂肄业，专研经学、理学；在船山书院旧址设船山学堂，专收衡、永、郴、桂四地生员。

四所学堂采取大学堂分科办法，以经学、史学、理学、文学四项为主，以存古学。兼习算学、舆地、政学、艺学各科，意图存古之外，能兼顾博采旁通之意，"于学术、人心均有维系"。并强调办学遵照癸卯学制《学务纲要》的大义，而各学生毕业后的奖励及升学办法也与普通学堂关联起来，达材学堂"举、贡毕业时，择其最优者咨送学部大臣，考验合格，量予奖励，并升入大学各分科，为递升入通儒院地步"。成德学堂与景贤学堂毕业生，分别奏请奖励，以备将来考拔、考优。船山学堂则参照三处办法。②

---

① 中国第一历史档案馆藏，军机处录副奏折，文教类，学校项，7216 - 2，胶片号：538 - 517。

② 中国第一历史档案馆藏，军机处录副奏折，文教类，学校项，7216 - 2，胶片号：538 - 517。

督抚创办各类旧学专门学堂，是新学大行其道后，官员对于旧学如何保存的一种应对。不仅提出了设立专门的想法和主张，而且进一步提出了分科管理和学生毕业奖励、升学办法，为设立旧学专门积累了办学经验。随着学部建立，统管各地学务，这股势头被暂时遏制。各种建立旧学专门的想法，大多不得推行。重要原因就在于在张之洞管部之前，学部兴学的重心在普及新学，对存古类学堂基本持否定态度。① 湖南巡抚奏请设置四所存古学堂的主张，遭到了学部拒绝。

学部站在学制章程的基础上，议复该奏所请，逐条批驳，强调专门之学必须兼顾普通。所以，批驳的重心放在学制层级安排和兴学趋向上来。

第一，明确学制安排的计划在循序渐进，"普通、专门躐等必无成功，中学、西学偏废皆滋流弊，必明循序渐进之方，兼收明体达用之效，庶几国民精神、世界知识乃能完备"。学制安排的原则在于高等学堂以下皆为普通教育，其科目实中西并习，未尝偏废，迨普通既毕，依次升入分科大学、通儒院，方始精研深造。且学制高等以下设专门分科46，经、史、理、文为目14，已注重保存国粹。各办学人员，只要遵章而行，"守定章程，毋稍缺略，自无原奏中学日微、中师渐绝之虑"。

第二，办学者必须明白兴学大势所在，揣度时势，注重趋向。湖南议设四所学堂，学生旧学出身，非由学堂培养。讲授又无固定时间，考验采取年考、月试办法，与书院无异，有违办学方针。且晚清兴学经费不足，财源枯竭，存古开办既多，势必影响普通类学堂的开办，四校同时并举，适逢财力未丰、兴学孔亟，"一有偏重，放弃必多"。

所以，学部最终决议景贤学堂改办高等，成德、船山两学堂改为师范。存古类只办达材学堂一所，且改变原有规划，让其先行补习普通，按照定章高等学堂第一类学科讲授。② 实际上将所有学堂纳入学制轨道，按照普通学堂方式办理。

学部奏驳湖南所请的同时，开始清算各地设立的存古类学堂，对庞鸿书奏折中援引作为仿办依据的湖北存古学堂和河南尊经学堂进行"纠错"。鉴于湖北存古学堂未据咨报，"应俟另案核议"。对于河南尊经学堂，则认

---

① 这一说法已有学人做出研究，见关晓红《晚清学部研究》，第186页。
② 《学部奏湘省学堂不合定章拟令改正折》，《东方杂志》第3年第6期，1906年7月16日。

为与湖南情形大致相同，"与湘省办法大同小异，应由臣部咨令改办师范学堂，以归一律"。①

学部对于湖南、河南办理旧学专门学堂的批驳，一方面，是出于办学理念的冲突，强调按照学制规划办理普通学堂，并无荒废中学的可能，期望各省兴学，集中精力于学制体系内各类普通学堂的开办，是以对存古性质的专门学堂加以否定。另一方面，也有教育管理权限问题上的考虑。清末直省的行政，并不能简单按照西方三权分立的原则去比附。因为教化民众本是官员的重要职责，所谓身任封圻，风化所关，官员未便自谢不敏。所以办理学务，尤其是旧学专门学堂，是教化民众这一传统执政理念的延续。而学部成立后，与督抚在教育权限问题上存在冲突。光绪三十二年，学部一等咨议官汤寿潜呈递关于学务意见和建议时，专门提出"重假职权"一条，即"教育为行政一大部分，上而学部，下而提学使，皆于法律命令范围内具有主任者，欲完主任，须全职权，是提学使宜隶大部，不在督抚。课副长省视学官之进退，亦不在督抚。不然，是谓赴东学习速成之员原不足齿，而督抚万能也。县视学之监督在提学使，不在州县官"。②实际就是主张从督抚以及州县官中剥夺教育行政的权力。

二　存古学堂面世

光绪三十年，存古学堂浮出水面。虽然在后来趋新舆论的攻击中被视作复古倒退，但详察存古学堂的办学理念，与旧时书院并不相同。它是时人认识到学堂经学课程办理不善的情况下，欲扶植旧学，以救新学轻本重末之失，不得不在学制之外另寻途径，以学堂为载体寻求保存旧学的尝试。主张以学堂教人，而非回到以书院育人的旧途。

后人对于存古学堂的认知，常由光绪三十三年五月张之洞奏请开办存古的奏折而来。实则胡钧在《张文襄公年谱》中，记载了张之洞于光绪三十年六月已创设存古学堂，"以各学堂所讲经史汉文太浅略，特设此堂以保国粹"。③但因张之洞此时并未正式奏报，所以学部核对学务情形，曾

---

① 《学部奏湘省学堂不合定章拟令改正折》，《东方杂志》第 3 年第 6 期，1906 年 7 月 16 日。

② 《本部一等咨议官汤寿潜呈述学术管见十二则》，《学部官报》第 12～13 期，1907 年 1 月 14 日、1907 年 3 月 5 日。

③ 胡钧：《张文襄公年谱》卷 5，沈云龙主编《近代中国史料丛刊初编》第 5 辑，第 223 页。

有湖北存古学堂未据咨报的说法。①

实际上，张之洞创设存古学堂的想法要早于光绪三十年六月。在是年四月初七日致端方与梁鼎芬的电文中提出，张之洞称，"经心书院本鄙人所创，留此为保存中国古学之地，反复思之，似不可废"。② 对经心书院的何去何从加以筹谋，试图留其为"保存古学之地"，是存古学堂创办的最初发端。

更深层次的原因则在于张之洞对于时风士习深感忧虑，欲借存古以存书种。张之洞在致黄绍箕的电文中提出，鉴于"近日风气，士人渐喜新学，顿厌旧学，实有经籍道熄之忧"，而癸卯学制虽将旧学列为分科，但时间有限，"仅恃各学堂经、史、汉文功课，晷刻有限，所讲太略"，导致"文学必不能昌久之，则中国经史文字无师矣"，所以特意于武昌省城特设存古学堂，以保存国粹。针对设立存古学堂有碍新学的说法，张氏认为"若以新学为足救危亡，则全鄂救亡之学堂已二三百所，而保粹之学堂止此存古一所，于救亡大局何碍"。最终达到救时局、存书种两义并行不悖，学生毕业也可供各学堂中学、国文教习之选。③

张之洞正式发布建设存古学堂札文的具体时间难以确定，但依据当时报纸期刊转载的情况加以判断，应在光绪三十年即已刊布。④ 张之洞在这份札文中，详细阐述了设立存古学堂的缘由：

第一，强调保存国粹以养成爱国乐群，是强国本原，并有外国经验借鉴。认为"今日环球万国学堂，皆最重国文一门"。所谓国文，即"本国之文字语言历古相传之书籍也"。针对当时中国状况而言，"即间有时势变

---

① 《学部奏湘省学堂不合定章拟令改正折》，《东方杂志》第 3 年第 6 期，1906 年 7 月 16 日。

② 《张之洞致武昌端抚台（端方）武昌府梁太守电》（光绪三十年四月初七），《清代名人稿本抄本》第 2 辑第 36 册第 242 卷，张之洞档 36 "电稿"，中国社会科学院近代史研究所藏，第 401 页。

③ 《张之洞致温州电局专送瑞安黄仲弢学士电》（光绪三十年六月十二日），《清代名人稿本抄本》第 2 辑第 23 册第 144 卷，张之洞档 23 "电稿"，中国社会科学院近代史研究所藏，第 315～317 页。

④ 张之洞建设存古学堂的札文至少可见于以下几处：《设立存古学堂札》，《湖南官报》第 891 号，光绪三十年十二月初九，第 33～34 页；《鄂督南皮建置存古学堂札文》，《南洋官报》第 161 期，"著录文字"，第 2～3 页；《鄂督南皮尚书建设存古学堂札文》，《申报》1905 年 1 月 30 日，第 1 版；《鄂督张札设存古学堂文》，《秦中官报》1905 年第 4 期，光绪三十一年二月，"直省文牍"，第 11～13 页。

迁不尽适用者，亦必存而传之，断不肯听其澌灭。至本国最为精美擅长之学术技能、礼教风尚，则尤宜宝爱护持，名曰国粹，专以保全为主"。保存的目的正在于"凡此皆所以养其爱国之心思，乐群之性情。东西洋强国之本原，实在于此，不可忽也"。

第二，论述中国传统旧学的特殊地位。就经学而言，"中国之圣经贤传，阐明道德，维持世教，开启聪明，尊贵种族，固应与日月齐光，尊奉传习"。就史学、词章而言，"即列朝子史、各体词章，军国资用，亦皆文化之辅翼，宇宙之菁华，岂可听其衰微，渐归泯灭"。

第三，结合湖北学务状况对于培养师资的考虑。湖北各学堂中学教员本来多出自经心、两湖书院，然而通省学堂，需人甚多。且京师调取以及各省索取，络绎不绝。忧心于数年后，"将何以取资应用"。而且书院改办学堂，旧日养成已无后续，学堂培养则"仅可为初等小学国文之师"，至高等专门学、普通中学、优级师范、高等小学皆无教国文专门教员，"倘高等以下各学堂之中学既微，中师已断，是所有国文之经史词章无人能习，无人能教。然则将来所谓大学专门，岂非徒托空言"。从"既无周秦传经之名师，安有两汉立学之博士"的角度出发，存在"经籍道熄、纲沦法斁"的忧虑。①

所以张之洞提出在经心书院故址改建存古学堂，派委候补直隶州知州本任江夏县知县陈树屏为提调，专聘博通经、史、诸子、词章各门学问者为教员，选取中学较优学生入堂肄业，专习数门。各门分类办法大致为：经学为一门，于数经中任占一部，说文、尔雅学、音韵附此门内。史学为一门，于二十四史及通鉴、通考中任占一部，清朝掌故附此门内。词章为一门，金石学、书法学附此门内。而词章之中，博览为一门，即子部之学。存古学堂以国文为主，不用兼学外国语言文字。至于外国历史、博物、理化、外国政治、法律、理财、警察、监狱、农林渔牧、工商各项实业等事，只是略讲，令学生"略知世间有此各种切用学问，即足以开其腐陋"。算学等，仍旧讲习，不过不必求精，钟点亦不宜太多。强调专力中学，务造精深。

学生考选，以三百名为额，分为三班，招考入堂。学生资格"本应选取高等小学毕业者升入"，以"目前初等高等小学尚未造有成材"，"应就

---

① 《鄂督南皮尚书建设存古学堂札文》，《申报》1905 年 1 月 30 日，第 1 版。

各学生员考选，不拘举、贡、廪、增、附皆可"，监生、童生皆不收录，年龄则须 35 岁以下。毕业以七年为限，加习洋文学生，毕业后可照高等学堂例奏请奖励，并准送入大学堂文学专科肄业；不习洋文者，毕业奖励量减一等，只能送入大学堂文学选科肄习。[1] 期望毕业学生能够"将来备充各师范、各普通中学、高等学、大学堂文学专门之师"。

值得注意的是，张之洞此议实际已在学制规划外另行设立一条保存旧学的途径。在其看来，学制规定下的普通学堂课程难以偏重中学，存古学堂则可专门肄习中学，与学制办法相辅而行，"前奏各学堂章程，务在开发国民普通知识。故国文及中国旧学钟点，不能过多。此次存古学堂，在保存国粹，且养成传习中学之师，于普通各门止须习其要端（要端谓算学、地图两门），知其梗概。故普通实业各事钟点，亦不必过多，以免多占晷刻"。两法互相补益，各有深意，不可偏废，不相菲薄。[2]

三 存古学堂与经学

湖北存古学堂的出现，为学制颁布后忧心旧学延续的官绅提供了保存旧学的途径。随着各地学务的开展，学堂读经效果不佳的消息从各方陆续传出。朝堂上不断有官员阐发对于经学消亡的忧虑。恽毓鼎认为"南皮总督真吾道罪人也"，理由即是"近来中外学堂皆注重日本之学，弃四书五经若弁髦，即有编入课程者亦不过小作周旋，特不便昌言废之而已"。并由此预言："不及十年，周孔道绝，犯上作乱，必致无所不为。"[3] 而分科太多，显然减少了学生修习经学的精力。刘汝骥在光绪三十二年慈禧召见时，指出直隶办学的毛病，除了靡费太多外，要项之一便是"中学堂以上学科太杂，于经学反多荒废"。[4] 同年孙家鼐也提出"学堂偏重西学，恐经学荒废，纲常名教，日益衰微。拟请设法维持"。[5]

在学务开展进程中，一些负责处理具体办学事务的官员发现了各地学堂开办经学课程的违章情形。光绪三十三年，江西知县易顺豫禀请通饬各

---

① 《鄂督南皮尚书建设存古学堂札文》，《申报》1905 年 1 月 30 日，第 1 版。
② 《鄂督南皮尚书建设存古学堂札文》，《申报》1905 年 1 月 30 日，第 1 版。
③ 史晓风整理《恽毓鼎澄斋日记》，1904 年 8 月 19 日，第 250 页。
④ 刘汝骥：《丙午召见恭记》，《陶甓公牍》卷一"示谕"，《官箴书集成》，黄山书社，1997，第 1~2 页。
⑤ 《清实录》第 59 册，第 454 页。

府、厅、州、县中学堂、高、初小学经学、国文两科教法宜敬遵奏定章程。概因"近年各省兴办学堂照章者少,江西亦不免此等流弊,是不独显背朝廷立学宗旨,为不尊王;且隐悖圣人立教本原,为不尊孔。下误子弟,上祸国家",所以"拟请通饬各府厅州县中学堂、高初小学堂一体敬谨遵照奏定章程,切实认真办理,勿得稍有改易,视若具文。毕业有实效可收,民间见之必争立学堂,风气自然开通,教育自能普及"。① 次年,河南一补用知县也认为随着学务开展,"昔日患西学之不兴,今日患国粹之不保。乃各种科学多有发明,而经术、国文等科每无新编之课本,即此可征近时为学之方针,而我中国固有之文明恐日见消亡,筹思及此,每抱杞忧"。并认为高等小学经学一科,很难教授得当,"高等小学则《诗经》讲朱传,《书经》讲蔡传,而学者每病其简,若讲两经传说汇纂,则又太繁"。② 在其看来,学堂经学课程陷入一种无法合理授受的困境。

张之洞本人也认识到了学制安排在实际操作中出现问题。拟订癸卯学制时,他还认为新的学制章程,科举所尚之旧学,"皆学堂诸生之所优为",且就经学而言,较旧时"讲读研求之法皆有定程",尤加详备。并自信地做出判断:"若按此章程办理,则学堂中决无一荒经之人,不惟圣教不至废坠,且经学从此更可昌明矣。"但相差一年不到的时间,舆论就传出张之洞欲办存古类学堂的消息:"张之洞前因近人鄙弃旧学,有关国粹,故拟立一存古学堂,兹又拟立一宗经学堂,大旨以研究经术为宗旨,惟于何地开设,尚无明文。"③

光绪三十三年五月二十九日（1907 年 7 月 9 日）,湖广总督张之洞正式奏请设立存古学堂。张之洞寄希望于新的存古学堂能够致力于中国经、史、词章之学,以存古学堂的开办挽救普通学堂旧学教育的缺失。并拟试办半年后,"如课程条目毫无窒碍,即请旨敕下学部核定,通行各省一律仿照办理"。④

与此前建设存古学堂的札文相比,张之洞请建存古学堂的奏折中很多

---

① 《时事采新汇选》第 20 册,第 10598 页。

② 《河南教育官报》第 23 期,1908 年 7 月 28 日。

③ 《警钟日报》1904 年 11 月 23 日。

④ 张之洞:《创立存古学堂折》,赵德鑫主编,吴剑杰、周秀鸾等点校《张之洞全集》第 4 册,第 304 页。

文字基本保持一致。然而，两者语境毕竟不同，奏折中细微处的修改，恰好反映了张之洞对于存古学堂新的设想。

相较三年前，旧学的处境更为尴尬。"臣自前两年回鄂以来，体察各学堂情形"，① 传统中学的师资危机更加明显。张之洞发现旧学在学制和学堂中的存在，不仅没有得到彰显，反而呈现出种种危机，故在奏章之首强调"道微文敝，世变愈危"。②

而对存古学堂具功用的规划，更加详细。注意拓宽存古功能，"将屋宇量加修改添造，务期合法。建造书库，多储中国旧学图书、金石、名人翰墨、前代礼器"。③ 这使得存古学堂并不局限于存书种，同时兼具"图书馆"与"博物馆"功能于一身。

对于学堂监督的选任，此前只是提出计划，实际操作则并不如预料般顺利开展，奏折中以一句"该堂监督，一时暂难选得其人"简要概括，实则其中蕴含极多波折。学生虽然仍旧分为三班取录，但人数由三百名改为二百四十名。且因科举停罢，学政裁撤，所以"学生平日功课，由各门分教员按月考校，填注分数，送交提调，汇齐列表，送交提学司，由提学司核阅初次后，呈送臣衙门复核，取定榜示"。④

在新出炉的奏折中，为说明存古学堂必要性，张之洞还特别强调以下两个方面：

第一，学堂中西并学仍须注重教育根本。"伏读近年历次兴学谕旨，惟以端正趋向为教育之源。一则曰敦崇正学，造就通才。再则曰庠序学校，皆以明伦。圣训煌煌，无非以崇正黜邪为宗，以喜新忘本为戒。夫明伦必以忠孝为归，正学必以圣经贤传为本，崇正学明人伦，舍此奚由。"

第二，去除学部阻力，力证湖北存古学堂的合理性。张之洞将湖北所设存古学堂与学部议驳的湖南、河南所办专门学堂割裂开来，"臣查该两省学堂章程，似与向来书院考课相仿，与鄂省存古学堂之办法判然不同，

---

① 张之洞：《创立存古学堂折》，赵德鑫主编，吴剑杰、周秀鸾等点校《张之洞全集》第 4 册，第 303 页。
② 《鄂督张之洞奏设存古学堂折》，《申报》1907 年 8 月 2 日，第 10 版。
③ 张之洞：《创立存古学堂折》，赵德鑫主编，吴剑杰、周秀鸾等点校《张之洞全集》第 4 册，第 303 页。
④ 张之洞：《创立存古学堂折》，赵德鑫主编，吴剑杰、周秀鸾等点校《张之洞全集》第 4 册，第 304 页。

毫不相涉。湘、豫两省，系属误会，合并声明"。继而请示湖北存古学堂试办半年后，推广全国，"如课程条目毫无窒碍，拟即请旨敕下学部核定，通行各省，一律仿照办理，以延正学而固邦基"。①

湖北存古学堂办法筹谋良久，"该堂一切课程钟点，经臣殚心竭虑，筹计经年"，"督同提学司及各司道并各学堂良师、通儒往复商榷数十次，始克拟定大略"。目的在于以存古学堂补普通学堂之不足，"总期多致心力于中国经、史、词章之学，庶国文永存不废，可资以补救各学堂之所不足"，而又略兼科学以开学堂学生普通知识，"俾不致流为迂拘偏执，为谈新学者所诟病"。目的在于学堂学生"将来上之则升入通儒院，以供大用，次之则以备文学侍从之选，似亦盛世朝列中必不可阙之人员"。②

张之洞在奏办存古学堂后不久，即于 1907 年 8 月至 1909 年 8 月入值军机之际兼管学部，使得兴办存古学堂的主张在学部通过，继而在各地推行。光绪三十三年翰林院侍读周爰诹奏陈学务存在弊端，因废科举而并废圣贤之书，致使乱臣贼子出现。③ 政务处议复一改此前学部反对存古学堂的做法，转为推崇湖北存古学堂的法良意美，"如湖北奏设之存古学堂，法良意美，应请饬各省督抚参照湖北章程，于省会量力建置。但各省财力不同，或另筹简易办法，惟期保存国粹为第一义"。④

自此，各省存古学堂渐次开办。光绪三十四年，江苏巡抚陈启泰仿设存古学堂，以存国粹而造通才。⑤ 同年，御史李浚以存国粹关乎人心世教，故经学亟宜注重，请饬学部、各直省督抚，于国子监地方及各直省省城一体设立存古学堂，以补科举之不足。所有详细事宜，悉照湖北、江苏两省奏定章程参酌办理。⑥ 湖南、贵州、陕西、广东、四川、甘肃等地相继奏报开办存古学堂。之前在湖南拟办多处存古学堂遭到学部否定的庞鸿书，于光绪三十四年与云贵总督锡良一起再次奏请开办贵州存古学堂，专重经

① 张之洞：《创立存古学堂折》，赵德鑫主编，吴剑杰、周秀鸾等点校《张之洞全集》第 4 册，第 304～305 页。

② 张之洞：《创立存古学堂折》，赵德鑫主编，吴剑杰、周秀鸾等点校《张之洞全集》第 4 册，第 304 页。

③ 中国第一历史档案馆藏，军机处录副奏折，文教类，学校项，7220－97，胶片号：538－1638。

④ 刘锦藻编《清朝续文献通考》卷 103《学校》(10)，第 8624 页。

⑤ 中国第一历史档案馆藏，军机处录副奏折，文教类，学校项，7223－121，胶片号：538－2366。

⑥ 刘锦藻编《清朝续文献通考》卷 107《学校》(14)，第 8663 页。

史词章，辅以普通科学。学生则就举、贡、廪、附及中学堂毕业生中甄别收录，教员则延聘宿学通儒、为士林所仰望者。其他教授钟点管理规则与各项专门高等学堂相同。先招学生一班，定以四年毕业，文凭照奏定章程，升入京师大学堂肄业，派充初级师范及中学堂以下各学堂中文教员。如各生有志深造，再行留堂三年，给予完全毕业。① 风气此时已然改变，自然奏准通过。继而黔、苏两抚咨文学部请推广存古学堂，至少每省须设一所，以保存国粹，也在张之洞的授意下获得学部允可。② 宣统元年，学部拟定的分年筹备宪政事宜清单内列有于宣统二年各省一律设立存古学堂。③

存古学堂开办增多，然而其教学办法却大都借鉴湖北经验。湖北存古学堂自张之洞奏办时就强调不同于旧时书院办法，注重普通学识内容的开设，以及与高等学堂、大学堂的衔接。所以，在章程条文中采用了学制分科教学的框架，中学教育并非过去的整体一块，被分为经学、史学、词章、子部学等科。实则是在学制体系外另立专门偏重学习中学课程的新式学堂。

《湖北存古学堂课表章程》分为经学、史学、词章三门，有主课、补助课与通习课之分。经学门以经学为主课，史学与词章为补助课，通习课包括博览子部学、算学、舆地学、外国史、博物、理化、外国政治法律财政、警察监狱、农林渔牧各实业、工商各实业、体操等课程。每星期总计 36 个钟点，经学课时比重最大，前五年都是 24 个钟点，后两年 18 个钟点。④

而在具体的各学科教授办法中，就经学分科而言，把七年进度又划分为三个阶段的教学内容，希望通过学制式的办法，将经学由浅入深地分配到各学年中去。各阶段的教学办法与进度，强调按年递进：

第一阶段，前两年，主要是遍览九经全文，讲明群经要义大略。先看御纂八经一遍，传、说、义、疏均须依篇点阅一年。次看有关群经总义诸书（如《经典释文·叙录》、《传经表》、《通经表》，历代正史艺文志、经籍志之经部，《四库全书提要·经部》，历代正史儒林传，惠栋《九经古义》，余萧客《古经解钩沉》，王引之《经传释词》、《经义述闻》，陈澧

---

① 《宫中档光绪朝奏折》第 26 辑，第 241～243 页。

② 《存古学堂之发展》，《甘肃官报》第 5 册第 3 期，宣统元年二月。

③ 《奏分年筹备事宜折》，《学部官报》第 85 期，1909 年 4 月 30 日。

④ 张之洞：《咨学部录送湖北存古学堂课表章程》，赵德鑫主编，吴剑杰、周秀鸾等点校《张之洞全集》第 6 册，第 511～512 页。

《东塾读书记·经类》、《九经古义》等书）约一年。此两年课程，意在使学者通观群经大指，胸有大局，以为将来贯通群经之根基。且使学者自揣性之所近，以定择习一经之趣向。[①]

第二阶段，即第三、四、五、六年（共四年），主要课程是详细点阅注疏，点阅所习本经注疏，每星期约四点钟。点阅所习本经清人著述［如孙星衍《周易集解》、胡渭《易图明辨》、阎若璩《古文尚书疏证》、孙星衍《尚书今古文注疏》、胡渭《禹贡锥指》、陈奂《毛诗传疏》、马瑞辰《毛诗传笺通释》、胡承珙《毛诗后笺》、顾栋高《春秋大事表》、梁履绳《左通补释》、顾炎武《左传杜解补正》、惠栋《春秋左传补注》、马宗琏《春秋左传补注》、沈钦韩《左传补注》、孔广森《公羊通义》、钟文烝《榖梁补注》、王鸣盛《周礼军赋说》、沈彤《周官禄田考》、江永《周礼疑义举要》、程瑶田《沟洫疆理小记》、《考工创物小记》、段玉裁《周礼汉读考》、近人（孙诒让）《周礼正义》、胡培翚《仪礼正义》、金榜《礼笺》、孔广森《礼学卮言》、段玉裁《仪礼汉读考》、郑珍《仪礼私笺》、朱彬《礼记训纂》、刘宝楠《论语正义》、郝懿行《尔雅义疏》、王念孙《广雅疏证》之类］，每星期约 20 点钟。大率每星期中以一日研究古注疏，以五日研究国朝人经说。

此外如学海堂刻《皇清经解》、南菁书院刻《皇清经解续编》中之精粹者，即两经解以外诸名家经说中有与本经相涉者，以及《古经解汇函》、《小学汇函》皆可参考。第五、六两年内须参考所习本经外之他经，以及子部、史部可以证明本经要义者。这四年课程主要使学者能治专经之学，以一人能治一大经，兼治一中、小经为善。[②]

第三阶段，即第七年，专考求本经自古及今致用之实效见于史传群书者，其研究之法参考癸卯学制经科大学办法。凡专经者，其经文皆须背诵全文，或默写三百字以上。其汉以前授受师承一、南北朝至今解经派别二、本经要义三、历代经师诸家于经文经义紧要处之异同四，皆须能应对纯熟，解说详明无误，以此为考核等第之实据。毕业时，必令呈出所习专经之心得、著述、札记。并专门提出注重小学，"《说文》《尔雅》学，

---

① 张之洞：《存古学堂各学科分年教法》，赵德鑫主编，吴剑杰、周秀鸾等点校《张之洞全集》第 6 册，第 512 页。

② 张之洞：《存古学堂各学科分年教法》，赵德鑫主编，吴剑杰、周秀鸾等点校《张之洞全集》第 6 册，第 512～513 页。

《汉书·艺文志》谓之小学，为求通经学之钤辖，应附入经学门内。又音韵之学，即附小学内。金石学可为考证经史之资，然要以考释文字为先，亦附小学门内"。①

存古学堂的开办，意在纠正普通学堂荒经蔑古的偏颇，试图在学制体系外另立专门，以延正学。课程有意偏重经、史等旧学，养成传习中学之师的专门人才。不过，存古学堂办法不同于书院，采用了新式学堂分科设学的办法。原本癸卯学制规定至大学分科阶段研习的中国固有学问学术门类，已"下放至"存古学堂研究开展，并且按年分别规划了学科程度与教学内容。作为保存旧学的专门学堂，在缺少西学掣肘的情况下，存古学堂章程进一步展现了张之洞本人对旧学的"妥善"安置。

四　存古学堂与学制

张之洞奏设存古学堂，希望各省能够一律仿照办理。而存古学堂大范围的推广，又引起了学部纳存古学堂于学制内的考量。宣统年间，存古学堂改章。存古章程的调整使得存古学堂的各项办法被逐步纳入学制轨道，以便与其他各项学堂相衔接。

存古学堂采取新式学堂的分科设学和程度衔接办法，与旧时书院不同。按照张之洞的规划，存古学堂的设学本意是与普通学堂相辅而行，"盖前奏各学堂章程，重在开发国民普通知识，故国文及中国旧学，钟点不能过多。此项存古学堂，重在保存国粹，且养成传习中学之师，于普通各门止须习其要端，知其梗概，故普通实业各事钟点亦不便过多，以免多占晷刻"。希望两种学堂能够互相补益，各有深意，不可偏废，不可相非。②

与普通学堂相比，存古学堂的办法却很难与各阶段学堂程度相比照。湖北存古学堂学生，原拟"选取高等小学毕业者升入"，说明存古类学堂与中学堂在学生来源上等同。然而，存古学堂学生毕业奖励，又有"按照高等学堂例奏请奖励"一说。③ 以此来看，张之洞奏设的湖北存古学堂兼

---

① 张之洞：《存古学堂各学科分年教法》，赵德鑫主编，吴剑杰、周秀鸾等点校《张之洞全集》第6册，第513页。

② 张之洞：《创立存古学堂折》，赵德鑫主编，吴剑杰、周秀鸾等点校《张之洞全集》第4册，第304页。

③ 张之洞：《创立存古学堂折》，赵德鑫主编，吴剑杰、周秀鸾等点校《张之洞全集》第4册，第304页。

具普通学中学堂和高等学堂两种程度。

该学堂毕业生的奖励办法也与学制章程规定严重背离。按照《奏定学堂章程》的规定，中学堂与初级师范毕业生准充小学堂教习，高等学堂及优级师范毕业生准充中学堂和初级师范学堂教习。湖北存古学堂对于毕业生则规定"凡毕业者，将来备充各师范、各普通中学堂、高等学、大学等学堂文学专门之师"。① 显示存古学堂毕业生的安排，包括了中等以上各阶段学堂的教习之用，与学制规定中毕业生的层级安排严重不符。

在学科学习进度的安排上，与学制规定的普通学堂也存在极大差异。如存古学堂七年之中的经学每学年进度与高等学堂和大学堂分别交叉。第一、二年要求"遍览九经全文，讲明群经要义大略"，与学制安排下高等学堂经学课程要求用钦定八经讲述经学大义类似。后五年的研究注疏、治专经之学以及专考求经书自古及今致用之实效见于史传群书等规定，则与经科大学治经办法一致。②

上述种种情况，说明存古学堂是学制体系之外的专门学堂，其教育内容与程度的安排与普通学存在很大分歧。

有鉴于此，学部逐渐统一规划各地存古学堂，并尝试将其逐步纳入学制体系。宣统元年，《申报》即已传出学部将对存古学堂进行改制的消息。"学部堂宪，以各省设立存古学堂，原为保存经学国粹起见，惟恐持之过当，以致沾染迁陋腐败之习，于新学隐相反对，殊为学务前途之障碍"，所以准备改章，"现议由部拟定完善章程，颁行各省，以便遵照"。③《大公报》也传出消息，"闻学部张相国前因各省建设存古学堂者日多一日，恐士子好古情殷，阻碍新学，曾拟订限制章程，以便遵守"，并报道后续进展，"昨闻又交谕到部，饬速将此项章程先行编订，一俟草案完成，即呈请相国亲自核阅"。④ 消息真假，因张之洞不久后去世，事情中辍，难以辨别。

张之洞去世后，《申报》又传出张之洞病逝前已有改章想法的消息，与此前《大公报》说法相仿，"学部以张文襄公病假前，曾议各省存古学

---

① 张之洞：《创立存古学堂折》，赵德鑫主编，吴剑杰、周秀鸾等点校《张之洞全集》第 4 册，第 304 页。
② 张之洞：《存古学堂各学科分年教法》，赵德鑫主编，吴剑杰、周秀鸾等点校《张之洞全集》第 6 册，第 512～513 页。
③ 《京师近事》，《申报》1909 年 4 月 15 日，第 1 张第 6 版。
④ 《张相国与存古学堂》，《大公报》1909 年 7 月 6 日，第 4 版。

堂。成立日多，深恐流于泥古，有碍新机，拟由部改订划一专章，颁发各省实行等因。兹该部各堂，以此议实为维持教育之最善办法，已拟继续前议，订章施行"。① 《大公报》在1910年初又传出学部改章限定存古学堂的消息，担心各省"富于存古思想，设立日多，亦于新学前途大有障碍"，故拟订立限制办法，"大省不得过三处，小省不得过两处，每处限百名为定额"。②

综合《申报》与《大公报》的消息，历次报道均有学部深恐存古学堂办理"有碍新学"的说法。即便不能确定消息的真实，也可见舆论对此的一种积极态度。在舆论的压力下，学部开始修订存古学堂章程。

有意修订存古学堂章程的消息曾经流出。陈衍与曹元弼专门就此致信学部尚书唐景崇，告以存古学堂的重要性。陈衍在1910年前后明白告诉唐景崇，"但使一省有一文学堂，专习经史文字，三年卒业，得稍优者数十人，升入大学及用为教授，读书种子可以不绝于中国，是在阁下力主之。若听不学者之武断灭裂，则异日追原其事，必曰中国读书种子之绝，绝于阁下为学部长官之时，当亦非阁下所乐居也"。③ 曹元弼也提出，"今闻道路汹汹，有废存古之说，此乃与乱贼之甚，而为宪政之大梗者。乡里一二贤者太息扼腕，为世道人心惧"。④

宣统三年，学部奏定《修订存古学堂章程》，鉴于湖北存古学堂已设立数年，各省亦渐有仿照设立者，且彼此歧异，或有名而无实，或费多而效少，所以将原章修订通行，以收整齐划一之效。一方面仍旧采择湖北存古学堂课程教法，在其基础上略做调整；另一方面，管理规则为原来办法所缺，参照他项学堂章程酌量加入。⑤ 同时按照学制程度，对其进行调整规划，以尽量与学制中各层级的程度和毕业奖励等项吻合。修改详情如下。

第一，原来办法定为七年毕业，改为八年。"吾国古学精深，比之他项科学研究更为不易，原章定为七年毕业，期限较短，自应比照他项学堂定作中等五年、高等三年，以资深造。"为了与普通学堂对应，存古学堂

① 《京师近事》，《申报》1909年11月22日，第1张第5版。
② 《议限制设立存古学堂》，《大公报》1910年1月22日，第4版。
③ 陈衍：《与唐春卿尚书论存古学堂书》，陈步编《陈石遗集》上册，《石遗室文集》卷八，福建人民出版社，2001，第491~492页。
④ 曹元弼：《上唐春卿尚书书》，《复礼堂文集》卷9，王有立主编《中华文史丛书》第6辑，台北，华文书局，1969，第14页。
⑤ 《学部奏修订存古学堂章程折并单》，《政治官报》第1249号，1911年4月24日。

分设中等科、高等科。"中等科五年毕业，高等科三年毕业。"① 虽然没有明白表示采取学制办法，但与学制规定下中学堂、高等学堂修业年限一样的实情，显示了让存古学堂转向变成兼具中学堂和高等学堂程度专门学堂的用意。

第二，严格界定中等科与高等科的生源。存古学堂中等科学生，"以高等小学堂四年毕业生考取升入"，"如人数不敷，暂准招收读完五经、文笔通适之高才生甄录入学"，不过加以限制，"此项学生入学后，于前二年省去补读《易》、《书》、《春秋左传》，而以此钟点补习高等小学应授之格致、算学、地理、历史等科"。并规定举贡生员入学办法，"其旧日之贡生、生员中文优长者，考试合格，准其插入中等科第三年级。举人之中文优长兼习普通学者，准其考入高等科"。②

第三，通过程度区别，厘清了旧学生源与学堂层级之间的关系。并将存古学堂各科毕业生与学制规划下的分科大学联系起来，存古学堂经学、史学、词章学三门学生均订立明确的升学方式，"经学门为预备升经科大学者治之，史学门为预备升考文科大学之中国史学门者治之，词章学门为预备升考文科大学之中国文学门者治之"，并订立高等科毕业升入文科大学的课程要求，"高等科学生毕业后愿考升文科大学者，则应预习外国文，可于高等科课表中第二、第三两年，每星期减补助课六小时、通习课诸子学一小时、算学一小时共八小时，加授外国文"，保证了层级的顺利衔接。③

第四，规定了毕业学生的去处。"存古学堂以养成初级师范学堂、中学堂及与此同等学堂之经学、国文、中国历史教员为宗旨，并以预储升入经科、文科大学之选。"④ 同时规定了高等科毕业考试及格者，除授予毕业文凭外，按照学部奏定高等学堂章程办理。中等科毕业者应升高等科，若愿充高等小学教员不升入高等科者，"即于第三年加授论理学，第四、第五两年加授教育学。每星期各二小时，省农工商业大要钟点，授之史学

---

① 《学部奏修订存古学堂章程折并单》，《政治官报》第 1249 号，1911 年 4 月 24 日。
② 《学部奏修订存古学堂章程折并单》，《政治官报》第 1249 号，1911 年 4 月 24 日。
③ 《学部奏修订存古学堂章程折并单》，《政治官报》第 1249 号，1911 年 4 月 24 日。
④ 《学部奏修订存古学堂章程折并单》，《政治官报》第 1249 号，1911 年 4 月 24 日。

及词章学"。① 存古学堂中等、高等科毕业生，明确相当于中学堂、高等学堂毕业生程度，张之洞创立存古学堂奏议所定充作大学堂专门之师的做法被删去，存古学堂毕业生的资格清晰界定，层级不再紊乱。

学制的衔接层级明确，学部实际上将存古学堂视为培养经科与文科大学生源的专门学堂，"此项毕业生只能入文科大学之中国史学、中国文学二科，不能升入他科"。② 存古学堂兼具中学堂、高等学堂两种程度，在修业年限、招生标准和毕业生奖励上与癸卯学制规划下的中学堂、高等学堂完全吻合，已经被规划到整个学制进程中去。

修订后的存古学堂章程整体安排较为灵活。如此前修订方案规定"每级至少须在百名左右"，此时调整为"每年级至少须满六十名，其学生过少不能成班之处，应准缓设"。退学条款，多了一条"身膺痼疾"。各省揆诸经费情形，未必一律设立存古学堂，"现在各省教育经费支绌情形，实觉力有未逮，若勉强设立，经费不充，师资缺乏，转不足以得真材，自应由各省体察情形，其财力实在艰窘者，暂准缓设，或与邻省合并办理，庶几设立者皆属完备之学堂，用副循名核实之意"。③

同时，此次章程修订在学科的具体安排上，依照中等科、高等科划分办法也做了调整。以经学一科为例，时间安排上有了改变。其经学门中等、高等科学科程度及时间安排见表4-1、表4-2。

表4-1 存古学堂经学门中等科学科程度及每星期授课时刻

	第一年每星期钟点	第二年每星期钟点	第三年每星期钟点	第四年每星期钟点	第五年每星期钟点
经学附理学小学	20	20	18	18	18
以上主课					
史学	4	4	2	1	1
词章学	4	4	2	1	1
以上补助课					

① 《学部奏修订存古学堂章程折并单》，《政治官报》第1249号，1911年4月24日。
② 《学部奏修订存古学堂章程折并单》，《政治官报》第1249号，1911年4月24日。
③ 《学部奏修订存古学堂章程折并单》，《政治官报》第1249号，1911年4月24日。

续表

	第一年 每星期钟点	第二年 每星期钟点	第三年 每星期钟点	第四年 每星期钟点	第五年 每星期钟点
算学	3	3	3	3	3
舆地学	2	2	2	1	1
外国史				2	2
法制	1	1	3		
理财			2	1	1
博物				2	2
理化				3	3
农业大要			2		
工业大要				2	
商业大要					
体操	2	2	2	2	2

以上通习课

资料来源:《学部奏修订存古学堂章程折并单》,《政治官报》第 1249 号,1911 年 4 月 24 日。

表 4-2   存古学堂经学门高等科学科程度及每星期授课时刻

	第一年每星期钟点	第二年每星期钟点	第三年每星期钟点
经学附理学小学	18	18	18
以上主课			
史学	3	3	3
词章学	5	6	6
以上补助课			
诸子学	2	2	2
算学	2	2	2
舆地学	2	2	2
政治学	2	1	1
体操	2	2	2
以上通习课			

资料来源:《学部奏修订存古学堂章程折并单》,《政治官报》第 1249 号,1911 年 4 月 24 日。

与张之洞光绪三十三年奏折中所订章程相比,每星期总的时间安排相同,仍为 36 个钟点。但新出炉的修订章程减少了与普通学堂的差距,经学课程的整体时间比重渐小。张之洞原定办法规定修业七年，经学课程每周24个钟点，补助、通习课各占6个钟点。修订后的章程办法规定，中等科修业五年，经学课时安排下降至18～20个钟点，高等科修业三年，经学课时下降至18个钟点。同时，史学、词章学等补助课的时间安排也有所渐少。新章中等科旧学相关课程时间缩减，转移到西学通习课。这说明学部开始有意增加存古学堂中等科修习普通学知识的比重，不致与普通中学堂学科修习差别太大。

此前学章修订中欠缺的各科课程分年教授法也已完全补齐。在大都沿袭湖北存古学堂章程办法的基础上，略做调整。

经学一科，分年教法虽然仍旧与湖北办法相同，但依照中等科与高等科阶段的不同划分程度差异。中等科前两年讲读《周易》、《尚书》、《春秋左传》三经，"以符合中学堂学生必须读完五经之通例，而预培综贯群经之根柢"。[①] 后三年讲明群经要义，"大略先看御纂八经一遍，传说义疏均须依篇点阅，次看有关群经总义诸书"。高等科第一、第二两年研治专经，"以一人能治一大经，兼治一中小经为善"。不过点阅所习本经注疏时间压缩为每周4个钟点，点阅所习本经国朝人著述时间压缩为每周14个钟点。高等科第三年，参考经科大学办法，"须参考所习本经外之他经，及子部、史部可以证明本经要义者，并考求本经自古及今之实效见于史传群书者"。

经学分科的研习办法增加了理学以及补助课的具体修习内容。吸收各地办学经验，增加了理学课程，"每一星期应于经学钟点内，匀出二小时，中等科前二年授理学，后三年授小学；高等科前一年授理学，后二年授小学"。具体研治内容安排为："中等科理学授《近思录》，高等科授四朝学案；中等科小学授《尔雅郝氏义疏》、《说文序目》、《文字蒙求》，高等科小学授《段注说文》及《六书音韵表》，并授三代古金文字及碑版中之有关经字经义者。"作为补助课的史学和词章学，"中等科史学授《御批通鉴辑览》、《三通考辑要》，高等科授《史记》、《汉书》、《后汉书》、《三国志》。中等科词章授《古文辞类纂》，高等科授《文选》兼参观选学

---

① 《学部奏修订存古学堂章程折并单》，《政治官报》第1249号，1911年4月24日

各书"。①

　　随着新的存古学堂修订章程办法出炉，学部完成了纳存古学堂于学制体系的安排。不过这一修订办法仍存在疏漏，考虑不够全面。如已办学堂如何向新的学堂章程靠拢全然未提，导致已入学的学生如何对应中等科、高等科程度无所适从。而在具体的章程条文上，也存在问题。在词章学修订办法中，提到中等科五年点阅古人有名总集竟然误写了《全宋诗》。是以学部不得不迅速咨文各省，加以纠正，"本年三月初五日，本部奏定存古学堂章程业已通行各省照办在案。查原章第十条词章学小注所载之《全宋诗》实系《宋诗钞》，于刷印时缮写错误，应即改正"。②

　　光绪三十一年设立的学部，最初对存古类学堂加以否定，显示了学部彼时在办学趋向上并不注重旧学专门。此后，随着学制推行出现种种问题，借助学制办法昌明旧学的初衷难以实现，导致张之洞于光绪三十三年五月奏准设立存古学堂。

　　但自成系统的存古学堂，始终困扰着学部。学部在宣统三年通过对存古学堂章程加以修订，纳存古于学制。一方面，在课程设置上，削弱旧学课程，增加西学课程的比重，减少与普通学堂的差距；另一方面，修改存古学堂的修业年限、修习程度与毕业奖励办法，将存古学堂与各普通学堂进行衔接。而这一调整明显背离了张之洞创立存古学堂初衷。时人曾揣测到张之洞的办学本意，"南皮尚书存古学堂之建置也，其大旨要归在于两法互相补益，各有深意，不相菲薄，所以保存国粹者以此，所以维持学子者亦以此，盖学至今日，无虑其不新，但虑其矫枉之过正"。③ 然而，学部最终通过修订章程，放弃了"两法的互相补益"。

五　反应与成效

　　存古学堂的开办，作为"扶危救乱"的应对，得到了一批官员和士大夫群体的支持。然而，处于追求各种有用西学的大背景下，存古学堂对于学生的吸引力有限。长达七八年的修业时间，也让学生退避三舍。因此，

---

① 《学部奏修订存古学堂章程折并单》，《政治官报》第 1249 号，1911 年 4 月 24 日。

② 《督院张准学部咨本部奏定存古学堂章程第十条词章学所载之全宋诗实系宋诗钞应即更正缘由行东提学司查照文》，《两广官报》第 3 期。

③ 《读南皮尚书建置存古学堂札文》，《江西官报》1905 年第 1 期。

存古学堂的办理在清季陷入困境，保存旧学的专门化办法流于破产。

1. 时人反应

存古学堂的出现，对于忧心旧学生存状态的官绅来说，无疑是"扶危防乱急救"之良策。刘锦藻认为各省学堂经学课程实施状况腐败，"自省垣外，竟有显背钦定章程、轻蔑中文、废弃经书者充其类"，任此情况蔓延下去，情况将不可收拾，"将使天经地义日就沦灭，彝训雅故莫能通晓，诐淫邪暴，煽动日易，蔓延日广，人尽鬼魅，家为乱贼，谬种流传，必有横决糜烂，不可收拾之一日"。据刘推断，原因在于学堂教职员多不称职，"管理教授，多不学无术躁妄之徒，初不知人伦道德为何事，圣经贤传为何用，学术不明，师道不立，世祸亟矣"。而存古学堂的出现，恰能培养一批明白圣贤经传的教职员，从而解决学堂潜在的危机，这正是"相国所以特立存古学堂，不得已而为也"。①

张之洞在奏办存古学堂后不久，即于1907年8月至1909年8月入值军机并兼管学部，得以将兴办存古学堂的主张在各地推行。学部尚书荣庆此时整顿学务，也以推广存古学堂为要，"学部荣华卿尚书，屡议整顿学务。刻拟通咨各省，先饬添设存古学堂，以存国粹。随时严查女学堂，以维风化"。② 张之洞入京后，乔树枏也要求仿照湖北办法建立京师存古学堂，"闻学部乔丞堂议于京师设立存古学堂一区，仿照湖北办法，召集举贡考职之落第者，为一班。另招举贡生监为一班。一俟筹定巨款，即当开办，以为各省之模范"。③ 学部官员也大力推动各省普设，据供职于学部的陈衍所述，"前者张广雅相国，既设存古学堂于武昌，旋管学部，衍议请推广各省，省设一区，所以存中国学问于万一"。④

政务处推崇湖北存古学堂法良意美，"如湖北奏设之存古学堂，法良意美"，要求各地普设，以保存国粹为第一义。⑤ 各地办学权限极重的督抚对此极力认同。两江总督端方认为存古学堂的开办，引领天下风气，

---

① 刘锦藻编《清朝续文献通考》卷107《学校》（14），第8663页。
② 《京事小言》，《申报》1907年9月6日，第3版。
③ 《京事小言》，《申报》1907年9月12日，第4版。
④ 陈衍：《与唐春卿尚书论存古学堂书》，陈步编《陈石遗集》上册，《石遗室文集》卷八，第491~492页。
⑤ 刘锦藻编《清朝续文献通考》卷103《学校》（10），第8624页。

"南皮相国之精心筹画，网罗天下遂古之儒为之讲师，故规模宏远至极"。① 江苏巡抚陈启泰对存古学堂评价很高，认为其保存国粹之余又中西兼顾，不流于偏执，"湖北存古学堂，大意多致力于经、史、词章，庶国文永存不废，以补救各学堂之所不足，而又兼及科学，以开其普通知识。俾不至流为迂拘偏执，定章甚善，前事可师"。② 言官也抱以肯定态度，御史李浚认为经学亟宜注重，设立存古学堂可以保存国粹，继而束人心，维世教。③

各地绅士对此也不乏支持者。浙省官书局裁撤后，该地绅士即因为"该局总纂姚绅丙然、张绅荫椿等以鄂省创办存古学堂，心焉向往"。所以拟查照鄂省章程，略事变通，在官书局旧址开办存古学堂，以该局每年经费八千元暂作常年开支。并以此举为保存国粹之基础，未敢草率从事。特往江苏抄录该省存古学堂章程，考察组织情形，以凭仿照办理。④ 湖北绅士黄学琨等因新学日昌，经学无人讲求，所以召集志同道合之人，组织经学会专为保存国粹起见，得获湖北资助经费，"殊堪嘉许，自除饬司每年在学款项下给助洋两百元外，并由本部堂给开办经费一百元，以示提倡"。⑤

不时传出各地至湖北考察存古学堂办法的消息。江西巡抚即因江西仿照鄂省办理存古学堂，"特委童挹芳君来鄂调查一切章程，昨该员已乘轮抵鄂矣"。⑥ 广东拟在省城创办存古学堂，也仿照湖北所定章程办理。"日前特委学务公所普通课副长陈令佩实至鄂调查一切，禀复核办。"⑦ 四川存古学堂开办，专门委托学务公所科员冯家玮前往湖北存古学堂调查学堂章程和图书馆设立办法。⑧

官员和士绅对于存古学堂报以极大的热情和肯定，以至于存古学堂设立后，当外国人游览中国时，常被安排为参观的重要地点。宣统元年刊出

---

① 《北洋官报》第 1650 册，1908 年 3 月 8 日。
② 《江苏巡抚陈奏仿设存古学堂折》，《吉林教育官报》第 10 期，1908 年 6 月 29 日。
③ 刘锦藻编《清朝续文献通考》卷 107《学校》（14），第 8663 页。
④ 《存古学堂之筹议》，《甘肃官报》第 22 册第 2 期，宣统元年四月。
⑤ 《资助经学会经费》，《北洋官报》第 2142 册，1909 年 7 月 26 日。
⑥ 《赣抚委员调查存古学堂章程》，《申报》1907 年 11 月 24 日，第 2 张第 3 版。
⑦ 《派员调查存古学堂章程》，《申报》1908 年 2 月 17 日，第 2 张第 3 版。
⑧ 《调查存古学堂及图书馆》，《湖北教育官报》宣统二年第 4 期。

意大利教育家参观湖北学务的行程，存古学堂成为其中一站，"义国教育家参观鄂省学务，该国大学总教呢斯克特现航海至中国游历，以考察农学之状况。往存古学堂、农业学堂、两湖优级师范学堂参观"。①

而存古学堂的出现，也为其他国粹类学堂提供了开办经验。在其影响下，光绪三十一年即已奏准设立而久未动工的曲阜学堂终于得以开办。宣统元年，学部奏酌拟曲阜学堂办法，其大概办法仿照湖北存古学堂，分为正科、预科两级。正科为专门学，分习经学、史学、文学各门，学生即以中学堂文科与初级师范毕业生为合格。预科课程即照中学堂文科课程办理，学生以高等小学堂毕业生为合格。并以梁鼎芬为监督。②

仿办存古之风，蔚然流行。而对张之洞湖北设学办法，渐有异议者。依照取向不同，大致可分为以下三种：

其一，恢复书院办学的方案出现。张之洞原定存古学堂章程，特别强调存古学堂迥异于旧时书院，注重以新式学堂保存国粹。但是旧学能否很好地融入学堂，本就是一个问题。癸卯学制未尝不对旧学加以注重，实际取得的效果却让人难以满意。是以在保存旧学的做法上，是采取新式学堂办法，抑或是重走书院旧途，引起争议。

罗振玉在张之洞奉命监管学部的时候，就提出了自己对于开办存古类学堂的看法，明显不同于张之洞的主张：

> 文襄入枢府，兼管学部。……因询以在两湖时奏设存古学堂，君意云何？予曰：中堂维持国学之苦心，至为敬佩。惟国学浩博，毕生不能尽，今年限至短，复加科学，成效恐不易期。公首肯曰：此论极是，但不加科学，恐遭部驳。至年限太短，成效必微，但究胜于并此无之耳。予曰：职往于集议此案时，曾有说帖，乃推广中堂之意，略谓各省宜设国学馆一所，内分三部：一图书馆，二博物馆，三研究所。因修学一事，宜多读书；而考古，则宜多见古器物。今关、洛古物日出，咸入市舶，亟宜购求，以供研究。至研究所，选国学有根柢者，无论已仕、未仕及举贡生监，任其入所。研究不限以经、史、文

---

① 《北洋官报》第 2258 册，1909 年 11 月 19 日。
② 《学部奏酌拟曲阜学堂办法并请派员充当监督折》，《北洋官报》第 2348 册，1910 年 2 月 27 日。

学、考古门目，不拘年限，选海内耆宿为之长，以指导之，略如以前书院。诸生有著作，由馆长移送当省提学司，申督抚送部。果系学术精深，征部面试。其宿学久知名者，即不必招试，由部奏奖。如是，则成效似较可期。公闻之欣然，曰：君此法良佳，当谋奏行。①

在罗振玉看来，国学浩博，而存古学堂年限太短，难以取得预期成效。所以罗个人所持主张是设置包含图书馆、博物馆以及研究所在内的国学馆，不限门目，不限学习年限，"略如旧时书院"，其实就是恢复学制颁布以前的旧学办法。虽然罗振玉声称张之洞听闻该说后呈欣然状，并拟奏请推行，但张之洞的态度只见于罗振玉自说自话的记载，实则学部此后并无相关章程出台，难以据此而言张之洞对该项办法确实予以认可。

沈曾植同样并不认可以"学堂"为载体存古的办法，建议恢复旧时路径，并在创办安徽存古学堂的时候明确表达了这种观点。他在写给缪荃孙的信中说："此间开办存古学堂，鄙人用意，微与部章略存通变，与鄂章亦不尽同。大旨谓科学宜用西国相沿教法，古学宜用我国相沿教法，书院日程，源流有自。"并意识到这种做法容易招来复古守旧的标签，特向缪求助，"此意发表，将为时流大哄，公必助我张目。倘能纡驾陋邦，作十日谈，为鉴决此事即耶？"②

其二，将存古理念与普通学堂关联。张之洞奏设存古学堂，明确提出存古学堂专在保存国粹，于普通学各门仅仅习其要端，知其梗概。③ 期望存古学堂能与普通学堂相辅相成，两法互相补益，各有深意，不可偏废，不相菲薄。但各地学务的开展，却将存古学堂的办学方式纳入普通学制轨道，以至于有了设立普通学层级的存古学堂的主张。

河南辉县县令戴宗喆建议将存古学堂广设，省会、府厅、州县分设存古高等学堂、存古中学堂、存古小学堂一处，并依次递升。④ 兴办存古类小学的主张开始出现。江苏吴江县同里镇有董事叶嘉棣、王世焕等，拟开

① 罗振玉著，黄爱梅编选《雪堂自述·集蓼编》，江苏人民出版社，1999，第31页。
② 顾廷龙校阅《艺风堂友朋书札》上册，上海古籍出版社，1980，第174页。
③ 《鄂督南皮尚书建设存古学堂札文》，《申报》1905年1月30日，第1版。
④ 《汴抚批存古学堂无庸普设》，《四川教育官报》第5期，宣统元年五月；《河南学司详复抚院遵议辉县戴令宗喆禀请广立存古学堂文附院批》，《湖南教育官报》第11期。

办同川存古小学堂及经史传习所。① 宣统年间，四川提学使就先后收到两件办理存古小学堂的禀请。先是宣统元年，内江县廪生朱世昌等禀请开存古小学堂；② 继而在宣统二年，三台县禀城议事会议设存古小学堂。③

其三，办学旨趣有所调整。存古学堂在开办的过程中，教学内容也发生了演变。宣统元年，赵启霖担任四川提学使，有意以理学调整四川风气。故宣统二年，四川存古学堂招生，以理学、经学、史学、词章四门为正课。

作为蜀地名儒，廖平时为四川高等学堂、优级师范学堂教习，在《左丘明考》中认为左丘明即启予商，为子夏后人，而春秋三传均为子夏所作，并将该说作为讲义讲于学生。④ 身为提学使的赵启霖在核阅学堂讲义时大为震怒，认为廖平所讲"离奇怪诞"，《左丘明考》观点多为穿凿附会，将廖平罢免教职，并令各学堂不得延聘，也不得传看所著讲义。⑤

赵启霖所为在有心人眼中成为挽救蜀学风气的壮举，⑥ 江春霖也认为有调整风气之功。⑦ 但赵启霖转变蜀中学风的打算并未取得实效。因为廖平在该地夙负资望，有"经师"重名，学绅对辞退一事"群起反对"，使得赵启霖不得不加以劝解，"予晓以正论，言辞退廖平乃为川省士习人心起见，众始无辞"。⑧ 但自宣统二年赵启霖引退后，廖平竟被赵启霖主持设立的存古学堂聘为教习。另外，据学人研究发现，"理学一门在清季开设一学期即不了了之"。⑨

2. 开办困境

开办存古学堂渐成风气，内容与教法也已确定，但存古学堂能否取得应有的效果却仍需从具体办学进程中加以评估。

存古学堂修业较长，即便开办最早的湖北存古学堂直至清廷覆灭也未

① 《毛提学饬封仿办存古学堂苏州》，《申报》1908 年 10 月 7 日，第 2 张第 3 版。
② 《内江县廪生朱世昌等禀请开存古小学堂一案》，《四川教育官报》第 12 期，宣统元年十二月。
③ 《三台县禀城议事会议设存古小学堂一案》，《四川教育官报》第 78 期，宣统二年。
④ 廖幼平编《廖季平年谱》，第 69 页。
⑤ 施明、刘志盛整理《赵瀞园集》，第 337 ~ 338 页。
⑥ 陈继训：《清四川提学使赵公暮表》，施明、刘志盛整理《赵瀞园集》，第 383 ~ 384 页。
⑦ 《江春霖来函》，施明、刘志盛整理《赵瀞园集》，第 394 页。
⑧ 施明、刘志盛整理《赵瀞园集》，第 338 页。
⑨ 郭书愚：《清末存古学堂述略》，第 200 页。

达到毕业年限。况且宣统三年学部改章又增长了修业年限，导致存古学堂毕业生罕见。以简易办法定为三年毕业的江苏存古学堂，虽于宣统三年举行毕业考试，① 但并不足以符合学部新订章程。1917 年，曾就读于江苏存古学堂的学生询问民初教育局存古学校毕业生合于何项应试资格，据当时官方意见，晚清学部并未对江苏存古学堂毕业生的资格予以认证。② 是以无法从学堂毕业生担任各学堂经学、史学以及文学教习的状况，对存古学堂培养旧学师资的办学目的进行判断。

若从张之洞设立存古学堂以存书种的初衷考虑，存古学堂确实起到一定效果。曾就读于湖北存古学堂的学生不乏有所成就者，如鲁济恒，字润之，亦作赣玖，"湖北黄陂人，在湖北第一师范学校教课多年，后来在武高和中华大学任国文教员"。③ 刘蓁龙，名异，号隽礼，湖南衡阳县人，先后任教于东北大学、武汉大学、北平民国学院、湖南大学等，著有《六艺通论》行世。④ 江苏存古学堂同样造就了一些读书种子，据曾担任该学堂经学总教的曹元弼陈述，"诸生颇能感发兴起，日精月进。计三年来，如刘生伟、毕生人麟、张生士衡、朱生祖华等已得优拔贡，程生纪侯、陈生祐孙、丁生玉山等虽以事不能竟学，而所造已深。杜生肇纶诗、礼之学已卓然经师，宋生翚、丁生蓬山、童生佐良、陈生国柱学识亦足与相亚。其余学有浅深，而比较历次课卷，进境均不为迟"。⑤ 曹氏弟子王欣夫也记下了江苏存古学堂的学生培育结果，"其肄业者，多一时俊彦。如松江杜君经候肇纶，诗礼之学，卓然经师。兀兀毕生，著书满家"。⑥

存古学堂类似"博物馆"与"图书馆"的各项功能也在不断健全。张之洞创立存古学堂，专门提出"建造书库，多储中国旧学图书、金石、

---

① 据报道，"苏抚程中丞以苏省存古学堂各生举行毕业，特于本月二十一日亲莅该堂考试"。《苏抚定期亲试毕业生》，《申报》1911 年 6 月 19 日，第 1 张后幅第 3 版。

② 《函法制局解释江苏存古学堂资格》，《教育公报》1917 年第 6 期。

③ 曾昭安：《武汉的书院和学堂》，《武汉文史资料文库》第 4 辑，武汉出版社，1999，第 60 页。

④ 湖南名人志编委会编《湖南名人志》，中国档案出版社，1999，第 724 页。

⑤ 曹元弼：《咨某府辞江苏存古学堂经学总教文》，《复礼堂文集》卷 9，王有立主编《中华文史丛书》第 6 辑，第 30 页。

⑥ 王欣夫撰，鲍正鹄、徐鹏整理《蛾术轩箧存善本书录》上册"庚辛稿"卷 3，第 172 页。

名人翰墨、前代礼器"，① 并大力扩展存古书库，专门搜罗江浙古籍。据曾就读于该学堂的学生罗灿回忆，张之洞的这一规划得到了实现，存古学堂藏书楼"聚集了两湖书院、经心书院以及所有湖北官书"，而且收藏了"名人翰墨、金石和前代礼器"，以备师生阅读查考所用。② 除了保存古籍外，部分存古学堂还刊刻印刷了包括学堂讲义在内的书籍。如王仁俊所编《存古学堂丛刻》与所著《淮南子万毕术辑》、曹元弼的《孝经学》等均被湖北存古学堂先后刊刻出版。曹元弼、梁鼎芬合编的《经学文钞》，王仁俊的《江苏存古学堂纲要》与《江苏存古学堂词章学宗旨教法》，孙德谦的《诸子通考》、《算学讲义》等也被江苏存古学堂刊刻印刷。③

但是存古学堂的办理，存在诸多问题。广东存古学堂举行开学典礼，前任提学使致开学训词，认为存古有三难，在学生心性、入学目的和经籍浩繁上存在障碍，"少年习于奇邪，喜新厌旧，故强以反本复始，是犹方底而圆盖，此一难也。利禄之徒，奔走天下，乃上不以是求，而下以是应，是犹当暑而进裘也，此二难也。载籍极博，茫无津崖，求艾七年，欲速不达，是犹日暮而途远，此三难也"。认为有此三难，存古学堂很难取得令人满意的成绩。④

况且，存古学堂的问题，不仅停留在学生层面，在教习聘任上同样堪忧。存古学堂开办之初，多有意延聘经师宿儒，"各就一省中德行最高学问最深之人，隆礼敦聘"。⑤ 而各地奏设存古学堂时，却发现受困于财政支绌和教习难选，不得不简办。端方在奏办存古学堂时，提出"存古学堂为保存国粹之至计，权兴于鄂，天下向风，斯事体大"，然未易学步，原因之一就在于教习难得合适人选，"欲仿办，其势不能得如许名师，安望其有实效？"⑥ 四川存古学堂缺乏师资，以致一些课程难以开办。甘肃存古学堂教习难以达到条件，以致课程开展达不到预期。

---

① 张之洞：《创立存古学堂折》，赵德鑫主编，吴剑杰、周秀鸾等点校《张之洞全集》第4册，第303页。
② 罗灿：《关于湖北存古学堂的回忆》，《湖北文史资料》第8辑，第51~56页。
③ 上述各书存古学堂版本，均见于国家图书馆藏。
④ 《前提学司蒋存古学堂开学训词》，《广东教育官报》第1号，宣统二年第1期。
⑤ 曹元弼：《上唐春卿尚书书》，《复礼堂文集》卷9，王有立主编《中华文史丛书》第6辑，第14页。
⑥ 《函复议改学堂事宜》，《北洋官报》第1650册，1908年3月8日。

　　即便是作为仿行对象的湖北存古学堂，张之洞在奏折中，也对该堂监督的选任以"一时暂难选得其人"简要概括，① 与筹谋良久的实际情形并不吻合。一言难尽的背后，蕴含了存古学堂监督及教习聘任的极多波折。以湖北存古学堂聘请人员出现的问题，可以管窥存古学堂办学的整体困境。

　　据许同莘记载，湖北存古学堂在监督及教习聘任上出现问题，"先后延孙仲容主政为监督，曹叔彦中翰为总教习，皆不就。会赵侍御罢职归，敬其风骨，延之主讲，已允矣，而不果来。最后留奏杨惺吾大令为总教习，称为鄂省旧学宿儒之首选。定章设总教四人、协总教四人，皆须通儒宿学。开馆之日，讲席犹虚，盖师资难得如此"。② 事实上，许同莘的说法与史实不无出入。曹元弼曾经就任，而婉拒湖北存古学堂教席的也不仅孙诒让、赵启霖等人，据学人研究得出，王先谦、叶德辉、梁鼎芬等也曾先后辞谢。③ 赵启霖因不久后担任四川提学使一职，难以就任。叶德辉不愿为皋比所困，"以病辞"。④

　　孙诒让曾在婉拒函中提到其中缘由，或可作为一种解释："课保粹是要义，现以救危亡为急，此举似可略缓。且英俊有志者，多愿习科学，恐办不好，转辜委任。"⑤ 张之洞迫不得已最终只能奏请将杨守敬留任为存古学堂教员，"兹查该员于光绪三十二年七月选授安徽霍山县知县，应即遵照赴部。惟臣现经奏明设立存古学堂，正在开办之际，教员需人尤亟，该员学问淹通，著述甚富，实为鄂省旧学宿儒之首选，师资所系，未便远离，合无仰恳天恩，准令该员杨守敬暂缓赴部，留充教员，俾存古学堂中

① 张之洞：《创立存古学堂折》，赵德馨主编，吴剑杰、周秀鸾等点校《张之洞全集》第 4 册，第 304 页。

② 许同莘编《张文襄公年谱》，北京图书馆编《北京图书馆藏珍本年谱丛刊》第 174 册，北京图书馆出版社，1999，第 208 页。

③ 李细珠最先利用中国社会科学院近代史研究所藏张之洞档中的电文，补充了张之洞延聘湖北存古学堂教习遇到的一些具体问题。参见李细珠《张之洞与清末新政研究》，第 161 页。郭书愚又进一步利用张之洞档藏来往电文丰富了相关线索，参见郭书愚《清末存古学堂述略》，第 97～98、106～108 页。但综合比勘不同史料，张之洞延聘教习出现困境"所以然"的原因，与当时的朝局和时局都有极大关系，尚存在探讨的空间。

④ 《致长沙叶焕斌礼部》（光绪三十三年七月二十一日），张之洞档，张之洞致各处电稿，中国社会科学院近代史所藏，甲 182－419。

⑤ 《甲辰六月初十日温州黄学士来电》，张之洞档，《张之洞存各处来电》第 66 函，中国社会科学院近代史研究所藏，甲 182－168，转引自李细珠《张之洞与清末新政研究》，第 161 页。

各士子有所取法，并请敕部注册"。①

孙诒让对时局的判断及"先见之明"的婉拒教职，揭示了存古办学的深层次症结所在。张之洞本欲救时局与存书种两不相废，"新旧参合"，却未料到欲存书种的存古设学，最大的问题恰是来自救时局"科学"的冲击。即便是对于存古主张极力支持的赵启霖，也不得不发出"风会趋新，后生厌故"的感慨，导致了"学校虽逐渐推广，国粹反日就湮微"。②

而学堂学生对于存古学堂失去兴趣，也印证了孙诒让"英俊有志者，多愿习科学"的判断，使得存古学堂的经学教育出现问题。湖北存古学堂开办一年后，发现学生兴趣集中于普通学，"鄂省存古学堂自去岁开学以来，各学生均习普通科学"，显然与张之洞多习旧学专门的想法不合。所以主事官员与学堂管理人员不得不修改办法，修订主课、补助课与通习课时间，强调学生集中精力于经学等主课。③甘肃存古学堂开课后，旧学学生不愿参加，其他学生则一般对课业不感兴趣。讲堂上的学习，只是随铃声上下，虚应故事。课外则对《不忍杂志》、《庸言》、《新民丛报》等刊物，好之如饥渴。存古学生中，不少人日日驻足于兜售新书的书社。学生除了多方罗致此类刊物外，还对《民报》、《革命军》等革命性刊物产生兴趣，"通宵赶读者颇不乏人"，"至于以顾、黄、王三先生的著作为依据，从中领略革命排满意义者，尤指不胜屈"。④存古课业与学生思想距离甚远，说明借存古学堂而挽世风的目的，在实际开办过程中遭到了推翻。

在教习聘任和学生趣味上存在问题，自然很难取得好的办学效果。据韩定山回忆他的甘肃存古学堂经历，便是一场彻头彻尾的闹剧。甘肃存古学堂在原来兰州师范的基础上改办，学堂监督由刘尔炘担任。学堂学生由三部分构成：原文高等学堂附设育才馆学生，师范学堂原有一班师范生，

---

① 《邸抄》第 119 册，第 60316～60317 页。

② 赵启霖：《请奏设四川存古学堂公牍》，施明、刘志盛整理《赵瀞园集》，第 9～10 页。

③ 湖北存古学堂修改课程办法为："自三月初一日起将全堂学生一百二十名分为三堂，以经学、史学、词章为主课，任习一门。其功课钟点略录如下：星期一至星期四为主课，如习一门，每星期各二十四点钟。星期五为补助课，如习一门，即于是日补习他两项各三点钟。星期六为通习课，算学三点钟，外国史一点钟，舆地一点钟，体操一点钟。"《存古学堂改章授课》，《北洋官报》第 1696 册，1908 年 4 月 23 日。

④ 韩定山：《我所亲历的甘肃存古学堂》，《甘肃文史资料选辑》第 4 辑，第 109～114 页。

并招收旧日廪、增、附生。由于在彼时的观念中，"存古学生资格比师范生高，将来毕业，就是出去当教员，也可得较好的待遇"，学堂中对在读学生的待遇也非常高，不仅给每个学生发放 4 两湘平银作为补贴，而且每 10 个学生配备一名校工，供造膳奔走之用。所以也吸引了一部分人投考存古学。甘肃存古学堂的课程由刘尔炘拟订，根据姚鼐"圣门之学，义理、考据、辞章三者缺一不可"的说法，"为了存义理的古，便在堂中开了《易经》和《宋元学案》的课。为了存辞章的古，便在堂中开了《古文辞类纂》、《经史百家杂抄》的课。为了存考据的古，便在堂中开了学部所编《六经纲领》、顾亭林《日知录》的课。此外，还加上御批《资治通鉴辑览》的阅读，使学者在读史上养成忠君尊孔的古。再加上举行释奠、释菜典礼，学习算术体操，使学者在义理辞章考据而外，还存礼、乐、射、御、书、数等六艺的古"，以求把古存到齐备。①

但是课业虽已订好，教习却难以承担相应教学任务。甘肃存古学堂除了《宋元学案》是刘尔炘自己讲授外，余人皆无学力应对教学安排，"刘先生所聘到存古学堂来的教师，都是些未跳出举业圈子的人物，他所布置的义理、考据、辞章这三门古学，那些先生们所知道的实在有限，要他们讲授给学生以应存的古，实在有些南辕北辙"。就经学而言，讲《易经》的是一位姓王的举人，他把卦辞、爻辞、文言等都逐字逐句，像私塾学究给童蒙教书一般，粗切细斩，弄得凌杂琐碎，不成片段。其他教员更是每况愈下，"罕能象待叩的洪钟，起大叩大鸣，小叩小鸣的作用"。而且用经书知识比附西学，更是状况可笑。讲博物的教员，不管讲植物还是动物，"总要写满一黑板《康熙字典》的释义，例如'蜘蛛'，知诛义者也。《尔雅》上是怎样说，《杨子法言》上又是怎样说……"。②

各地存古学堂开办的过程中，也不免沾染书院旧习。张之洞奏办存古学堂，明确表示与旧时书院不同，学生采取学堂考验办法。一些存古学堂采用书院旧制考验学生。陕西存古学堂即以月课、月考检验学生。③ 江苏镇江崇古学堂由宝晋书院改设，每年由道府县考试，被舆论评价为"名为

---

① 韩定山：《我所亲历的甘肃存古学堂》，《甘肃文史资料选辑》第 4 辑，第 109～114 页。
② 韩定山：《我所亲历的甘肃存古学堂》，《甘肃文史资料选辑》第 4 辑，第 109～114 页。
③ 《陕西存古学堂课艺目录》，朱有瓛主编《中国近代学制史料》第 2 辑下册，第 513～514 页。

学堂，实则仍沿书院旧习"。① 学部视学员调查发现，作为各省存古学堂开办榜样的湖北、江苏存古学堂，同样沾染此弊，"至湖北、江苏之存古学堂，意在保存数千年相传之文学，然未免仍沿书院之旧习"。②

湖北存古学堂开学之日，场面甚为隆重。但实际开办并不景气，初办时教员难得其选，而后办学情况更加恶劣。据学部视学员记述，"腐败情形，日甚一日。经、史、词章各科教员，或并不到，或到学而不上堂授课……一切任意浸无规则，已成习惯"。③ 湖北存古学堂一教员年逾七旬，所编讲义说十三经注疏皆出孔颖达，又有小毛为毛宏等语。④

学务经费的紧张，也限制了存古学堂的办理。随着筹备宪政进程的加速，各地原定兴学计划不断增加内容，法政学堂、半日学堂、实业学堂等开始大量涌现。学务急剧扩张与经费不足的矛盾加剧，导致各地教育财政异常紧张。据学者研究，清末兴学，随着地方自治的推行，基层学务大部分脱离政府教育行政的直接管理，转由地方自治体负责，因而教育经费大都不在政府行政的直接管辖范围之内。⑤

各地为节省办学经费起见，开始在推行的财政预算案中去除存古学堂条目。湖北作为倡办存古学堂之首创地，因财力不足，经谘议局议决停办，"始倡者湖北，始灭者亦湖北，则各省之效尤者，其亦可以废然返矣"。⑥ 宣统二年江苏谘议局议决宣统三年苏属地方行政经费岁出预算案，裁存古学堂。⑦ 该地官员接受了这一办法，开始对教育经费的支出进行节流。湖北提学使虽欲维持存古学堂，"卒不能敌瑞督之实行议案"。⑧ 宣统三年，江苏又有续办存古学堂的打算，却受限于地方财政预算而不得不暂行搁浅。⑨ 江苏省存古学堂于宣统三年停办。

① 《崇古学堂禀请开课》，《北洋官报》第 2105 册，1909 年 6 月 19 日。
② 《学部奏派员查学事竣大概情形折》，《河南教育官报》第 71 期，1910 年 9 月 4 日。
③ 《湖北省城暨汉阳夏口学务调查报告》，《学部官报》第 158 期，1911 年 7 月 6 日。
④ 《存古教员之荒唐》，《申报》1909 年 4 月 28 日，第 2 张第 4 版。
⑤ 参见关晓红《晚清学部研究》，第 292 页。
⑥ 《论各省可不设存古学堂》，《教育杂志》第 3 年第 5 期，1911 年 6 月 6 日。
⑦ 《江苏学务纪要》，《湖北教育官报》1911 年第 3 期。
⑧ 《论各省可不设存古学堂》，《教育杂志》第 3 年第 5 期，1911 年 6 月 6 日。
⑨ 江苏巡抚程德全、苏州提学使樊恭煦认为应"俟宣统四年预算附册经部核准，咨由督抚臣交局议决"，呈奉公布后再行照办。《内阁官报》第 78 号，1911 年 11 月 9 日。

3. 议废存古学堂

存古学堂的开办显然未如预期，各地办学人员开始有意识控制兴办存古学堂的趋势，转为侧重普通学的培养。缓办甚至停办存古学堂的声音，开始出现。

宣统元年，河南辉县县令戴宗喆禀请广立存古学堂，要求州县设存古小学堂一处，府厅设存古中学堂一处，省会设存古高等学堂一处，依次递升。河南巡抚和提学司衙门对此均加以拒绝。巡抚认为该令所请词意倚于一偏，未便率准照所办。豫省学务尚未发达，学司日夕焦灼，谋求振兴。如按照所请办法于府厅州县广设存古，"其知者以为国粹之保存，不知者以为科举之复燃。流弊所趋，不独无以兴未兴之学，即已成立者，亦必立时解散，群以存古为名，相率弃学"。① 提学司议复认为，若按其禀请办理，守旧者入存古，维新者入普通学堂，新旧各树一帜，势成水火，很难并行不悖。并重提学部议驳湖南巡抚庞鸿书成例，主张中学堂以下各学堂为造国民计，中学堂以上各学为造专门计。不如注重普通学堂经学、国文、修身三科以防流弊，至高等分科大学阶段再研究专门。②

无独有偶，四川禀请开办存古小学堂的想法，也遭到当地管学人员的驳斥。内江县廪生朱世昌等禀请开存古小学堂一案，提学司认为存古学堂非可求之于学龄儿童，"查定章，高等小学虽系分科教授，实则除图画、体操而外，无往非国学。初等小学变通新章，尤属专重国学之意"，对于禀请加以驳斥。③ 三台县议设存古小学堂，提学使同样从"小学为教育之初基，当从普通一方面进行"的角度出发，认为存古学堂属专门之学，未可求诸小学。若求改良国文，不如就各科学中以国文为主课，于各学期考验时主课不及六十分者降等。一面检定小学教员，必以国文有根底者充之。或于劝学所设国文讲习会，与塾师改良会并行，以为补助小学。④ 即只可于学制规定中寻求改良办法，而不必思求建立存古类小学堂。

张之洞逝世后，学部改弦更张，对开办存古学堂失去热情。宣统三

---

① 《汴抚批存古学堂无庸普设》，《四川教育官报》第 5 期，宣统元年五月。

② 《河南学司详复抚院遵议辉县戴令宗喆禀请广立存古学堂文附院批》，《湖南教育官报》第 11 期。

③ 《内江县廪生朱世昌等禀请开存古小学堂一案》，《四川教育官报》第 12 期，宣统元年十二月。

④ 《三台县禀城议事会议设存古小学堂一案》，《四川教育官报》第 78 期，宣统二年。

年，学部修订存古学堂章程，提出由于财政支绌，放弃之前各省遍设存古学堂的打算，规定各省不必强办，体察情形，"其财力实在艰窘者，暂准缓设，或与邻省合并办理"。① 一些存古学堂以"撙节经费"的理由被拿掉，节约教育开支，转为普及普通教育之用。学部认可了以存古学堂经费改办单级教员讲习所的做法。② 单级教员讲习所为养成初等教员而设，将存古学堂缓办，以其经费改办讲习所，显示了学部以"保存国粹"让步于"小学普及"，认为后者才是教育重心。

接受趋新教育观念的时人认为存古学堂是普及教育的极大障碍，提议废除存古学堂。高凤谦在《论保存国粹》一文中，反对以存古学堂保存国粹的办法，建议与其兴办存古学堂，不如以图书馆保存国粹。③ 宣统三年，庄俞发表《论各省可不设存古学堂》一文，反对"人今而我古，人存而我亡"的做法，将存古学堂定性为有悖时势，"不知并力图维，以与人抗，而欲存人之所亡者，以求幸存于斯世，是非悖时，即为顽固"。在他看来，倡办存古学堂者，"其心大可怜，其事实难以图成也"。认为时兴学应重在培养一般国民，停办存古学堂。并提出四条不设存古学堂的理由：

第一，学部无必设命令。针对宣统三年学部颁行修订后的存古学堂章程，提出各省可暂准缓设或合设的规定，说明学部已经表明存古学堂可以不必设立的态度。并批评学部为敷衍顽旧学子，受"牵掣于少数主张保存国粹之大老"，持有模棱两可的态度，应明确教育主张，"设者设，不应设者不设"。

第二，各省无可设财力。认为晚清兴办新政，经费支绌，即便教育至为重要，亦尽力裁节经费。"不必建设不急之存古学堂。"且鉴于作为东南巨省的湖北与以殷富称于国中的江苏均难以维持存古学堂，其他各省更难维系。

第三，各省有不设机会。鉴于学部改变态度，放弃要求各省一律设立存古学堂，且张之洞去世后，则"尚尼于提倡者之情谊"者，可趁机为之，希望已办者停止，未办者"不复发生"。

---

① 《学部奏修订存古学堂章程折并单》，《政治官报》第 1249 号，1911 年 4 月 24 日。
② 《督院李准学部咨核准暂将存古学堂经费改办单级教员讲习所札提学司文》，《云南官报》第 8 期，1911 年 5 月 13 日。
③ 高凤谦：《论保存国粹》，《教育杂志》第 1 年第 7 期，宣统元年六月二十五日。

第四，各省无合格学生。认为宣统年间学部修改小学堂章程后，高等小学堂修业至微至简，毕业生与存古学堂中的中学科不能衔接。而科举废除已有数年，私塾也多有改良，同样无法为存古学堂提供生源。至于举人、贡生、生员等旧学士子，年龄已大，有"家室之累，衣食之困，衰迈之感"，而无法修业于存古。是以存古学堂已无法招收到合格学生。①

庄俞认为时异势迁，保存国粹不足以应时局、全身家，徒留存古学堂无益。可另设他法以保存国粹，不必设立存古性质的专门学堂，毫无收获，反而致使教育统序紊乱。②

庄俞的建议刊载于《教育杂志》，受众自然限于一定范围内的读者群体。而停办存古学堂的声音，逐渐通过新政时期各种表达民意的渠道向清廷传达。宣统三年，资政院议员胡家祺直接建议学部停办存古学堂，主张教育方法应随情势不同而调整思路，改进方针。存古学堂在其看来是不合宜的教育法令，因为学堂已将读经、历史、国文列为必修，而且高等学堂与分科大学对固有学术"足资爱护保持"，存古学堂不过赘疣，虚靡巨款。他认为世界学术日趋于新知，学堂标名存古，容易导致外人怀疑中国教育"犹是守旧之主义也"。③ 胡家祺的建议虽然没有收到停办存古学堂的效果，却反映了在西学教育观念影响下，存古学堂的定位趋于"守旧"与"不合宜"。

在宣统三年学部召开的中央教育会上，石金声、王景禧、王朝俊、王炳樽、赵正印、鞠承颖等人也提议废止存古学堂：

首先，否认存古学堂存在的必要性。"吾国古学精深，比之他项科学，研究更为不易"，即便成就有才，也难以迎合时势。主张既然学制规定中已有经科、文科大学与通儒院之设，古学已不虞湮没，存古学堂没有设立的必要。

其次，从培养师资的角度加以否定。认为存古学堂足以被师范学堂取代，存古学堂"以养成初级师范学堂、中学堂及与此同等学堂之经学、国文、中国历史教员为宗旨"，而奏定师范学堂章程，"优级师范第一类以中国文学、外国语为主，第二类以地理、历史为主，是两级师范、中学堂之

---

① 《论各省可不设存古学堂》，《教育杂志》第3年第5期，1911年6月6日。
② 《论各省可不设存古学堂》，《教育杂志》第3年第5期，1911年6月6日。
③ 《拟请学部改定教育法令之建议》，《广东教育官报》第12号，宣统三年第2期。

经学、国文、历史教员，已不患无才"。

再次，从学生培养而言，优级师范学堂强于存古学堂。"优级师范以初级师范毕业及普通中学堂毕业生为限，已自高等小学堂卒业，又有五年中学或初级师范程度，而公共科一年、分类科三年，以是之年限、程度、资格，与收入举贡生员、高等小学毕业生之年限、程度、资格相较，其成就不可以道里计。"

综合以上观点，几位中央教育会会员提出，"揆以教育现状，已无必须存在此存古学堂始足造经学、国文、历史教员之理"。认为从名称而言，"仅名以古，则与今者不适"；从实际教学而言，"又参照他项学堂章程，加入他项学科，如法制、理财、博物、理化、农工商业各项学科，不古不今，名实均失"；从学阶递升而言，"至升入文科经科大学之选，则吾高等学堂毕业生日渐增多，尽可升入，更无须此存古学堂代为储备"。并草拟废止办法："现有生徒考验程度分别入师范分类科、公共科及初级师范；现有校舍、经费，改办实业或他项需要学堂。"建议将所有存古学堂名目及章程即时奏请废止，"明示天下，使确知朝廷兴学维新之至意"。① 该议鉴于学部修订存古学堂章程方始出台，并未形成决议，却将教育界人士认为存古学堂应当让位于普通学堂和师范教育的主张展露无遗。

整体来看，存古学堂作为一种存在于学制体系外的旧学专门学堂，有着和普通学堂相辅而行的设立目的。鉴于中小学堂读经效果不佳，出现了经学消亡的忧虑。因此，它的设立有一定的思想基础，很多官绅初始都拥护这一学堂的出现。据曾入读甘肃存古学堂的韩定山回忆，存古学堂开办风气的出现，"其实就是一般泥古不化的老先生们，却总想捧出孔圣人的幽灵来作起死回生的灵药。这样就在'中学为体、西学为用'的大、中、小学堂而外，演出一个古色生香的存古学堂，传授些有利于封建专制的所谓古学，以徐待鸿钧运转，巩固'黄图'。当时各省颇有抱这种思想作这种打算的人，因而这个存古学堂很多省城都在设立"。②

存古学堂的出现，是欲补救普通学堂于固有学问授受上的不足，所以偏重经学等课程，在内容安排、钟点设置以及学生毕业程度的规划上，与

---

① 《中央教育会会员提议案》，《申报》1911年8月4日，第2张后幅第2版。
② 韩定山：《我所亲历的甘肃存古学堂》，《甘肃文史资料选辑》第4辑，第109～114页。

学制章程都存在对接不上的差异。存古学堂难以适应时局，而学部在舆论压力下修订章程，加以调适，由此失去其创立本意。

存古学堂在开办过程中，效果未如预期。加上清季新政千头万绪，财政支绌，存古学堂渐让位于普通和法政、实业类学堂。另立专门以保存旧学的办法趋于破产，引发了对于旧学保存更多的质疑，并影响到对普通学堂中经学教育的评价。

第二节　学制框架内的调整

经学融入学堂出现问题，因其担负维系圣教和支撑中学的重任，使得经学与学制、学堂的关系被朝野上下不断讨论。既然经学在学堂的存在不能改变，管学人员转而思考改变学制章程，调整经学课程的内容与程度，以求解决学堂与经学教育融合的问题。是以有了宣统年间中小学堂章程的调整。

一　改制先声

宣统年间学制章程的调整，既有时局变迁带来的影响，也与朝野在办学方针上的碰撞有关。癸卯学制颁行一段时间后，经学教育并未取得预期效果。随着各地学务调查对学堂种种问题的展现，新式学堂是否足以替代旧式育才办法的问题被不断讨论。

宣统元年，随着慈禧、光绪的先后离世，施政方针被认为会出现新的变化。在兴办事宜上，出现了要求改变学制章程但方向截然不同的两种声音：一是要改变学章，删减学制中不合学生程度的内容，偏重西用之学；一则强调学堂无用，主张重开科举，恢复传统育才模式。

面对兴学过程中出现的问题，时人开始重新思考科举停罢带来的利弊，主张恢复科举，重开岁、科两试，以挽救办学之弊。这种论调在光绪三十三年因学部大力驳斥而被强压下去，在宣统元年因为政局变化而又重新浮出水面。

恢复育才与取士皆由科举的声音出现在朝堂上。光绪三十三年，候补内阁中书黄运藩奏请变通学务，科举与科学并行，中学与西才分造。有感于学务发展缓慢，学堂推广既稀，人才之进步转滞，推究原因，在于原有从事举业人数过多，难以尽收学堂。且新政开办，头绪繁多，加上受到学堂学生习气及民众接受程度的影响，出现"兴学而学转废"的结果。认为要解决这一局面，只有恢复科举，与科学并行，中学与西才分造，学堂以通科举之穷，科举以救学堂之失。具体办法则请朝廷降旨，"科举及书院，仍遵照列圣所有章程办理，亦不必先策论而后经义，平日责成学臣、山长、教官，于四子五经之学，认真提倡，俾贵心得而重躬行，以勉为文行交修之士。临试则切谕考试诸臣，务以厘正文体，屏黜新奇，划除积弊为要。其明伦堂讲书、岁考、默经等条，应如何详细推广之处，随时奏订新章，以敦实学而储真才"。至于学堂办法，"拟请旨饬学部及提学司，挑选举、贡生童之性与相近者，专研西政、西艺及语言之等，取专科而罢普通，以备朝廷交涉制造之用"。① 其实就是希望学堂与科举恢复到学制章程颁布以前的关系，以学堂作为科举附庸，科举作为培才与抡才主要途径，学堂则限于培养专门人才。

同年，给事中李灼华以学堂难恃，奏请兼行科举。他进一步为科举平反，认为科举误人之说并不恰当，"说者谓科举之误，误于文章，以其所学非所用也。不知学堂之学，亦系空谈名理，并非见诸施行。且应试而为文，必洞达古今治乱之源，研究中外异同之义理，则为文始可言工。……且谓科举之文字，不能误有用之人才，有用之才，如锥处囊中，脱颖而出"。强调学堂所造不过一身一家之用，一材一艺之能，一手一足之效，不足以任天下事，也不必人人皆从事于此。而学堂所教，危害清廷统治，"盖三五少年，中文未精，血气未定，以挟制官吏陵辱师长为文明，以君臣平等父子不亲为文明，以诋毁圣贤废弃礼法为文明，以干预政权牺牲〔性〕命为文明"。建议兼行科举，以济学堂之穷，以系学生之望，而读书种子，借科举也稍可绵延。并可以挽士习而遏乱源。② 同时建议变通学堂办法，除保留京师大学堂，各省会中学堂、高等学堂外，各府、厅、州、县学堂，能存则存之，不能则悉数改为实业学堂，"如农商、制造、路矿等门，或附以武备，愈多愈妙"。高等学堂学生，规定"曾经考取入庠者，方准入学"，因为"能入庠则必中学精通，稍知伦理"，从而岁、科两试，"不可不复也明矣"。③ 而粤督张鸣岐的说法，证明了这种观点的

① 故宫博物院明清档案部编《清末筹备立宪档案史料》，中华书局，1979，第 981 ~ 983 页。
② 故宫博物院明清档案部编《清末筹备立宪档案史料》，第 993 ~ 996 页。
③ 故宫博物院明清档案部编《清末筹备立宪档案史料》，第 996 ~ 997 页。

官员不在少数，"现在京里各部堂官主复科举者狠多，恐怕还有变动罢"。①

学部针对请复科举的主张，借议复黄运藩一折时严厉驳斥，明确了学堂流弊的整顿只能在学制范围内进行讨论。首先强调科举无用，在于科举取士相传至数百年，流极为帖括词章之学，习非所用。引用光绪二十九年学务大臣会奏议请递减科举注重学堂折的内容，强调学堂在培养人才方面优于科举，"科举文字每多剽窃，学堂功课务在实修。科举止凭一日之短长，学堂必尽累年之研究。科举但取词章，其品谊无从考见。学堂兼重行检，其心术尤可灼知。是科举之与学堂难易得失，比较昭然"。认为停办科举后，海内有志之士求为有用之学，已有人才兴起之机。官、公、私学堂建立已属不少，各处士民已多知设立学堂之有益，捐资建校助费游学者络绎不绝，持之以久，则教育可期普及。针对科举与科学并行、中学与西才分造的说法，强调科举妨碍学堂，"科举得官，可以侥幸一试，学堂则穷年累月从事于辛苦烦难之科学，舍易就难，必非人情"。而且中学与西才分造，势必各得一偏，无法融会贯通，"似非造就人才之本意"。申明学堂建立出于乏才，又因兴学而防流弊，所以学堂除弊是在端正学术，慎守宗旨，只能整顿于学堂之中，断不能言造就于学堂之外。②

宣统元年的政局变换，影响了朝野舆论风向，原本被学部压制下去的暗流再次涌动，谋图再复科举。载沣摄政后，是年十二月，袁世凯开缺回籍。外界对此极为瞩目，中西报章咸有评论。③ 政界风向有变，渐有人闻风而动。

小学堂经学、国文教育不良的论述，前文已述。给事中李灼华重拾旧说，以中文即废、国文将湮为理由，请复岁、科两试，以拯文字之厄，而济学堂之穷。认为学制章程虽有国文一门，而教习视若赘瘤，学生弃若弁髦。且学堂分科多门，学生精力有限，无暇顾及国文等科。由此而行，"二十年后，将无一晓畅文字之人"。学堂加习西学，反忘却根本，东施效颦，尽失本来面目，邯郸学步，竟忘固有良能。只有复科举才足以振兴国文，"盖以科举而论国文，其精者十之二三。以学堂而论国文，其习者十无一二焉，精何有乎？"并拟订办法，暂复岁、科两试。强调学生进入学

---

① 《时报》1907 年 11 月 4 日。

② 《学部议驳都察院代奏中书黄运藩整顿学务情形折》，《云南教育官报》第 8 期，1907 年 11 月 25 日。

③ 《东方杂志》第 6 年第 1 期，1909 年 2 月 15 日。

堂，必先"考列胶庠，如曩之方廪、增、附等名目，始准入堂肄业"，因学生能列胶庠必曾读四书五经，中学清通，则可保存国文，以收"急则治标之义"。①

李灼华在请复科举的同时，奏称学堂腐败，行之数年，民穷财匮，非徒无益，"害且随之"，"异言异服，无父无君。以侮慢圣贤废弃礼法为文明，以鄙夷朝贵干预政权为文明，以尊卑平等男女自由为文明，略通洋语即悍然斥及《诗》、《书》，偶拾新词即起而骄其耆宿，经、史、子、集其不屑观也"。奏请变通学堂办法，实际上重提其光绪三十三年所奏办法，除保留京师大学堂，各省中学堂、高等学堂外，"府、厅、州、县学堂，能存则存之，既不完备，本系敷衍，不如悉数改为实业学堂"，以除积弊。②

在宣统元年的朝堂上，请复科举的主张并非仅见于李灼华一人，附和者极多。翰林院侍读恽毓鼎条陈学务，主张裁撤各省小学，恢复县考旧制，县考优等者始得入中学堂，将来再由中学堂而大学，免致中国学问废坠。③ 民政部右丞刘彭年等也上学务条陈，虽不敢明言请复科举，也变相指摘学务腐败，提出学堂办理不善，流弊滋多，以整顿变通为请。④ 但主旨还是意图恢复科举，以救学堂流弊。

清廷中枢此时的态度颇为暧昧，发布了"着学部议奏"的上谕。⑤ 枢臣之中，关于是否恢复科举，存在不同观点。胡思敬提出，李灼华、恽毓鼎、刘彭年三人所上奏折，实系鹿传霖意图恢复科举，暗中授意。⑥ 还有报道认为李灼华等人奏请，已可置诸不论不议之列，而特交学部议奏，有"明明欲规复旧制而朝廷方重视此举"的嫌疑。⑦

---

① 《李灼华邪说之奏议两件》，《大公报》1909年3月30日，第2张第3版。
② 《李灼华之奏议两件（续）》，《大公报》1909年3月31日，第2张第3版。
③ 《京师近信》，《申报》1909年3月7日，第1张第5版。
④ 《力辟请复考试之谬妄》，《申报》1909年3月4日，第1张第3版。
⑤ 中国第一历史档案馆编《光绪宣统两朝上谕档》第35册，第26页。
⑥ 胡思敬在《国闻备乘》中记载，鹿传霖暗中主导三人奏复科举的这一行为："三人本巧宦，忽进此背时俗之言，人皆讶之，后乃知为鹿传霖所授意也。传霖与张之洞为姻党，之洞督鄂时，尝侦察内情以告，遇事辄祖护之。及两人同值枢庭，情意反不相洽，于科举一事龃龉尤甚。同时唯王文韶与传霖意合，文韶既去，传霖之势益孤，碍于之洞，不敢发言而嗾彭年、灼华、毓鼎言之。"《鹿传霖暗中主复科举》，胡思敬：《国闻备乘》，上海书店出版社，1997，第73页。
⑦ 《论李灼华之荒谬》，《大公报》1909年2月13日，第2~3版。

　　学部内部人员在是否恢复科举的态度上，明显分成两派。报载学部会议李灼华请复科举岁考一折情形，意见截然两分。颇有人赞成其说者，"某侍郎尝语人云，余非谓学堂多流弊，而必欲复科、岁考也。第以近来士子之进学堂者，往往但为求奖之计。且科学种数甚多，于中学实无根柢，不数年间，将见国粹沦亡"。建议于学堂中变通其法，初不必用科、岁试之名，只是学堂每次卒业时试中文一场，"视为升降之据，则保存殊属不浅，于学堂师资一事亦大有裨益"。① 还有学部司员上科、岁试与学堂两无妨碍条陈，请各省提学使坐省督学，另请简放学宪，巡行考试，择尤取入，"中学无根据者不得滥厕"。② 另一派主张则截然相反，认为学务积弊当从学制入手解决，不能复科举而致废学堂，谓"国家设立学堂，原为造就人才起见。各处学堂虽不能全收实效，然亦颇有进步。若复考试而废学堂，不独学堂前功尽弃，且与立宪之前途大有妨碍。嗣后，应饬令各学堂以经史为正科，藉保根底之学，责成各学堂认真办理"。③

　　李灼华请复岁、科试的消息传出，舆论对此极为关注，报纸上先后刊出评论消息，并以负面评价居多，对李灼华所请大加抨击。坚持"考试不废，新学不昌"的态度，主张中国中科举之流毒甚深，国民进化全靠科举废而学堂兴，从而输入东西洋学说，以破其束缚。④ 认为李灼华所请是逆风而行，冒天下之不韪以立异，所奏不过是甘言献媚，逢迎要人。⑤ 并质疑李灼华不明学堂而谈论学堂问题，"李灼华名列谏台而不备中小学生之资格，乃敢大言以欺世，曰学堂腐败。李灼华出身科举而未受今日普通之教育，乃敢饰辞以动听，曰中学就湮"，认为李灼华办法仅可栽培旧日老生童，而不能教授学堂学生。⑥ 更有人指出，按李灼华建议而行，危害甚大，"势必驱全国之学生相率而入童子之场，举一线开明之机，遮尽断绝，而复变为黑暗世界"。李灼华所请不过是"以自己一人之出身窥测天下之心理，非特所见者陋，其居心亦可鄙矣"。岁、科之制，仅可鼓励少数之人，而非普及教育办法。保存国文，仍须按照学制办法实施，"今日纵欲

① 《学部会议请复科岁试纪闻》，《申报》1909 年 3 月 4 日，第 1 张第 4 版。

② 《申报》1909 年 3 月 12 日，第 1 张第 5 版。

③ 《学部会议请复科岁试纪闻》，《申报》1909 年 3 月 4 日，第 1 张第 4 版。

④ 《力辟请复考试之谬妄》，《申报》1909 年 3 月 4 日，第 1 张第 3 版。

⑤ 《李灼华奏议之批评》，《大公报》1909 年 4 月 3 日，第 3 版。

⑥ 《咄咄李灼华》，《大公报》1909 年 2 月 14 日，第 3 版。

注重国文，保存经学，亦仅可就现行之成法酌量变通，万无轻视学堂，复行科、岁两试而趋入于迷途者也"。①

朝野舆论喧嚣，最终由载沣决定了学务走向。自袁世凯罢职后，朝野本就有推翻新政的谣传。舆论逐渐把矛头指向载沣，认为归复科举的背后有他的授意。载沣不得不站出来表明态度，向学部主事人员声明自己坚持新政的决心，"摄政王召见荣中堂，严、宝两侍郎，面谕之曰，近自李灼华封奏交议后，竟有数人渐以复科举等说进者，致令外间舆论颇疑予持守旧宗旨，且更有以书缄相叩问者。实则彼等皆未明予意，予曩游历欧洲，早有所见，确知中国当变法图强，何至仍持守旧之旨。故于此后八年筹备立宪各项，予一意如期办到，决不容稍事敷衍。特将予之宗旨宣明汝等，宜善体此意，将所交各件从速议复可也"。②

载沣表明态度后，清廷官方很快确定了办学方向。学部迅即议驳李灼华所请，"李侍御灼华条陈学务一折，现经学部详加核议，其请复科举一条，拟即议驳"。③ 主张学务去弊，仍旧只能在学制体系内解决。李灼华等人很快也被"秋后算账"，宣统元年都察院举办京察，给事中李灼华等三人被参劾。请复科举被认为是主要原因，"兹闻政界人云，李灼华、常徽两员，于新学新政毫无所得，且施其顽梗意见，奏请归复科、岁考及重用满员等折，为谏台所不齿，陆伯葵总宪以其有关谏垣名誉，故一并奏参"。④ 甚至有进一步严惩的消息流出。⑤

清廷就此事专门颁布上谕，解释续办新政的决心，舒缓来自舆论的压力。要求言官等以李灼华为戒，不要就复科举等事再发表奏议，"昨据都察院奏参李灼华等一折，已照所请惩处矣。朝廷为言路中扬清激浊，具有深衷。嗣后凡有言责诸臣，仍当慎体朕意，于一切新政得失利病、吾民疾苦，皆须剀切敷陈，屏除邪说。当以李灼华等为戒，勿蹈故辙"。⑥

---

① 《论李灼华之荒谬》，《大公报》1909 年 2 月 13 日，第 2~3 版。
② 《京师近事》，《申报》1909 年 3 月 12 日，第 1 张第 5 版。
③ 《京师近事》，《申报》1909 年 3 月 6 日，第 1 张第 5 版。
④ 《三侍御被劾之原因》，《大公报》1909 年 3 月 27 日，第 4 版。
⑤ 时论记载，"都察院开缺三御史，声名恶劣，素为舆论所不容。此次仅开其缺，政府各大臣尚有疑为情重法轻者，幸经某相国极力谏止，得免重惩"。《三御史开缺余闻》，《大公报》1909 年 3 月 28 日，第 4 版。
⑥ 《清实录》第 60 册，第 163 页。

至此，总的基调确定。朝堂决议把"恢复科举"视作邪说，"以科举补学堂缺漏"或者"科举与学堂并行"的主张自然无法采择。学务议改的走向回到学制本身，调整章程解决学务弊端成为唯一渠道。经学教育的改良，也只能在学堂体系内进行。此后学部围绕中小学堂出台的调整策略，即照这一趋势展开。

二　章程调整

朝野上下对学务进程的评议，推动了学部的改章进程。因屡有人言及学堂流弊，载沣面谕张之洞："前定章程究竟有无不合，应即详加厘订。如有不合，不妨随时更改，毋使因循贻误。"张之洞与荣庆经过商议，拟将前定学堂各章程略加更改。① 继而报载"摄政王日前与张、孙两相及荣尚书提议"，学堂已办数年，未见成效，原因是不得教育之法，抑或中外教育法不同。强调学务至关重要，当研究以便速行改良。"经三大臣筹议，饬学部各司员及提学使将学务教育各节，所有得失之处各舒所见，呈递堂官，以为采择酌行。"②

学部不得不筹思改良之法作为回应。御史谢远涵等人条议学务的奏折，为学部改制提供了思路。光绪三十四年八月二十九日（1908 年 9 月 24 日），掌四川道监察御史谢远涵奏请变通学制，对中、小学堂分别提出改制办法。彼时清廷立宪上谕已下，谢远涵认为办学方向有二：上以储国家任使之人才，下以备立宪国民之资格。然而学堂开办已久，未收明效，原因在于中、小学堂学制章程都存在弊端。小学堂学制存在责任不专、教员缺乏、课程不均、奖励失策四处弊端，应酌量变通。中学堂则建议仿照德国学制，分为文科、实科，分途预备。③ 都统凤山奏称小学堂功课应由官定，不用求深求广，学堂也不必在乎形式，学龄应稍从宽，学期也不可太速；并请实行强迫教育。内阁侍读学士占凤奏称学堂教科书亟宜审定，讲义宜用中文编授，学费也应切实核减，出洋学生宜切实考试，以保障中西兼修。④

上述对学制章程和学务办法做出调整的建议，符合学部对于学务建议

---

① 《摄政王谕饬修改学章》，《申报》1909 年 3 月 10 日，第 1 张第 4 版。
② 《摄政王交谕改良学务》，《教育杂志》第 1 年第 4 期，1909 年 5 月 14 日。
③ 《清实录》第 59 册，第 871～872 页。
④ 《学部奏议复御史谢远涵等条陈学务片》，《四川教育官报》第 6 期，宣统元年六月。

的采择标准，所以大多被接受，"臣等详加查阅该御史等所陈，以关系小学教育者为最多，臣部正在筹议改订初等小学堂章程，并另拟两种小学简易科办法，因即并入前议，参互考证，切实推求"。凤山关于小学堂功课、学堂形式与学生入学条件、培养时间的建议，占凤关于学堂教科书和学堂经费的建议，均被学部认为属于"切要之言"，并详加采择。其他或与学制章程对照，或计入学部筹划宪政分年筹备事宜，量加采择使用。而谢远涵一折，更是学部拟订新章的参照，中学堂文、实分科的办法，为学部中学堂新订章程采纳。①

由于经学教育存在诸多问题，视学人员多有奏报，在诸多指摘学务弊端的条陈中，经学课程的实际情况也常作为佐证，因此，随着学制章程的调整，经学课程的改良成为必然。

1. 小学堂改制与经学课程的简化

小学堂经学教育不佳，舆论多归咎于学制程度不合，学制章程中读经内容与次序的安排也屡被质疑。接受了西式教育观点的新教育家，则认为读经钟点太多，伤害儿童脑力，妨碍西学知识的学习。各种说法，展现了学制章程中的规定，确实引起许多人的不满。学部开始筹集各方意见，正式议改学制章程。

谢远涵奏请变通学制，认为小学堂存在课程不均的问题，尤其学堂功课中读经时间太多。小学堂按《奏定学堂章程》规定修业时间为九年，而诵读八经已占十分之四时间，钟点太多，且没有必要，"经语奥衍，固非可语于黄口小儿矣"。若从培养人伦道德的角度出发，则经学与修身功能重复。若从保存"先圣遗经为数千年国粹所存"的角度出发，则自有专门之士担当职责。② 继而从两个角度否定小学堂读经的必要：其一，经学未必合于时用，"昔科举时代，六经之书士无不学究，其效用不过猎取词华，供文章之润色。至于立身制行，则有屠沽贾贩远过于士大夫之所为者，则通经致用未可绳"。其二，认为学堂读经很难取得实效，"但凭口说，瞬息旋忘，即于文辞亦复无补"。强调清季兴学，需才很急，不必强令学堂学生花耗过多时间于经学课程，以致无暇兼顾其他科目。建议小学堂削减读

---

① 《学部奏议复御史谢远涵等条陈学务片》，《四川教育官报》第 6 期，宣统元年六月。
② 《掌四川道监察御史谢远涵奏请变通学制折》，《河南教育官报》第 35 期，1909 年 2 月 20 日。

经时间与内容，"但取《孝经》、《论语》，稍节《孟子》、《礼记》，责以熟读，所得较多"。其余诸经则列于文科大学之一部。以节省下来的钟点，修习普通学课程。①

向学部建言者各抒己见，小学堂是否需要以及如何读经的问题成为焦点。张謇主张尊崇六经当以经学让之专门文学家，小学暂宜停止读经。汤寿潜主张通经所以致用，与其授以儿童苦其脑力而无济于用，不如留入高等学堂、分科大学阶段才来教授。郑孝胥主张与张、汤略同，但强调立宪时期宜普及法律。② 更有人建议科学仅可授之实业专门科，其余小学、中学堂除读经外，仅宜授以《纲鉴易知录》、《古诗源》等书，大学高等诸科则授以《学海堂经解》、《九通》及《方舆纪要》。③

学部内部职员也有议改小学堂章程的思路。光绪三十三年，严修提出小学堂改制的个人设想。将初等小学时限改五年为四年，去除格致、地理、历史等科，融入国文中，并增加国文钟点。高等小学则调整为二年、四年两科。经学修习的具体办法为小学堂不读经，高等小学将《论语》读毕，高等二年者将《孟子》读毕，高等四年者将《礼记》节本读毕。中学堂前二年读《礼记》节本，后三年读《左传》。高等学堂拟入经科大学者读全经，余讲大义。④ 严修的办法，取向与壬寅学制一致，注重国文，削减经学。而这恰是癸卯学制刻意加以调整的，自然难以获得张之洞的认同。据《教育杂志》记述，张之洞管部之前，学部中已经有重订小学堂章程之稿，其中有废读经讲经，初等更纳历史、地理、格致三科于国文中等意，因"张相国不以为然"，而未发布。⑤

因张之洞奉命管部，所以学部最初的学制改良仍由其主导。虽然改章势在必行，但张之洞仍希望能够"力主讲经"。宣统元年二月，严修在日记中记载了张之洞对于初等小学堂改章的意见，"闻南皮张相国之意，于

① 《掌四川道监察御史谢远涵奏请变通学制折》，《河南教育官报》第 35 期，1909 年 2 月 20 日。

② 《学部修改奏定章程之纷议》，《教育杂志》第 1 年第 4 期，1909 年 5 月 14 日。

③ 报载，前三者被评为教育有心得之人，后者则被评为不学无识。《学部奏定章程修改之建议》，《申报》1909 年 4 月 12 日，第 1 张第 4 版。

④ 严修自订，高凌雯补，严仁曾增编《严修年谱》，第 197 页。

⑤ 《变通学堂章程之原因》，《教育杂志》第 1 年第 7 期，1909 年 8 月 10 日。

初等小学仍主放任，且不以润沅所言小学课本宜与立宪相合之说为然"。①
此时的"不以与立宪相合之说为然"，即有注重小学堂读经的意味。

张之洞主导下的学部改章注重经学的消息，屡见于报端。议改学章一
事，舆论极为关注，尤瞩目于学部如何修订小学堂经学课程。《大公报》
刊出"确切消息"，学部改章要加重经学，"张相国、荣尚书公同决定，
将学堂章程酌量情形，分别改订。其宗旨在使中小学生于经、史、国文稍
加注重，延其讲学时间，以期保存国粹。刻正妥筹办法，本月中旬即可具
折入奏"。② 并传出小学课程改良的办法，男小学堂拟裁去手工、音乐等
科，女学裁去体操、唱歌等科，俱以国文、读经为重。③ 虽然偶有报道称
学部决议采用张謇条陈，小学堂停止讲经以示尊崇经学之意，"闻张相国
对此条办法亦颇许可"。④ 但也只是昙花一现，两日后即颁布新的消息，
称张之洞对该项办法极为慎重，并未允可。⑤

学部最终的小学堂改制办法是变通读经课程，注重国文功课，但经学课
程在小学堂减而不废，以收"经学、国文不至废坠"之效。⑥ 宣统元年三月
二十六日（1909 年 5 月 15 日），学部奏请变通初等小学堂章程，指出小
学堂备受指责的几处弊端：经费多则立学甚难，课程繁则师资不易，读经
卷帙太多不能成诵，国文时刻太少不能勤习。针对各项问题，将学章修
改，以期教育渐臻普及。将初等小学教育分为三种：完备之初等小学堂，
及四年、三年两种小学简易科。简易科小学堂的学科量为省并，则各地虽
学费支绌、师资缺乏，亦可即时兴办，以免"图求形式、虚掷款项、再蹈
务广而荒"之弊。⑦ 谕准，即着各省督抚督率提学使，无论官学、私塾，
分别地方情形，依照办理，并令随时派员认真考核。⑧ 五月十五日（7 月 2
日），学部通咨各省变通学制实施办法，自奉到谕旨之日起，所有中学堂
及初等各小学堂添招学生，均应遵照新章，切实办理。其从前原有班次

---

① 严修自订，高凌雯补，严仁曾增编《严修年谱》，第 226 页。
② 《张相国议改学章》，《大公报》1909 年 2 月 26 日，第 3 版。
③ 《议改小学课程》，《大公报》1909 年 3 月 2 日，第 3 版。
④ 《改订学章之近信》，《大公报》1909 年 4 月 25 日，第 3～4 版。
⑤ 《停止经学之难决》，《大公报》1909 年 4 月 26 日，第 4 版。
⑥ 《学部奏议复御史谢远涵等条陈学务片》，《四川教育官报》第 6 期，宣统元年六月。
⑦ 《大清宣统新法令》第 4 册，第 33～34 页。
⑧ 中国第一历史档案馆编《光绪宣统两朝上谕档》第 35 册，第 178 页。

应仍照旧章，接续教授，不得中途易辙，致启分歧。①

相较癸卯章程，新的小学堂办法在分科数量上进行了削减。《奏定学堂章程》初等小学堂完全科课程分修身、读经讲经、中国文学、算术、历史、地理、格致、体操8科，简易科则分为修身读经、中国文字、历史地理格致、算术、体操5科，并分别规定视地方情形可加授图画、手工科目。新章初等小学堂完全科将历史、地理、格致3科编入文学读本，省并为修身、读经讲经、中国文学、算术、体操5科。小学简易科2种，必修课程为修身读经、中国文学、算术3门。体操一科，学堂设在城镇者列为必修科，在乡村者暂作随意科。手工、图画均作为随意科。② 但在小学堂整体的授课时间上，新章却有所增加。且星期以半日温习旧课，半日休息，暑假、年假酌量各省地方情形予以缩短。此次小学堂学制改订，压缩学科数量，增加授业时间，希望在课程并不繁难的情况下，学生能够获得好的教育效果。

就经学分科而言，在内容和办法上都做了调整。癸卯学制原定小学堂讲读《孝经》、《论语》、《大学》、《中庸》、《孟子》及《礼记》节本，授课办法强调讲解。新章因各经卷帙较多，未便一律责以成诵，且"《学》、《庸》理解高深，《孟子》篇幅太长"，恐怕学生记忆较难，将授读内容修改为专授《孝经》、《论语》及《礼记》节本，缓授《大学》、《中庸》、《孟子》，待学生升入高等小学堂再修习。并吸取各地经学课程开展的经验，将经学课程办法定为讲解、背诵、回讲、默写四项，不得缺一。③ 具体见表4-3。

表4-3　癸卯学制与宣统元年变通章程初等小学堂比较

初等小学堂主要科目设置		
	癸卯学制	宣统元年改制
完全科	修身、读经讲经、中国文字、算术、历史、地理、格致、体操（视地方情形可加授图画、手工科目）	修身、读经讲经、中国文学、算术、体操。原有历史、地理、格致三科编入文学读本内教之，附乐歌一科。手工、图画仍作为随意科

① 《恭录谕旨通咨各省变通学制施行办法文》，《学部官报》第93期，1909年7月17日。
② 《大清宣统新法令》第4册，第33～34页。
③ 《大清宣统新法令》第4册，第33～34页。

初等小学堂主要科目设置		
	癸卯学制	宣统元年改制
简易科	修身、读经合为一科，中国文字科，历史、地理、格致为一科，算术、体操（视地方情形可加授图画、手工科目）	小学简易科两种，必修课程为修身读经、中国文学、算术三门。体操一科，学堂设在城镇者列为必修科目，在乡村者暂作随意科目。手工、图画作为随意科

完全科初等小学堂学程比较			
学科	学期	癸卯学制	宣统元年改制
读经讲经	一	孝经、论语	无
	二	论语、大学、中庸	无
	三	孟子	孝经、论语
	四	孟子及礼记节本	论语、礼记节本
	五	礼记节本	礼记节本

完全科初等小学堂学时比较		
学科	癸卯学制	宣统元年改制
读经讲经	12	自第三年加入，12
国文	4	第一年18，第二年24，第三、四、五年12

资料来源：《学部奏改订两等小学堂章程折》，《大清宣统新法令》第4册，第33～34页；庄俞：《论学部之改良小学章程》，《教育杂志》第3年第2期，1911年3月10日。

由表4-3可以看出，初等小学堂课程设置变动很大。此次初等小学堂改制，经学课程不仅钟点、内容减少，在中学分科内的地位也有所下降。

完全科初等小学堂经学的讲读时间减少，前两年不设经学，整体时间比重也渐低于国文。国文一科的时间安排格外加多，较旧章约增数倍。推究原因，一方面是由于舆论强调重视国文，迫使学部新章做出相应调整；另一方面也由于新章将历史、地理、格致三并入，国文分科的内容增多，所需时间相应增加。而历史、地理、格致三科的调整办法，与上述严修议置三科于国文的主张大体相同。这一变化，并非毫无来由。有学者已做出研究，受到直隶文宗吴汝纶的影响，教育界直隶一脉多宗桐城古文。① 吴

① 严修本人受到吴汝纶的青睐。参见关晓红《晚清学部研究》，第186页。

汝纶讨论学堂设学，提出国文地位重于经学，对壬寅学制造成一定影响。而张之洞拟订癸卯学制，对壬寅学制做出的调整之一即是凸显经学课程的主导地位。宣统元年的初等小学堂改制，就各分科课程而言，国文钟点明显重于读经，说明经学在学堂中已无法占据主导地位。

此次学制修改仍然存在问题。初等小学堂为方便地方斟酌情形量力办学，分为三种程度开办，却容易造成学堂管理的混乱。且只改初等小学堂办法，没有涉及高等小学堂，也不符合学制按照层级递进衔接的本意。

宣统二年，学部不得不再次改订高、初两等小学堂课程，将初等小学堂三种办法并为一种，删除简易科名目，一律四年毕业，以求简而易从。调整学堂整体授课钟点，认为每日多至5、6小时是"以私塾情形强相比附"，将初等小学第一、第二年改为每日授课4小时，第三、第四年再增至5小时。并将分科课程按繁简难易重新分配，以收循序渐进之功。因初等、高等小学息息相关，高等小学教科一并统筹修改，以便学级衔接，"庶将来升学时课程无不相衔接之弊，而学制则有整齐画一之望矣"。

在学科设置上，初等小学堂仍旧坚持宣统元年办法，以修身、读经讲经、国文、算术、体操为必修科，图画、手工、乐歌为随意科。各地酌量学堂情形加习随意科，限定钟点。高等小学堂则以修身、读经讲经、国文、算术、历史、地理、格致、图画、体操为必修科，手工、农业、商业、乐歌为随意科，与癸卯学制整体上并无不同。不过，高等小学堂随意科规定各地可酌量学堂情形加习便于生计的学科，并调整了原定小学堂不习英文的禁令，规定如学堂设在通商口岸附近，学生为急于谋生，得于第三、第四年加习英文。①

就经学分科而言，宣统二年又有调整。相较于宣统元年，初等小学经学课程虽仍强调讲解、背诵、回讲、默写四项，时间却进一步减少。初等小学堂前两年每周24个钟点，不设经学课程。后两年每周30个钟点，经学只占5个钟点。高等小学堂四年每周36个钟点，经学课程前三年11个钟点，第四年10个钟点。整体上减轻初等小学堂的经学课程，使学生更侧重于国文、西学等课程。改订后的授课内容与时间安排见表4-4、表4-5、表4-6。②

---

① 《大清宣统新法令》第4册，第33~34页。
② 《大清法规大全续编》卷4《教育部·小学堂》，第1~2页。

表 4-4 宣统二年改订初等、高等小学经学课程

学科	学年	初等小学堂	高等小学堂
读经讲经	一	无	大学、中庸、孟子
	二	无	孟子、诗经
	三	孝经、论语	诗经、礼记节本
	四	论语	礼记节本

资料来源:《大清法规大全续编》卷4《教育部·小学堂》,第1~2页。

表 4-5 宣统二年改订初等小学经学课程各科每周授课时间

学科	第一学年	第二学年	第三学年	第四学年
修 身	2	2	2	2
读经讲经	0	0	5	5
国 文	14	14	15	15
算 术	4	4	5	5
体 操	4	4	3	3
总 计	24	24	30	30

资料来源:《大清法规大全续编》卷4《教育部·小学堂》,第1~2页。

表 4-6 宣统二年改订高等小学课程各科每周授课时间

学科	第一学年	第二学年	第三学年	第四学年
修 身	2	2	2	2
读经讲经	11	11	11	10
国 文	8	8	8	8
算 术	4	4	4	5
历 史	2	2	2	2
地 理	2	2	2	2
格 致	2	2	2	2
图 画	2	2	2	2
体 操	3	3	3	3
合 计	36	36	36	36

资料来源:《大清法规大全续编》卷4《教育部·小学堂》,第1~2页。

学堂经学课程的内容大做调整,初等小学堂主要讲读《孝经》与《论语》,高等小学堂则内容增多,讲读《大学》、《中庸》、《孟子》、《诗

经》与《礼记》节本。就时间安排而言，高等小学堂仍注重读经讲经，经学在初等小学堂失去主导地位。这一变化，其实是受到舆论的影响，认为繁难经书不合于幼童，将其调整至高等小学堂阶段展开。

宣统元年的初等小学堂改制，宣统二年的两等小学堂课程调整，是学部应学务之弊而做出的改制。就学制规定与学生程度不合的问题，相应做出了减少初等小学读经时间及降低读经内容和程度的重新规划。试图通过经学课程的调整，缓解舆论压力，并解决经学融入小学堂的问题。

2. 中学堂改制与文实分科

宣统元年小学堂改制的同时，中学堂文、实分科的办法也正式出台。清季立宪，考察政治大臣建言中国学制长远规划应效法德国，随员田吴炤提出中学堂宜仿照德国实行文、实分科。① 宣统元年，谢远涵在条陈学务的奏折中，再次提出中学堂应文、实分科，为学部所采纳。不久学部即专折奏陈，提出文、实分科，希望借以减去中学堂因分科过多带来的教育弊端。

与癸卯学制相比，学部此时认可了学堂学生存在兴趣和取向方面的差异，从而对文、实各有侧重，"近日体察各省情形，学生资性既殊，志趣亦异，沉潜者于实科程度为宜，高明者于文科学问为近，此关于天授者也。志在从政者则于文科致力为勤，志在谋生者则于实科用功较切，此因于人事者也。本此数因，遂生差异"。并从各省中学堂学生毕业分数加以分析，或文学优于科学，或科学优于文学，在于平日用功难免轻重不同，"至若天资颖异，各科俱优，则一堂不过数人，未可以常例绳之"。认为原有学制章程文、实不分科的举措有缺漏，中国经、史、文学极难，西学各科也很繁重，试图五年之内两者兼通，要求太高。② 实际上在一定程度上放弃了中学堂阶段兼顾中、西的办法，试图通过文、实分途而实现中、西学教育的并进。

宣统元年三月，学部奏请变通中学堂课程，分为文科、实科。申述了变制理由，认为治民之道不外教养，学术有文、实之异，"特是教养两端，分之则各专一门以致精，合之则循环相济以为用"。小学堂作为培养人伦

---

① 《考察政治大臣随员田吴炤考察教育意见书》，《学部官报》第 14 期，1907 年 3 月 14 日；《考察政治大臣随员田吴炤考察教育意见书》，《学部官报》第 16 期，1907 年 4 月 3 日。
② 《大清教育新法令》第四编，第 10～17 页。

和开启普通学知识培育的基础，不能分科。而到了中学堂阶段，学生年龄增加，兴趣有了差异，只有分科才能收到好的教育效果，"或令其博通古今，以储治国安民之用；或令其研精艺术，以收厚生利用之功"。并借鉴宋代胡瑗教授湖州分设经义、治事二斋的故事，奏请中学堂实行文、实分科，"臣等公同商酌，筹度再三，远稽湖学良规，近采德国成法，揆诸学堂之情形，实以文、实分科为便。盖与其升学之时多所迁就，何如于入堂之始早为区分；与其蹈爱博不专之讥，何如收用志不纠之效"。①

中学堂具体分科办法规定为：文、实两科课程仍照《奏定学堂章程》12门分门教授，分主课、通习二类。《奏定学堂章程》中学堂教授科目为修身、读经讲经、中国文学、外国语（日、英、德、法、俄语）、历史、地理、算学、博物、物理及化学、法制及理财、图画、体操12科，文、理科分别调整为主课、通习，以示差异。文科课程以读经讲经、中国文学、外国语、历史、地理为主课，以修身、算学、博物、理化、法制理财、图画、体操为通习。实科课程以外国语、算学、物理、化学、博物为主课，以修身、读经讲经、中国文学、历史、地理、图画、手工、法制理财、体操为通习。主课授课时间较多，通习各门较少，皆以五年毕业。②

经学课程的具体教授，相较《奏定学堂章程》原定内容，文、实两科各有变化。定章中学堂经学课程，每周36个钟点，经学占9个钟点，前四年修习《春秋左传》，第五年修习《周礼》节训本。宣统元年改制，除了在每日约读200字一条上保持原定办法外，文科课程经学作为主课，教授的钟点和内容都有增加。每周36个钟点中，经学课程占10个钟点，前三年修习《春秋左传》，第四年修习《周礼》节训本，第五年修习原章定于高等小学堂阶段修习的《易经》。实科课程，经学作为通习课，教授的钟点和内容都相较《奏定学堂章程》有所减少。每周36个钟点，读经讲经只占3个钟点，且五年课程都是修习《春秋左传》节本。③

经过宣统元年改制办法的调整，文、实分科后的中学堂课程差异极大。就经学课程而言，文科经学教授的钟点、内容都远超过实科。学部希望通过分途的方式，使学生各趋所专，不再强求并骛兼营，以推动中学堂

---

① 《大清教育新法令》第四编，第10~17页。
② 《大清教育新法令》第四编，第10~17页。
③ 《大清教育新法令》第四编，第10~17页。

教育的展开。

然而，中学堂在层级上衔接小学堂与高等学堂，则其教科势必要与两者程度配合，才能符合学制整体层级衔接的规划。而且文、实分科之后的中学堂课程差别很大，分科之后学堂学生培育出现新的问题，"因趋向之各殊，致涂径之悬绝。一经分类，后日之转学为难；骤语专精，普通之知识转略"。所以学部于宣统二年奏请改订中学堂文、实两科课程。①

宣统二年改订后的中学堂课程，文、实两科主课以及通习各科目相较宣统元年未有增损，仅是将教授次第、钟点多寡、程度深浅重新改订，压缩主课时间，增加通习课时间，希望借以将文、实两科差别缩小。

就经学课程而言，内容和时间安排上都有变化。文科中学堂，读经讲经作为主课，时间较宣统元年减少。每周共计36个钟点，经学课程除了第四年每周6个钟点外，其余四年均是每周5个钟点。所读内容也有变化，《左传》改为节本，《书经》代替《周礼》，即前三年读《春秋左传》节本，第四年读《书经》，第五年读《易经》。实科则相较宣统元年，仍旧只是读《左传》节本，但前三年读经钟点有所增加，改3个钟点为5个钟点。不过第四、第五两年通习课程，不再设读经讲经。具体情况如表4-7所示。

表4-7　宣统二年改订中学堂课程文、实两科经学课程

		文科读经讲经主课	实科读经讲经通习课
第一年	程度	春秋左传节本	春秋左传节本
	钟点	5	5
第二年	程度	春秋左传节本	春秋左传节本
	钟点	5	5
第三年	程度	春秋左传节本	春秋左传节本
	钟点	5	5
第四年	程度	书经	无
	钟点	6	无
第五年	程度	易经	无
	钟点	5	无

资料来源：依据宣统二年学部改订中学堂课程所制，见《大清法规大全续编》卷3《教育部·中学堂》，第1~4页。

---

① 《大清法规大全续编》卷3《教育部·中学堂》，第1~4页。

自此，学部完成了对于《奏定学堂章程》中、小学阶段学制的修改，经学课程也随学章的变化，在钟点、内容和程度安排上有了调整。

三　改制影响

宣统元年学制章程的调整，并不仅仅是学部自身筹谋和有计划改良学务的结果，还有着应对各方条陈学务弊端压力的背景。改制过程中的"应急性"，导致了学制新章在设计上存在疏漏。随之而改的经学教育，在各级学堂教授内容的衔接上出现了问题。

学制本身讲求程度的衔接和递进，因此，每一阶段教育内容和程度的变革，会导致各阶段学堂相应发生变化，从而影响整个学制。宣统元年三月，学部奏准实行变通初等小学堂章程和中学堂文、实分科办法，使得中学堂和初等小学堂的改制办法划定。但是，高等小学堂读经办法的修改却迟于二者，使得学堂之间的衔接出现问题。

随着宣统元年初等小学章程的变通，初等小学堂完全科经学课程应授《孝经》、《论语》及《礼记》节本，其四年简易科则以《孝经》、《论语》归并修身科讲授。并规定各初等小学缓授《大学》、《中庸》、《孟子》诸经，等学生毕业升入高等小学堂后再修习，使得这一调整办法对高等小学堂经学课程造成影响，改制势在必行。

直至一年后，学部才推出了新的高等小学堂经学教育办法。宣统二年四月，广东接获学部咨文，调整高等小学堂读经课程，以下接初等小学堂，上连中学堂读经程度。学部咨文称，"将高等小学经学课程酌量变通，以符原奏"。令各该省新设高等小学堂及高等小学堂新增班次，其读经讲经应照所定钟点，授《大学》、《中庸》、《孟子》、《诗经》、《书经》及《仪礼》节本，以便与初等小学课程首尾衔接，"至《易经》一书，新章即归文科中学主课，高等小学自应缓授，以免重复"。并规定了简易科三年读经办法，其由三年简易科初等小学毕业者，并应先入四年简易科之第四年，或高等小学预科，肄习《孝经》、《论语》完毕，再应高等小学本科升学考试，以期程度相符，"相应咨行贵督查照，行知提学司转饬所属各高等小学遵照办理可也"。①

---

① 《督案验准学部咨改订高等小学堂授经课程行司转饬遵照文》，《广东教育官报》第 6 号，宣统二年第 6 期。

然而，这次高等小学堂读经办法，明显是为衔接初等小学堂和中学堂而仓促拟订，欠缺周密考虑。相较癸卯学制高等小学堂读《诗经》、《书经》、《易经》及《仪礼》节本的规定，此时高等小学堂经学课程去掉《易经》，却增加了《大学》、《中庸》、《孟子》，增加太多，导致高等小学堂四年修业时间，在原有钟点的基础上要多分配出经书的修习时间。实际上是将初等小学堂和中学堂经学课程调整出现的问题，转移到高等小学堂，没有考虑到高等小学堂阶段的学习进度安排和学生的接受程度。

直至宣统二年改订两等小学堂课程，高等小学经学课程的调整办法才完全确定。宣统二年的课程改订，高等小学堂减少读经内容，增加读经时间，完善了宣统年间学制变革上的衔接。中、小学堂阶段读经次序依次调整为：初等小学堂主要讲授《孝经》与《论语》，高等小学堂讲授《大学》、《中庸》、《孟子》、《诗经》与《礼记》节本，中学堂文科讲授《春秋左传》、《书经》与《易经》。原定高等小学堂修习的《书经》移至中学堂讲授，同时将高等小学堂每周读经讲经的钟点增加，使得高等小学堂读经讲经科的安排趋于合理。

但是，就经学教育而言，整个学制的安排仍存在问题。《奏定学堂章程》要求中、小学堂经学教育熟识经文，至高等学堂方便讲授诸经大义。但是中学堂实科相较文科而言，经学教授内容少了《书经》与《易经》，导致学生整体经学教育的衔接出现问题。即便中学堂实科学生升入取径一致的第二类、第三类高等学堂，缺少《易经》与《书经》的讲授基础，两类高等学堂经学大义的讲授势必受到影响。要改变这种状况，只有入高等学堂之前，先补习中小学阶段缺而未习的诸经，或者另订新章，重新设定高等学堂经学课程教授内容。然而，学部迟迟未见行动，显然在宣统年间修改学章的过程中，对于学制改章牵一发而动全身的情形预估不足。

学制章程的修改，除了在拟订条文时欠缺通盘考量外，在具体实施时也存在问题。宣统元年与宣统二年的连续改章，使得短期内章程变化太快。学部改章时，强调已办者续办，未办者遵照新法。宣统元年五月，学部通咨各省变通学制办法，自奉到谕旨之日起，所有中学堂及初等各小学堂添招学生，均应遵照宣统元年新章办理。其从前原有班次应仍照癸卯旧章，接续教授，不得中途易辙，致启分歧。至中学堂划分文、实两科，由各该提学使司酌量地方情形筹办，如财力充裕，教员完备，则一堂之内文、实两科不妨并设。但学生原习文科者不得改进实科，原习实科者不得改入文科。如财力不足，教员缺乏，可即变通专设文科或专设实科。一省之内，文、实两途不得过于偏重，致有顾此失彼之虞。并限以各省自接到咨文之日起，三个月内由提学司将筹定通省中小学办理情形咨呈学部考核。① 这就使得同一中、小学堂有可能面临三种设学办法：《奏定学堂章程》规定、宣统元年改制办法与宣统二年改订课程后的新章。

学制的连续变化，要求办学人员迅速地领会理解并加以贯彻，自然很难。而学堂教习讲授和学生学习进度的调整，也无法简单地一步到位。因此，一些地方的学务情形出现混乱，宣统二年，调查福建瓯宁县梨溪小学堂，即按照宣统元年简易科情形设置，但是改制章程规定简易科分三年、四年两种，究竟按照几年办理，该学堂办理者自己也并不清楚。而且学堂课程极为凌乱，修身、算术各 2 小时，国文竟授 32 小时，经学课程也没有和修身课程合并。管学人员不得不建议其调整课程，"读经一门，应并入修身科第四学年教授表内"，以符合学制新章。② 简易科办理本为地方操作方便起见，尚且情况如此，那么完全科初等小学堂的办理情形自然就更不容乐观。

学务报告中初等小学堂完全科的经学教育显得五花八门。据宣统二年十二月调查湖北武昌府兴国州仁义里初等小学堂，发现该学堂科目有修身、经学、国文、算术、体操，与改制后五种必修科目的规定吻合。不过经学课程调整的进度不够，具体学科进度调查显示，该初等小学堂一、二年级生亦有经学课程，与改制后初等一、二年不设经学的规定明显不符，所以视学员令教员照章办理，删经学一科。③ 同年，福建省视学员调查仙游县学务情形，发现该县小学堂经学课程调整极为混乱：广智小学堂分为两等，高等读经太多，初等亦多与章不合。育英初等小学堂，课程兼授《大学》、《中庸》、《孟子》及格致。达英初等小学堂，经学课程与国文书方时间太多。罗峰两等小学堂，高等读经太多，初等兼教《大学》、《中

---

① 《恭录谕旨通咨各省变通学制施行办法文》，《学部官报》第 93 期，1909 年 7 月 17 日。
② 《批瓯宁县孙令锡华详西润两等小学校校长李圭年造送梨溪小学堂课程名册由》，《福建教育官报》第 24 期，宣统二年九月。
③ 《宣统二年十二月武昌府兴国州仁义里初等小学堂事实表》，《湖北教育官报》第 2 期，宣统三年正月。

庸》、《孟子》及理科。育才初等小学堂，根本不设其他学科，每日皆读经、书方、缀方数小时而已。① 这些小学堂因为学制章程的变革太快，而跟不上步骤。或者学科之中只列经学、国文，不设其他学科；或者经学时间自行增加，与学章不合；或者改章后小学堂不应授受的《大学》、《中庸》、《孟子》，仍在讲授。视学员不得不嘱其照章更改，希望达到学制整齐划一的效果。

各地接获学制新章后，出现了朝着"废除经学课程"方向解读的声音。新的课程设置办法，初等小学完全科第一二年不设读经讲经，在有心人眼中被视为别有深意。江苏教育会既有"学部新章于完全科之第一、二年不设此科，固亦心知其意矣"之语，认为学部已将经学视作小学堂可有可无的一门分科。而小学堂简易科将读经、修身合为一科，则操作之时留有玄机。该教育团体在讨论学习此次改制章程时，认为读经讲经的设置与否即是完全科、简易科的差别，直接忽略了简易科经学课程的存在。②

而江苏教育会内部对于学部变通初等小学章程的讨论，以质疑和要求变通的意见居多：

> 会员樊璞意见：一、毕业年限以多少为宜；一、体操一科非惟必修尤当注意；一、每日授课六小时，教员必致有敷衍放任之弊；一、修身科宜加以训练看护及体操时之匡辅；一、国文科须定普通文字之格，编成教科特研教法；一、单级小学宜变通部定时刻。

> 砀函教育会长汪学颜意见：一、毕业年限以四年为适当，而乡僻亦可三年；一、讲经当以历史为印证；一、体操应为必修科不可免操衣；一、各州县各拨公费贩卖教科书。

> 会员朱家驹（奉贤县视学）意见：一、毕业年限并三年亦不必拘，而高等小学宜备补习一科；一、有极善之经训教科书，则三、四年级亦可用经；一、免穿操衣则长衫及短衫裤均须剪裁合度；一、单级小学遵部章简易科目，而参用女子小学之授课时刻尚有疑问；一、在校时间每星期概须三十六时。

---

① 《省视学员调查仙游县学务情形报告》，《福建教育官报》第 24 期，宣统二年九月。

② 《江苏教育会通告研究学部变通初等小学堂章程书》，《教育杂志》第 1 年第 8 期，1909 年 9 月 9 日。

会员章广祺（江宁劝学所总董）意见：一、毕业年限以四年为宜；一、讲经宜附于修身科，并述修身教科书应分之部分而举其例；一、乐歌亦为必修科；一、教师与儿童共同游息原议至当；一、单级授课时间参用女子小学章程原议至精当，可以实行无忌。

会员赵宗扦（镇江府评议员）意见：一、宜呈请学部速定地方教育费之办法；一、省视学调查学务宜请改良办法；一、中学堂以上之学堂监督，须订定任期，期满由总会公举；一、遵章作境内教育统计报告；一、宜于暑假期内招致未入会而身任教育之职者设立研究会；一、创设介绍教育机关部；一、调查部宜于特别调查外实行调查；一、镇郡金坛宜留为实科或实业之用，不以改建师范为急务。

会员李元簌意见：一、初等小学毕业年限以四年简易科为适中；一、初等小学简易科第四年修身分科内之读经时间，宜改并为国文，部颁国文教科书不合用；一、初等小学简易科第一年授课时间宜改为第四年，附所拟教授间时表；一、学校经费分开办、常年二种，开办之初当先定多级、单级之目的；一、单级学校教科书当编辑。①

各种意见纷呈，经江苏教育会内部议决为：实行四年之简易科最为适宜，亦可参用三年；体操为三育之一，应作必修科，惟经费不足之处及乡僻之地，可免穿操衣；将来开办单级小学后，宜变通部定时刻，呈请备案。② 显然对于学部新章仍旧不满，认为有进一步修订的必要。

在新章不能满足要求的情况下，舆论传出了学部将对学制章程进一步修订的消息。宣统元年十一月，报纸刊出了关于学部准备再次调整中学堂学制的报道："学部各堂会议国事日艰，非有专门学问不足以裨实用。查中学五年，毕业年限太长，未免令人厌倦。拟减为三年，即升入高等学校授以专门学问，庶入学堂者更形踊跃，闻不日即将见诸明文。"③ 宣统二年，又传出小学堂章程改革的消息，"顷闻学部唐尚书对于原定小学章程颇有不满意处，因决定尽年内四个月拟定宗旨，饬司妥拟，改订新章，明

① 《江苏总会研究学部变通初等小学章程意见书提要》，《教育杂志》第 1 年第 10 期，1909 年 11 月 7 日。

② 《江苏总会研究学部变通初等小学章程意见书提要》，《教育杂志》第 1 年第 10 期，1909 年 11 月 7 日。

③ 《京师近事》，《申报》1910 年 1 月 8 日，第 1 张第 6 版。

正颁给。各省提学使查照该省情形，分别签注呈复本部，以备折衷一是，奏请饬下通行，以树统一国民教育之基础"。① 无论这些报道的消息来源确实与否，相关舆论的出现，却展现了彼时存在学章有待进一步修订的态度和意见。

综合看待宣统年间学制新章的颁布，有着欠缺周密考虑的问题。而学制修改过程中的一些趋向，也使经学课程在学堂中的存在受到了严重挑战：

第一，拟订学务章程受舆论裹挟，经学无法在学堂课程中占据主导地位。相较癸卯学制《学务纲要》强调课程设置"注重读经以存圣教"，宣示小学堂读经"实培养本源之要义，不得以课多为借口"的强硬态度，学部不再坚持"注重经学"的定见。初等小学堂经学课程由原来的分量最重，转至时间安排上次于国文，相应展现了一种信息，即经学分科的安排可视其他学科情况进行调整。初等小学堂宣统二年的课程调整，读经讲经四年的整体时间甚至比不上算术与体操等科。中学堂文、实分科，实科课程更进一步按照西式办法设置学堂课程。显示了经学分科的地位在舆论的影响下被大幅度削弱。在朝野的视野中，经学与西式教育体系下各种学科日益"等量齐观"，其在学制体系内的特殊地位一旦动摇，固有学问与外来学制框架的不兼容性会更加暴露。

第二，按照西式教育理念，经书修习的次序被调整，却背离了癸卯学制借助经学教育培养人伦的本意。因为《礼记》涉及儒家在修身做人、生活仪态、丧祭宗法乃至治礼深义等各方面的探讨，也是帮助理解《孝经》、《论语》成书思想的重要材料，所以癸卯学制特别强调《礼记》在初等小学堂阶段的讲授，"《礼记》最切于伦常日用，亟宜先读"，即便为谋生而入学堂学习简单知识者，也须修习"择初学易解而人道所必应知者"。② 初等小学堂改制，先是宣统元年只选取《孝经》、《论语》与《礼记》节本，虽然原本启蒙的四书已被大幅度削减，但仍然将《礼记》放入学章，显然仍旧注重启蒙阶段对人伦的培养。可是，宣统二年的改制，已经完全按照接受程度的难易来安排次序，初等小学堂阶段把《礼记》去掉，仅保

---

① 《小学教育大改革之预闻》，《大公报》1910 年 10 月 2 日，第 2 张第 1 版。

② 朱有瓛主编《中国近代学制史料》第 2 辑上册，第 178 页。

留《孝经》、《论语》，失去了癸卯学制借助经学维系人伦、培养道德的深意。

第三，官方强调读经办法借鉴外国，使得经学在学堂中的存在更难接近本相。学部明言采纳了日本学堂对于一些学科要求熟读成诵的办法，改变癸卯学制读经不令学生默写、背诵的规定。强调多读而不成诵，不如少读而成诵，故篇幅较长、记忆较难的《孟子》被放入缓授一节。清季兴学多强调借鉴外国经验以改良学务，此次学制调整也标榜取法日本。但记忆与背诵本是中国书塾教授的传统办法，早在此前不久，各地间有塾师议驳以学堂办法改良私塾，其中即有"记忆与背诵之学不可偏废"。① 学制本身已是按照西学分科办法规划经学等中学课程，但探索固有学问的治学途径，真正理解中国学问，本应以国人为重。② 宣统年间的学制改章，官方强调用日本学科的办法来处理经学课程，反映了近代教育转型中时人的不自信，甚至于解读中国学问的办法也逐渐取径外国。这一趋向影响到民国时期，也一定程度上导致后来学人距离中国学问的本意越来越远。

第四，中学被进一步肢解，经学、修身、国文等学科之间的联系被削弱。癸卯学制初行时期，由于传统学问的整体性不分科，所以国文、修身大都按照经书内容讲解，经学仍旧是支撑各科的内核。宣统二年的课程调整，许多新的内容加入，国文开始按照西方文学的教育办法来施行，修身一科不仅传授道德要义，而且有了所谓国民教育要义的内容。各学科不再仅仅是从经学本身获取资源，学科之间的独立性加强，中学本身的整体性遭到了更加严重的破坏，渐被分科弄得支离破碎。

学部此次调整中小学堂学制办法，本有着舒缓舆论压力的考虑，但经学课程的调整，在一些追求教育普及的趋新人士看来，仍没有达到其心中要求。1909 年，陆费逵于《教育杂志》上撰文讨论学制章程的修改，认为癸卯学制章程缺点集中于六点：科目太繁；时间太多；重视读经；轻视国文；年限太长；程度不合。就其所征集到的各地学堂调查情况判断，沿江海开通较早地区，多心知其弊，酌量变通而各自为政，糅杂纷歧，失统一之效；边省腹地则主持学务者多拘泥定章，不肯通融。而宣统元年变通

---

① 《私塾改良难期实行》，《中外日报》1908 年 3 月 7 日。

② 章太炎：《论教育的根本要从自国自心发出来》，汤志钧编《章太炎政论选集》，第 510 页。

章程，在陆费逵看来窒碍难行之处仍复不少，旧章六弊仅去科目太繁、轻视国文二端。① 说明其对学制新章删减经学课程的办法并不满意，认为仍旧没有去除"重视读经"之弊。

一方是在舆论压力下的妥协退让，一方是对经学课程调整办法的并不满意，主张进一步用更彻底的西学办法改造学堂中的经学课程，此消彼长之下，废除小学堂读经渐成为趋新人士的共识。

第三节　经科大学的开办

1910 年 3 月，学部奏报分科大学正式开办，经科大学作为晚清时期专门研究中国固有学问的分科大学，其地位却未受到学界应有的关注。原因在于经科大学开办不久后清廷覆灭，实际开办时间不过一年稍多，许多原有规划尚未见实施，民初学制改革更是力主废除经学课程，经科大学无法续办，再加上实际开办的相关记述材料稀少，导致其在以往研究中很少得到重视。只有近代教育史资料中收集的学制章程、教育通史类著述和对张之洞等人的研究中有所涉及，但也仅限于对学制条文的列举，对于经科大学从筹设到正式开办的过程语焉不详，以至于学界对其是否确实开办都存在质疑。

通过查询档案，参考彼时的文集、书信和报刊记载，可以证实经科大学的开办毋庸置疑。② 经科大学在近代教育史和思想史上都极为重要。它是清季引入西方教育制度用西学分类办法条理中学的一个创造，也是朝堂上下对于全面引进西方学制意见的集中反映。经科大学的设立与废除，体现了近代中西学异位的整体趋势。

一　筹办

1904 年，张之洞主持下的癸卯学制颁布，经学作为一门独立学科进入各阶段普通学堂，并规划成立专门的经科大学。依据学制规划，大学堂

---

① 《小学章程改正私议》，《教育杂志》第 1 年第 8 期，1909 年 9 月 9 日。
② 据《国立北京大学分科规程》记载："宣统二年二月举行分科大学开学仪式"，于民国时期改称北京大学后，经科归并入文科。见《国立北京大学分科规程》（1916 年），北京大学档案馆藏，BD1916005。

分为 8 科 46 门，其经学科下分周易学、尚书学、毛诗学、春秋左传学、春秋三传学、周礼学、仪礼学、礼记学、论语学、孟子学、理学 11 门。[①]

经科大学是张之洞采取西学分科框架规划中学的创造。但在各分科大学筹办过程之中，应先行开办何科大学，众说纷纭，反映了时人在中、西学如何抉择的问题上难以统一。

最初想法是经科大学让位于各西学分科大学。1905 年，学务大臣奏称分科大学八科骤难全设，拟先设文学科、格致科、政法科与工科，另外四科稍后再建。[②] 1909 年的舆论中，分科大学的开办类型有了变化。由于速成法政留学生大量回国，经科大学取代政法科出现在开办计划中，出现了先办经科、文学科、格致科、工科之说。[③] 考虑到当时中国的办学实情，又有建议认为只能开办与旧学相关的分科大学，传出在大学预备科旧地暂开经科大学与文学科大学的消息。[④]

1909 年，学部奏报筹办分科大学的大概情形，确定了开办经科大学。除医科大学暂缓外，其余七分科大学均定于次年二月开学。经科 11 门中先设毛诗学、周礼学、春秋左传学 3 门，而以四书为通习之课。[⑤] 并规定所有分科大学必须兼习四书及《大学衍义》，以正学生趋向，厚其根底。

经科大学最终确立开办，与张之洞希望借助经科大学匡救各普通学堂经学教育之失有关。学部会议分科大学事宜，因"踌躇于海内经师之选"，而将经科大学问题暂置不议。张之洞管部后，鉴于"士习浮嚣，学说庞杂"，为世道人心忧，提倡尽早设立经科大学。理由有二：其一，可以匡救当时办学之失，挽救士风人心；其二，有助于学务发展，各省高等学堂经学教习"于此取材"。一举两得，所以将经科大学纳入分科开办的规划。[⑥] 开办经科大学，还可借其端正留学生趋向，"拟设经科大学一处，所有留学生回国仍令其入堂，讲求经学，以正其心而端其志云"。[⑦]

但经科大学于 11 门中先开设周礼、毛诗、左传 3 门的做法，引起争

①　朱有瓛主编《中国近代学制史料》第 2 辑上册，第 770～814 页。
②　《时报》1905 年 12 月 26 日。
③　《分科大学牌示》，《教育杂志》第 1 年第 2 期，1909 年 3 月 16 日。
④　《分科大学办法》，《教育杂志》第 1 年第 10 期，1909 年 11 月 7 日。
⑤　《大清宣统新法令》第 11 册，第 30～31 页。
⑥　《议开经科大学》，《陕西官报》第 3 期，光绪三十四年五月。
⑦　《相国注重经学》，《吉林教育官报》第 9 期，1908 年 6 月 13 日。

议。翰林院侍读荣光明确表示反对，认为经科大学所设三科，《诗经》还有齐、鲁、韩三家，不称诗科而独称毛诗科；《春秋》有公、左、縠、胡四传，不称春秋科而独称左传科。致使笺、记、传、注与经相混，偏于一端。所以奏请饬下学部立刻更正，改毛诗科为专习毛诗的诗科，改左传科为专习《左传》的春秋科，以维经学而宏造就。① 翰林院侍读职在之一即为皇帝讲经，身为侍读学士的荣光提出质疑，学部自当小心应对。

学部对荣光所奏谨慎议复，仔细辩解，提出毛诗科的称谓，在于四家诗的存续现状，"汉代虽尚有齐、鲁、韩三家，然齐诗魏世已佚，鲁诗佚于西晋，至南宋后韩诗亦佚。惟毛诗全经独存，传习最盛"。对于《公羊》、《縠梁》、《左传》诸家春秋只设左传的指摘，学部认为与癸卯学制吻合。并强调在筹办分科大学的奏折中，已注明为春秋左传学而非仅称左传科，"且毛诗传于子夏，左氏亲受经于圣门，渊源俱在，亦未可厚诬也"。并引乾隆朝校刊十三经的往事作为佐证，"乾隆四年，高宗纯皇帝特命校刊十三经注疏，颁布学官，即题曰《毛诗正义》、《春秋左传正义》，凡在士林，久已奉为定本，岂容复滋异议"。将荣光的奏请驳回，"该侍读疑其与经相混而请黜毛、左，未免疏于考证，致涉武断，应请无庸置疑"。并申明随着学务开展，高等学堂毕业生增多，会续将余下经科八门补齐，"光绪二十九年《奏定大学堂章程》经学一科本分十有一门，现因学生不多，故照定章，先立毛诗学、春秋左传学、周礼学三门，而以四书为通习主课。将来各省高等学堂毕业学生渐众，尚须将周易、尚书、仪礼、礼记等门陆续增设"。②

二　学生选拔

经科大学确定开办3门后，生源问题仍待解决。分科大学的开办计划一再延迟，经科11门未能全设，重要原因就在于缺乏足够的合格学生入读。随着大学堂预科及各省高等学堂毕业生渐多，分科大学的开办才提上日程。

经科大学最初的打算，是招收京师大学堂师范馆和预科学生。1908

---

① 《宣统政纪》卷33，宣统二年三月，中华书局，1987，第584页。
② 《学部奏议复翰林院侍读荣光奏经科名称宜正应无庸置议片》，《云南教育官报》第33期，宣统二年六月。

年，学部在奏准颁布的各学堂考选章程中，确定师范馆与预科诸生可先行升入分科大学。愿入经科学生，经核定合格后准许入学。① 1911 年，又对师范生的入学资格加以限制，强调优级师范选科毕业生不得升入各大学分科，只能充当学堂教习。②

各学堂经学教育效果不佳，学部对学堂毕业生的经学程度失去信心，因而准予旧学士子入读。1909 年，鉴于经、文两科考生少，且根底浅，学部主事陈衍建议改由各省保送举人、贡生、监生，择优录取。此议直呈监管学部的张之洞，获准施行。③ 同年，学部奏请各省遴选举人和优、拔贡保送来京，进入经科大学肄业。对于准许经科大学招收旧学士子原因的阐述，显示了因经学无法融入各级学堂而"不得不如此"的尴尬。自学制颁布后，"后生初学大率皆喜新厌故，相习成风，骎骎乎有荒经蔑古之患"。担心学堂经学教育将致使经科无合格学生可选，"若明习科学而又研究经学者甚难其选，诚恐大学经科一项几无合格升等之人，实于世教学风大有关系"。经科大学研究中国固有学问，所以从旧学渊源较深的举人和优、拔贡中着手考虑生源问题。选择举人，因其虽未由高等学堂毕业，而"治经有年，学有根柢者尚不乏人，以之升入经科大学更求深造，庶几坠绪不绝，多得通经致用之才"。拔贡、优贡与举人事同一律，皆"中学较深之士"，一并选送。④

各省选送举人并优贡、拔贡到京后，学部复加考试，进入经科大学。⑤各省选送的名额具体规定为"大省考取六名，中省四名，小省三名"，于宣统元年七月初十（1909 年 8 月 25 日）以前送交学部。⑥

这项变通经科大学生源的办法，在清廷谕准后迅速推行。各地闻风而动，但大省小省并没有按照学部所定人数保送人员，考选送部的日期也一再拖延。直隶很快得到消息，认为考试举贡办法"既得驾轻就熟之

---

① 《分科大学办法》，《教育杂志》第 1 年第 1 期，1909 年 2 月 15 日。

② 《学部奏咨辑要》三编，朱有瓛主编《中国近代学制史料》第 2 辑下册，第 267～268 页。

③ 陈衍：《请大学经文两科学生由各省保送议》，《石遗室文集》卷六，陈梦编《陈石遗集》上册，第 481 页。

④ 《学部请由各省选员入经科大学肄业片》，北京大学校史研究室编《北京大学史料》第 1 卷，第 358～359 页。

⑤ 《大清宣统新法令》第 5 册，第 32 页。

⑥ 《学部议商大学四科事宜》，《教育杂志》第 1 年第 9 期，1909 年 10 月 8 日。

意，又为科举中人推广出路，用意至善"。① 在经过提学使面试之后，揭晓结果，"按照大省学额，正取六名，另加备取四名"。② 一些小省汇送的人选，则连三名额数都不到。奉天只咨送学部两人，③ 广西也只提供了一名人选。④

各地汇送的人选与办学人员的甄选考验有关。选送与否，涉及人事关系，不乏有人试图通过人脉来获取保送的资格。广西萧韶美即通过幕主陆荣廷向巡抚关说，希望保送入京。⑤ 考核之后再定选取，成为各地"取人"办法。广西巡抚即回复陆荣廷："萧举人如自问合格，请饬克日来省听候甄别，勿稍延缓。"⑥ 江苏提学使过命题考试来定取舍。⑦

还有一些地方选送经科大学的举、贡，自科举停废后寻得出路，甚或担任要职，而不得放行。云南奉饬考送经科大学学生，其中两人"久充学务要差"，所以向学部申请扣留免送，以维持该省学务。⑧ 经学部肯定后，云南调整申送人员名单，得以将 2 人留滇办理学务。⑨

鉴于上述情况，经由各地保送投考经科大学的举、贡数量并不多。1910 年，舆论得到消息，投考学部的举、贡总共 33 名，"业由督学局示知报考各生，统限本月二十三日以前到部。报明专长某经，以凭按格选送，并声明举、贡科分名次，以便行查礼部，然后订明日期考试"。⑩ 同年 3 月 31 日，学部复试各省考送经科大学学生，考选习毛诗学 12 人，习周礼学 10 人，习左传学 8 人，又备取 2 人。⑪ 最终开学时，学生人数确定

① 《经科大学招考有期》，《北洋官报》第 2161 册，1909 年 8 月 14 日。
② 《保送经科大学揭晓》，《北洋官报》第 2255 册，1909 年 11 月 16 日。
③ 《咨送经科大学新生》，《北洋官报》第 2269 册，1909 年 11 月 30 日。
④ 《抚部院据学司详送举人麦崇熺赴都投考经科大学咨部查照文》，《广西官报》第 38 期，1909 年 10 月 24 日。
⑤ 《陆镇荣廷禀举人萧韶美拟投考京师经科大学请予咨送缘由来往电》，《广西官报》第 29 期，1909 年 8 月 22 日。
⑥ 《陆镇荣廷禀举人萧韶美拟投考京师经科大学请予咨送缘由来往电》，《广西官报》第 29 期，1909 年 8 月 22 日。
⑦ 《提学司考选经科生》，《北洋官报》第 2183 册，1909 年 9 月 5 日。
⑧ 《护督院沈据本司禀电咨学部请将滇省考送经科大学取列在前之举人周钟岳钱用中留充学务要差一案行司查照文》，《云南教育官报》第 23 期，1909 年 9 月 4 日。
⑨ 《本署司郭呈详遵饬考选经科大学学生考取举人秦光玉等四名请给咨送京肄业文并护督院批》，《云南教育官报》第 23 期，1909 年 9 月 4 日。
⑩ 《分科大学开办先声》，《教育杂志》第 2 年第 1 期，1910 年 2 月 19 日。
⑪ 北京大学校史研究室编《北京大学史料》第 1 卷，第 360 页。

为 6 人。①

除了本国学生外，经科大学还有招收外国留学生的计划。舆论记载了当时各国请派留学生入经科大学的情形，"经科大学，不日开办。闻各国请派学生留学者，英国二名，法国三名，美国二名，日本三名。其德、俄、意、奥、比等国亦均派人留学"。② 历来在教育权问题上谨慎的学部，此时却放开了手脚，一方面希望可以厚邦交，广教育，另一方面是出于对固有学问的自信，"臣等公同斟酌，经学一科为中国所独有，拟先就经科大学准外国人入学，预由臣部酌定简章，以期妥洽。至其余各科大学设立之初，恐难遽及东西各国之完备，外国人入学一节，拟暂从缓议"。③

外国学生准予入读经科大学后，英、美等国公使迅即照会清廷外务部，核议详细办法。外务部即咨行学部，应提前设法预备留学生安置办法，请学部，以策万全。学部商议后，决定另造洋楼以备留学生寄宿。④

但舆论对中国自办学堂能够吸引外人留学不抱信心，怀疑各国另有目的，"按我国一举一动，外人莫不注意。公等对于此事，将以吾道大行自喜乎？须知外人固别有用心也"。⑤ 章太炎则认为经科大学允许外国学生就读，让外国人知道一点儿中国学问，固然是好，但若因此"就觉得增了许多声价，却是错了见解了"。强调讲学问、施教育，不可像卖古玩，以外人品评定其贵贱。自国的人应该讲自国的学问，实施自国的教育，"只问要用，不问外人贵贱的品评"。⑥ 直指彼时由于国势衰弱，在办学上出现的挟洋自重倾向。

三　教习选任

按照癸卯学制的规定，分科大学教习由通儒院研究科及外国大学毕业生充选。然因通儒院并未举办，而外国没有经学分科，经科大学教习的选任只能另设他法。

---

① 参见《宣统二年本校大事记》，北京大学校史馆藏，JS0000119。
② 《外人请入经科大学》，《教育杂志》第 1 年第 11 期，1909 年 12 月 7 日。
③ 《大清宣统新法令》第 11 册，第 31~32 页。
④ 《经科大学开学有期》，《教育杂志》第 1 年第 12 期，1910 年 1 月 6 日。
⑤ 《外人请入经科大学》，《教育杂志》第 1 年第 11 期，1909 年 12 月 7 日。
⑥ 章太炎：《论教育的根本要从自国自心发出来》，汤志钧编《章太炎政论选集》，第 517 页。

　　舆论对经科教习人选给予种种猜测。一方面经科教习必须为老师宿儒，非泛泛从事举业者所能滥竽充数；另一方面相较其他分科大学延聘外国教习，经科师资尤为难得。摄政王对于分科大学也极其注重，在军机大臣散值后，"特留张相国面议该学堂一切办法"。学部内会议，最为属意王闿运。王却坚辞不受，"屡次电聘，坚辞不起"。① 其余著名经师人选也有七八人，"或则高卧名山，迭征不起。或则宦途显达，惧上讲堂"。②

　　教习难选，学部确定先立各分科大学监督，再聘选教习。舆论很快传出风声，"学部以调京在丞参上行走之柯学使劭忞将行到京，张中堂决议派其帮办分科大学之事，拟即出奏"。③ 不久后出炉的官方奏折证实了这一消息。1909 年，学部奏遴员派充分科大学监督，"兹查有前翰林院侍读署贵州提学使臣部丞参上行走柯劭忞，堪以派充经科大学监督"。④

　　经科大学的教习名单也逐渐浮出水面。1909 年，学部划定经科教习人数，经科毛诗学 2 人，周礼学 2 人，春秋左传学 2 人，四书学 2 人。⑤ 遴选派充经科与文科大学的教职员主要有：经科监督柯劭忞，经、文两科教务提调章梫，《毛诗》教习江瀚，《周礼》教习胡玉缙，《左传》教习戴德诚，《尔雅》、《说文》教习王仁俊。文科监督孙雄，文科教习林纾、郭立山，史科教习专讲纪事本末陈衍，专讲通鉴辑览饶叔先，说文教习王仁俊，音韵教习（兼充科学教习）蒋黼。各分科大学四书及《大学衍义》教习夏震武。⑥ 各分科大学除经科、文科选任中国教员外，余均聘用东、西两洋教习。⑦

　　实际开办后的经科大学，教习名单又有变化，见表 4 - 8。

---

①　《开办分科大学之布置》，《教育杂志》第 1 年第 2 期，1909 年 3 月 16 日。

②　《经科大学教员之难聘》，《陕西官报》第 2 年第 4 期，宣统元年二月下旬。

③　《派柯京堂办分科大学事务》，《陕西官报》第 10 期，光绪三十四年八月上旬。

④　《奏遴员派充分科大学监督折》，《学部官报》第 84 期，1909 年 4 月 20 日。

⑤　《又奏筹办京师分科大学大概情形折》，《政治官报》第 796 号，1910 年 1 月 12 日。

⑥　《分科大学近事》，《教育杂志》第 2 年第 4 期，1910 年 5 月 18 日。

⑦　《分科大学开办先声》，《教育杂志》第 2 年第 1 期，1910 年 2 月 19 日；《大学堂之会议》，《教育杂志》第 2 年第 2 期，1910 年 3 月 20 日。

表4-8　《北京大学史料》记载经科大学教职员名单

职名	姓名	就职年月	离职年月	附记
经科监督	柯劭忞	宣统元年正月	民国元年四月	实任
经文科教务提调	章梫	宣统元年五月	民国元年四月	宣统二年五月辞职，三年十二月复就职
经文科教务提调	谭绍堂	宣统二年六月	宣统三年十一月	由教授改任
经文科教员	宋发祥	宣统二年正月	民国元年八月	
经文科教员	杜邦杰	宣统二年正月	民国六年一月	民国二年改文科教员
经文科教员	林纾	宣统二年正月	民国二年三月	
经文科教员	郭立山	宣统二年正月	民国元年四月	
经文科教员	饶橚龄	宣统二年正月	民国元年十月	
经文科教员	江瀚	宣统二年正月	宣统二年六月	
经文科教员	陈衍	宣统二年正月	民国元年十二月	宣统三年十一月辞职，民国元年八月复来校，民国二年三月复辞职，十二月复来校
经文科教员	胡玉缙	宣统二年正月	民国四年四月	民国三年十一月辞职，四年十一月复来校
经文科教员	马其昶	宣统二年正月	宣统二年三月	
经文科教员	姚永朴	宣统二年正月	民国六年三月	民国二年三月辞职，十一月复行来校，任文科教员
经文科教员	夏震武	宣统二年正月	宣统三年九月	
经文科教员	高毓彤〔浵〕	宣统二年三月	民国元年八月	
经文科教员	黄为基	宣统二年七月	民国元年四月	
经科教员	宋育仁	宣统二年七月	民国元年四月	
经科教员	淳于鸿恩	宣统二年九月	民国元年七月	
经文科教员	蒋黻	宣统二年二月	宣统三年十月	
经文科教员	左树珍	宣统三年二月	宣统三年十一月	
经文科教员	胡宗瀛	宣统三年四月	民国元年四月	

资料来源：北京大学校史研究室编《北京大学史料》第1卷，第332～334、342页。

据胡思敬综述晚清京师学术人物，能自拔于流俗、讲求学问的"宣统初年朝士"如下：

新政兴，各器日益滥。京朝官嗜好不一，大约专以奔走宴饮为日行常课，其稍能自拔于流俗者，讲诗词有福建陈阁学宝琛、陈学部衍、四川赵侍御熙、广东曾参议习经、罗员外惇曧、黄员外孝觉、温侍御肃、潘主事博、湖南夏编修寿田、陈部郎兆奎、袁户部钦绪、章郎中华、江西杨参事增荦。讲古文者有林教习纾、陈教习澹然、姚教习永概。讲汉学者有贵州程侍讲械林、福建江参事翰、江苏张教习闻远。讲宋学者有湖南吴郎中国镛、浙江夏主事震午、湖北周主事景涛。讲史学者有广西唐尚书景崇、山东柯参议劭忞、江西龙中书学泰。讲国朝掌故学者有浙江汪中书康年、江苏冒郎中广生、刘京卿澄如。讲目录学者有江苏缪编修荃孙、山东徐监丞坊、湖北陈参事毅、王推事基盘、江西雷员外凤鼎、熊教习罗宿。讲六朝骈体文者有江苏孙主事雄、山西王推丞式通、四川宋观察育仁、江西黄主事锡朋、广东梁员外志文。讲笺注考据者有陈参议毅、苏员外舆。讲绘画学者有安徽姜孝廉筠。讲舆地学者有湖南韩主事朴存、谭教习绍裳。讲金石兼工书法者有浙江罗参事振玉、江西赵内翰世骏。讲词章兼通政事、志趣卓然不为时俗所污者有安徽马主事其昶、湖南郭编修立山、江西刘监督廷琛、魏推事元旷、湖北陈员外曾寿、甘肃安侍御维峻，次则贵州陈给谏田、广西赵侍御炳麟、湖南郑侍读沅、郑编修家溉、胡参议祖荫、江西华编修焯、广西廖郎中振矩、四川乔左丞树枏。其人品不尽纯粹而稍具文才者有汪参议荣宝等，其人品学问俱好而文才稍逊者有吴国镛等。其余与余同时在京而不相闻知者盖亦有之，然大概具于此矣。辛亥出京时，访友于马通伯，据云有武昌饶学部叔光、华亭钱征士同寿、潍县陈征士星烂，皆君子人。鲍心增简放莱州时，为予述三士，一广东许主事汝棻、一广东驻防平学部远、一贵州驻防云编修书，唯平学部有一面之交，余皆未之见也。①

　　与京师大学堂经文两分科教职名单比较，柯劭忞、江瀚、陈衍、林纾、姚永概、谭绍裳、宋育仁、郭立山等皆为重合人物，而胡思敬笔下的夏震午疑系夏震武。这说明经文两科教习，的确多为一时之选。

---

① 胡思敬：《宣统初年朝士》，《国闻备乘》，第 80 ~ 81 页。

癸卯学制用西学框架规划中学，致使学人分列经学、文学等分科教习名目下。旧学未为胡思敬看重的黄为基、胡宗瀛等，凭借留学生身份担任分科大学教习。而与学堂划分经、文两科不同，胡思敬条举各人学问，以讲汉学、讲宋学、讲史学、讲诗词、讲古文、讲国朝掌故学、讲目录学等分类，贴近传统评判标准。

晚清分科大学诸教习，进入民国后仍有继续留校者，影响了北京大学的师资结构。尤其是桐城一派，此时担任经、文分科大学教习的林纾、姚永朴、马其昶等人，都是桐城晚期的重要力量。严复担任北大校长期间，委任姚永概为北大文科长，致使桐城派一家独大，引发后来所谓章门弟子"清理桐城余孽"。据陈万雄讲，"不仅从主事者和制度的转变，从学校文风的消长，也透露了民国以后北大的嬗变脉络。清末的京师大学时代，先后主持总教习的吴汝纶、张筱浦；译书局总办的严复，副总办的林纾；民初任文科教务长的姚永概、汪凤藻、马其昶、陈衍、宋育仁在当时文坛都是桐城古文派的中坚分子。其时主宰北大文风自然是桐城古文派。这种桐城古文独尊的形势到胡仁源掌校政，夏元瑮和夏锡琪分别主持理科和文科学长才扭转过来"。[①] 虽然宋育仁、陈衍可否归此类存在争议，但人脉变迁的判断并无偏差。

就地域分布而言，经科教习以江浙等地为主，不免使该地治学风气经由教习影响学生。夏震武，浙江富阳人，胡玉缙，江苏元和人。担任经科提调的章梫，与京师大学堂早期师范馆经学教习王舟瑶，既有从学浙江台州黄岩王棻的经历，又都师从俞樾在杭州诂经精舍治学。可见晚清时期，江、浙两地因为原有学风，担任旧学教习者极多。而杭州诂经精舍更是培养了大批汉学人才。这些人不仅活跃于江浙，甚至远及京师等地执教，扩大了区域学风的影响。

经科大学诸教习的旧学功底为彼时国内外学界所重。20 世纪 20 年代末，日本对华"东方文化事业"北京人文科学研究所聘任中国学者的草拟名单中，史学政治史柯劭忞入选，经学古文学派江瀚入选，文艺诗赋词余陈衍入选。最后议定的名单虽由于官方干预有所调整，但在具体所分的经

---

① 陈万雄：《五四新文化的源流》，三联书店，1997，第 26 页。

部、史部、子部中，江瀚、胡玉缙依旧入选，柯劭忞为研究所总裁。① 可见日本汉学家眼中民初学界对清代的继承。

四　实际开办

随着各科教习到堂，应行招收各生也已考验录取，分科大学于宣统二年二月二十一日（1910 年 3 月 31 日）举行开学典礼。② 经科大学正式启动。

癸卯学制详订经科大学毛诗、周礼、左传 3 门的教学安排。各门皆学期三年，毕业时学生必须呈交课艺和自著论说。各门所习分主课与补助课，毛诗、周礼、左传 3 门主课分别为毛诗学、周礼学、左传学研究法，补助课大体一致，为说文学、尔雅学、钦定四库全书提要经部、御批历代通鉴辑览、中国古今历代法制考、中外教育史、外国科学史、中外地理学、世界史、外国语文等（见表 4 - 9）。

表 4 - 9　经科大学毛诗、左传、周礼三门具体学科

	第一年 每星期钟点	第二年 每星期钟点	第三年 每星期钟点
经学附理学小学	18	18	18
主课			
毛诗学研究法（毛诗学门主课）	6	6	6
春秋左传学研究法（春秋左传学门主课）	6	6	6
周礼学研究法（周礼学门主课）	6	6	6
补助课			
尔雅学	2	1	0
说文学	2	1	0
钦定四库全书提要经部	1	0	0
御批历代通鉴辑览	4	4	4
中国古今历代法制考	1	2	3

---

① 　参见桑兵《民国学界的老辈》，《历史研究》2005 年第 6 期。
② 　《学部奏分科大学开学日期片》，北京大学校史研究室编《北京大学史料》第 1 卷，第 202 页。

续表

	第一年 每星期钟点	第二年 每星期钟点	第三年 每星期钟点
中外教育史	0	1	1
外国科学史	1	1	2
中外地理学	0	1	1
世界史	1	1	1
外国语文（英、法、俄、德、日选习其一）	6	6	6
各门合计	24	24	24

资料来源：朱有瓛主编《中国近代学制史料》第 2 辑上册，第 771~774 页。

经学研究法作为主课，强调通经致用，经学贵乎有用。为求经学之有用，则贵乎通。所谓通，即不墨守一家之说，尤不专务考古。研究经学者宜将经义推之实用，是群经总义。而研究各经的要义在于以下内容：传经渊源；文字异同；音训；全经纲领；每篇经义；全经通义（每一经皆有通义数十百条，《春秋左传》、《周礼》、《礼记》尤多，各就本经摘出考之）；群经、诸子、诸史证经；秦汉至今流派；外国科学证经；历代政治人事用经见诸试行之实事；经义与后世事迹不相同而理相同之处。主张研究经学，应当将经义与今日实在事理有关系处加意考究。并强调分科大学重在学生自行研究，教习不过举示数条以为义例。[①]

经科大学的课程安排与研究办法，由张之洞拟订。就经学研究法的具体规定而言，张之洞希望经科学生能够跳出门户，明白经学之有用，继而将经义推之于实用，达到通经致用的目的。所以研究各经，除了经书、经义渊源脉络的探讨外，还强调外国科学证经以及历代政治人事用经见诸实事者，希望借助历史史事和西学佐证经学的有用，确保其价值和地位。

长期以来，关于经科大学的记载大都停留于学制章程条文的规定，其余则所知不详。鉴于经科大学开办的材料较少，无法详细展现课程授受和成绩考验的具体状况。只能从各门教习的治学办法，略窥经科大学的教育趋向。

在江瀚致于式枚的信札中，提到自己毛诗教习的身份，"再本年谬充大学分科'毛诗'讲师"。[②] 江瀚自述其治学有数变，"平生为学凡数变，

———————

① 朱有瓛主编《中国近代学制史料》第 2 辑上册，第 772~773 页。

② 《江瀚与北京师范大学》，方继孝：《旧墨二记：世纪学人的墨迹与往事》，北京图书馆出版社，2006，第 60~61 页。

少嗜韵语，稍长乃为古文，继复从事于宋儒性道暨昭代掌故之书，盖研磨经义为最后矣"。① 对于如何处理《毛诗》与齐、鲁、韩三家诗关系的问题，江瀚强调以现存《毛诗》为主，不可摒弃《毛诗》而求于三家残篇，"士生今日而欲窥诗教之全，洵舍《毛诗》无由矣"。与癸卯学制"不墨守一家之说"的经学研究法规定相通，江瀚主张治《诗经》的办法以毛传为主，兼采汉宋，不立门户。②

对于四家诗的流传，也有定见，"汉世，诗分为四，毛诗最后出。齐、鲁、韩三家皆列于学官，惟毛公之学未得立。自郑康成作《毛诗》笺，而三家寖废。魏晋以还，说诗者大半依据毛氏"。江瀚认为至宋代，《毛诗》地位发生变化，"至赵宋时，乃新义日增，而朱晦翁诗集传，遂夺毛诗之席。然晦翁虽攻小序，至于诗中训故仍从毛、郑者居多。且所易亦非无本。其后王鲁斋之流，并疑及本经，举二南而删改之，固不得以此归狱于建安也"。③

《周礼》学由胡玉缙教授。据张舜徽在《清人文集别录》中的记载，"适京师大学堂初立，聘玉缙讲授《周礼》，著《周礼学》，以自抒所得"。④ 胡玉缙治礼学深受浙江定海黄以周影响。黄以周治经精于三礼，为学"不拘汉宋门户，体亭林'经学即理学'之训，上追孔门之遗言"，⑤希望用礼学来挽救治学弊病，"欲挽汉、宋学之流弊，其惟礼学乎"。⑥ 而胡玉缙"自少亲炙定海黄氏"，于经学用力为勤，注重治礼，"凡汉唐注疏、诸子百家，以及文字、训诂诸书，诵习极熟，讲贯极精。每说一义，考一事，旁通博证，元元本本"。其文集中说经的文章，"以涉及三礼、

---

① 江瀚：《于瞿子玖学使书》，《慎所立斋诗文集》，沈云龙主编《近代中国史料丛刊初编》第 71 辑，第 151 页。

② 江瀚：《日本竹添光鸿毛诗会笺序》，《慎所立斋诗文集》，沈云龙主编《近代中国史料丛刊初编》第 71 辑，第 100～101 页。

③ 江瀚：《日本竹添光鸿毛诗会笺序》，《慎所立斋诗文集》，沈云龙主编《近代中国史料丛刊初编》第 71 辑，第 100 页。

④ 《许颙学林二十卷》，张舜徽：《清人文集别录》卷 24，第 661 页。

⑤ 《定海黄氏父子传》，支伟成：《清代朴学大师列传》，"浙粤派汉宋兼采经学家列传第九"，泰东书局，1928，第 281 页。

⑥ 缪荃孙：《中书衔处州府学教授黄先生墓志铭》，缪荃孙编《续碑传集》卷 75，《清代碑传集全集》（影印本），上海古籍出版社，1997，第 1195 页。

《毛诗》者为最多最精。其次，申释说文诸篇，亦多创见"。①

《左传》原定教习戴德诚因故没能赴任，淳于鸿恩担任经科教习，或即执教此门。淳于鸿恩曾求学于山东黄县丁凤池，精于金石文字之学。曾撰《公羊方言笺疏》，认为《公羊传》中不仅有齐国方言，还有鲁国等地方言。②他折中众说，广为征引，收集了 29 个《公羊传》中的方言词语（大部分为山东方言）。③

经科各门的补助课由夏震武担任教习。作为理学名家，夏震武主要讲授四书及《大学衍义》，"时刘廷琛方为大学堂总监督，以总教七科相聘，乃以《孟子讲义》、《大学衍义讲授》教诸生"。④

一些经科大学教习试图跳出汉学、宋学以及今文、古文的门户之别，点评清代学问。经科教务提调章梫论及清代学术，认为乾嘉间汉、宋之名始立。⑤而对于近代《毛诗》的争议，江瀚认为今文派、古文派都存在问题，"近代学者，力矫元明之弊，治诗咸宗毛、郑，又或坚持成见，不容一语之出入，识者病之。于是复有专搜齐、鲁、韩三家遗说，掇拾残膡，臆测梦揣，强为傅会者，若魏默深之掊击《毛诗》。盖其论《尚书》则是伏生而非马、郑，论《公羊传》则尊董仲舒而抑何休，同一争胜之心耳"。⑥吴庆坻即认为江瀚力求跳出门户，"其论学术，尽洗汉、宋门户之习，而一出于先儒涂轨之至正，以达乎时变而适乎用"。⑦

经科大学的课程安排，在传授固有学问外，各经研究要义强调用外国科学证经，补助课中也列有外国地理学、世界史与教育史内容，所以除了

---

① 《许颍学林二十卷》，张舜徽：《清人文集别录》卷 24，第 662 页。

② 淳于鸿恩：《公羊方言疏笺后叙》，《四库未收书辑刊》第 2 辑第 10 册，北京出版社，1997，第 404 页。

③ 这些方言都是已被何休的《春秋公羊解诂》指出了的，不过何休一提而过，淳于鸿恩则对它们做了详细的解释和考证。参见车吉心等主编《齐鲁文化大辞典》，山东教育出版社，1989，第 919 页。

④ 《夏震武》，蔡冠洛编纂《清代七百名人传》第 4 编，周俊富辑《清代传记丛刊》，台北，明文书局，1985，第 1564～1565 页。

⑤ 章梫：《复王子庄先生书》，《一山文存》卷 7 杂文 2，沈云龙主编《近代中国史料丛刊初编》第 33 辑，第 322 页。

⑥ 江瀚：《日本竹添光鸿毛诗会笺序》，《慎所立斋诗文集》，沈云龙主编《近代中国史料丛刊初编》第 71 辑，第 100～101 页。

⑦ 吴庆坻：《慎所立斋文集序》，《慎所立斋诗文集》，沈云龙主编《近代中国史料丛刊初编》第 71 辑，第 1 页。

古学外，还面临如何处理西学的问题。

章梫将西学分为政、教、艺三类，认为"吾于其教可不议，其艺亦未遑遍及。通其文，以知其政，斯可矣"。① 又认为西学有可采、不可采的区分，"至于新之一说，有当从者，有当黜者。合种乱伦，所当黜者也。变通科举，兴起学校，所当从者也。公法，弭兵，角逐，富国，公卿大夫之所黜，弟独以为必宜从者也"。强调图新而不舍旧，"夫所谓旧者，先王之大经大法，圣人莫之或易也。末学小生动曰守旧迂瞽，试问在国诸大夫谁是旧而能守者"。②

还有教习站在中学的立场，忧心于西学带来的冲击。江瀚认为西学进入后，经学维系道德的功能受到冲击，"盖孔道之不明于天下也久矣。……自欧风东渐，利己之说兴，即区区道德之空言，亦如钧天广乐不可闻矣"，③ 对近世经学发展造成影响。甚至有教习为维系正学，坚持旧学传统。夏震武在浙江两级师范学堂时，提倡廉耻教育以挽"邪说滔天，正学扫地"，主张全体师生拜孔，恢复古礼。④ 进入分科大学后，认为只有经师才具备教习资格，"故谒圣时夏先生必岸然立于中位"。⑤ 在为经科学生讲授《孟子》时，认为自西学东渐，学堂开办，浮嚣日甚，弃本逐末，所以朝廷特设四书作为各分科大学通习，"将使诸生于明德新民之旨、明善诚身之义、克己复礼之方、知言养气之要，孜孜焉身体力行，为各校倡"。⑥

经科大学教习一般并不担任京师大学堂预科等机构的教学。据曾为京师大学堂预科学生的胡先骕回忆，分科大学颇多"有名诸师"，如经科大学的柯劭忞、夏震武皆久享盛誉。但让其遗憾的是，这些教习只负责分科

---

① 章梫：《复朱郁堂同年》，《一山文存》卷7《杂文》（2），沈云龙主编《近代中国史料丛刊初编》第33辑，第345页。

② 章梫：《复王玖伯孝廉》，《一山文存》卷8《杂文》（3），沈云龙主编《近代中国史料丛刊初编》第33辑，第360～361页。

③ 江瀚：《孙师郑〈读经救国论〉序》，《慎所立斋诗文集》，沈云龙主编《近代中国史料丛刊初编》第71辑，第104页。

④ 《"木瓜之役"大事记》，薛绥之主编《鲁迅生平史料汇编》第2辑，天津人民出版社，1982，第457～459页。

⑤ 胡先骕：《京师大学堂师友记》，王世儒、闻笛编《我与北大——"老北大"话北大》，北京大学出版社，1998，第18～19页。

⑥ 夏震武：《孟子学讲义》，北京大学图书馆古籍部藏，第1页。

大学的课程，"皆未在预科上课"。①

由于经科学生中学程度不浅，师生在旧学上能够进对话，其乐融融。经科学生江西南昌人余謇，左传门学生，"精音韵训诂之学，故在经科亦为诸名师所礼重"。② 另一经科学生陈汉章，"初执业德清俞樾门下，继问业定海黄以周"。③ 进入经科大学后，受业于柯劭忞。柯劭忞对他极为赞许，民国期间屡次提出"当代经学，伯陶第一"。原因就在于陈汉章能够和他很好地交流旧学，"陈伯陶先生记忆力也很强，大约他与柯先生谈论经学时能应对如流，别人很少能在柯先生说到某句经书，当下就接着说出下句和那些注疏等辞句的"。④

经科大学于 1910 年 3 月 31 日正式开办，⑤ 存在时间极短，甚至在清廷覆灭前已经停课。据分科大学学生在 1912 年的慨叹："去年停课，五月于兹，各科教员，既坐消岁月；同堂多士，更闲掷居诸。"⑥ 这里的五月，难以确定是农历还是公历，但大致在 1911 年 5 月前后。清季经科大学开办，自 1910 年 3 月至 1911 年 5 月，实际不过一年多时间。

经科大学虽然在民初被取消，但经科的学生以变通方式"毕业"。1912 年，京师大学堂改办为北京大学，并于 5 月重新开学。1913 年 4 月，《中华教育界》记载了北京大学第一次毕业情形，"北京大学……开办十有余年，先设预科、师范科。毕业四次，造就良多。本年适届分科第一次毕业之期，经、文、理三科已于三月中旬由教育部派员监试"。⑦ 同年 5 月，《政府公报》公布北京大学文、理两科毕业生名单，经科学生在文科名义下毕业：

---

① 胡先骕：《京师大学堂师友记》，王世儒、闻笛编《我与北大——"老北大"话北大》，第 21～25 页。

② 胡先骕：《京师大学堂师友记》，王世儒、闻笛编《我与北大——"老北大"话北大》，第 21～25 页。

③ 项士元：《象山陈汉章传》，卞孝萱、唐文权编《民国人物碑传集》，第 459 页。

④ 牟润孙：《蓼园问学记》，《注史斋丛稿》，中华书局，1987，第 540 页。

⑤ 《学部奏分科大学开学日期片》，北京大学校史研究室编《北京大学史料》第 1 卷，第 202 页。

⑥ 《民立报》1912 年 4 月 9 日。

⑦ 《北京大学第一次毕业》，《中华教育界》1913 年第 4 期。

文科。史学门：陈汉章[1]等 30 人（日本研究生 1 人）。文学门：姚梓芳等 34 人。经学毛诗门：管楷等 14 人（日本研究生 1 人）。经学左传门：张念祖等 15 人。经学周礼门：黄步琼等 7 人。理科地质门：裘节等 2 人。[2]

民初毕业的经科学生，在毕业奖励上也与清末原定办法有了差别。癸卯学制原定办法，分科大学毕业生依照程度分别给予进士、同进士出身，授予翰林部曹等官阶。1910 年，传出修改分科大学毕业生奖励办法的消息，"学部唐春卿尚书日昨与分科监督陈阁学会订分科大学生毕业后之奖励，闻所拟办法概分四等，列入最优等者授为博士，优等授为俊士，中等授为学士，下等授为得业士"。[3] 博士、学士、俊士、得业士，其实是一种中西兼具的毕业奖励。1911 年 8 月，学部奏停各学堂实官奖励，规定大学堂毕业生统称进士。随着清廷灭亡，原定毕业奖励办法烟消云散。民初，北京大学各分科毕业学生统一授以学士学位。[4]

癸卯学制规划的经科大学教育办法，因毛诗、周礼、左传三门的开办而得到一定程度的实现，显示了学部按照西学框架规划中国学问的努力。整体而言，经科大学的开办，变通生源招考举人和优、拔贡进一步展示了学堂经学教育的不足，偏离了学制规定。培养高等学堂经学教习的目标未及实现，以经科挽救各学堂办学弊端更无从谈起。

无论是存古学堂的开办，还是中小学堂学制章程的调整，都是尝试将经学融入学堂而继续做出的努力。小学堂调整经学教育的难易程度，以适应幼童学习。专门性质的存古学堂与中学堂文、实分科，其实是试图以分途的方式取得良好的经学教育效果。经科大学的开办，也有着匡救办学之失和挽救士习的考虑。各种调整办法，对经学融入学堂所出现的问题有着强烈的针对性，未尝没有"法良意美"的一面。

然而，这些补救措施本身也出现了问题。存古学堂，从初办时备受瞩目到黯然退出，甚至引发时人对于经学课程应否存在的讨论；学制办法调

---

[1] 陈汉章后由经科转入史科，参见项士元《象山陈汉章传》，卞孝萱、唐文权编《民国人物碑传集》，第 459 页。

[2] 王学珍等编《北京大学纪事（1898~1997）》上册，北京大学出版社，1998，第 31~32 页。

[3] 《分科大学生毕业后之头衔》，《甘肃官报》第 49 册第 5 期，宣统二年九月。

[4] 《北京大学第一次毕业》，《中华教育界》1913 年第 4 期。

整后，中、小学堂经学教育更加混乱，在课程安排、程度衔接上出现问题；经科大学的开办，在学生来源、教习聘任等方面，也偏离了学制轨道。补救办学之失，反而更彻底地显现了经学与学堂的难以融合。有鉴于此，办理学堂宜注重固有学问的认识松动，用更彻底的办法改造经学等固有学问成为趋新人士的共识，废除小学堂读经以便教育普及的声音在晚清筹备宪政时期的教育舆论中逐渐增多。

第五章　经学退出学制

晚清教育改革将经学纳入新式学堂的学制体系，经学由原来的旧学独尊变成学堂的一门分科。时人在用西学办法条理中学的同时，自然开始用西式观念审视和衡量中国固有学问，指经学为无用。朝野上下在如何看待学堂经学教育的问题上，出现了不同答案。随着预备立宪进程加速，教育普及和开启民智的吁求增加，经学维系的纲常体系受到冲击，舆论对中小学堂读经的批判也逐渐增多，经学在学堂和学制中的存在日益受到质疑。各地的新教育家进一步要求用西学办法彻底整合中学，废除学堂读经。

民国建立，经学最终退出了学制体系，这是经学退出历史舞台的阶段性标志。经学退出后，所留下的道德伦理空白何以填补，固有学问怎样传承，均是难题所在。由此引发了民初以来政治、思想、学术等方面的诸多纠结与困惑。

第一节　清季预备立宪和学堂读经

清季预备立宪，要求教育普及的进程加快。经学融入学堂出现问题，各项调整举措也不足以补救，"普及教育"和"保存旧学"难以兼顾。朝野对于经学和宪政的认识出现差异。表面上看来，原本隶属于新政内容的学堂读经，却随着预备立宪的进程加快，在舆论中逐渐被划归为新政的对立面，甚至影响到对张之洞等人生平功业的"盖棺论定"，这一现象颇为吊诡。实际上，这反映了近代以来衡量中学标准的变化和以西学办法改造中学的整体趋势。

清末预备立宪期间，经学在学堂和学制中的存在受到削弱，甚至从学制规划中的各学根本沦为舆论废弃的对象，并在学部的主持下由中央教育会通过了废除读经的议案。相关问题勾勒出经学在近代退出的命运轨迹。

一 普及教育与保存旧学

清季立宪的政治考察注重兴学办法，尤其是各国教育如何普及成为考察的重心。1905年，载泽、端方、徐世昌、戴鸿慈等奉旨分赴东西洋各国考察政治，以期择善而从。① 礼部尚书戴鸿慈与两江总督端方奏称教育至关重要，意法宜求精详。鉴于当时中国兴学办法仍多参差，宗旨未能一贯，而流弊日滋，通过考察各国政治，"知本原所在，教育为先"，所以殚心研究学务。对欧美诸国设学办法详细进行比较：俄、意二国致力高等教育，不少绝特出众之才，而于普及方法未能周备。美国人格最高，民风独厚，施行教育，民间自有成法，不烦政府之引绳。奥、丹、瑞、挪、荷兰等国皆于义务之年施行强迫教育，民俗整饬可观。综合比较之下，认为德国教育行政灿乎大备，专门程度既高，普及教思尤广，所以在欧洲有"学界管领"之称。作为中国近邻的日本学制专仿德国，学士博士游历调查，络绎相望，多有著述，以资改良，炳焉同风，遂为强国。建议清廷斟酌兼采各国优长，厘定教育行政机关以资行政，定学堂为模范办法以端始基，明定教育趋向以维万法之本原。② 主张学习德国，普及教育。

考察政治大臣随员田吴炤随行游历，专任教育，在德国考察约二月之久，撰写了《考察教育意见书》，也主张中国学制长远规划应效法德国。③ 除了官派游历考察人员外，时人也开始注重学习德国学制办法。1906年，蔡元培向学部申请出国呈文，鉴于晚清学制多仿日本，而日本教育界盛行德国海尔伯托派，强迫教育办法以德国最先实行，德国就学儿童也远超欧美各国，所以自费前往德国专修文科之学，并研究教育原理及该国现行教育状况。期望归国以后，能效壤流之助于教育界。④ 朝野的共识是推动学务由单纯师法日本转而兼采东西各国所长，向教育普及转型。

实行宪政要求教育普及，使得教育成为朝野共同关注的问题。然而随着清季预备立宪，经学维系的纲常观念受到波及，反过来影响了经学在学

---

① 《清实录》第59册，第251~252页。
② 《考察各国政治大臣端、戴条陈学务折》，《学部官报》第6期，1906年11月16日。
③ 《考察政治大臣随员田吴炤考察教育意见书》，《学部官报》第14期，1907年3月14日；《考察政治大臣随员田吴炤考察教育意见书》，《学部官报》第16期，1907年4月3日。
④ 蔡元培：《为自费游学德国请学部给予咨文呈》，中国蔡元培研究会编《蔡元培全集》第1卷，浙江教育出版社，1997，第452~453页。

堂和学制中的存在。

1. 立宪与经学

两汉以降，王权与经学的尊崇地位互相依存，经学与王朝体制紧密地联系在一起。清季预备立宪即是政体由君主专制易为立宪的过渡，然而伴随立宪而来的民权平等观念却与经学维系的伦常体系存在冲突。随着预备立宪进程的加快，原有体制相关的学术支撑也遭到冲击，经学和政治的关联日益剥离，经学的存在基础进一步遭到削弱。

清季预备立宪对于宪政认知不一，信者鉴于日本战胜俄国先例而强调富强之效，疑者则狃于其为中国古法所未有。考察宪政大臣以皇位永固、外患渐轻、内乱可弭为理由奏请立宪。清廷决意以立宪求富强，补不足，于1906年宣布实行预备立宪。立宪上谕颁布后，怎样沟通中西政体，让朝野上下大费思量。为了维护皇权的合法性，将嫁接而来的立宪制度与圣贤经传联系起来，化宪法为中国固有，成为一种解决办法。考察宪政大臣于式枚即以《周官》言宪之文作为"中国旧章，本来立宪"的依据。① 御史徐定超则将立宪、内阁、议院与中国传统政治比附，认为君主立宪"实我中国固有之成法，不过前无立宪名目"。②

对于中外政体的差异，朝堂之上并非全然不知。立宪相关的民权平等观念与孟子所述不同，又与经学维系的纲常有所冲突。是以1907年上谕就预备立宪准各条举以闻，③ 纲常问题成为罢议立宪的重要理由。候补内阁中书黄运藩提出"中西立国本原，绝乎不同"，中国素重礼教，而不取谋利以趋富强之法，"况男不尊君严父，女不敬父从夫，纲纪陵夷，怪蛮横出"，建议朝廷但取祖宗成宪，切实行之。④ 章京鲍心增条陈护惜三纲、振兴吏治等项不必泥言立宪呈，"自新学争腾邪说，父子平权，男女平权，

---

① 《出使德国考察宪政大臣于式枚奏立宪不可躁进不必预定年限折》（光绪三十三年十月二十四日），故宫博物院明清档案部编《清末筹备立宪档案史料》上册，第305页。
② 《御史徐定超奏请进讲时添讲宪法并将钦定宪法讲义发交地方官研究各学堂折》（光绪三十四年四月初五日），故宫博物院明清档案部编《清末筹备立宪档案史料》下册，第1001～1002页。
③ 《清实录》第59册，第598页。
④ 《候补内阁中书黄运藩陈请即罢议立宪呈》（光绪三十三年七月十八日），故宫博物院明清档案部编《清末筹备立宪档案史料》上册，第233～235页。

而极之于革命，三纲已几乎熄"。① 挑选知县举人褚子临等条陈宪政八大错十可虑，认为"昔日之乱在政治，今则并在学术"。②

主持拟订学制章程的张之洞，在《劝学篇》与癸卯学制《学务纲要》中本来对民权平等之说颇多警惕，担心其破坏伦常。在清廷宣布实行预备立宪后，虽然将立宪纳入中国固有，却不能无视伦常与立宪政体的冲突。1906 年，张之洞在回复编纂官制大臣的电文中，一方面宣称立宪见于圣贤经传，"考各国立宪本旨，不外乎达民情、采公论两义，此二事乃中国圣经贤传立政之本原，唐虞三代神圣帝王驭世之正轨，心同理同，中外岂有殊异"；③ 另一方面，强调"立国之本原，历代政体相沿之成局，国民性情之利病，目前国家之实力，中外各自不同，岂能事事强合"。此说固然是出于确保督抚等官员权限的考虑，建议官制不能改变太骤，但也有维护纲纪的立场，担心民心惶惑以致误认官民平权，"一切纪纲法度立致散乱逾越"。④

官场之人，鉴于立宪之旨已下，言谈不免有所顾忌。报刊上的舆论则将立宪与中国政教的冲突直白讲出。1907 年 7 月，《东方杂志》上刊印了一篇《论中国立宪之难》的评论，谈及中西政教不同，泰西政学之兴出自宗教，中国则受儒家思想影响太深，"举凡伦常日用之繁，礼俗政刑之巨，莫不本孔氏之言以为根据之地。君尊臣卑之分，父母元后之责，其入于吾民心理者，既深且固"，其与政法之相维系"无一息可以摆脱之"。即有君轻民贵之说，亦不过理想之空谈。故一言立宪政体，即"格格有迥不相入之势"。⑤

宪政思潮与伦常的冲突很快影响到学堂。因宪政的基础在普及教育，晚清学堂教育的根本则被清廷视为与经学息息相关，科举立停，行宪之始，不得不取材于学堂。学堂所教如有疏漏，自然攸关伦常。故甘肃举人

---

① 《章京鲍心增条陈护惜三纲振兴吏治等项不必泥言立宪呈》（光绪三十三年七月十七日），故宫博物院明清档案部编《清末筹备立宪档案史料》上册，第 211～212 页。

② 《挑选知县举人褚子临等条陈宪政八大错十可虑呈》（光绪三十三年七月十八日），故宫博物院明清档案部编《清末筹备立宪档案史料》上册，第 227～228 页。

③ 侯宜杰整理《清末督抚答复厘定地方官制电稿》，《近代史资料》总第 76 号，中国社会科学出版社，1989，第 80 页。

④ 侯宜杰整理《清末督抚答复厘定地方官制电稿》，《近代史资料》总第 76 号，第 85 页。

⑤ 蛤笑：《论中国立宪之难》，《东方杂志》第 4 年第 5 期，1907 年 7 月 5 日。

慕寿祺闻有请废四书五经者，特意上以尊孔为立宪基础呈。① 清廷通过颁布管理通则和禁令规范学堂秩序，引导学生严守礼法，使经学教育落到实处，进而维系纲常。② 在颁行预备立宪的同时，将孔庙升为大祀，还特建曲阜学堂，以昭尊孔。

以宪政为视角批评晚清学制内容及其主事者的文字屡见于报端。1908年，清廷正式宣布实行预备立宪。1909 年，张之洞薨逝。张之洞死后，舆论在一段时间内连续刊载追述类文章。③ 因系"中国近数十年来，言维新变法者不一其人，然内而枢臣，外而督臣，位高望重而又唱之最早、持之最力者"，④ 但对其与预备立宪关系的评价，却颇可斟酌。

《大公报》刊出《对于张相国死后之论定》一文，认为张之洞为学界泰斗，但没有跟上形势，"然自中外交通，文明输入，世界之大势已变，而相国之脑筋不变"，拟订的《奏定学堂章程》几于驱天下人才尽为奴隶，提倡存古学堂等事，尤其使得教育前途无望。认为其在一日，即为文明进步之阻力，而其去世则是立宪的幸事，"当此民智大开，宪政进行之日，相国以顽固之头脑，专制之精神，立足于此二十世纪之世界，亦可谓危险之甚焉。今相国以老病之躯，能得善终，既不失为专制时代之功臣，亦不至为立宪时代之罪人"。⑤

　，这篇言论的基调明显呈现较为趋新的一面，强调彼时的中国应顺应世界大势，接受自西洋输入的外来文明。张之洞被归属为预备立宪时期"顽固守旧"的角色，仍旧强调专制精神，故庆幸其于预备立宪正式颁布后的第二年去世，一方面于宪政而言减少阻力，另一方面则可保住张之洞本人旧学泰斗的身份，又不至于妨害宪政。而张之洞被冠以顽固头衔的重要原因之一即是拟订的癸卯学制注重经学课程，驱天下人才尽为奴隶，提倡设立的存古学堂同样是注重保存旧学，有碍于西学传播，成为文明进步的阻

---

① 《举人慕寿祺为学说纷出宗教不明请饬尊孔以为立宪基础呈》（光绪三十三年七月二十八日），故宫博物院明清档案部编《清末筹备立宪档案史料》下册，第 991～993 页。

② 朱寿朋编，张静庐等校点《光绪朝东华录》第 5 册，第 506～5807 页。

③ 学人指出，有关张之洞的评价由于各方立场观念的差异，可说是盖棺论定而"论"难定。参见桑兵《盖棺论定而"论"难定：张之洞之死的舆论反应》，《学术月刊》2007年 8 月。

④ 《论张文襄故后之政局如何》，《神州日报》1909 年 10 月 12 日。

⑤ 《对于张相国死后之论定》，《大公报》1909 年 10 月 7 日，第 3～4 版。

力。依此而论，则学堂读经使得教育普及无法获得进展，进而影响宪政。

热衷于评点晚清立宪事宜的《神州日报》上刊载一文，认为新政举办华而不实、虚有其表的弊端与张之洞的思想极有关系，"纵观公之生平，其于一切新政，不得谓无直接间接之关系。而今日一切新政上之所由徒有形式而未得其精神者，要亦受公之影响"。张之洞由于自己的学识而影响了施政的走向，"盖公之学识，一半新半旧之学识耳，诋公者谓公为模棱两可，工两面藏刀之术，以自保禄位，要亦太过。总之，公之识力政见，兴革举措，无一不根其新旧夹杂之学识而来，故公之生与政局上有莫大之关系，而其身后于政局之前途，亦不能不因之有所更动"。认为张之洞的继任者如果"犹复乃公之志，萧规曹随"，"其阻碍宪政而有妨害于国家也必矣"。①

《东方杂志》上刊载的回忆张之洞一生的《体仁阁大学士张之洞事略》认为，张之洞修改学堂章程，锐身谋教育臻进，实际"亦无大效"。原因在于"公之植心，笃守儒家藩篱，与欧化不融，则又发为以中学为体、西学为用之言，实堕宋人体用看成两橛之迷障"，在新的情势下，左右支绌，以至于"遗害于功业非细矣"。②

上述张之洞死后的舆论反应，表面上针对张个人的办学主张提出批评，实则蕴含了诸人对于经学课程的态度。在趋新人士看来，教育为立宪根基，为求教育普及，学堂经学课程无用，应让位于有用的西学，从此角度出发，于学制中注重经学、倡办存古的张之洞，被划归为不合时宜。而各大报纸上连续刊载此类文章，显示了预备立宪时期对于存古学堂和学堂经学课程心存不满者，当不在少数。

有意思的是，清廷对于张之洞的评价与此截然不同。张之洞死后两天，内阁奉上谕，基本评价是"公忠体国，廉正无私"，对于任职学部期间张之洞的行事总结为"入参机要，管理学部事务，宗旨纯正，懋著勋劳"。③"宗旨纯正"的评价，正因为张之洞在癸卯学制章程中设立经学，

---

① 《论张文襄故后之政局如何》，《神州日报》1909 年 10 月 12 日。
② 《体仁阁大学士张之洞事略（录神州日报）》，《东方杂志》第 6 年第 10 期，1909 年 11 月 7 日。
③ 胡钧：《张文襄公（之洞）年谱》，沈云龙主编《近代中国史料丛刊初编》第 5 辑第 47 册，第 287 页。

倡办存古学堂，符合朝堂对于办学宗旨的期望。

　　宪政的基础在普及教育，而晚清学堂教育的根本则被清廷视为与经学息息相关。清末变科举、开学堂，希望输入西学新知，同时在上谕中一直强调"立教必以宗经学古为本"。① 试图以学堂兼容中学，在西式分科框架中整合中西学术，这本是清末新政的一个重要方面。慈禧在懿旨中指出教育改革的根本在于："以圣教为宗，以艺能为辅，以礼法为范围，以明伦爱国为实效。"在其看来，经学是根本性的学问，西学远远比不上，"盖艺能不优，可以补习。智识不广，可以观摩。惟此根本一差，则无从挽救"。②

　　而张之洞等人奏请颁行癸卯学制章程时，即提出立学宗旨，"无论何等学堂，均以忠孝为本，以中国经史之学为基，俾学生心术一归于纯正"。③ 在张之洞看来，"立学要义，首在发明经史大义，以立修己治人之本。进而讲习格致制造之科学，以为因时济变之用。若偏重西学，荒废中学，是为弃根本而求枝叶之发荣也"。依据癸卯学制的规定，自小学堂至高等学堂，经史各学与理化、博物等科皆分别肄习，不容偏重。其各学堂考试，亦必兼重经、史。及至升入分科大学，又于格致、农、工、商、医等科之外，特设有经学一科，目的在于"精研科学与保存国粹并行不悖"。④

　　在统治者眼中，经学维系伦常，张之洞于学制中加以注重，是宗旨纯正、老成谋国之举。而在接受西式教育思想的趋新人士眼中，张之洞在癸卯学制中注重经学课程，又倡办存古学堂，不能完全遵照西式教育，故没有给予好评，也在情理之中。但更值得玩味的是，清廷的守成官员中同样有人给予张之洞负面的评价。

　　在张之洞生前，恽毓鼎即认为"南皮总督真吾道罪人也"，理由即是"近来中外学堂皆注重日本之学，弃四书五经若弁髦，即有编入课程者亦不过小作周旋，特不便昌言废之而已"。并由此预言："不及十年，周孔道绝，

---

① 中国第一历史档案馆编《光绪宣统两朝上谕档》第 34 册，第 262 页。

② 光绪三十三年十一月，军机处来文档案，光绪文教类，学校项，第 600 卷，咨文附折，中国第一历史档案馆藏。

③ 张之洞：《厘订学堂章程折》，赵德鑫主编，吴剑杰、周秀鸾等点校《张之洞全集》第 4 册，第 168 页。

④ 刘锦藻编《清朝续文献通考》卷 103《学校》（10），第 8619～8620 页。

犯上作乱，必致无所不为。"① 而在张之洞死后，恽毓鼎与人畅论时局，更痛批南皮故相之误人误国，为名教罪人，甚至认为张之洞生平无一足取，"废科举以绝寒畯登进之途，崇东学以亡圣贤文学之绪，铸铜元以乱国计而胺民生，致今日上下交困，不可收拾。尤其罪之大者，而一般无行无识之徒，乃奉以山斗之名，言之齿冷"。② 胡思敬条陈学堂十弊六害，虽没有明指张之洞，却对其办学办法极力批评，认为学制章程大学八门分科，中学不及外洋艺业十分之一。且本末倒置，致数千年礼教纲常趋于沦亡，"后虽倡言存古，悔之何及"。而学制办法摧残士类，乡井萧条，弦诵将绝，"才难之叹，自古已然。不于士乎求之，而专重外洋专门实业，以为人才在是，不愈求而愈远欤？"③ 批判学制育才的办法，作为拟订者的张之洞自然难逃指摘。

　　来自恽毓鼎的批评声音，虽然由学堂读经荒废引发，却也和晚清长期存在的学堂科举之争有关。朝臣中有人认为正是张之洞等人废除科举兴学堂的前因，造成了经学废弃的后果。李灼华奏请科举学堂并行，明言张之洞奏办存古学堂是其对昔年奏请停废科举的自我救赎，与《劝学篇》用意相同，"曩者戊戌之乱，张之洞作《劝学篇》以解之，今者学界之哄，张之洞立存古学堂以挽之，二者谓为张之洞之悔过书可也。独是一误再误，天下事能铸几大错哉"。④

　　综上可知，因为癸卯学制中对于经学课程的设计，所以清廷上谕对其死后办学方面的评价定为"宗旨纯正"，而接受趋新教育思想的时人则将其纳入顽固一派，认为有碍宪政。癸卯学制实际执行后呈现出来的经学教育状况，又让守成者认为张之洞的教育举措致使经学废弃，同样予以批评。所以，张之洞预备立宪时期的离世，引发了一些负面的舆论反应。

　　事件表象的背后，围绕清廷和社会舆论对于张之洞办学评价的差异，体现了宪政时期对于教育走向的冲突。诸如《大公报》、《神州日报》等报纸上刊布的舆论把张之洞离世看成是立宪幸事，借批张之洞，实则针对

① 史晓风整理《恽毓鼎澄斋日记》，1904 年 8 月 19 日，第 250 页。
② 史晓风整理《恽毓鼎澄斋日记》，1910 年 4 月 27 日，第 482 页。
③ 《清实录》第 60 册，第 322～325 页。
④ 《给事中李灼华奏学堂难恃拟请兼行科举折》，故宫博物院明清档案部编《清末筹备立宪档案史料》下册，第 995 页。

的是存古和学堂经学课程的存在，将学堂读经和预备立宪对立起来。

2. 筹备宪政与经学教育

正式宣布预备立宪的上谕颁布后，宪政编查馆开列的筹备立宪清单要求学部编订简易识字课本、国民必读课本，推广简易识字学塾，以提高民众识字。① 1909 年，学部奏陈分年筹备立宪事宜，将上述各项纳入响应宪政的部院规划。② 各项立宪教育举措的开展，对经学教育产生了冲击。

（1）简字改革

简字的产生，与晚清时期筹备宪政对民众识字能力的要求有关。由于中国文字过于艰深，有观点认为这是造成民众识字者少、识字率低的重要原因，"我国在昔青年读物，不外四书五经，文字艰深难解，又未必尽人习读，教育不普及，民识不开通"。③ 故《时报》上发布言论，认为中国教育之所以难于普及，虽然原因复杂，而语言文字实为一大阻力。文字难于辨认，文法艰深难于求通，导致民众识字者低。④ 要理解经书上的文字，更是要难上加难，"《大》、《中》之深沉蕴奥，《诗经》之字句生涩，《书经》之诘屈聱牙，《易经》之幽深元渺。……一朝有一朝之文字，一代有一代之格式，是读汉文之书，不啻一人而兼习千百国之隐语也"。⑤ 而作为晚清学制仿行对象的日本教育界因苦于汉字识别，也建议中国教育普及要使用切音字。⑥ 由此，在宪政要求广开民智的需求下，提倡平常切用文字的简字改革应运而生。

所谓简字，并不是今天意义上的简体字，而是多种形式的注音、拼音文字。⑦ 清季，王照、劳乃宣等人的简字方案都获得一定程度的施行。劳乃宣认为中国文字极难掌握，与立宪情形不合，故提议"立宪之国，必识字者乃得为公民。……今日欲救中国，非教育普及不可；欲教育普及，非

---

① 《宪政编查馆资政院会奏宪法大纲暨议院法选举法要领及逐年筹备事宜折》，故宫博物院明清档案部编《清末筹备立宪档案史料》上册，第 61 ~ 67 页。

② 《奏分年筹备事宜折》，《学部官报》第 85 期，1909 年 4 月 30 日。

③ 庄适：《（庄俞）家传》，卞孝萱、唐文权编《民国人物碑传集》，第 336 页。

④ 《论文言合一与普及教育之关系》，《时报》1906 年 3 月 10 日。

⑤ 卢戆章：《四续变通推行说》，《万国公报》第 85 册，第 15814 ~ 15815 页。

⑥ 罗振玉：《扶桑两月记》，吕顺长编著《晚清中国人日本考察记集成·教育考察记》（上），第 228 页。

⑦ 这里的简字，又可称为切音字、快字、合声字、串音字等，庚子后，多以"简字"命名。参见王东杰《一国两文：清季切音字运动中"国民"与"国粹"的紧张（上）》，《学术月刊》2010 年第 8 期。

有易识之字不可；欲为易识之字，非用拼音之法不可"。① 其所主张的简字方案因获得清廷认可，影响很大。1909 年，劳乃宣奏请于简字学塾附设简字科，简字与汉字两分，② 将简字办法具体施行。

此外，与劳乃宣等人的切音字方案取径不同，学部为普及教育起见，还提出了简易识字性质的教育办法。1909 年，学部在劳乃宣办法外，另行奏编简易识字课本。该项课本通过限定字数，提高识字率。具体做法仍是遵循旧途，"或文以部别"，"或字以类从"。共分三种，分别用于教导家贫年幼儿童、年长失学子弟及虽年长失学却粗能识字之人，目的在于简易通行，使识字入门较为容易。③ 而为加快教育普及的进度，语言文字的统一列入了学部筹备宪政的进度安排。学部的简易识字办法和劳乃宣提倡的简字改革，都对学堂经学教育造成了一定程度的冲击。

学部鼓励各地开办半日学堂以及简易识字学塾等小学教育辅助机关，以普及宪政。并明文通咨各地："此项学塾，关系宪政，最为重要，亟应切实推广，以顾考成"，定由提学司严饬各厅、州、县切实推广。④ 这些具有学堂补助性质的简单教育机构，不追求形式完美，允许在学制办法外便宜行事，所以学科简单，多不设经学一科。却又适应民众简单识字要求，推广很快。据宣统三年《申报》记述各省简易识字学塾举办情形，部分地方的简字学塾已经超过该省小学堂数量。⑤ 结合清季书塾大量存在的状况，入学堂接受经学教育的学生数量相应渐少。在"宪政"口号下，清末学制设学办法让位于简易途径。

切音途径的简字办法对于旧学教育的冲击也势所难免。张之洞在拟订癸卯学制时，就注意到语言文字的变革与旧学教育之间的关系。《学务纲要》注意到文法字义对于对旧学训练的影响，明确提出戒用外国无谓名词，以端士风：

---

① 劳乃宣：《进呈简字谱录折》，《桐乡劳先生（乃宣）遗稿》，沈云龙主编《近代中国史料丛刊初编》第 36 辑，第 336、338~339 页。

② 劳乃宣：《请于简易识字学塾内附设简字一科并变通地方自治选民资格折》，《桐乡劳先生（乃宣）遗稿》，沈云龙主编《近代中国史料丛刊初编》第 36 辑，第 352~354 页。

③ 《奏简易识字课本编竣折》，《学部官报》第 114 期，1910 年 3 月 21 日。

④ 《通咨各省督抚推广厅州县简易识字学塾文》，《学部官报》第 141 期，1910 年 12 月 12 日。

⑤ 《各省简易识字学塾之成绩》，《申报》1911 年 6 月 5 日，第 1 张后幅第 2 版。

　　近日少年习气，每喜于文字间袭用外国名词谚语，如团体、国魂、膨胀、舞台、代表等字，固欠雅驯。即牺牲、社会、影响、机关、组织、冲突、运动等字，虽皆中国所习见，而取义与中国旧解迥然不同，迂曲难晓。又如报告、困难、配当、观念等字，意虽可解，然并非必需此字。而舍熟求生，徒令阅者解说参差，于办事亦多窒碍。此等字样，不胜枚举，可以类推。其实此等名词，在外国不过习俗沿用，并未尝自以为精理要言。今日日本通人，所有著述文辞，凡用汉文者，皆极雅驯，仍系取材于中国经史子集之内，从未阑入此等字样。可见外国文体，界限本自分明，何得昧昧剿袭。大凡文字务求怪异之人，必系邪僻之士。文体既坏，士风因之。夫叙事述理，中国自有通用名词，何必拾人牙慧。又若外国文法，或虚实字义倒装，或叙说繁复曲折，令人费解，亦所当戒。倘中外文法，参用杂糅，久之必渐将中国文法字义尽行改变。恐中国之学术风教，亦将随之俱亡矣。此后官私文牍一切著述，均宜留心检点，切勿任意效颦，有乖文体，且徒贻外人姗笑，如课本日记考试文卷内有此等字样，定从摈斥。①

　　有学人指出，《学务纲要》的上述条文，显示了清廷拟订学制章程时已把文法字义的转变"上升到危及中国学术风教存亡的高度"。② 而刘师培在梳理近代中国文学变迁时，也表达了同样观感，"其始也，译书撰报，据文直译，以存其真。后生小子，厌故喜新，竞相效法"，致使"东籍之文，冗芜空衍，无文法之可言。乃时势所趋，相习成风，而前贤之文派无复识其源流"。③ 说明新文体与名词的输入，已影响了中国文学的存续。

　　文字文法的变化，会影响经书古籍的理解。宋恕提出："愈古之书，理解愈正。若竟如理学先儒及日本言文一致派泰斗福泽谕吉氏等之痛摈文词，则又恐训诂益荒，古书将无人能读。"④ 从训诂角度解释文词变迁的影响，将导致后世难以理解经义，无法读古书。

---

① 朱有瓛主编《中国近代学制史料》第 2 辑上册，第 85 页。
② 参见罗志田《国家与学术：清季民初关于"国学"的思想论争》，第 155 页。
③ 刘师培：《论近世文学之变迁》，钱钟书主编，李妙根编《刘师培辛亥前文选》，第 154 页。
④ 宋恕：《粹化学堂办法》，《宋恕集》上册，第 377～378 页。

　　预备立宪下的教育普及，涉及西学，难以避免新名词的使用。高凤谦认识到这一困境，"谋教育之普及，不能不设学堂，学堂不能不教科学，教科学不能不用新名词"，提出的解决办法是将新名词使用者两分，"治古学者不用新名词，可也；必以责通常之人，不可也"。①

　　刘师培也建议将旧学文词、普及所需两分，以兼顾"保存旧学"和"开启民智"。

　　　就文字之进化之公理言之，则中国自近代以来，必经俗语入文之一级。昔欧洲十六世纪教育家达泰氏，以本国语言用于文学，而国民教育以兴。盖文言合一，则识字者日益多。以通俗之文，推行书报，凡世之稍识字者，皆可家置一编，以助觉民之用，此诚近今中国之急务也。然古代文词，岂宜骤废。故近日文词，宜区二派：一修俗语，以启渝齐民；一用古文，以保存国学。庶前贤矩范，赖以仅存。若夫矜夸奇博，取法扶桑，吾未见其为文也。②

　　然而，划分的做法难以在学堂开展。学堂学生既非研究古学的程度，不能完全使用古代文词，学习西学课程又不可避免地接触和使用新名词，致使学生阅读古籍逐渐出现宋恕忧心的状况。

　　虽然劳乃宣本人并不认为简字推行有碍旧学，曾面告许宝蘅"国文者，锦绣膏粱也；简字者，布帛菽粟也。二者必不偏废"，非广行简字，不能谋教育之普及。③ 曾在学部任职的许宝蘅对此很不以为然，认为按照劳乃宣的简字办法，必导致经书无人能读，"字学惟中国最精，若用减字法教授国民，则将来国文必至渐灭。所有书籍皆当改用减字本，既甚繁重，而古书将无人能读"。④ 教育界也对此颇多异议，1911 年夏，各省教育联合会通过了"统一国语办法案"的决议，即认为"近今主张简字者，欲离固有之文字而独立，即乖保存国粹之义，转滋文字分歧之弊。其法未为允当"，⑤ 给予否定评价。

---

　　①　高凤谦：《论保存国粹》，《教育杂志》第 1 年第 7 期，1909 年 8 月 10 日。
　　②　刘师培：《论文杂记》，钱钟书主编，李妙根编《刘师培辛亥前文选》，第 319 页。
　　③　《许宝蘅日记》第 1 册，1908 年 5 月 21 日，中华书局，2010，第 181 页。
　　④　《许宝蘅日记》第 1 册，1906 年 3 月 27 日，第 60 页。
　　⑤　《各省教育总会联合会第一次报告》，《申报》1911 年 8 月 17 日，第 2 张后幅第 2 版。

对于劳乃宣的简字方案，训诂出身的古文家更不赞同。章太炎明言，劳乃宣所造简字，其变化不合古意，创造新字，为求其"用"丧失了文字本身的"是"。① 并将经学教育败坏的原因归咎于简字的出现，认为近代以来小学无人去学，部分原因在于简字的出现，"厌闻小学，则拼音简字诸家为祸始（王照、劳乃宣皆是）。此辈故当投畀魑魅，而咎不在后生"。②

（2）"中体"的变化

简字方案影响了对古书的解读，而国民必读课本的颁行，则对经学的"道德培养"功能造成了削弱。原本中学为体的办学方针，中体部分多系以经学为体现，也可说是以经学为体，所以修身、伦理等科内容多出自经学。随着分科设学办法的推行，各门学科以经学为体的部分遭到削弱。

学制章程落到实处，因为学生中学知识具有根底、西学知识薄弱的状况，许多学堂为求开办西学，削弱甚至不设经学课程。对于西用之学的追求，导致怠慢甚至荒废经学课程，中体之说，无从落实。不仅经学与西学的体用关系无法落实，中学本身各学科也渐失其本，在分科治学和设学的观念下，经学与各学科的联系被削弱。学堂中伦理与修身科目的主要内容，本来多系经学所出。"夫四书五经，何者非修身，何者非伦理？吾不知此外更以何者为修身、伦理也。"③

然而，随着西学的推广，修身和伦理的知识体系开始发生变化。读经与修身两种学堂科目开始被强调应有所区别，"前者所以严古尊圣，而后者所以达用适时"。④ 要达用适时，则势必应时而变。蔡元培在留学德国期间写成的《中学修身教科书》，编写原则已然发生改变，除了古圣贤道德外，"旁及东西伦理学大家之说，斟酌取舍，以求适合于今日之社会"。⑤

而经学本身承担的维系伦理纲常和道德秩序的功能，也因自日本输入的西方伦理学内容受到影响。晚清学堂中伦理与修身科目的主要内容，本

---

① 章太炎：《规新世纪（哲学及语言文字二事）》，《民报》24 号，明治 41 年（1908）10 月 10 日。

② 《与钱玄同》，马勇编《章太炎书信集》，河北人民出版社，2003，第 118 页。

③ 史晓风整理《恽毓鼎澄斋日记》，1904 年 8 月 19 日，第 250 页。

④ 严复：《与熊纯如书》，王栻主编《严复集》第 3 册，第 615 页。

⑤ 蔡元培：《中学修身教科书》，中国蔡元培研究会编《蔡元培全集》第 2 卷，第 75 页。

来多系经学所出。然而，翻译日文书籍的大量输入，[①] 各种思想随之而来，修身和伦理的知识体系开始发生变化。

日本宏文学院校长嘉纳治五郎曾就中国教育状况对留日学生发表演说，论述了如何于发展新教育的同时兼顾经学道德培养的问题：

> 中国言德育，所取者孔子经训而已。但孔子之经训，活用之则为国家文明之要素，死守之则为糟粕之陈言。趋入二十世纪文明之世界，而但取口舌间之伦理与模范上之观念，以装点门面，并不足以应无方之世。……振兴中国教育以进入二十世纪之文明，固不必待求之孔子之道之外，而别取所谓道德者以为教育。然其所以活用之方法，则必深明中国旧学，而又能参合近世泰西伦理道德说者，乃能分别其条理，而审定其规律。[②]

强调传统旧学培养已不适合时达发展，将经学与西方伦理道德学说杂糅，才是适合时代发展的道德教育。就日本自身教育发展而言，这种观念是逐渐形成的。1902 年，梁启超探讨日本明治时期教育得失，专门指出其初始阶段未尝留意德育，致使"举千年来所受儒教之精神，破坏一空，而西人伦理道德之精华，亦不能有所得"。[③]

自日本借鉴而来的修身、伦理教材，添加了许多西方伦理学的内容，势必危及经学维系的传统道德体系，引起教育界的混乱。王先谦就专门提出，日本效法西人，致使中国引入的日本《修身科教授法》、《伦理书》等书所载伦理，非中国所谓修身和伦理。如果以此教导中国学童，会致使"伏无数乱机。父兄不能束其子弟，官长亦安能有其民人哉？"建议对相关书籍加以裁酌，否则"贻误后学，流为乱阶"。[④] 但自甲午以后，时人对于学习日本教育方式培养人才，进而谋求富强与进步的主观意愿加强，日本译著大受欢迎，甚至难以查禁。如元良勇次郎所撰《中等伦理学》，由文明书局翻译出版，学部认为中西学说杂糅其中，尤多荒谬，下令查禁，

---

① 据统计，1896～1911 年，中国翻译的日文书籍在千种以上。参见熊月之《西学东渐与晚清社会》，上海人民出版社，1994，第 640 页。
② 《日本宏文学院校长嘉纳治五郎演说》，《湖南官报》第 307 号，1903 年 3 月 8 日。
③ 梁启超：《论教育当定宗旨》，《新民丛报》第 1 期，1902 年 2 月 8 日。
④ 王先谦著，梅季标点《葵园四种》，岳麓书社，1986，第 901～904 页。

"各省中小学堂仍多用之"。① 修身和伦理添加新的西学伦理内容，对于经学整个的纲常体系造成冲击，以至于皮锡瑞建议将修身和伦理归并于经学，强调修身明见《大学》、《中庸》，伦理本以五伦为最重，"去此两科，则圣经定于一尊，而歧途不至别出矣"。②

1908 年，学部推出国民必读课本，目的是推行宪政、实行国民教育，该项书编书宗旨在使人人皆知人伦道德，但除了辑录圣谕及圣贤经传外，也收录了外国新书于国家法政、世界大局相关者，编为二种：一种理解较浅、范围较狭、征引史书较少，其天资较高者，期以一年毕业，逊者一年半毕业；一种理解较深、范围较广、征引书史较博，其天资高者，期以二年毕业，逊者三年毕业。拟各分上、下两卷，上卷慎采经传正文，以大义显明者为主，兼采秦、汉、唐、宋诸儒之说，正文之下，附以按语。下卷辑录圣谕，凡关于制度典章之重要者，慎为辑录。仿《圣谕广训直解》之例，附注解释。③ 采取外国新书，说明官方认可的国民教育内涵，已经超出旧有伦理体系的范围，不再局限于经书。1910 年，学部修订两等小学堂课程，规定初等小学堂修身科第三、四年，或用修身教科书，或国民必读课本，均可。④ 在此规定下，为适应宪政，旧有的伦理道德渐被国民教育融合中西伦理的办法代替。作为旧有道德教育的维系，经学的地位变得尴尬。

中国固有学术与语言文字的教育、伦理纲常的培养本是一个密不可分的整体。在立宪时期普及教育的要求下，各项改革措施的施行使固有学问渐失其本，削弱了经学教育。既有研究指出，近代的经学教育"在向新知识体系做出妥协，新旧道德教育正在转型、转化过程之中"。⑤ 甚至 1907 年，江苏常、昭二县公立高等小学堂考试，学生答卷中出现违背纲常之道的文字。如考试修身一科，问到"三纲之说能完全无缺否"，各答卷大都谓君臣、夫妇二纲可以不设，甚至称三纲之谬，"彰彰明矣"，被提学司视

---

① 《第一次中国教育年鉴》戊编，第 121 页。
② 《清皮鹿门先生锡瑞年谱》，王云五主编《新编中国名人年谱集成》第 16 辑，第 103 页。
③ 《学部奏编辑国民必读课本简易识字课本大概情形折》，《教育杂志》第 1 年第 2 期，1909 年 3 月 16 日。
④ 《大清宣统新法令》第 4 册，第 33～34 页。
⑤ 参见毕苑《经学教育的淡出与近代知识体系的转移——以修身和国语教科书为中心的分析》，《人文杂志》2007 年第 2 期。

为离经叛道。毕业考试各卷，"徐曾植、王以谦、赵仲葵、张元龙四名修身卷内，谓七出三从之制可革，谓三从四德有碍女子权利。徐曾植国文卷内谓事贼为一节之偶失，庄宗耀地理卷内谓君主与人民固无阶级"。① 小学修身，学制章程规定注重四书要义，此时各生专尚新说，纲常伦理无从谈起，与旧学内涵显然违背。

（3）私塾改良

学部于宪政时期的学务进展，除了推广简易识字学塾、颁行简字课本与国民必读课本外，私塾改良也是一项重要举措。官方不断加快私塾改良的进程，1906 年与 1910 年两次劝学所章程的颁布，都将改良私塾作为劝学所职责所在。② 1909 年的学部分年筹备事宜清单，把改良私塾列为筹备宪政应最先着手事宜。1910 年，清廷颁布缩短预备期限，各部院相应调整原定筹备宪政事宜方案，学部奏陈普及教育最要次要办法，改良私塾与简易识字学塾并列为扩充初等教育补助机关这一教育最要办法。③

清季的私塾改良在一定程度上导致了书塾中经学教育的弱化。立停科举后，私塾改良逐渐兴起，一些教育界人士接受了西式教育观念后，对传统教学内容和方法渐趋否定。如 1904 年，方浏生著《蒙师箴言》，主张进行私塾改良，提出接受西方教育理论对于儿童智力、脑力的保护，在教法上不要背诵，不能体罚，内容上则明确认为不应诵读经书。④

清廷官方在私塾改良的过程中，强调以学制章程中的规定加以改良，其实就是改变私塾以中学课程为主的授受方式，增设西学课程，自然对传统书塾的经学教育模式造成冲击。虽然据时人笔记，一些地方私塾改良的直接效果相当有限，并没有促成私塾的大量"学堂化"。据温世霖对清季教育改革情况的记载来看，新疆各地的教育新政大多外面虚挂一牌，有名无实。书塾也大多并未改良，仍按旧法授读，"墙外小院中亦有五、六村童，共一小桌，坐地诵读。殿内又有三五孩童站立而读。学生各持木油粉牌抄《三字经》，衣履多褴褛，形同乞丐"。该塾每年仍旧稳定招收 20 余

① 《贵州教育官报》第 28 期，宣统元年七月。
② 中国第一历史档案馆藏，光绪三十二年四月，军机处录副奏折，文教类，学校项，03 - 7217 - 17，胶片号：538 - 777；《奏改订劝学所章程折》，《学部官报》第 147 期，1911 年 3 月 21 日。
③ 《政治官报》第 1139 号，1910 年 12 月 28 日。
④ 方浏生：《蒙师箴言》，商务印书馆，1917。

人。另一学塾则由 50 余岁的老塾师教 30 余名蒙童，"无桌椅座位，咸在阶石上，坐卧纵横，持书诵读"。以至于温世霖感慨："甘省之学塾皆如是，其所造就者亦可想而知矣"，认为甘省大吏所谓兴办教育，不过敷衍门面。①

但改良进程中的书塾，经学教育确实出现了一定程度的削弱。多数私塾改良的具体办法是增设西学课程，简化经学等中学课程，甚至开始把经学与其他学科合并。② 还有些私塾开始不设经学课程。③ 在此影响下，书塾原本中学知识强、西学知识薄弱的情况有所改变。1909 年，北京劝学总董与内外城劝学员会议，为私塾师设经学补习科，以资讲求而便授受。④可见原本塾师中学程度好，执业只要补习西学教育的状况，发生逆转。

预备立宪期间，创设与推广简易识字学塾、编订和颁布简易识字课本、国民必读课本、提高民众识字率、改良私塾等项，列为学务筹备工作。语言文字的变革，对于一向标榜"文以载道"的古学而言，造成了理解古书的隔膜。而新的国民必读课本和修身教材的出现，则对经学的"道德培养"功能造成了削弱。原本作为旧学教育主要载体的学塾，也随着私塾改良，而使经学教育出现一定程度的削弱。随着筹备宪政的开展，"普及教育"和"保存旧学"的两全设计演变成两难取舍。

清末预备立宪本身就是清廷进一步学习西方的尝试，期望借助政体改革消弭内忧外患。但中西政教各有本原，强相比附，难免有凿枘不投之处。君主立宪与中国自古相传的"尊君亲上之本意"相仿，易为国人接受，嫁接而来的君主立宪制度虽然表面上解决了尊重皇权的问题，但实际上未能从根本上妥善解决皇权从受命于天转为宪法所定带来的变化。三权分立的行政原则与礼政合一的中国传统政治理念大相径庭，因此，传统官制必不可少的礼部难以融入立宪体制，清季新刑律的修订在伦理问题上屡遭质疑。

①　温世霖著，高成鸢编注《昆仑旅行日记》，天津古籍出版社，2005，第 49～50、79、84、90～91、120 页。

②　《岭东日报》1909 年 2 月 17 日。

③　《香港华字日报》1909 年 4 月 13 日。

④　《伤设经学补习科》，《大公报》1909 年 4 月 29 日，第 2 张第 1 版。

清廷虽然通过升孔子为大祀、设立礼学馆等举措尝试修明礼教，却也未能挽回立宪体制下政学分离的大势。随之而来的是西式教育观念的进一步推广以及用彻底的西学标准衡量固有学问的吁求，势必造成经学在学堂和学制中的存在日益受到质疑。

二　废除读经的舆论

经学融入学堂出现种种问题，经学课程的存在引起争议。既然学堂中、西学共存出现问题，经学融不入学堂，导致学堂经学教育被视为普及教育的路障，用彻底的西学办法改造中学的主张开始出现。不满足于简单学务改良的时人进一步主张废除小学堂读经，以实现教育普及，并形成了一定的舆论影响。

1. 读经有用抑或无用

科举立停后，朝野上下致力于开办新式学堂。表面上双方同心协力，共谋教育普及，实际上二者教育观念有所差异，隐藏了决裂的危机。清廷教育普及的重心在于学制规划下学堂量的变化，而新教育家不仅关注学堂数量的增加，还要求学堂教育内容质的改变。

学堂在育才方式上欲中西并包，实则难以兼采，因为学堂培养办事专才与传统中国选才的取径并不一致。科举时代注重培养通才，通过研习经书而熏染纲常伦理，进而演化成外在的行为，或出仕治民，或教化地方，达成致用。清代君主极为重视学校教化作用，于养士之恩、教士之法，无不备至。[①] 虽在科举影响下学校沦为士子弋取功名的工具，但学校整饬士习、教养合一的作用却素为朝野所重。

在广启民智的教育需求下，学堂教育的取向已发生了重大转变。袁世凯、张之洞等人奏请立停科举时，即提出要改变以科举为中心的学校教育，强调学堂须以国民教育为主旨，并非专为储才，乃以开通民智为主，使人人获有普及的教育，具有普通的智能。[②] 随着兴学进程的开展，教育取向上的转变日益清晰，国民教育得到进一步宣扬，由昔日之造就科甲转为培养国民，原本注重的化民成俗演变为广开民识，并引发对于经学存在

---

① 《圣谕广训》，李国钧主编《清代前期教育论著选》（上），人民出版社，1990，第354页。
② 张之洞：《会奏请立停科举推广学校折》（光绪三十一年八月初二日），赵德鑫主编，吴剑杰、周秀鸾等点校《张之洞全集》第4册，第233～234页。

的质疑。

官方认为西学不过"一技一艺",而经学维系伦常,在各学科中最"有用"。而趋新教育家认为经学无法应对时局,需要让位于西学分科。接受了西式教育观念的时人,对中体西用的理解渐趋于有体无用,并质疑无用的存在是否必要,"尚安用此死体为哉?"由此步入废除读经之路。①

原本对科举的质疑和否定,转移到对学堂经学课程的评价。外人操持下的中国海关曾对新政时期的教育情况做了考察,对 1902～1911 年十年间各口岸教育进程有过评价,认为自科举停废后,中国才正式步入新式教育。② 并以南京教育发展为例,说明晚清教育改革的成果是中国年轻人从攻读经书转向学习西学教育。认为宁波教育发展的结果是"英语战胜了四书,数学战胜了书法"。③ 这是晚清教育改革在西式教育视野下的直接反映。

在西学背景的调查者眼中,科举立停等于学堂为主的西学教育全面推行。但他们也注意到农村人更喜欢接受旧式教育,"虽然不知道有多少真正的理由,但他们(农村人)倾向于认为至少男孩子在旧教育体制下的旧式学堂里学到了某些东西,而现在无论是新式学堂还是旧式学堂,学不到任何东西"。并对这种情况表示难以理解。④

外人难以理解的原因,就在于中国传统和西式教育的培养模式存在不同。中国教育不重专门知识,而是"塑造一种品格"。⑤ 即如傅斯年所言:"中国学问向以造就人品为目的,不分科的。"⑥ 固有学问的训练伴随着道德观念的养成,从而施行教化。

---

① 熊十力:《读经示要》,萧萐父主编《熊十力全集》第 3 卷,湖北教育出版社,2001,第 564 页。
② 郭大松选译《中国海关〈十年报告〉选译(1902～1911)》,《近代史资料》总第 117 号,中国社会科学出版社,2008,第 16、18、28 页。
③ 郭大松选译《中国海关〈十年报告〉选译(1902～1911)》,《近代史资料》总第 117 号,第 37～38、46 页。
④ 郭大松选译《中国海关〈十年报告〉选译(1902～1911)》,《近代史资料》总第 117 号,第 18、41 页。
⑤ 〔英〕赫德:《这些从秦国来——中国问题论集》,叶凤美译,天津古籍出版社,2005,第 118 页。
⑥ 傅斯年:《改革高等教育中几个问题》,《傅斯年全集》第 6 册,台北,联经出版公司,1980,第 22 页。

清廷在上谕中强调立教必以宗经学古为本。① 慈禧在懿旨中强调了中西学的地位，"艺能不优，可以补习。智识不广，可以观摩。惟此根本一差，则无从挽救"。② 荣庆奏请升孔庙为大祀，也有引导民间观听，规范办学倾向的打算，"教育普及，科学博综，亦有以范围不过而预定民志矣"。③ 在张之洞等人看来，应世变而罢科举，"所罢者词章贴括而已，非并纲常名教而亦弃之也"。所以经学进入学堂，作为各学根本，"立学要义，首在发明经史大义，以立修己治人之本。进而讲习格致制造之科学，以为因时济变之用。若偏重西学，荒废中学，是为弃根本而求枝叶之发荣也"。依据癸卯学制的规定，自小学堂至高等学堂，经学皆须肄习。各学堂考试，亦必兼重经史。又特设经科大学，从而精研科学与保存国粹"并行不悖"。④

舆论渐趋于激进，主张依据社会情势确定教育趋向，旧有教育应让步于西式教育。并批判中国旧有教育，"大半在养成官吏"，不知教育在"使人人有普通之知识技能，以高尚其人格，而充国家之实力，非必望人人登仕版也"。建议以普通国民教育取代往日道德文章的育才方式，"中国民智蒙昧，而人数众多，今日要著，在使四万万人，一人有一人之用，譬之百骸舒适，其人自属健全"。⑤

随着学务进程的开展，不同教育观点开始发生冲突。官方期待学生明伦理，晓纲常，注重学生习气的养成。而新教育家则对这种墨守旧习、沿袭固有的学务内心怀不满。1909 年，河南教育总会条陈学务改良办法，强调就学本意已经与往日不同，昔之造就在少数之科甲，今之造就在多数之国民，设学宗旨差别很大。认为中国兴学数年，观念受拘束于"执成见之士大夫"，多不明教育方针，"沿科举之潮流，持悠谬之学说，动以学堂人才短绌、习气嚣张为病，不思挽救之方，徒生阻挠，于事何补？"该省提学司的答复明显立意有别，强调教育发展注重世道人心，"新学方萌，

---

① 中国第一历史档案馆编《光绪宣统两朝上谕档》第 34 册，第 262 页。
② 中国第一历史档案馆藏，军机处来文档案，光绪文教类，学校项，第 600 卷，咨文附折。
③ 中国第一历史档案馆藏，军机处录副奏折，03－5575－063，胶片号：420－2777。
④ 刘锦藻编《清朝续文献通考》卷 103《学校》（10），第 8619～8620 页。
⑤ 《论设学部办法》，《东方杂志》第 2 年第 12 期，1906 年 1 月 19 日。

旧学萎谢，国粹不保，既恐微言大义之湮，邪说纷呈，且有世衰道微之惧"。① 双方各说各话，各有立场。

经学教育的效果不佳，为进一步的学务改良提供了理由。随着预备立宪进程的加速，为普及教育起见，小学堂读经的存在是否还有必要，成为讨论的焦点。

1909 年，江苏教育总会尝试分析当时学堂读经效果不好的原因，认为古人浅近语言于后人讲习，无一不是深邃文义，学童难以理解，而学堂教法也有失妥当，只能使师生俱困。徒以诵读，则又视为枯寂，费时既多，收效较少，得出学部欲"保存国粹，实则与期望相反"的结论。在宣统年间学部变通学制章程时，江苏教育会因为读经教育效果不好，费时费钱，呈请学部改订初等小学章程，删去经学一科。②

报纸上渐有舆论，认为小学堂与经学并不兼容，学制办法并不合适。1909 年，《申报》上刊载的《改良教育说》支持了江苏教育会的观点。认为教育要注重实际，而经书圣言高远，非蒙稚所能通，小学堂教习应授以简易浅显知识，不必仿照学塾授以《孝经》与四书。③ 还有建议认为经书大义高深，"其经理至赜，往往穷年莫殚，累世莫究，必老师宿儒始能解其十中之一"，不可一蹴而就。以中才计算，旧时专门读经十年以上不过仅通句读。主张将经学编入修身，或采经书微言大义编为教科书，各小学堂学生怃其理不必诵其文。④

部分官员也强调学生应将精力转移于普通学科。1909 年，延昌为预筹八旗生计宜专重教育，奏请变通高等普通小学堂课程。认为学堂内读经讲经课程时间太多，以致无暇他顾，建议将读经讲经与修身合并，以所余时间加课农、工、商学，而有裨生计。⑤ 强调经学课程让位于有关生计的实业课程，反映了经学在其眼中的重要性已经降低。

对于视经学为无用的各种主张，赵启霖认为办学当以崇正黜邪为归，以喜新忘本为戒，一一批驳。对儿童因经义深奥难以领悟的说法，以"中

---

① 《河南提学司详府院遵批核议教育总会条陈学务改良办法文》，《北洋官报》第 2109 册，1909 年 6 月 23 日。
② 《江苏教育总会呈学部文》，《申报》1909 年 5 月 18 日，第 1 张第 3 版。
③ 越：《改良教育说（续）》，《申报》1909 年 3 月 29 日，第 1 张第 2 版。
④ 《小学堂急宜注重国文说》，《申报》1909 年 3 月 11 日，第 1 张第 3 版。
⑤ 《清实录》第 60 册，第 149～150 页。

小学所谓读经讲经，以浅近平实、切于日用者为主，但指授大略，原不骤语以高深”反驳。至于读经恐伤儿童脑力的说法，认为中小学堂所读《论语》、《孟子》、《孝经》及《礼记》、《左传》节本，每日不过数十字，或百余字，“初非苦以所难”。强调经学维系伦理秩序，学堂学生不能欠缺相关教育，“闻孝弟忠信之说，仁义道德之言，其所以范围裨益于无行者，要自有在，所以世风虽下，犹不敢溃维决藩，甘冒不趁之名”。一旦废除经学在学堂中的存在，贻害甚大，“士习渐即于嚣张，学风日趋于放任，异日共工之狂，辛友之痛，殆有不忍言者!”①

不谙新学又坚持旧学传统的经师，更是严词予以驳斥。皮锡瑞即将“中国欲图富强，止应专用西学”的说法划归为邪说，认为经书即为孔子万世的教科书，世道人心，赖以维系；纲常名教，确有持循，“但使人人皆以圣经熟于口耳，则人人皆有圣教在其心胸”。主张经学教育内容不仅不应减少，而且应该加重，“似宜定章，严饬各处学堂，无经学者亟加一门，有经学者更加程课”。并严定惩治办法，“凡学堂不教经学者，即行封禁。不重经学者，罪其监督堂长。则圣教益以昌明，而所学皆归纯正矣”。为保存经学，提出可将修身、伦理并入经学，使经学地位巩固。②

今文经派、不明西学的皮锡瑞反对经学无用论，古文经派、对西学有所涉猎的刘师培同样持此意见。在与端方的书信中，刘师培认为不明西学的国人，为求富强而提出经学无用，“自外域之学输入中土，浅识之士，昧其实而震其名，既见彼学足以致富强，遂诮国学为无用”。刘师培对此嗤之以鼻，指出泰西敦崇考古，日本明治维新尊王大义取自春秋大义与宋明儒术，皆为“中国学术足以效用之证也”。并认为当时欧美诸国都在研治泰东古学，日本大学也列为汉学专门，如中国自丧本国固有，将贻诮于邻封，主张严定经学为学堂必要科目。③

并未接受新式教育观念的时人，不满意学堂经学教育的成效，开始回归书塾。就清末整体办学状况而言，学堂并没有取代书塾。1909 年，舆论注意到学堂与私塾消长的变动，“自有学堂，《论语》、《孟子》诸书销

①　赵启霖：《请令各学堂注重读经折》，施明、刘志盛整理《赵澥园集》，第 8～9 页。
②　《清皮鹿门先生锡瑞年谱》，王云五主编《新编中国名人年谱集成》第 16 辑，第 101～103 页。
③　刘师培：《上端方书·三》，钱钟书主编，李妙根编《刘师培辛亥前文选》，第 104～105 页。

量大减。至停罢科举后，其减益甚。一二年前稍稍增多，年来已复其旧矣"。而贩卖西学诸书的书商则慨叹"以丙午之春（即停科举之翌年）为最佳，自是至今，江河日下，大有不可终日之势"。①

学堂没有成功取代书塾原因很多，如私塾改良政策的落实、学堂教育成本的增加、民众的接受程度，等等。而民众对学堂旧学教育效果的质疑，也是一个重要原因。甚至传出办学人员也并不认同学堂读经办法，扬州有一办学堂者，因学堂不主背诵，"孔入学堂数年，将字亦不识矣"，严禁子弟入读学堂，"学堂绝无成效，万不可进去"。② 1910 年，舆论发现，因学堂教法未善，"各属城厢内外已设之学堂，未尝日少，而私塾日见其多。人家儿童，每有入学堂一二年，转返而延师课读者"。③

考分陆军部七品小京官的余岳霖，为其子选择教育途径几经波折。因清末兴学，普设学堂，"初亦虑其无出身地"，送子入读学堂。却因学堂倡言平等，学生不知长幼之节，不知尊师之礼，而对学堂教育方式极不满意，重新以旧学办法教授其子，"嗣吾恐有习染，招归自教，所教者即他人所谓无用之学也"。后由其友收归门下，"未匝月而浮嚣之气若化归于无有。仲弟谓近年无一事可人意，惟此举为得，盖先得我心之所欲言者"。④其提到的 "他人所谓无用之学"，系经学。在其看来，经学绝非无用，"孔孟之言，大用大效，小用小效，特恐读者行不著、习不察耳"。而小用小效，类如其子浮嚣之气尽除，知长幼，明人伦，这正是清廷兴学将经学纳入学堂的重要目的。

直隶提学使傅增湘曾被慈禧明确告知："学科自以中国学问为重，其洋文、算学等，不过稍求新知识，并未尝有大用处。"⑤ 在慈禧看来，维系伦常的经学远比稍求知识的西学有用。在余岳霖等人的心目中，从教养出发，也认可经学有用。所以部分放弃学堂回归书塾的选择背后，是学堂经学教育的成效不彰。1909 年，直隶视学员比较本地学堂与私塾，"按各

① 《论我国学校不发达之原因》，《申报》1909 年 5 月 24 日，第 1 张第 3 版。
② 《异哉办学堂之人乃不令子弟入学堂》，《教育杂志》第 1 年第 1 期，1909 年 2 月 15 日。
③ 《清谈·学堂私塾》，《申报》1910 年 3 月 20 日，第 1 张后幅第 4 版。
④ 《证学序》，《湖北文征》第 13 卷，第 306～307 页。
⑤ 傅增湘：《藏园笔记二篇》，《近代史资料》总第 80 号，中国社会科学出版社，1992，第113 页。

私塾学生，气象多秀静者。官小学生，气象多粗野者"。① 所谓气象秀静与粗野，也是出自教养角度的评价。

在不同主张下，对学堂经学教育的评价产生了根本的区别。接受了西式教育观点的趋新人士，思考角度放在知识的灌输与普及上，分科设学下的经学学科教育方式出现问题，自然就从普及教育的角度出发，变通学制办法，思路在于削减甚至废弃学堂中的经学教育。而自慈禧以下，认为学堂经学课程的存在在于培养伦理纲常，维系根本，所以经学万不可废，只能通过改良教育办法而使其融入学堂。即所谓："自欧风东渐，科学盛行。浅见者流，数典忘祖，鄙中学为无用，或倡废孔，或议废经，邪说流行，簧鼓天下。而不知形而下者谓之器，形而上者谓之道。凡化、电、声、光、算、重、力、汽诸学，以及一切制造机器，虽云有裨实用，特器而已矣。器者末也，道者本也。"既然经学教育不善，要做的只是改良教法，使儿童领会，"俾知入学之初，即洞明古人修身治国之至道，不致蹈厌故喜新之陋习"。② 在慈禧与张之洞等人的主持下，新式学堂的发展要兼顾维系伦理纲常的要求，经学课程始终在学堂中保持特殊地位。至宣统元年二人先后离世，才有了学章松动和废弃读经的诸多论调。

2. 人事变动与学务调整

慈禧去世后，摄政王载沣成为宣统朝的掌权者。而张之洞于1909年病逝，荣庆改任礼部尚书，唐景崇以吏部左侍郎升任学部尚书。人事变迁导致宣统年间学部在办学重心和学务方向上的调整，影响到经学在学堂中的存在。

慈禧对经学在学堂中的地位和作用极其重视。如上文所述，在1908年接见直隶提学使傅增湘时，就提醒其学务的重要性，同时强调经学课程的特别地位，各学科要以中国学问为重。③ 并在以懿旨颁发的学堂禁令中，提醒要各管学人员、教习、学生等注重经史课程，作为根本。

拟订癸卯学制的张之洞很能把握上意。张之洞对人提及自己的办事宗旨，为"启沃君心，恪守臣节，力行新政，不背旧章"十六字，并言终身

---

① 《城乡私塾情形报告》，《直隶教育杂志》第19期，1909年。
② 《论孟提要序》，《湖北文征》第13卷，第135～136页。
③ 傅增湘：《藏园笔记二篇》，《近代史资料》总第80号，第113页。

持之。① 学制章程对经学极为注重，特设经科大学，既有对上意的把握，也有对经学的自我判断。在奉命管部后，张之洞推动了存古学堂的设立。为使新式人才注重中学根底，还主张留学生归国考验的廷试要加试经学，"惟查此项廷试，本应以中国文为重"。② 而原学部尚书荣庆对经学教育极为注重，以至于《清史稿》将其视为守成。③ 在张之洞拟订癸卯学制时，就提议增加读经时间。荣庆后来忧心于学堂经学教育的处境，甚至归咎于自己学务管理的失误，"自悔兴学宗旨之过新"。④

就慈禧与张之洞等人的主张而言，教育改革以稳健为主，各门学堂分科以经学为要。随着慈禧、张之洞的先后离世，荣庆去职，接续而起的载沣和唐景崇，视普及教育为筹备宪政时期的兴学重心。

1909 年，载沣在批示学务条陈时，就强调力主新政、续办宪政的决心。而其拔擢的唐景崇，虽在初次赴任学部时声称萧规曹随，"前张文襄、张文达两公经营学务，煞费苦心，予惟是萧规曹随，勉力进行而已"，却又着重提出"教育为宪政之始基，关系重要"，⑤ 强调兴学要为立宪服务。为国民整体程度，则势必推行教育普及，⑥ 降低办学难度，以广设初等教育的小学堂。因而对学童不易理解的初等小学堂经学课程大加调整，致使1910 年学部改订小学堂章程，初等小学堂的经学教育内容进一步消减，被张之洞视为培养人伦必不可少的《礼记》，从初等小学堂学科中删除。原本规定各省遍设的存古学堂，改为可视地方情形暂缓设立。各项教育办法，直观反映了经学于学堂地位的下降。

除了中枢学务管理因人事变动而调整兴学办法外，一些提学使坚持学堂读经的论调也有所松动。浙江俞明震担任甘肃提学使后，想大力整饬甘肃学务事宜。在召集省垣职教人员谈到读经问题时，认为学生应习科学而不必坚持读经，"科举废了，学生需要学习科学，死板地读经实在没有必要。尤其是小学儿童，他是才出土的萌芽，要他们学治国平天下的大经岂

① 《办事宗旨》，《湖南官报》第 420 号，1903 年 7 月 2 日。
② 《奏酌拟变通游学毕业生》，《学部官报》第 88 期，1909 年 5 月 29 日。
③ 《清史稿》卷 439 列传 226《荣庆传》，第 12401～12402 页。
④ 《荣相自悔兴学宗旨之过新》，《申报》1910 年 3 月 16 日，第 1 张第 4 版。
⑤ 《唐尚书到部后之政见》，《大公报》1910 年 4 月 8 日，第 4 版。
⑥ 《唐尚书之教育普及谈》，《大公报》1910 年 4 月 11 日，第 2 张第 1 版。

不太难。将来旧式的读经，尤其小学中的读经，必得改变"。① 明确表示了废除小学堂读经的倾向。

各地教育管理机构因为宪政也发生了变化。1908 年颁布的《城镇乡地方自治章程》将城镇乡学务划归自治范围，② 继而颁行的《府厅州县地方自治章程》规定了各项自治事宜以教育居首。③ 随着地方自治的开展，1909 年新颁的《地方自治章程》再次将学务划归地方自治事项。在各地学务管理权限问题上，地方自治事务所与各厅、州、县劝学所职权抵牾，发生冲突。④ 厘清劝学所与地方自治事务所权限势在必行。1910 年，学部奏请将资政院议决的《地方学务章程》施行，⑤ 规定地方学务管理权限交由府、厅、州、县及城、镇、乡自治职，自治职成立前由劝学所暂代。⑥ 不久，学部先后拟订《地方学务章程施行细则》和《改订劝学所章程》，⑦ 相应调整劝学所职能，为教育行政辅助机关，佐助府、厅、州、县长官办理学务。自治职未成立前，地方学务均由劝学所代行；自治职成立后，劝学所有赞助监督学务之权。⑧ 学务列为地方自治，是晚清筹备宪政推广教育的举措。但各地教育行政权力坐大，学堂办理权限转由地方掌握，对于学堂经学教育的考虑，则势必不能如清廷从整体上加以考量。

1909 年，胡柏年条陈宪政利弊，提出清季宪政进程过快而致学堂办理有所缺失，"今于二三年间，即立上下议院之基础。而所以开百姓之知识，养国民之程度，不过编简易课本、办简易学堂而已"。反思各项筹备宪政的举措，考虑不周，"先求议员，后养程度，揆之秩序，未敢云当。古人为政，教不先于养，富不后于教。今九年筹备之中，于治民坊民理财之事至为周备，而于养民一节顾略焉"。⑨ 认为宪政普及的步调过快，忽略了教育内容和程度的培养。

---

① 韩定山：《我所亲历的甘肃存古学堂》，《甘肃文史资料选辑》第 4 辑，第 109～114 页。
② 《城镇乡地方自治章程》，清宣统元年（1909）刻本，第 5 页。
③ 《论劝学所不负筹款之责》，《教育杂志》第 2 年第 9 期，1910 年 10 月 12 日。
④ 民国《吉安县志》卷九《教育志》，《江西府县志》辑 63。
⑤ 中国第一历史档案馆藏，军机处录副奏折，03 - 7572 - 009，胶片号：562 - 1914。
⑥ 中国第一历史档案馆藏，军机录副奏折，03 - 7572 - 062、03 - 7572 - 63，胶片号：562 - 2051、562 - 2054。
⑦ 《奏拟订地方学务章程施行细则折》，《学部官报》第 146 期，1911 年 3 月 11 日。
⑧ 《奏改订劝学所章程折》，《学部官报》第 147 期，1911 年 3 月 21 日。
⑨ 《清实录》第 60 册，第 398 页。

在慈禧、张之洞眼中，经学维系人伦、培养纲常，非常有用，为各学根本。宣统元年后，因人事更迭而调整兴学策略。随着预备立宪进程加快，教育普及的吁求增加。学部修改中小学堂课程，削弱经学的存在，却仍未满足趋新舆论的要求。因为从普及西式教育的观点出发，经学无法应世变，济时需。由此，废除学堂中的经学课程，尤其是废除小学堂读经的主张，成为趋新人士的共识。

3. 废经言论的流播

刘师培曾将废经言论流行的源头指向留学生，"或留学外邦，侈为忘本之谈。弁髦道德，蔑侮圣贤，故书雅记，弃若糟粕"。[①] 以西式教育视角衡量中国固有学问，经学自然没有存在的空间。

所以留美学生论述普及中国教育办法时，强调学堂开办应注重西学，不应空谈性命义理。如欲保存旧学，于大学堂设经学专科即可，不必令七八岁学童读经。如强以经学教人忠、孝、仁、义，只能取其意而略其文。因经义深奥，学童难以领悟，建议将经学并入修身，挑选经义编作修身课本，"既不失经学教人之旨，又可以每星期六点钟之功夫读他种实在能解之书。如必欲熟读原文，一字不易，是训诂家解经之法，非圣贤人垂教之意也"。[②]

提倡西学教育的趋新人士，注意到清廷借经学维系伦常的用意，试图将经学与政治的关联剥离，以便减少调整学堂教育的阻力。时人曾作《论学术之衰原因于政体》，论述学习普通科学的重要。文章开篇即指出学术之衰，自古至今未有甚于清季者，西学本非中国固有，即如经、史、词章，"迄于今日，求能如古人之专一研究，且百中不可得二三"。而作者认为学术衰落，是不读书居多的社会情势所致。并将社会进步与学术发展联系起来，"斯宾塞曰自今以后，大地诸国皆将视学术之浅深以判强弱"。认为社会之进化与学术之进步相为比例，开化愈早，其学术愈优。学术愈优，其社会之进步愈速，"至于今日，几全视学术之优劣、文化之通塞以为盛衰强弱之基"。

作者认为中国学术不兴，与政治有关，"中国向者立国之根本，皆以出治之君主居于本位，故其所标举者，曰政，曰教。而学之事不兴"。为

---

① 刘师培：《上端方书·三》，钱钟书主编，李妙根编《刘师培辛亥前文选》，第 104～105 页。
② 《普及教育议（留美学生稿）》，《云南教育官报》第 1 期，1907 年 7 月 29 日。

学，应听民之自为。而中国的读书人，多束身名教，无法致用。所以中国数千年来的学术，为士所独据。导致经学等固有学术"若为无用之别名"，读书人也为世所诟病。

继而强调为学应重普通科学，"窃谓苟以历代名家诸老之精神才力，使之研究各种科学，必有所发明。无如现在之人，薄而不为是，安所冀而得著成效也"。建议朝野上下跳出积习限制，谋求学术进步：其一，当知学术为立国之原；其二，当知学术其致力与古无异；其三，朝廷当实行强迫教育。①

通篇论述，强调要抛弃对旧学的固有观念，将普通科学看作强国基础。实则变相提出用西学取代经学，作为维系政治与国家的根本，主张新式教育应普及西学，而不应再局限于旧学积习。

废经主张者，最初寄希望于宣统年间的中小学堂章程调整。清季学堂经学课程办理不善，面临各种指摘。1910 年，《申报》刊载了对学务改良实效的期待，认为癸卯学制于小学堂学生程度太不相洽。如格于保持国粹之主义，而培养人才根本之地，转为阻碍儿童教育发达之阶。② 实则要求在学堂教育体系内，去掉小学堂读经的内容。中小学堂学制章程调整后，经学课程虽有变化，却改而不废。时人并不认同改制的结果，认为多一次改良，"即加一番严重之保守"。令取学童刻意于圣贤经传，"无怪人民之常识有日退而无日进也"，不利于立宪。③ 这导致中小学堂学制办法改动后，废除小学堂读经的舆论并未停歇。

主张用彻底的西学办法改造中学的人，一方面，如上文所述，借助张之洞去世的评价阐发意见；另一方面，以《教育杂志》为阵地讨论学制问题，继续宣扬废除小学堂读经的主张。

商务印书馆于 1909 年刊行的《教育杂志》，设立的初衷虽与推广教科书有关，④ 但在刊物出版的过程中，因主编陆费逵主张学制改革，重心逐

---

① 《论学术之衰原因于政体》，《吉林教育官报》第 9 期，1908 年 6 月 13 日。
② 《学务果有改良之一日乎》，《申报》1910 年 1 月 15 日，第 1 张第 6 版。
③ 《时评·其二》，《申报》1910 年 8 月 4 日，第 1 张第 6 版。
④ 如曾在商务印书馆《妇女杂志》任事的章锡琛认为《教育杂志》"以讨论教育学术为名，实际的目的把它作为推广教科书的工具，通过杂志与各学校取得联系"（章锡琛：《漫谈商务印书馆》，《1897～1987 商务印书馆九十年——我和商务印书馆》，商务印书馆，1987，第 114 页）。胡愈之也认为商务印书馆办刊物，"就是为了做书籍，特别是做教科书的广告"（胡愈之：《我的回忆》，江苏人民出版社，1990，第 280 页）。

渐变成教育研究与学务改良。围绕晚清学制的颁布、实施与改良，《教育杂志》连续刊载了讨论学制的文章，希望办学者注重普及西学与西式教育观念，强调用西学办法进一步改造中学，一度成为废除小学堂读经的舆论阵地。

1909 年，顾实于《教育杂志》上公开提出废除读经的主张，引日人"中国学堂仍用腐败教法教授，为科举之变相"的言论，宣称小学堂读经既不合古代教育，又不合西式教育原理。① 合不合古代教育一说，不免有为立言寻求传统资源支撑的考虑。而学堂读经不合西式教育原理的说法，则为趋新时人所认可并加以宣扬，使得经学分科在学堂中的位置更加岌岌可危。

学部在宣统元年、二年改订了小学堂课程，但针对小学堂课程仍然存在经学的事实，《教育杂志》继续载文加以抨击。学部初等小学堂章程的修改甫经奏定，陆费逵就发表了《小学堂章程改正私议》，认为学制仍重读经，且较以前时间更多，程度更加不合。建议初等小学堂应分为四年完全科与三年简易科两种，科目不必讲求经学，只设国文、修身、算术、体操即可。认为稍明教育者皆知经书非儿童所能解，小学堂施教尤有百害而无一利，应该废除经学专门分科，"经之有裨修身者，不妨采入修身书；可作文章模范者，不妨收入国民读本，不必专设此科"。② 在陆费逵的言谈中，"稍明教育者"自然并非坚守旧学传统的经师宿儒，而是指接受了西学和西式教育观念的群体。在中、西学乾坤颠倒的形势下，"明教育者"逐渐强调用西学分科办法彻底改造中学。

1911 年，庄俞作《论学部之改良小学章程》，对于宣统元年、二年两次改制表示不满：

第一，从学科建置的角度出发，认为改制虽然去除了学科繁重之弊，但仍设读经讲经一科，不知何解。"其为保存国粹欤，尊重圣贤欤？抑牵掣于成见欤？"认为初等小学新章第一、二年不设读经科，是学部已知经学不适于儿童，则何必第三年又增加经学课程。而高等小学经学钟点过多，影响了国文学习，"经书陈义过高，非可与普通国文相拟，以初等小学毕业生劳精疲神于读经讲经，每周至十一小时之多，仍属有害无益。况

---

① 《论小学堂读经之谬》，《教育杂志》第 1 年第 4 期、第 5 期，1909 年 5 月 14 日、1909 年 6 月 12 日。

② 《小学章程改正私议》，《教育杂志》第 1 年第 8 期，1909 年 9 月 9 日。

中学新章，读经讲经每周仅五小时。是视高等小学生之程度，反高于中学生，尤百思而不解者也"。并做出判断，学部终将删去小学章程之读经讲经科，宣统年间的学制改章，"特消稽时日，而更多一番改革耳"。

第二，从教育接受程度的角度出发，认为经学深奥，非小学所能研究。舆论上"自癸卯旧章偏重此科，舆论反对，迄岁大振，学部岂未闻之？"并分析实际结果，令没有分辨能力的幼童稚子，在有限时间内从事经学教育，收效甚微，"恐资质鲁钝者，仅能成诵，尚觉困难。资质聪颖者，亦不过囫囵吞枣，食而不化"。主张小学堂应删去读经科，以保障儿童确实学有进步，"与其强列此科，扰乱心思，阻伤脑力，何如毅然删除，一归实际。与其迁就少数顽旧人之心理，何如宝其无量数在学儿童之进机"。建议经学应放在中等以上阶段学堂讲读，"要之，此科列为中等以上之学程，犹可获益，执孺子而语以至高且深之经传，无当于尊经，无当于崇圣"，反而落下戕贼儿童之罪。希望主持教育者从长远考虑教育立法之所宜。[①]

同年，何劲也在《教育杂志》上发表了《说两等小学读经讲经之害》，主要从经书成书背景立论，认为经学并不适合学童教育。开篇即提出：孔子著书，亦按时以立言，五经之书，皆适合孔子之时，而清季非其时。并举《诗经》为例，详列其与学童不合之处：高等小学年龄十三四者居多，嗜欲初开，而《诗》中多男女相悦之辞，学童听讲之后未必能够理解，反而蹈入邪念一途，"其中'窈窕淑女，寤寐求之，求之不得，辗转反侧'，教员讲解时，学生听之，以为淫耶，乐耶？一部《国风》大半不离妇女，以之为教科书，与教育宗旨是否合适，于国民教育之前途，有利有害？孔子编《诗》，非为一般人民之普通教科书也。今乃令全国之高等小学生诵习之，吾恐不惟无益而反害之也"。而其他经书如《大学》、《中庸》、《孝经》、《论语》，则理太深、文太奥，非学童所能了解，也不适合高等小学与初等小学第三、第四年教授。

何劲认为经书成书时自有其对象，"《孝经》言孝，概括天子、诸侯及士庶人，乃为能传道统之曾子言，非为八九岁之儿童言也"。而孔子本身也因材施教，"《论语》乃孔子学堂中之日记，孔子与门弟子之言行，

---

①　《论学部之改良小学章程》，《教育杂志》第3年第2期，1911年3月10日。

多纪录之，孔门无小学生，故所记皆关于高等之治术、学术。然即可见孔子之教授法矣，一贯之理，于曾子则直授之，于子贡则曲喻之，以下则不复使闻矣。同一问孝问仁，而所答各异，盖相其人之学问性情而语之，非漫然而施之也。今乃执八九岁之童子，而遽语之曰道千乘之国，曰吾道一以贯之，何其视今日八九岁之童子，其程度竟高于孔门之高足弟子乎？"隐喻小学堂学生读经，是在程度不合的状况下强行为之，既于教育无益，也违背孔子施教原意。①

　　在民初教育部任事并对部务"悉为计画"的蒋维乔，也是这一观点的支持者。蒋维乔 1905 年就在商务印书馆另一刊物《东方杂志》上发表了《论读经非幼稚所宜》，认为经书在历史上有其存在的重要性，却并不适合晚清学堂教育。强调古时教育，经书也未必授予童子，直至科举盛行，才出现幼童习经，"宋明以来，制举盛行。在上者以六经之制艺为牢笼多士之具，在下者则悬六经以为鹄，以为利禄之阶"，于是"乳臭之子，髫齿之儿，亦不问其解否。而骤以六经授之。稍长，则强之为制艺，美其名曰代圣立言也，实则利禄之门耳"。古今情势相异，认为《奏定学堂章程》强调读经科，虽欲保存国粹而取经书为德育之本，实则读经非有益于德育。引新教育精神"不可令男女之事入教科令儿童生惑"、"教育儿童多用积极而不是消极的"等处，与经书充满阴阳婚媾、男女相悦以及杀盗之类相冲突，说明经学不适于儿童德育。主张六经是参考书，而非教科书，是"中学校以上学生所有事也，非小学校儿童之所有事也"，建议择其有用处编入修身教科书即可，小学堂不必独立经学一科，"采其中之格言合乎今日之情势者，编入修身书可也。欲独立为读经一科，不可也"。②

　　上述言论虽各有偏重，但用新式教育观念衡量固有文化的取径却趋于一致。一边强调学堂读经（尤其是小学堂读经）不合西式教育原理，有碍教育普及；另一边把矛头直指晚清学制章程，认为强令学生读经不仅无所增益，更损害学童脑力。隐隐然中将坚持学堂读经者划归"不明教育者"，希望办学人员能够去除旧习，接受西学和新式教育原理，进一步改造中学。商务印书馆诸人的教育主张，借助蔡元培于民初主掌教育部的契机得

────────────

① 《说两等小学读经讲经之害》，《教育杂志》第 3 年第 5 期，1911 年 6 月 6 日。
② 蒋维乔：《论读经非幼稚所宜》，《东方杂志》第 2 年第 10 期，1905 年 11 月 21 日。

以实现。

三　废除读经的运作

对学堂读经持有异议者，在舆论宣传外，试图通过活动与运作把废除学堂读经的主张加以贯彻：一是通过谘议局和资政院的渠道影响清廷施政方针；一是通过教育会的途径筹谋教育改良。最终，学部主持下的中央教育会通过了废除小学堂经学课程的决议。

1. 资政院和谘议局

废除小学堂读经的论调，逐渐出现在晚清筹备宪政的议事机构。清季筹备宪政，从中央到直省各地都强调设立议政机构，为立宪政治打下基础，所以有了资政院和各地谘议局的诞生。资政院的设立，是将庶政公诸舆论，以为他日设议院之权舆。[①] 各省谘议局听取舆论，以筹计各地要务、指陈通省利病为宗旨。议政机构的设立，本有将舆论作为政府施政方针辅助的考虑。而各地废除小学堂读经的主张，也由此进入议政渠道。

接受新式教育观念，或曾留学外洋的时人，具备成为议员的资格，得以将废弃旧学教育的主张加以宣传。按照谘议局选举章程，议员选举资格除了年龄和财产外，教育背景和出身的相关规定为：①曾在本省地方办理学务及其他公益事业满三年以上有成效者；②曾在本国或外国中学堂或同等以上之学堂毕业得有文凭者；③有举、贡以上之出身者；④曾任实缺职官文七品、武五品以上未被参革者。[②] 这就使得新旧教育背景者同样有机会进入谘议局。而资政院议员的组成，半数由谘议局选出，半数由清廷钦定。[③] 所以，谘议局中的新教育家和留学生，同样有机会担任资政院民选议员。

各地谘议局议员接受新式教育观念者，虽不如旧学出身居多，却也占了相当比重。有学者曾对 15 个省份谘议局议员的教育背景做出统计：1643 人中，167 人（10.16%）接受了新式教育，其中本国学堂毕业者 62

---

① 中国第二历史档案馆编《中华民国史档案资料汇编》第 1 辑，江苏人民出版社，1979，第 93 页。

② 《宪政编查馆会奏各省咨议局章程及案语并选举章程折》，《政治官报》第 266 号，1908年 7 月 24 日。

③ 《资政院等奏拟订资政院院章折》，故宫博物院明清档案部编《清末筹备立宪档案史料》（下），第 627～637 页。

人（3.77%），日本留学者 105 人（6.39%），鉴于议员填写出身背景时，大多只填写功名资格，而省略了新教育学历，所以"正确数字恐不下数倍于此"。① 而资政院议员中，留学生的数量更多。既有研究指出，200 名资政院议员中，41 人曾留学日本（钦选议员 12 人，民选议员 29 人）。占议员总数 1/5 的留日议员，发言踊跃，担任特任股员次数也最为频繁，是资政院中影响最大的一群，尤其是民选留日出身议员，"充当了资政院议政的主角，是无可怀疑的"。②

具有留学生教育背景的议员，既在资政院和谘议局占据席位，又在地方积极参与办学，使其教育理念得到宣扬和一定程度的贯彻。福建谘议局秘书长林长民，日本早稻田大学毕业生，曾执教福州法政学堂。该省谘议局副议长刘崇佑，毕业于日本明治法政学堂，后创办福建私立专门法政学校。担任议员，又兼办学堂，使其教育理念既可进入议政渠道，又能在办学时加以贯彻，客观上推动了用西学办法改造中学的进程。

通过进入资政院，废除小学堂读经主张的影响扩大。直隶人胡家祺，日本宏文师范毕业生，曾任津河师范学堂监督、直隶第一初级师范学堂监督。以民选议员身份任资政院议员，座位号为 114，于第一次常年会共发言 25 次，出任特任股员次数达到 7 次，在资政院极为活跃。③

胡家祺极力提倡教育改良，主张小学堂应废除读经。认为随着国民程度日有进步，教育方法自宜变通，教育之方针应图改进。而各项教育法令有用之昔日而合宜、用之今日而不合宜者，故强调中等以下学堂教育要注重有用之西学，而非经学，"普通教育者，在授以生计上必要之智识技能，以争胜于世界，否则生存无具"。如果普通教育不能发展，那么就算全国人民皆为经生，各项事业也都难以开展。并对学堂科目设置提出质疑，认为经学、西学兼习，难度太大，要求太高，超出幼童接受程度，"我国学生于普通科学之外，又益以负担较重之经学，则其心力、体力大有损耗"，进而影响到普通西学知识的学习。因此建议初等小学堂废除读经，高等小

---

① 参见张朋园《中国民主政治的困境：1909～1949 晚清以来历届议会选举论述》，吉林出版集团，2007，第 66 页。
② 尚小明：《清末资政院议政活动一瞥——留日出身议员对议场的控制》，《北京社会科学》1998 年第 2 期。
③ 李启成校订《资政院议场会议速记录——晚清预备国会论辩实录》，三联书店，2011，第 746 页。

学读《论语》、《孟子》，中学堂酌读《诗经》或《书经》，其他诸经俟入高等学堂或者分科大学再研究，以节省精力致力于普通教育课程，"俾肄业诸生得以有余之精力，从容肄习必要之智识技能，此适于今日生存竞争之教育，最为切要者也"。①

不过，受教育背景并不是界定时人对于学堂读经态度的绝对标准。换言之，并不是接受新式教育或有留学背景的人就一定主张废除小学堂读经，而有旧学背景的人就认同小学堂读经。一些旧学出身的议员在资政院和谘议局中同样提倡废除学堂经学课程。陕西癸卯科举人梁守典，曾代理宁陕厅儒学训导，因创办家乡教育被选为陕西省谘议局议员，后以民选议员身份担任资政院议员。旧学出身，又是教职人员，"旧"的色彩极为浓厚，但却力主废除读经讲经。②

张謇与汤寿潜同样如此。前者是清末状元，后者曾为浙江金华书院山长，在江苏、浙江两地谘议局均有举足轻重的影响，③ 两人都有废除小学堂读经的主张。早在宣统元年学部改章时，两人即有建议学部停止小学堂读经，张謇主张尊崇六经当以经学让之专门文学家，其他小学暂宜停止读经；汤寿潜主张通经所以致用，授以儿童只是苦其脑力，而无济于用，不如废除小学堂读经，以专心普通科学。④ 在他们一定程度的影响下，江苏谘议局与湖北谘议局先后通过了停办存古学堂的议案。

2. 各省教育会

清季，自科举停罢，各地绅士热心教育并开会研究者不乏其人，致使各省教育团体广泛建立。在教育会活动蜂起之时，渐有废除读经以改良教育的举措。

教育会的前身是各省学会。科举立停后，兴学为大势所趋，1905 年，张謇、恽祖祁、许鼎霖等人倡议在江苏组织学会，⑤ 定名江苏学会，拟订《江苏学会暂定简章》。此后，江苏各地相继成立学会组织。⑥ 同时，其他

---

① 《拟请学部改定教育法令之建议》，《广东教育官报》第 12 号，宣统三年第 2 期。
② 李启成校订《资政院议场会议速记录——晚清预备国会论辩实录》，第 753 页。
③ 张朋园：《中国民主政治的困境：1909～1949 晚清以来历届议会选举论述》，第 70 页。
④ 《学部奏定章程修改之建议》，《申报》1909 年 4 月 12 日，第 1 张第 4 版。
⑤ 《江苏全省各府县同乡公鉴》，《时报》1905 年 9 月 23 日。
⑥ 沈同芳编《江苏学务总会文牍》初编。

各省也纷纷倡办学会，安徽学会、长沙学务总会、皖南学会等相继出现。①各地大量成立的学会，主旨大都注重教育普及，并在一定程度上提倡西式教育内容、观念和办法的输入。

1906 年，学部奏定《教育会章程》，将各省学会纳入统一管理。各省及各地方设立教育会，皆须遵章办理或照章改设。章程将各省教育会定位为补助教育行政，配合学务公所、劝学所，以谋求教育普及。② 各地原有学会即改办教育会。江苏学会遵章改名为江苏教育总会，③ 其他各省亦陆续设立教育总会和各地教育会。至清亡，除新疆等少数地区外，多数地区均建立了教育会。④ 在这些成立的教育会中，废除学堂读经的主张日益增多，因各省教育总会形成联合之势。

在学部变通学制章程时，江苏教育会就因为学堂经学的教育效果不好，呈请学部改订初等小学章程，删去经学分科。⑤ 学部更正后的小学堂章程，江苏教育会内部会员专门研究，亦有初等小学堂不应读经，将经学合并到国文或修身科的建议。⑥ 而该会研究变通初等小学堂章程的通告，也有意朝废除读经的意思解读，"学部新章于完全科之第一二年不设此科（读经讲经），固亦心知其意矣"。⑦

江苏教育会通过联合各省教育会，将废除小学堂读经的主张加以交流。出于联络与交流的考虑，各省教育总会走向联合。1910 年，江苏教育总会唐文治等人发起各省教育总会联合会，以共商全国教育事宜。宣统三年三月底，广西、安徽、江苏、江西、山东、湖北、直隶、福建、湖南、浙江、河南等 11 省代表共 20 余人抵沪，以沈恩孚为主席，胡家祺为

① 参见《东方杂志》第 3 年第 3 期，1906 年 4 月 18 日；《申报》1906 年 2 月 10 日、1906 年 5 月 12 日、1906 年 9 月 24 日。
② 《奏定教育会章程折（附章程）》，《学部官报》第 3 期，1906 年 10 月 18 日。
③ 江苏教育总会：《文牍纪事表》第 3 编，第 17 页。
④ 参考朱有瓛编《中国近代教育史资料汇编·教育行政机构及教育团体》，第 334～335 页；刘登秀：《清末教育会研究》，硕士学位论文，四川大学，2004。
⑤ 《江苏教育总会呈学部文》，《教育杂志》第 1 年第 5 期，1909 年 6 月 12 日。又见《申报》1909 年 5 月 18 日，第 3 版。
⑥ 《江苏教育总会研究学部变通初等小学章程意见书提要》，《教育杂志》第 1 年第 10 期，1909 年 11 月 7 日。
⑦ 《江苏教育会通告研究学部变通初等小学堂章程书》，《教育杂志》第 1 年第 8 期，1909 年 9 月 9 日。

副主席，于四月初一正式开会。联合会提议事件主要为全国教育方针、初等教育普及方法、高等教育及中等教育规划、其他关于教育范围以内事宜等项。会议持续 14 天，形成《统一国语方法案》、《请停止毕业奖励案》、《请定军国民教育主义案》、《请变更初等教育方法案》、《请变更高等教育方法案》五件议案。①

各省教育总会议决的《请变更初等教育方法案》，明确提出废除初等小学读经讲经科。从适合儿童与否的角度出发，认为学堂读经纯属劳而无功，"儿童心理，但能领会直观之教授，一涉想象，则易迷惑。经书文义高深，举凡性理名言，伦常宏旨，政治大纲，无不散见于单文只义。其古奥之字句，有为成人所骤难索解者。虽《孝经》、《论语》已近浅显，而幼年听受尚苦艰深。况关于性理政治之名词，不便于直观教授，欲使初等小学儿童一一领会，纵极教员之心力，殊无成绩之可言"。建议废除读经，节录经训作为修身之用，方便普通学研习。②

议决初等小学不设读经讲经课程，在联合会看来是筹备宪政时期适应世界发展的需要。开幕当日，唐文治致辞，即称发起联合会目的在于沟通各省教育界的知识与情谊，以期影响学部，对于内部得酌量本地方情势，务使所持教育主义勿入迂途，适于生存竞争的世界。③ 希望借助教育总会的议案，推进学部的教育改良。

变革初等小学章程并废除初小学堂读经的决议获得通过，说明废除读经的主张渐成为新教育家的共识。各省教育总会联合会的召开，让彼时的教育界走向联合。联合会呈请学部施行议决案，其实是自下而上地迫使学部考虑各项教育改革事宜，希望借此机会，将废除读经的主张影响到全国教育政令。

3. "奇邪"决议之出炉

据曾在清朝农工商部任职后又担任无锡国专馆长的唐文治提及，"辛亥之夏，学部广征名流开教育会，综核同异，维时废经之说已盛行"。④

---

① 舒新城主编《近代中国教育史料》第 3 册，第 200～212 页。
② 朱有瓛主编《中国近代学制史料》第 2 辑上册，第 232 页。
③ 《江苏教育总会文牍》六编丁，第 121 页，朱有瓛主编《中国近代教育史资料汇编·教育行政机构及教育团体》，第 183 页。
④ 唐文治：《同年汪穰卿先生传》，闵尔昌编《碑传集补》卷 52，上海古籍出版社，1997，第 2889 页。

该说的背景，是宣统三年召开的中央教育会通过了废除小学堂读经讲经的议决案。而曾亲历这一事件并极力反对该议决案的罗振玉的回忆中，也出现了当时主张废除学堂读经的群体"彼党焰张甚"的字眼。① 两说表明，清末预备立宪期间，废除小学堂读经的主张已逐渐流行，并在中央教育会获得通过。

宣统三年夏，学部筹备组织全国学务官员和教育界代表，召开历时一月的中央教育会。由于此前不久各省教育总会联合会刚刚闭幕，或指中央教育会为各省教育总会联合会所促成，实则学部召开中央教育会，正是为了研究解决普及教育与宪政的问题。② 这在是年五月学部奏请设立中央教育会时就有明确体现，因中学堂以下普及教育，与宪政尤为息息相关，所以中央教育会的议案，以讨论中学堂以下教育事宜为限。③

学部试图通过《中央教育会章程》以及会议规则的颁布来全面掌控教育会的进展。章程规定了与会代表的资格，使学部参与人数占据优势。强调议决事项由学务大臣酌量审核采纳，分别施行。设会长、副会长，由学务大臣于会员中选派。④ 而会议规则上对议决程序规定为：议程虽由议长掌握，但不得涉及教育范围以外事情。会议事件须按照日程表规定次序进行，不得更动。会员提案须加案语，得全体人员三分之一以上赞成，会同署名，才能提交会长编入日程，交待讨论。⑤ 后因为会员提议，仿照资政院章程议员提出议案得 30 人以上之赞成即可作为议题的规定，于第二次大会提出改订，获得通过。⑥ 然而，在中央教育会会长与副会长的人事任命上，学部就已经难以掌控。学部原本奏派张謇为会长，张元济、傅增湘为副会长。⑦ 张謇因立宪等事与朝廷屡屡冲突，态度冷淡，一再请辞，会

---

① 于式枚提醒罗振玉"彼党焰张甚，幸勿再撄其锋"，参见罗振玉《永丰乡人行年录》，《雪堂类稿附》，辽宁教育出版社，2003，第 42 页。

② 中央教育会开办前后的相关事宜，参见关晓红《晚清学部研究》，第 440～442 页。

③ 《学部奏设立中央教育会拟具章程折并章程》，《教育杂志》第 3 卷第 6 期，1911 年 7 月 5 日。

④ 《学部奏设立中央教育会拟具章程折并章程》，《教育杂志》第 3 卷第 6 期，1911 年 7 月 5 日。

⑤ 《学部奏遵章酌拟中央教育会会议规则折并单》，《申报》1911 年 6 月 28 日，第 2 张后幅第 2 版。

⑥ 《中央教育会第二次开会纪事》，《盛京时报》1911 年 7 月 28 日。

⑦ 《学务大臣唐景崇等奏为中央教育会遵章开会拟派张謇等员充当会长副会长事》，中国第一历史档案馆藏，军机处录副奏折，3－7574－30，胶片号：562－2488。

议进行中即离京而去。① 傅增湘也较少露面。② 只有张元济积极参与会务。因此，张元济成为中央教育会的主持者。

学部希望教育会能够为立宪服务，而与会人员则希望能借此改变教育的实质内容。中央教育会的开幕致辞，体现了学部、与会代表在教育办法上的差异。宣统三年六月二十日（1911 年 7 月 15 日），中央教育会正式开会，学务大臣唐景崇发表演说，特别指出因预备立宪期限缩短，故于教育普及的期望增加，希望与会人员能够贡献意见，"上以助国家宪政之治，下以开国家教育普及之盛"。③ 张謇在答词中提出，救国图强的教育才是最急需的教育，自兴学以来，形式已告成立，但精神弊病日深。④ 唐景崇与张謇的言辞，反映了教育取向上的差异。学部主张的是学堂数量的增加，以推行宪政，巩固统治。而各地研究教育者的出发点却是改变教育本身内容，强调西学等有用知识，以达到国富民强的效果。

围绕废除小学堂读经议案的讨论，进一步展示了与会人员在教育取向上的差异。该议案的出现充满了波折。会议准备期间，学部内部对于提交的议案就有异议。对于一些议案，学务大臣赞同，而侍郎、丞参并不以为然。⑤ 各省教育总会联合会议决的《变革初等教育方法案》中的初等小学不设读经讲经科，原本拟由学部提交中央教育会讨论，乔树枬谓"离经叛道"，极力反对，致其于学部提案中撤销。⑥ 而直隶教育总会会长胡家祺一力坚持废除读经，江苏教育总会常任调查员黄炎培等极力赞成，推动了该议案的出现。

议决该案的过程更是波澜起伏。宣统三年闰六月十五日（1911 年 8 月 9 日），中央教育会第 14 次大会首议此案。先由地方会员胡家祺登台，坚称小学堂势必废除读经，才能促进教育普及。其后各会员态度不一。吴季昌直接表示反对。程澍海则建议由学部编定节本，"俾聪颖者可以参考全书，鲁钝者领略节本"。林传甲登台演说，宣称此项课程万不可废，认为主张废除的行径"是废经叛孔，是丧失国粹"，并大声疾呼，痛哭流涕，

---

① 曹从坡等主编《张謇全集》第 6 卷《日记》，江苏古籍出版社，1994，第 653～654 页。
② 《傅增湘天外飞来》，《申报》1911 年 6 月 28 日，第 1 张第 5 版。
③ 《中央教育会开会纪盛》，《申报》1911 年 7 月 21 日，第 1 张第 4 版。
④ 《中央教育会会长张謇开会词》，《盛京时报》1911 年 7 月 21、22 日。
⑤ 《论中央教育会》，《教育杂志》第 3 年第 8 期，1911 年 9 月 2 日。
⑥ 《乔树枬保存国粹》，《大公报》1911 年 7 月 21 日，第 2 张第 1 版。

击案顿足达一小时之久，使得会场秩序大乱。担任会长的张元济不得不宣
布休息，临时中断会议。[①]

　　复会后，张元济不欲林传甲故事重演，先行宣布会场规则，意图使
"诸君于范围内讨论真理"，将会议的重心引导至议案本身。黄炎培发言，
提出从教育以及保存国粹两种角度出发，读经讲经均属无益，"不能不
废"。贾丰臻登台后，认为外国无经学，则不能以外国章程论，就中国情
形而言，"但就大学朱子序文论之，由小学以至大学皆有层次，亦未言小
学即须读经讲经。有明以来，注重科举，始以读经讲经为主要"。马晋义
则从社会大众心理角度考虑，认为遽然废止恐有碍学务。陈宝泉登台演
说，与马晋义所言略同，认为第三年读讲尚可实行。姚汉章则谓"各会员
有看此案太重者，有看此案太轻者，本员以为此案当从教科支配上研究"。
时会场中欲发言者甚多，在会长一力主持之下，遂由与会人员就胡家祺等
提出的"初等小学不设读经讲经课，节录经训定为修身课之格言案"进行
投票表决，最终以 81 票对 54 票获得通过。[②]

　　废除小学堂读经议案引起的波折并未就此平息，次日的中央教育会第
15 次大会上，学部司员孙雄先登台，从袖中取出上谕两条，命会员起立
敬听，重申上谕中以四书、五经为教育根底的主张。[③] 并提出小学堂不仅
应读四书五经，还应增加《尔雅》和《夏小正》。[④] 之后，还有人在会场
当众读经，以示抗议。廖名缙、易宗夔均谓"孙会员何以便服宣读上谕，
岂非大不敬"，对之大加指责。李素更谓"姚会员在会场读经，孙会员在
会场上读上谕，是真以会场为儿戏"。[⑤]

　　看似闹剧的议决过程，是主张废除读经的趋新观念与学部主持下的清
廷教育方针之间一次直接的碰撞。与会人员俨然分成两派，赞成者与主持
者各立山头，坚持己见，导致会场秩序混乱。舆论对此有过形象描述，认
为此次会议"最关重要者，即实行义务教育，国库补助小学、军国民教育
等是也。全体会员对此数项问题各有主张，不能一致"，历久始决。其他

---

① 《中央教育会第十四次大会纪》，《申报》1911 年 8 月 16 日，第 1 张第 5 版。

② 《中央教育会第十四次大会纪》，《申报》1911 年 8 月 16 日。又见张人凤、柳和城编著
　《张元济年谱长编》上册，上海交通大学出版社，2011，第 336 页。

③ 《中央教育会第十五、六次大会纪》，《申报》1911 年 8 月 17 日，第 1 张第 5 版。

④ 汪家镕：《大变革时代的建设者：张元济传》，四川人民出版社，1985，第 117 页。

⑤ 《中央教育会第十五、六次大会纪》，《申报》1911 年 8 月 17 日，第 1 张第 5 版。

如停止毕业奖励、废弃高等毕业送部复试、减少小学读经时间等，"均系有害无利，不容不更张者"。各议员聚讼纷纭，至议场秩序大乱，高呼乱叫，"尤不脱往日考生之酸风也"。①

与会人员各方似乎对会议进程都不太满意。张謇认为学部所派人员观念落后，跟不上新教育的发展，其他与会人员也多不明教育发展大势，"学部诸公既不知世界之大势，对于教育国民又无一定方针。此次所派该部会员虽不乏有一二卓识之士，然于教育原理、现今时局茫然不解者实繁有徒。各省来会会员中虽多教育家，然每遇一事，往往沾沾于字句之末，未能就全体立言"。② 学部尚书唐景崇也对议案的产生表示怀疑，认为有"作弊"和"逞意气"的嫌疑，"惟各议员对于提出之案，或逞一时意气，或以个人主持，说理处虽极圆满，事实上不无窒碍"。③ 与会陕西代表胡均则对中央教育会议决各案做出悲观的判断，"此会究难得良善之成绩，缘开会之初，俨分两派，各省派来人员则结为一体，专与学部人员反对。而凡议一事，则各省会员又有南北之见存焉"。④

按照各人说法，似乎学部与地方各与会人员之间，对立极多。会议进程中的一些状况确实符合这种说法。诸如在议决程序上，学部原定提案条件由全体人员三分之一以上赞成，经各地会员商讨改为得30人以上之赞成即可作为议题，获得通过，即是各与会人员试图摆脱学部控制的一种表现。而在废除读经一事上，学部孙雄等人的表现，更是直接展现了学部与地方教育人士在教育趋向上的矛盾。不过，废除学堂读经议案的争论，并不仅仅是学部与地方各教育团体之间的观念差异。学部内部就是否提交该议案存在争议，说明学部内并不仅是主张读经的一面。而上述各地与会人员在讨论废除读经议案时，也有表示反对者，说明各地与会人员同样不是在主张上完全一致。

中央教育会历时近一月方宣告闭幕，议决案共12件，变通初等小学教育案不设读经讲经科即为其一（详见表5-1）。

---

① 《中央教育会议事成绩之评论》，《申报》1911年8月12日，第1张第3版。
② 《张会长之愤言》，《盛京时报》1911年8月9日。
③ 《学部不信教育会》，《申报》1911年8月21日，第1张第6版。
④ 吴学昭整理《吴宓日记》第1册，三联书店，1998，第117~118页。

表 5 - 1　宣统三年中央教育会议案

日　期	议　案	进行程度
六月廿二日	国库补助小学经费案	付审查
	试办义务教育案	议题成立，下次开会讨论
廿四日	续议试办义务教育案	付审查
	国库补助小学经费案	讨论未终局
廿六日	续议教育经费咨询案	付审查
	任免小学教员案	付审查
	军国民教育案	讨论未终局
廿九日	续议军国民教育案	付审查
三十日	再续国库补助小学经费案	讨论未终局
闰六月初二日	续再读国库补助小学案	再付审查
	审查报告任免小学教员案	众议展缓
	停止奖励案	议决实官出身一律停止
初三日	再读试办义务教育案	再付审查
初六日	再读教育经费咨询案	再付审查
初七日	再读军国民教育咨询案	讨论未终局
初九日	续再读军国民教育咨询案	讨论未终局
初十日	续再读军国民教育咨询案	全案通过
	三读国库补助小学经费案	全案通过
	三读试办义务教育章程案	全案通过
	统一国语案	讨论未终局
十一日	续统一国语案	付审查
	变通考试章程案	议决停止复试及毕业考试
十三日	三读教育经费案	全案通过
	振兴实业教育案	付审查
	各省开学务讨论会案	付审查
	初级师范改归省辖案	议决通过，不付审查
	各府州中学改归省辖案	付审查
十四日	补助各府厅州县小学教员养成所经费案	付审查
	改良师范课程案	付审查
	中学毕业生补习师范案	众议取消
十五日	变通初等小学教育案	议决小学以手工为必修科，不设读经讲经科

日　期	议　案	进行程度
十六日	再读各省学务讨论会案	全案通过
	再读统一国语案	全案通过
十七日	再读振兴实业教育案	全案通过
	再读中学改由省辖案	讨论未终局
十八日	再读国库补助小学教员养成所案	全案通过
	再读修改初级师范课程案	再付审查
	续再读中学改由省辖案	再付审查
	续变通初等小学教育案	议决男女同校

资料来源:《教育杂志》第 3 年第 7 期, 1911 年 8 月 4 日。

　　张元济在闭幕答词的言谈, 重申旧的教育内容已经不合时宜, 表达了新教育家对于立宪时期教育改良的期盼:"科举既废, 学堂初设之时代所定学制及课程规则, 在今日亦岂尚适用。良以我国政体既易专制为立宪, 而教育之宗旨自不能不随政体而转移, 则凡我昔时教育之法由专制递嬗而出者, 在今日不可不尽力扫除, 为拔本塞源之计, 庶可实行国民教育以固立宪之基础, 而张大我帝国之光荣。"希望学部能够顺应需要, 因时制宜地调整教育制度, "我国旧时之习尚果系善良不相凿枘, 自宜共为保存, 以表示我国国民之独立性质。其有不相应合、障窒特甚者, 则毋宁早为捐弃。取人之长, 补己之短, 以旧文明与新文明互相镕冶, 急起直追, 十年二十年, 或有可与列强比肩之一日"。①

　　然而, 经学与伦常之间的密切关系, 决定了废除小学堂读经一事并不仅是教育事项。唐景崇在闭幕时即对各决议案执行程度保留了余地, "拟将各项议案通行各省提学使, 揆诸本省情形, 妥拟试行之法, 如其间果有碍难遵行之处, 即行揭其理由, 申复本部, 以备核议缓行"。②

　　碍难随即到来, 中央教育会的议决案遭到抨击。刘廷琛奏中央教育会议废初等学堂读经讲经, 实属"离经背道, 荒谬绝伦"。③ 安徽道御史弹

① 《中央教育会闭会答辞》,《大公报》1911 年 8 月 19 日, 第 3 张第 2 版。
② 《学部不信教育会》,《申报》1911 年 8 月 21 日, 第 1 张第 6 版。
③ 《电一》,《申报》1911 年 8 月 18 日, 第 1 张第 5 版。

劾中央教育会议案奇邪，认为经书流传数千年，影响深远，"凡纲常名教，政治学问，无不包举"，"该会竟提议停止初等小学读经讲经，得到多数通过"。经书学习大抵皆根于童习之时，尤其合于时用，"今中国风俗人心沦没日甚，正赖有人维持正学，始足以拯溺起衰"。学生程度不合，不应成为废弃读经的理由。中央教育会此举是蔑孔废经，"该会员等皆执行教育之人，而所主张者，乃竟如此，究其终极必将去人伦无君子"。依之而行，则"此横议之祸所以较烈于猛兽洪水也"。①

摄政王载沣很快表达意见：中央教育会有人奏劾，所有议决各案着唐景崇妥核办理。② 学部不得不斟酌去取，没有将废除初等小学读经案等三件议决案咨送内阁。③ 初等小学停止读经讲经的议决案并未送出，说明废除小学堂读经一事很难获得全国性教育法令上的通过。学部虽然有了改革的意图，却很难付诸实施。或如严修所说："近年学部诸公勇于改革，又经中央教育会切实研究，朝士迂旧谈论，渐觉失势。但时艰太巨，祸至无日，欲待后来毕业人才，挽救垂危的世运，必无可及，惟有且尽人事而已。"④

整体来看，癸卯学制颁布后，经学融入学堂出现问题。而立宪时期，经学教育继续呈现被削弱的趋势，保存旧学与普及教育难以兼顾。清末预备立宪本身就是清廷进一步学习西方的尝试。虽然在晚清教育改革的过程中，官方希望纳科举于学堂，将经学作为各学根本，借以保存旧学和维持教化，然而，预备立宪时期的兴学进程，却逐渐背离了这一初衷。随着新政进程的开展，学习西方的程度加深，不可避免地会出现用彻底的西学办法整合旧学的要求，导致旧学呈现出衰微的局面。

随着趋新人士废除读经的舆论宣传和活动运作，学部为解决宪政时期教育问题成立的中央教育会，竟然通过了废除小学堂读经的议案。该案未获实行，废除学堂读经这一未竟之事，直至民初由蔡元培拟订新学制完成。

---

① 《掌安徽道监察御史端谨奏为中央教育会议案奇衺有妨学务请饬究正事》（宣统三年闰六月），中国第一历史档案馆藏，军机处录副奏折，03-7575-41，胶片号：562-2700。
② 《专电一》，《申报》1911年8月23日，第1张第4版。
③ 《学部议案已经送阁》，《大公报》1911年10月2日，第2张第1版。
④ 严修自订，高凌雯补，严仁曾增补《严修年谱》，第261页。

第二节　民初经学退出学制

辛亥之后，政体变革，从专制走向共和，教育宗旨也为之一变。因缘于民国首任教育总长蔡元培奠定大致框架的壬子、癸丑学制办法出台，经学退出学堂体系。详细探究这一事件，主导经学退出学制的民初教育部人事及相关政令的出台，与商务印书馆有着密切的关系。

经学退出壬子、癸丑学制，一方面继承了晚清以来用彻底的西学办法整合中学的革新主张，另一方面引发了民初诸多问题的出现。其在学堂和社会上另外形式的存在，仍旧争议不断。而经学退出，留下了道德培养的空白，无从填补。绝学化的倾向，也引起学人反思。时人在重建价值标准和道德准则的过程中，不断思考学校教育与经学的关系，并检讨以西洋系统条理中国固有学问的做法。

一　经学退出壬子癸丑学制

1915 年，蔡元培总结近代教育发展情况，将废除读经视作进步的重要方面，"学校之中，初有读经一科，而后乃废去，亦自千九百年以来积渐实行，亦教育界进步之一端也"。① 这番话直指民初学制相对于晚清学制的一大变革，随着临时教育通令以及壬子、癸丑学制办法的相继出炉，经学于民初退出学制，此后虽有波折，却终究无法再在学校体系中以专门分科立足。

作为民国初建时期的教育总长，蔡元培在学制出台的决策上，无疑有其重要的影响力。由此，民国时期的"历史意见"也多把蔡元培视作经学退出学制的"罪魁祸首"，似乎进一步坐实了蔡氏以个人之力致使经学退出民初学制的判断。这一结论影响了后人对于民初学制和教育情形的研究。然而，揆诸史料，经学退出民初学制的教育法令，名义上虽由蔡元培主持，但参与其事者不止一方，实际拟订者也另有人选，而相关人事与商务印书馆又有着密切的关系。随着对蒋维乔和陆费逵等人研究的深入，学

---

①　蔡元培：《1900 年以来教育之进步》，中国蔡元培研究会编《蔡元培全集》第 2 卷，第 369 页。

界开始注意到商务印书馆在人事上对于民初教育部决策的影响。① 但就民初经学退出学制这一事件上各人的态度、立场，以及背后蕴含的西学冲击下固有文化的价值与走向问题，仍然存在进一步探讨的空间。

1. 不设经学：南京临时政府时期的学制草案

经学于民初退出学制，与南京临时政府教育部的实际运作情况有很大关系。1912 年，南京临时政府成立，蔡元培担任首届教育总长。1 月 9 日，教育部成立。19 日，启用印信。② 教育部成立时的处境极为困难，既无办公地点，也无法处理详细事务。蔡元培与临时大总统孙中山商谈时，请求拨给屋舍办公，却被告知"办公房屋，须汝自找"。蔡元培连日寻觅，均无合适地点。幸而得到时在江苏都督府内务司任职的马相伯的帮助，借用该内务司的楼房三间，方才得以成立教育部，开启印信办公。但所谓办公也只是"例行公事亦至少，不过各省请问，加以答复而已"。③

开办条件虽然简陋，临时政府教育部却将新的教育方向逐渐确定下来，这与蔡元培主持下教育部的人事安排有关。蔡元培被任命为教育总长时，刚从欧洲留学回来，对于国内教育形式不免生疏，"去国多年，于近来教育情形，多所隔膜"，所以专门邀请在商务印书馆担任编辑的蒋维乔相助，请其"对于全部事务，无论大小，悉为计画之"。④ 蒋维乔应允之后，即向蔡元培建言变革学制，请立符合共和政体的教育，"现在改革伊始，军事未毕，实施教育，尚未其时，不过国体变更，前清《奏定学堂章程》，合乎帝制，不适于共和。各省已办之学校，值此新旧交替，将无所适从。宜一面先颁行通令，对旧制之抵触国体者去之，不抵触者暂仍之，

---

① 汪家熔在《陆费逵的教育思想与中华书局早年的崛起》（《中国图书商报》2001 年 4 月 5 日）中，指出陆费逵与民初教育部《普通教育办法暂行通令》颁布之间的关系。何宗旺也在《蒋维乔与中国近代教育》（《湖南师范大学教育科学学报》2003 年第 2 期）一文中，指出了在近代中国从传统教育向新式教育变革的过程中，蒋维乔是新教育制度确立的重要参与者，对近代教育改革产生过重要影响。一些外国学人也注意到晚清时期的中国教育家（顾实、何劲等人）在商务印书馆出版的《教育杂志》上就反对小学堂读经一事的讨论（参见 Benjamin A. Elman, *A Cultural History of Civil Examinations in Late Imperial China*, Berkeley: University of California Press, 2000, pp. 609 – 610）。

② 朱有瓛主编《中国近代学制史料》第 3 辑上册，第 80 页。

③ 蒋维乔：《清末民初教育史料（续）》，《光华大学半月刊》第 5 卷第 2 期，1936 年。

④ 蒋维乔：《从南京教育部说到北京教育部》，《教育杂志》第 27 卷第 4 期，1937 年 4 月 10 日。

以维现状。一面从速草拟新学制，为根本之改革，此乃教育部目前之责任也"。① 蔡元培对此建议极力称善，奠定了新的教育部拟订教育办法"迎合共和"的大方向。并在 1912 年 2 月发表《对于新教育之意见》，提出"忠君与共和政体不合，尊孔与宗教自由相违"，主张实行尚武、尚实、尚公、世界观及美育教育，预示着教育方针的重大调整。

用"抵触国体"与否的标准来界定旧有教育办法，自然否定了与旧政体、旧伦理密切相关的经学课程。由于方向确定，蒋维乔呈上的《普通教育暂行办法通令》14 条及《暂行课程标准》很快被蔡元培采纳，并刊登于《临时政府公报》，咨行各都督府，"民国既立，清政府之学制，有必须改革者。各省都督府或省议会鉴于学校之急当恢复，发临时学校令以便推行，具见维持学务之苦心，本部深表同情。惟是省自为令，不免互有异同，将使全国统一之教育界俄焉分裂，至为可虑。本部特拟普通教育暂行办法若干条，为各地方不难通行者，电告贵府，望即宣布施行。至于完全新学制，当征集各地方教育家意见，折衷至当，正式宣布"。14 条通令中，第 8 条即规定了小学读经科一律废止。

清季办学过程中虽饱受新教育家指摘却一直存而不废的经学学科，最终在民初暂行法令的规定下明文废除。据当事人回忆，暂行法令的影响力一直持续到 1922 年壬戌学制的颁布，"此区区十四条通令，革除前清学制之弊，开新学制之纪元，于全国教育停顿，办法纷歧之时，赖此通令得以维持，其影响实非浅显。……以后小学、中学、师范之课程，虽与此标准略有出入，然大体相类，直至十一年采取美国式，颁布新学制，此标准始失其效力"。②

按照经学在民初学校中的存续状况，蒋维乔的上述言语与史实大致没有偏差。但需要注意的是，这一暂行通令并非出自蔡元培的筹划。据蒋维乔声称，《普通教育暂行办法通令》的产生，是其与一群商务印书馆同人商定后的产物，"余乃于未进教育部前，在商务印书馆编译所与高梦旦、陆费逵、庄俞等计议，草定《普通教育暂行办法通令》十四

---

① 蒋维乔：《从南京教育部说到北京教育部》，《教育杂志》第 27 卷第 4 期，1937 年 4 月 10 日。

② 蒋维乔：《从南京教育部说到北京教育部》，《教育杂志》第 27 卷第 4 期，1937 年 4 月 10 日。

条，预备到部后发表"。① 陆费逵的回忆验证了这一说法，"我与蒋竹庄商定一稿，即元年一月所颁之暂行办法及四条通电。其内容大体根据我三年中所研究的结果，如缩短在学年限（中小学改为共十二年），减少授课时间，小学男女共学，废止读经等，均藉蔡先生采纳而得实行，其愉快为何如也"。②

因各人主观感情的不同，事实的回忆常不免依据个人立场而做出不同程度的放大或缩小，但比照两人言论，商务印书馆与民初经学退出学制无疑有着直接的关联。参与拟订这一草案的商务印书馆陆费逵、庄俞等人，大都奉行西式教育观念，晚清时已积极提倡废除学堂读经。在清季商务印书馆所出的《教育杂志》上，陆费逵的《小学堂章程改正私议》和庄俞的《论学部之改良小学章程》都直接提出了废除小学堂读经的主张。蒋维乔也在商务印书馆另一刊物《东方杂志》上撰文表达了类似观点。

由众多清季即已主张废除小学堂读经的趋新教育家操刀，临时政府暂行教育办法通令自然不会再在学校教育中给经学分科留下存在的空间。相关主张在南北和谈后通过新学制的颁布得到了进一步实现。继承通令大意的壬子、癸丑学制，最终在章程条文中明确将经学分科废除。而自暂行通令到新学制的颁布实施，早期有着商务印书馆背景的蔡元培起到了衔接的作用。

不过，当时蔡元培为自己在教育部延揽的帮手，并非全部同意废除读经。马一浮极受蔡元培赏识，被邀请担任教育部秘书长。马一浮赴任后，不足三周即向蔡元培请辞，"我不会做官，只会读书，不如让我回西湖"。所谓不会做官，不过是推托之词，马一浮后来在解释自己为何离职时，透露了蒋维乔等人废除读经的教育主张是重要原因：

> 南京临时政府收罗人望，拟以（汤寿潜）为交通总长，以蔡子民长教育。蔡君邀余作秘书长，余至而废止读经、男女同学之部令已下，不能收回，与语亦不省。又劝设通儒院，以培国本。聚三十岁以

---

① 蒋维乔：《从南京教育部说到北京教育部》，《教育杂志》第27卷第4期，1937年4月10日。

② 陆费逵：《改良国语教授案》，吕达主编《陆费逵教育论著选》，人民教育出版社，2000，第392页。

下粗明经术小学，兼通先秦各派学术源流者一二百人，甄选宁缺勿滥，优给廪饩，供给中外图籍，延聘老师宿儒及外国学者若干人，分别指导。假以岁月，使于西洋文字精通一国，能为各体文词，兼通希腊、拉丁文，庶几中土学者可与世界相见。国本初张，与民更始，一新耳目。十年、廿年之后，必有人材蔚然兴起，此非一国之幸，亦世界文化沟通之先声也。蔡君河汉吾言，但云时间尚早，遂成搁置，而余亦去。时方议定学制，欲尽用日本规制为蓝本，为荐叶左文、田毅侯为备参订，亦不能听。使通儒院之议见用，于今二十六年，中国岂复至此？今则西人欲治中国学术者，文字隔碍，间事迻译，纰缪百出，乃至聘林语堂、胡适之往而讲学，岂非千里之缪耶？①

就这番话来看，马一浮于民国初建时期，在教育主张上与当时蔡、蒋等人所定的兴学办法大相径庭：其一在于民初的学制草案，在蒋维乔等人的筹划下废除读经，违背了他的本意，赴部之初就已然受此打击，后虽试图劝说蔡元培推翻此草案，而不被采纳；其二在于他劝设通儒院，希望借此培养中西兼通的高等专门人才，保存旧学，同时可以沟通中西文化，也被正在筹谋"适应共和"教育的蔡元培婉拒。在认清自己与教育部主事人员在教育主张上的差异后，马一浮才有了离职的决定。这使得教育部推行废除读经一事，更加畅通无阻。趋新教育家的意见被采纳实施，在民初学制中完成了以西学办法对传统学问的进一步改造。

按照商务印书馆同人所拟暂行办法大意，民初的教育部职员开始了草拟学制的工作。在蔡元培的主持下，东西洋留学生召集一处，各就所长，分别撰拟各规程，"初时志愿甚宏，拟采欧美各国之长，衡以本国国情，成一完善之学制。然当时留学回国之人专习教育者少，不能窥见欧美立法之精神，译出文件泰半不合用。且欧美制终不适于国情，结果仍多采取日本制，就本国实际经验参酌定之，计临时政府为时三个月，部中学制章案亦大体告成"。② 临时政府三个月结束，学制草案也基本大略完成，奠定

---

① 《马一浮先生语录类编·师友篇》，丁敬涵校点《马一浮集》第 3 册，浙江古籍出版社、浙江教育出版社，1996，第 1084 页。

② 蒋维乔：《从南京教育部说到北京教育部》，《教育杂志》第 27 卷第 4 期，1937 年 4 月 10 日。

了壬子、癸丑学制的大致框架。

2. 正式退出：北洋政府时期新学制的出炉

1912 年 2 月 12 日，溥仪退位。两个月后，经过袁世凯的筹谋，孙中山卸任临时大总统，参议院议决临时政府迁往北京。蔡元培仍被任命为教育部总长，到北京任事。蔡元培陆续发出文电，延揽袁希涛、蒋维乔、王云五等人入教育部任职。4 月 26 日，教育总长蔡元培、次长范源廉均到任。北京教育部开始运作。① 除了派员接管学部等旧有教育事项外，主要围绕颁定教育宗旨和拟订壬子、癸丑学制等主题展开工作。

由于与北京教育部在人事上的部分重合，临时政府时期的教育方针被延续下来。蔡元培向参议院做宣示政见的演说，重申了共和教育的主张。在"顺应时务"的考虑下，② 新的教育方针继承了《普通教育暂行办法通令》废除学堂读经的主旨，并在废除小学堂读经的基础上，进一步提出经学分科从学校教育各阶段的完全退出。据当时的记者报道，蔡元培在教育谈话中明确否定了经学作为一门独立分科的存在，"旧学自应保全，惟经学不另立为一科。如《诗经》应归入文科，《尚书》、《左传》应归入史科也"。③ 即采取彻底的西式学科设置办法，将中学"肢解"。经学不再作为独立的分科，而是比照西学分科，择其相近者并入。

在蔡元培屡次强调之下，学校不再设立经学分科的主张很快为人获悉。部分学堂筹谋改变，以迎合新的教育趋向。舆论传出京师大学堂召开教员会议商讨学科改良办法，教员们筹划将经、文两科合并为国学科，所学内容也大有更动。④

教育部一切事宜走上轨道后，蔡元培离职。继任教育总长范源廉坚持了蔡的主张，并通过召开临时教育会议的办法，将南京临时政府时期草拟的各项教育法令正式颁布并加以执行。1912 年 7 月 10 日至 8 月 10 日，临时教育会议召开。议决要案 23 件，由教育部陆续公布施行。尚未去职的蔡元培在开幕时发言，阐释了民国教育和晚清教育在内容和宗旨上的不

---

① 《教育杂志》第 4 年第 2 期，1912 年 5 月 10 日。
② 《教育总长蔡元培莅参议院宣示政见之演说》，《教育杂志》第 4 年第 3 期，1912 年 6 月 10 日。
③ 《教育总长之教育谈》，《教育杂志》第 4 年第 2 期，1912 年 5 月 10 日。
④ 《京师大学堂近况》，《教育杂志》第 4 年第 2 期，1912 年 5 月 10 日。

同，再次强调了普通教育应废除读经。提出中国政体既然更新，社会上一般思想亦应随之改革，而经学课程不应再存在于新式教育中，"我中国人向有一弊，即是自大，及其反动，则为自弃。自大者，保守心太重，以为我中国有四千年之文化，为外国所不及。……普通教育废止读经，大学校废经科，而以经科分入文科之哲学、史学、文学三门，是破除自大旧习之一端"。①

自此直至 1922 年壬戌学制颁布期间，各种教育措施大多由此产生。经会议讨论通过的教育宗旨，于 9 月 2 日由教育部颁布实行，其内容为："注重道德教育，以实利教育、军国民教育辅之，更以美感教育完成其道德。"② 这一宗旨与晚清教育宗旨相比，尚武、尚实两条有相似之处，忠君、尊孔内容则被完全删去。

在会议讨论通过的学制系统案基础上，9 月 3 日，教育部正式颁布《学校系统令》。至 1913 年又陆续公布《小学校令》、《中学校令》、《师范教育令》、《专门学校令》、《大学令》、《小学教则及课程表》、《中学校令施行规则》、《师范学校规程》、《高等师范学校规程》、《公私立专门学校规程》、《大学规程》、《实业学校令》等法令，对各级各类学校的办学宗旨、课程设置、教职员任用、经费及管理运作都做出了具体规定，形成了一个取代晚清癸卯学制的新学制系统，又被称为壬子、癸丑学制。

从教育内容来看，壬子、癸丑学制规定下的普通教育、师范教育以及实业教育，都不再专设经学独立分科。普通教育各阶段明确删去经学课程。中等教育与初等教育阶段所讲内容，均不再规定以经学为根本。原本取材于经学的修身、国文等课程，教授内容也与经学剥离开来。至于高等教育阶段，大学文科分为哲学、文学、历史学、地理学四门。经学没有成为独立的分门，而是比照西学分科办法，整合到哲学、文学与史学三门中：《周易》、《毛诗》、《仪礼》、《礼记》、《春秋公·穀传》、《论语》、《孟子》、《周秦诸子》、《宋理学》划归到哲学门下中国哲学，说文解字及音韵学、尔雅学、词章学划归为文学门下国文学，《尚书》、《春秋左传》则划归为历史学门下中国史，《周礼》则划为历史学门下法制史。③

①　《临时教育会议日记》，《教育杂志》第 4 年第 6 期，1912 年 9 月 10 日。

②　《教育部公布教育宗旨令》，《教育杂志》第 4 年第 7 期，1912 年 10 月 10 日。

③　朱有瓛主编《中国近代学制史料》第 3 辑下册，第 4~5 页。

在壬子、癸丑学制的影响下，民初一些地方开始大范围禁读经书。湖南省撤销各学孔圣牌位，焚经禁经。山东即墨因学校读经，逮捕教员至十余人。四川民政长谓孔教会煽惑小学读经，应即严禁。川东视学员洪百川视学各校，见有经书立即扯碎。川南视学员易光埔禁各家以经书教子弟，并不准书肆售卖经书。①

与清季癸卯学制相比，民初的壬子、癸丑学制将中小学校经学课程彻底取消，代之以西学和新公民必须生活技能等相关课程。大学以上的经学课程也被肢解到哲学、文学、史学中去。中学被更彻底地按照西学的办法分解组合，消化到各西学分科之中。清季"中体西用"的办学方案随之破产，因为作为本体的中学已经支离破碎，找不到存在了。这一调整基本奠定了后来的发展趋势。参与其事的蔡元培、蒋维乔等人，成为经学退出学制的"始作俑者"。

二　洪宪前后的读经重现

袁世凯称帝时期的政策法规，多被冠以"反动"字眼。然仅仅以是非做判断，难窥全貌，容易忽略历史的细节。洪宪时期经学课程的再次出现，有其对民初经学退出后遗留问题的思考。对于壬子、癸丑学制的修订，出现了对于经学教育新的规划。

1. 对新学制的质疑

民初壬子、癸丑学制颁布，因为教育部的人事安排以及主事者旨在建立适应共和的教育体制，而使经学退出学制。然而，废除经学在学堂体系中的存在并非一条坦途。民初教育部的做法遭到了一些舆论的批评，出现了主张学堂恢复读经的声音。

民初教育部初建，已有诸如马一浮反对经学退出的部员。在议决教育法令的临时教育会议上，围绕孔子的相关议案也出现争议。1912 年 7 月 12 日，"学校不拜孔子案"几经讨论，最终议决不成立。原案提出，因清代学堂管理通则有拜孔子仪式，而孔子非宗教家，"教育与宗教不能混合为一，且信教自由为宪法公例，不宜固定"，主张废除拜孔子。这遭到与

---

① 《孔教会致倪嗣冲函》，中国第二历史档案馆编《中华民国史档案资料汇编》第 3 辑《文化》，第 22 页。

会人员的反对，认为若将该案明白宣布，势必引起社会争议，建议只于学校管理规则内删除此条，实则不同意明白废除的建议，最终议决此案不成立。7月29日，因学堂庆贺节日的仪式规则审查报告删去孔子诞日行祝贺式，再起争议。少数议员以为有失尊孔之意，更有人提出孔子诞日宜开纪念会加以郑重。几经争论，最终不得不变通办法，"决议加括弧内载如孔子诞语等数字调停之"。让会议记录人员慨叹"足见社会尊孔之所在矣"。①

时任北京大学校长的严复也不主张将经学一科彻底删除，建议把经科并入文科，"以为完全讲治旧学之区，用以保持吾国四五千载圣圣相传之纲纪彝伦道德文章于不坠。且又悟向所谓合一炉而冶之者，徒虚言耳，为之不已，其终且至于两亡。故今立斯科，窃欲尽从吾旧，而勿杂以新；且必为其真，而勿循其伪。则向者书院国子之陈规，又不可以不变，盖所祈响之难，莫有逾此者"。并筹划了具体的人事安排，"其不瞠然于吾言者，独义宁陈伯子。故监督此科者，必得伯子而后胜其职。而为之付者，曰教务提调，复意属之桐城姚叔杰。得二公来，吾事庶几济，此真吾国古先圣贤之所有待，而四百兆黄人之所托命也"。②

不赞成废除经学一科者不在少数。孙雄在清季中央教育会的讨论上即已反对废除小学堂读经。辛亥革命后，他认为政体纵有变更，而经正民兴之理，则没有变化，"非明伦无以立国，非读书无以明伦"，故编《读经救国论》六卷，"曰政治，曰伦理，曰理财，曰教育，曰兵事，曰外交。均于经文之下，节录汉宋诸子暨近代耆儒学说，复附己意以申之"。③姚文栋也认为"尊孔将以复经，复经所以明伦，人伦明而圣功毕。圣人，人伦之至也"，反对废经，并创立学古社。④陈衍对辛亥后的废经废孔言论严词以斥，"孔子圣之时，赞《易》则言革命，《礼运》则表大同，悟不知者，乃于孔教有违言，可谓失之毫厘，谬以千里"。并在编纂《福建通志》时别立《儒行传》，以示对于庸德庸言之敦崇。⑤

在倡设孔教会等尊孔社团的过程中，时人同样阐发了对于壬子、癸丑

①　《临时教育会议日记》，《教育杂志》第4年第6期，1912年9月10日。
②　严复：《与熊纯如书·三》，王栻主编《严复集》第3册，第605页。
③　俞寿沧：《常熟孙吏部传》，卞孝萱、唐文权编《辛亥人物碑传集》，第724页。
④　许汝棻：《景宪先生传》，卞孝萱、唐文权编《辛亥人物碑传集》，第733页。
⑤　唐文治：《井陈石遗先生墓志铭》，卞孝萱、唐文权编《民国人物碑传集》，第680页。

学制废除经学学科的不满。1912 年 12 月，陈焕章等在呈请孔教会立案并提交开办简章中，强调以"昌明孔教、救济社会"为宗旨，提出要诵读经传以学圣人。将会务分为讲习、推行两部，讲习部具体分设经学、理学、政学、文学四类。① 1913 年，陈焕章、梁启超、严复等人向参议院和众议院提交了《孔教会请愿书》，重提经学的重要，"一切典章制度、政治法律，皆以孔子之经义为根据。一切义理学术、礼俗习惯，皆以孔子之教化为依归"。② 同年，廖道传上书大总统等，请尊孔教为国教，并建议恢复经学课程，"学校教授，酌存经学，大学本科，仍设经学专科，召集通儒，厘正经义，俾适教授"。③

　　孔教会对于教育部的教育政策明显不满，以至于有观点认为，孔教会成立的初衷就是由于民初学制"荒经蔑古"，"民国改建，首停孔祀，废孔经，毁孔庙，同人鉴此，惧国将不保，种亦沦亡，发起孔教会"。④ 美国基督教北长老会的丁义华也持类似观点，"原国教之说之所由起，实种因于二年以前，民国第一任临时内阁教育总长蔡元培，逞其一偏之心思，欲为惊人之创举，昌言曰废孔"。⑤

　　倡办人陈焕章把废弃孔教的源头指向民初教育改革："小学不读四书，大学不读五经，则废孔教之经典矣；春秋不释奠，望朔不释菜，文庙无奉祀之官，学校撤圣师之位，则废孔教之祭祀矣；破坏文庙，烧毁神主，时有所闻，乃至内务、教育两部，亦甘为北京教育会所愚弄，而夺圣庙之学田，则废孔教之庙堂矣。"认为新学制废除经学并不符合共和原理，"夫国民不欲废孔教，而政府甘冒不韪，悍然废之，此不合于共和原理者实甚"。⑥

---

① 《王人文等致大总统呈》，中国第二历史档案馆编《中华民国史档案资料汇编》第 3 辑《文化》，第 57 页。

② 《孔教会请愿书》，《民国经世文编·宗教》，沈云龙主编《近代中国史料丛刊初编》第 50 辑，第 5120～5121 页。

③ 《廖道传请尊孔教为国教上大总统等书》，中国第二历史档案馆编《中华民国史档案资料汇编》第 3 辑《文化》，第 49 页。

④ 《孔教会致倪嗣冲函》，中国第二历史档案馆编《中华民国史档案资料汇编》第 3 辑《文化》，第 22 页。

⑤ 丁义华：《教祸其将发现于中国乎》，《民国经世文编·宗教》，沈云龙主编《近代中国史料丛刊初编》第 50 辑，第 5147 页。

⑥ 陈焕章：《论废弃孔教与政局之关系》，《民国经世文编·宗教》，沈云龙主编《近代中国史料丛刊初编》第 50 辑，第 5088 页。

所以孔教会极力提倡恢复学堂读经，康有为 1913 年致信教育部，提出从培养人伦的角度出发，学校不能废除经学课程，"既已废孔，小学童子，未知所教，俟其长成，未知犹得为中国人否也，抑将为洪水猛兽也"。[1] 并在 1916 年在浙江的演说中，提出彼时学校用的西学教科书，与中国古来文化、国民生活都属方不对症，恢复小学读经是民初当务之急，"孔教之精华在经，故小学读经，尤为当务之急"。并强调是出于旧学保存和教化的需要，"回国之后，考查所得中学，已日就荼蔽，西学则仍多故步，数年之后，读书者日益少，离经叛道者日益多。欲祛其弊，惟有昌明经训，使之敦品励行，以维持于不蔽而已"。[2]

当时舆论还试图借鉴日本教育界硬教育和软教育的理论，论证读经的可行性。日本汉学家远藤隆吉认为日本藩阀时代寺子屋教育令学生谙读四书五经，效果非常好，明治维新时期伟大人物多由此而出，谓为硬教育。而新时代的学校教育教材简单，又考虑开发儿童兴趣，以致养成儿童畏难苟安，谓为软教育。该说一度影响中国，认为不能仅从儿童兴趣出发，经学课程作为硬教育，对于学生能力和道德的培养有一定好处。[3]

孔教会成立之初，不少都督或民政长官通电表达支持。鉴于废除读经后社会出现的问题，以及孔教会的影响，各地尊孔之风一度高涨，学校读经的问题也屡被讨论。倪嗣冲提出重新恢复读经，"今学堂不重读经，乱之所生，即病之所入也。果能改良，以读经为本，以余力习有用之科学，即戡乱之上策，治病之良方也"。吁请袁世凯饬教育部改良教法，大学、中学校、小学校均严读经之令，并鼓励自行延师专课四书、五经，以补官学所不及。[4] 在此背景下，民初学制办法发生了短暂的变化。

2. 昙花一现的"读经复活"

袁世凯未发动帝制以前，时任教育总长的汤化龙曾建议一定程度上恢复读经，将经训编作修身或国文课程，不另设经学一科。在他看来，民初学制废除读经，引发了道德堕落的危机，"比年以来，我国教育界所最滋

---

① 康有为：《复教育部书》，汤志钧编《康有为政论集》，中华书局，1981，第 863 页。
② 康有为：《在浙之演说》，汤志钧编《康有为政论集》，第 953 页。
③ 参见蒋维乔《论硬教育与软教育》，《教育杂志》第 5 年第 9 期，1913 年 12 月 10 日。
④ 《倪嗣冲呈请大总统提倡经学教育的有关文件》，中国第二历史档案馆编《中华民国史档案资料汇编》第 3 辑《文化》，第 17 页。

物议者，靡不以道德堕落，少年徒逞意气，无以为之准绳。忧时之士，思而不得其故"。并提出两种挽救办法：第一，中小学校读经，"俾圣贤之微言大义，浸渍渐深，少成若性，此厚根柢之说也"；第二，定孔教，"以孔子为国教，一切均以宗教仪式行之，俾国民居于教徒之列，守孔子之言行如守教诫，此崇信仰之说也"。①

不过汤化龙并不主张设立经学专门分科，而是在中、小学校修身或国文课程中采取经训，"一以孔子之言为旨归，其有不足者，兼采与孔子同源之论，以为之为辅"。并厘定教授要目，"自初等小学以迄中学，其间教材之分配，条目之编列，均按儿童程度循序引申"。希望崇经、尊孔两利俱存。②

上述办法的提出，涉及编纂经书的问题，被倪嗣冲等人指责为侮乱圣经："夫作者谓圣，述者谓明，以孔子之圣，尚不敢以作者自居，而自附于述古之划。"认为经训渊深，茫无涯涘，"穷汉宋诸儒，数十百辈之钻研，尚未克深究其蕴奥"。而部员取经籍抉择去取，"是其圣直出于孔子之上也。若夫删节经文，割裂章句，上侮圣言，下误后学"。③ 反对采经训编入教科的做法，主张经学的独立地位。最终国务卿徐世昌径由政事堂制定教育纲要，重新确立读经课程。④

1915 年 2 月颁布的《特定教育纲要》将经学重新规划进学校："中小学校均加读经一科，按照经书及学校程度分别讲读，由教育部编入课程，并妥拟讲读之法，通咨京外转饬施行。"各阶段学堂增设经学课程，规定读经办法，初等小学读《孟子》，高等小学读《论语》，中学校节读《礼记》与《左氏春秋》。大学设经学院，按经分科。又令各省设立经学会讲求经学，为入经学院之预备，兼为中小学校培训经学教员。⑤ 并新定教育

---

① 《教育为订定崇经尊孔教育方针致大总统呈》，中国第二历史档案馆编《中华民国史档案资料汇编》第 3 辑《文化》，第 33～34 页。
② 《教育为订定崇经尊孔教育方针致大总统呈》，中国第二历史档案馆编《中华民国史档案资料汇编》第 3 辑《文化》，第 34 页。
③ 《倪嗣冲致蔡儒楷函》，中国第二历史档案馆编《中华民国史档案资料汇编》第 3 辑《文化》，第 20 页。
④ 《郑鹤声先生的意见》，龚鹏程主编《读经有什么用：现代七十二位名家论学生读经之是与非》，第 123 页。
⑤ 《1915 年 1 月：袁世凯特定教育纲要》，朱有瓛主编《中国近代学制史料》第 3 辑上册，第 43～53 页。

宗旨，为爱国、尚武、崇实、重自治、戒贪争、戒躁进、法孔孟。加入"法孔孟"的尊经条文，显示了与民国初建时教育方针的不同。① 此后，教育部开始修订各学堂设学办法，将经学加入。

彼时恢复学校读经，并非没有考量。王闿运曾提醒袁世凯注意新式学校存在的问题，"今之弊政在议院，而根由起于学堂。盖椎埋暴戾，不害治安，华士辩言，乃移风俗。其宗旨不过弋名求利，其流极乃至无忌惮。此迁生所以甘跧伏而闭距也"。② 袁世凯政府也认识到读经久为新旧学者争论。主张不读经书者，就儿童心理、教材排列与道德实用而论，"经书诚有不能原本逐读之理由"。主张经书应读者，为道德教育计，为保存民族立国精神计，"经书亦有读之理由"。两相权衡，提出读经课程仍宜变通存在，"现在删经编经之事既不能行，惟有仿照外国宗教专科办法，列为专科。《论语》、《孟子》仍读原本。《礼记》、《左传》可从节读。其讲授之法，亦应参考外国教授宗教之法，曲为解释，以期与现今事实上不生冲突，而数千年固有道德之良将及沦丧之时，要可借此重与发明，以维持于不敝"。③

《特定教育纲要》规定了经学课程的内容和程度，鉴于修身科教德行而不能收德育之效，而《论语》、《孟子》等经书于家庭、社会、国家之道德行为无不具备。所以国民小学，"应于修身一科外，另设读经一科以补其不足"。因为经义奥深，《论语》又较《孟子》为深，初等小学校学生读经办法按照年龄划分，年在七八岁者在第三、四学年讲读《孟子》，其年龄九岁以上者仍于第一、二学年讲读。高等小学校学生则自第一学年起即读《论语》。限定各学校不得借口读经，锐减其他各科教授时间。读经时间以学生毕业读完《论语》、《孟子》为准。中学校《礼记》节读，如《曲礼》、《少仪》、《大学》、《中庸》、《儒行》、《礼运》、《檀弓》等篇限定选读，其余篇章由教育部选定。《左氏春秋》节读。④

1915 年底至 1916 年初，陆续发布的《国民学校令》、《高等小学校令》、《预备学校令》等各项学校令，完成了对壬子、癸丑学制的初步修

---

① 《袁世凯颁定教育要旨》，朱有瓛主编《中国近代学制史料》第 3 辑上册，第 97～107 页。
② 钱基博：《王闿运》，卞孝萱、唐文权编《民国人物碑传集》，第 415 页。
③ 璩鑫圭、唐良炎编《中国近代教育史资料汇编·学制演变》，第 753 页。
④ 璩鑫圭、唐良炎编《中国近代教育史资料汇编·学制演变》，第 752～753 页。

订。经过这次调整，民初确立的学制办法被改变。初等小学校改为国民学校（4 年）、预备学校（前期 4 年，后期 3 年）两种。前者为纯受义务教育者而设，办理简便，毕业生可入预备学校后期第一学年；后者为志在升学者而设，办学完备。

依据各学校令规划的设学办法，国民学校、高等小学校以及师范学校读经课程基本依照《特定教育纲要》制定。国民学校和高等小学校强调读经在使儿童熏陶圣贤正理，兼以振发爱国精神。教员讲经务期平正明显，切于实用。① 分设男、女两种的师范学校，经学课程强调讲明中国古先圣哲相传人伦道德之要，尤其注意家庭、社会与国家的关系，以期本经常之道，适应时世之需。②

讲读经书的内容，国民学校讲授《孟子》大义，高等小学校讲授《论语》大义。③ 师范学校男校规定讲经宜先就《论语》、《孟子》全文中之合于儿童心理及其学年程度，简明诠释；次即节取《礼记》中之《曲礼》、《少仪》、《内则》、《大学》、《儒行》、《檀弓》等篇，《春秋左传》中之大事纪载，撮要讲解。并研究高等小学校及国民学校读经教授法，不得沿袭旧日强为注入之习。女子师范学校调整为《春秋左传》可略。④

根据颁布的《国民学校令施行细则》、《高等小学校令施行细则》，国民学校和高等小学校经学教育的内容和钟点安排见表 5 - 2。

表 5 - 2　国民学校与高等小学校经学课程

	第一学年		第二学年		第三学年		第四学年	
	每周教授时数	教学内容	每周教授时数	教学内容	每周教授时数	教学内容	每周教授时数	教学内容
国民学校（四年）					3	孟子	3	孟子
高等小学校（三年）	3	论语	3	论语	3	论语		

资料来源：依据《教育部公布国民学校令施行细则》、《教育部公布高等小学校令施行细则》制表，璩鑫圭、唐良炎编《中国近代教育史资料汇编·学制演变》，第 786～806 页。

---

① 璩鑫圭、唐良炎编《中国近代教育史资料汇编·学制演变》，第 787、798 页。
② 朱有瓛主编《中国近代学制史料》第 3 辑下册，第 439 页。
③ 璩鑫圭、唐良炎编《中国近代教育史资料汇编·学制演变》，第 787、799 页。
④ 朱有瓛主编《中国近代学制史料》第 3 辑下册，第 439～440 页。

与清末小学堂读经讲经课程的规定相比，有了很大的简化。清末自宣统年间调整学制办法后，初等小学堂讲读《孝经》、《论语》，高等小学堂讲读《大学》、《中庸》、《孟子》、《诗经》与《礼记》节本。而国民学校此时规定只读《孟子》，高等小学校仅读《论语》，说明洪宪时期经学课程的拟订，受到"勿令儿童苦其繁难"教育观念的影响。而此时师范学校的读经课程，则将清末小学堂所习的《论语》、《孟子》、《礼记》（节选数篇），以及清末中学堂所习的《春秋左传》中的大事纪载（女子师范学校《春秋左传》则可略去）拿来授受。并再三强调简明诠释和撮要讲解，不得强为注入，说明相较晚清学制规定，表面看起来此时师范学堂授受内容增加，实际程度则有所降低。

新订读经办法以西学视角作为衡量标准的意味更加浓厚。经学教育强调"以期本经常之道，适应时世之需"，融入对家庭、社会与国家关系的关注。师范学校调整晚清学制按书讲学的办法，强调师范学校应研究各小学校读经教授法，经学看似得到注重，实则已与其他学科等量齐观。

洪宪前后的学制调整，对壬子、癸丑学制的修订尚未完成，经学教育的细则未能全部出炉，各学校经学课程也没有完成衔接，即随着袁世凯的死去而被迅速取消。1916年，新任教育总长范源廉表态撤销袁氏政府颁布的《特定教育纲要》，恢复执行民国元年的教育方针，"民国五年九月，由国务院议决撤消"。[1] 经学教育经过短暂的回流，再次撤出学校体系。1922年仿照美国设学办法拟订的壬戌学制，没有考虑读经。1925年，段祺瑞执政时期，章士钊担任教育总长，虽部议决定读经，但在章士钊因事去职后，议案没有公布。1931年的南京国民会议，刘守荣提议定经书于教科书中，"自高小至初中，列为普通科，专取有裨心身伦理而浅近易行者。自高中至于大学，则列为专门，占文科之一系"，[2] 也未获施行。

洪宪时期的经学教育回流，为教育界敲响警钟。作为民初学制改革办法拟订者的蒋维乔撰写了《教育大政方针私议》，认为尊崇孔学以为道德

① 《郑鹤声先生的意见》，龚鹏程主编《读经有什么用：现代七十二位名家论学生读经之是与非》，第120页。

② 《郑鹤声先生的意见》，龚鹏程主编《读经有什么用：现代七十二位名家论学生读经之是与非》，第120～121页。

教育之本的说法，不过"饰一孔学之假面具，以上下相蒙耳!"① 强调读经对于学生能力和道德的培养都没有好处，"欲施诸小学万万不能行"。②

而舆论将尊孔读经与复辟帝制联系起来，加以批判。陈独秀批驳袁世凯尊孔，"照孔圣人的伦理学说、政治学说，都非立君不可。所以袁世凯要做皇帝之先，便提倡尊孔"。③ 认为尊孔读经与复辟有着必然的联系，"袁世凯之废共和复帝制，乃恶果非恶因；乃枝叶之罪恶，非根本之罪恶。若夫别尊卑，重阶级，主张人治，反对民权之思想之学说，实为制造专制帝王之根本恶因"。建议思想界要将根本恶因铲除净尽，否则，"无数废共和复帝制之袁世凯，当然接踵应运而生"。④ 李大钊则认为国民教育以孔子之道为修身大本，"不啻将教授自由、言论自由、出版自由、信仰自由隐然为一部分之取消，是必有大奸慝怀挟专制之野心者，秘持其权衡。而议坛诸公，未能烛照其奸，诚为最可痛惜之事"。⑤ 吴虞提出："儒教最为君主所凭藉而利用，此余所以谓政治改革而儒教家族政治制度不改革，则尚余此二大部专制，安能得真共和也!"⑥

新文化学人并不认同旧道德的存在价值。胡适认为古人视作真理的三纲五伦，在古代社会还有点用处，"但现在时势变了，国体变了……古时的天经地义现在变成废语了"。⑦ 学人对于封建礼教批判的言论增多，鲁迅撰写《狂人日记》，表达了对封建礼教的控诉。吴虞直接以《吃人与礼教》为题批判封建旧道德，强调封建伦理不过在把中国弄成一个"制造顺民的大工厂"。⑧

否定旧学道德后，新文化学人又发动文学革命，给经学教育致命的一击。主张"要少——或者竟不——看中国书，多看外国书"。⑨ 陈独秀认

① 蒋维乔：《教育大政方针私议》，《教育杂志》第5年第8期，1913年11月10日。
② 蒋维乔：《论硬教育与软教育》，《教育杂志》第5卷第9期，1913年12月10日。
③ 陈独秀：《尊孔与复辟》，任建树等编《陈独秀著作选》第1卷，上海人民出版社，1993，第441页。
④ 陈独秀：《袁世凯复活》，任建树等编《陈独秀著作选》第1卷，第239~240页。
⑤ 李大钊：《宪法与思想自由》，《李大钊文集》（上），人民出版社，1984，第244~245页。
⑥ 吴虞：《谈〈荀子〉书后》，赵清、郑城编《吴虞集》，四川人民出版社，1985，第110页。
⑦ 胡适：《实验主义》，季羡林主编《胡适全集》第1卷，安徽教育出版社，2003，第295页。
⑧ 吴虞：《说孝》，《吴虞集》，第172页。
⑨ 鲁迅：《青年必读书》，《鲁迅全集》第3卷《华盖集·华盖集续编·而已集》，人民文学出版社，1956，第9页。

为，"全部十三经，不容于民主国家者盖十之九九，此物不遭焚禁，孔庙不毁，共和招牌，当然挂不长久，今之左袒孔教者，罔不心怀复辟"。①主张废孔学，要先废汉字。强调输入新思想，提倡白话文。胡适的《文学改良刍议》以文学进化立论，发起文学革命，认为古老的东西已经不符合清季生活，那么不应继续存在。1916 年开始，白话文取代文言文的改革加速。1920 年教育部通令全国，自秋季开始，限定国民小学一、二年级的教材使用白话文。至 1922 年壬戌学制颁布，小学大都改用白话文教材，使用白话教学。既有研究指出，"自此，十三经为首的中国传统教育内容和学术经典在中小学课堂上消失。而高等教育阶段，各大学相继设立中国语言文学专业，只有设立了古典文献专业的，才有可能作为必修课学习"。②

随着新文化学人将民主共和与尊孔复古视作对立的两面，经学更难以在学校教育系统内立足。此后舆论，大都以读经视作冒天下之大不韪，如下所述：

> 数千年中，君主之制度未变，故读经之作用甚大；今当民国，经中所载之道，多与国体相违，民国元年令废各校读经，未为非也。反之，如有野心家，欲帝制自为，变人民为一姓一家驯顺之臣妾，则读经势所必行，无待讨论。故当伪洪宪时代，曾通令各级学校读经矣。③

这种观念随着新文化运动影响的扩大得到延续，④"读经"被视作逆流，再也无法进入学制。在整体国家教育的层面上，经学终至退出。各地或偶起风浪，如湖南、广东等地曾令中小学读经，却无法改变整个学制规划。

---

① 陈独秀：《答钱玄同世界语》，任建树等编《陈独秀著作选》第 1 卷，第 320 页。

② 郭军：《近代国学教育之困——国粹派教育思想研究》，博士学位论文，华东师范大学，2010。

③ 《方天游先生的意见》，龚鹏程主编《读经有什么用：现代七十二位名家论学生读经之是与非》，第 224 页。

④ 有学人提出，后人对于五四的理解从政治层面转向文化层面时，眼光停留在提倡白话文和反对孔教两点上，也无意识地卷入了五四反儒学的观念的制造过程。参见欧阳军喜《五四新文化运动与儒学：误解及其他》，《历史研究》1999 年第 3 期。

三　反应与影响

经学退出学制，按照西学办法被肢解到国文、哲学、历史等学科中。肢解后的经学名存实亡，失去了维系伦理道德的作用。伦理社会的中国丢掉经学之后，陷入了道德失序的状态。民国以来，时人在重建道德准则的过程中，不断思考学校经学教育的问题。到了 20 世纪 30 年代，日本侵华危机引发恢复民族自信的需要，恢复学校读经的讨论再度出现。

一些学人忧心于文化传承的断裂，以各种形式继续保存经学，并对当时的学校制度提出质疑，检讨用西洋系统条理中国固有学问的做法，采取种种办法补救，却始终难得两全之道。

1. 恢复读经的再讨论

民国时期，不断有人重提以"法孔孟"培养学生道德，甚至一度出现国民党政权以三民主义为核心，实行党义教育。北方政府抬出经学教育与其打擂台，提议"黄河以北各省各校从速改变宗旨，读吾孔子之书，讲礼、义、廉、耻之四维主义，则未始非抵制三民主义之良法，而移易人心，安危定变，所关尤巨"。① 希望通过尊孔读经收拾人心。

20 世纪 30 年代，湖南、广东等省当局强令中小学读经，教育部通令纠正，并禁止小学诵习文言文。《时代公论》上，汪懋祖、龚其昌、余景陶、吴研因、柳诒徵、任叔永先后撰文，各有主张，意见纷纷，莫衷一是。胡适与任叔永又先后在《独立评论》发表意见，反对读经，并不赞成使用文言文。受其影响，《教育杂志》采用集思广益的办法，邀请全国专家就读经问题发表意见。在 70 多种意见中，就中小学校应否读经的问题，分成了绝对赞成、相对赞成和反对、绝对反对三大类意见。

而提倡恢复学校读经的意见中，面临解释读经"合法性"的问题，即读经到底有没有用的问题。时人从以下几个方面论述了学校恢复读经的必要：

第一，道德培养的问题。安徽大学文学院教授陈朝爵认为大、中、小学校教育读经必当恢复。小学校读《孝经》、《论语》、《孟子》，可以培养

① 《张宗昌等建议黄河以北学校读经以抵制南方实行党义教育的有关文件》，《中华民国史档案资料汇编》第 3 辑《文化》，第 31~32 页。

德性，且为文理作法之导源，引导国文初步，实则两利兼收。中学校教育为保存民族精神、维持社会道德计，不可不亟行恢复读经。大学课程负有发挥本国文化学术之责任，并为维持国本、挽回人心计，不可不加重经学地位。至于程度次第深浅、学分分配、讽读讲解之方法、笺疏训诂之审择，则须"另案拟具，详备讨论"。① 广州岭南大学教授杨寿昌也认为民德堕落，新失其新，旧失其旧，彷徨歧路，莫知所归。只有恢复读经，才能解决道德根本的问题。②

　　第二，民族根本的问题。时值九一八后，随着局势危急，悲观的人甚至发出"中国必亡"的论调。为挽救国运，纠正思想，恢复民族自信心，开始重新提倡读经。③ "国势陵夷，至于今日。政治不及别人家，军事不及别人家，经济不如别人家，固然可耻到万分，然而一切的学术都比不上人家，都在水平线以下，连自己的先民所创造或记述下来的学术遗产，都研究得不及人家，这真是顾亭林所谓'亡天下'之痛了。"④ 何键于湖南提倡读经，也有类似考虑，"国于天地，必有与立。与立者何？民族精神其大端也！"在国家危乱之时，"吾人苟认昌明固有文化为时代急需之要求也，读经斯为必由之路矣"。⑤ 王杰明确提出，彼时中国的民心、民气、民力都出现问题，"返观吾国，民心之涣散，民气之消沉，民力之困顿，至斯而极"，原因就在废除读经，"欲挽救垂亡之中国，必自复兴经学始，欲发扬吾国伟大之真精神，必自表彰经学始"。⑥

　　第三，比附三民主义，把三民主义与读经联系起来。唐文治以孙中山民族主义的言论为佐证，认为应读《孝经》和《大学》，强调经书不独可

---

① 《陈朝爵先生的意见》，龚鹏程主编《读经有什么用：现代七十二位名家论学生读经之是与非》，第 24~26 页。

② 《杨寿昌先生的意见》，龚鹏程主编《读经有什么用：现代七十二位名家论学生读经之是与非》，第 44~58 页。

③ 何炳松：《全国专家对于读经问题的意见》，龚鹏程主编《读经有什么用：现代七十二位名家论学生读经之是与非》，第 9 页。

④ 《郑师许先生的意见》，龚鹏程主编《读经有什么用：现代七十二位名家论学生读经之是与非》，第 102 页。

⑤ 《何键先生的意见》，龚鹏程主编《读经有什么用：现代七十二位名家论学生读经之是与非》，第 38~39 页。

⑥ 《王杰先生的意见》，龚鹏程主编《读经有什么用：现代七十二位名家论学生读经之是与非》，第 32~36 页。

以固结民心，且可以涵养民性，和平民气，启发民智。① 湖南长沙名为忆钦者也提出："但看孙先生各种著作，多举出经书作根据，作凭证，便可知固有道德和智识的策源地即在经书。而恢复固有道德和智识，也只有从读经下手。"② 钱基博应江苏省立无锡中学校邀请演讲国学，即以"国学在普通学上之意义，中山学说在国学上之意义"为题，提出非尽读四书、五经，不能贯彻三民主义中心思想。③ 顾实专门辑出《三民主义》中有关读经问题可资为国民宝训者数条。④

第四，来自东洋汉学的压力。日本东京帝都大学汉文科行开学式，哲学博士服部宇之吉演说，"在学诸君要努力专攻支那经学，十年以后，支那无人认得经学了，我们预备到支那去讲授经学"。听闻此说的郑师许虽然年纪很小，已然觉得是奇耻大辱。日本汉学界的发展，"虽然服部的造就甚少，而狩野直喜、内藤虎诸人的确已值得我们佩服了"。这种压力推动了民国时期读经论的重新提出，"看了别人家的进步，我们哪得不惭愧不惊讶。所以我说我们读经的人如果读得不好，这种学问便不为我中国所专有，而须与世界学者所共有了。后之研究吾国经学者，将不必需要到我们中国来了"。⑤

在主张恢复读经的意见中，出现了如何于学校内开展读经的详细办法，结合清末学堂读经的经验，对经学的课程分配、读法和内容安排给出了具体意见。

无锡国专学校校长唐文治提出了各阶段学校读经的办法：初级小学三年级应读《孝经》，高级小学三年应读《大学》及上半部《论语》，初级中学校三学年应读下半部《论语》及《诗经》选本，高级中学校应读

① 《唐文治先生的意见》，龚鹏程主编《读经有什么用：现代七十二位名家论学生读经之是与非》，第14～15页。

② 《忆钦先生的意见》，龚鹏程主编《读经有什么用：现代七十二位名家论学生读经之是与非》，第60页。

③ 《钱基博先生的意见》，龚鹏程主编《读经有什么用：现代七十二位名家论学生读经之是与非》，第78～79页。

④ 《顾实先生的意见》，龚鹏程主编《读经有什么用：现代七十二位名家论学生读经之是与非》，第84～87页。

⑤ 《郑师许先生的意见》，龚鹏程主编《读经有什么用：现代七十二位名家论学生读经之是与非》，第100页。

《孟子》及《左传》选本，专科以上及研究院应治专精之学。①

湖南长沙名为忆钦者，也订立了各阶段读经内容，如表 5 - 3 所示。

表 5 - 3　忆钦各阶段学校经学课程安排

学校别	小学	初级中学	高级中学	大学
经别	论语、孝经、典礼、少仪、尔雅	孟子、诗经、檀弓、学记、礼运	尚书、王制、文王世子、祭义、祭统、坊记、表记、大学、中庸、春秋左传	中国文学系当研究、易经、仪礼、周礼、春秋公羊传、春秋穀梁传
附记	均可量为节删，所读的应合于小学生修养为原则。但凡涉于政治的，都可留得将来补读	檀弓可选作图文教材，学记、孟子、诗经可全读	坊记及大学、中庸、孝经，似应全读，余均可量为节删。尚书、左传亦可全读	
	每星期国文授课时间：如有七时，可以五时读经，二时读文；如有五时，可以三时读经；如有四时，可以三时或二时读经，以一时或二时读文			

资料来源：《忆钦先生的意见》，龚鹏程主编《读经有什么用：现代七十二位名家论学生读经之是与非》，第 67 页。

江亢虎将读经的学级学程分配为：初级小学应读《论语》，高级小学应读《孟子》，初级中学校应读《诗》、《书》、《易》，高级中学校应读《孝经》及《礼记》、《左传》节本。时间上则小学读经应占全部学程五分之一，中学校应占八分之一。②

朱君毅提议从高小阶段开始读经，则读经对于初小四年之义务教育或普及教育，不致发生阻碍。自高小第一年起，至大学第二年止，共有十年。以十年读占十三经全经分量约百分之六十的五种经书，可使学生不致因读经妨碍其他科学之学习。按照学校阶段，拟订应读各经之种类与次序见表 5 - 4。

---

① 《唐文治先生的意见》，龚鹏程主编《读经有什么用：现代七十二位名家论学生读经之是与非》，第 15～16 页。
② 《江亢虎先生的意见》，龚鹏程主编《读经有什么用：现代七十二位名家论学生读经之是与非》，第 105～106 页。

表 5 - 4　朱君毅各阶段学校经学课程安排

学　校	经　名	页　数	百分比（%）
高小（共二年）	毛诗	146	8.67
初中（共三年）	论语	42	2.49
	孟子	87	5.16
高中（共三年）	春秋左传	496	29.44
大学（第一及第二年）	礼记	246	14.60
	共五种	1017	60.126

　　资料来源：《朱君毅先生的意见》，龚鹏程主编《读经有什么用：现代七十二位名家论学生读经之是与非》，第 132 页。

　　在其他意见中，南京的郑鹤声主张初小不宜读，高小以上都不妨选读。北平研究院的李叔华、上海的胡朴安和陈鹤琴、国立编译馆的刘英士、南昌中学校长吴自强等人主张大学中作为一种专门的研究，中学校中不妨选读几篇，小学读经却是有害无益。上海中学校长郑西谷、浙江大学的黄翼和复旦大学的章益都主张初中以下不宜读经，应从高中起。武汉大学的范寿康、安徽大学的谢循初、中山大学的陈钟凡、中央大学的赵廷为等都主张经书固不妨自由研究，但不宜叫中学校以下的学生去读。厦门大学的杜佐周、湖北教育学院院长姜琦等人都认为经学非无研究的价值，不过应让专家去埋头研究，不应叫年轻人都走到故纸堆里去讨生活。①

　　就上述主张来看，在西学教育已经居于主流的时代背景下，即便主张读经者，在处理中西学的问题时也无法不受其影响，经学课程的安排向着进一步简化的方向靠拢。各种意见，对于小学要不要读经、各阶段应读何经的看法参差不齐，立论的前提已是不要影响学生的西学教育。

　　但注重西学实用，不能解决人们对于道德培养的忧虑。民国以来种种读经问题的症结所在，就是经学退出后，一直无法找到重塑道德风气的代替品，伦理秩序出现道德真空。张群对此曾有过形象概括：

　　　　自从海禁大开，和西洋思想接触以来，这个中心思想便渐渐被摇动了。甚至保守色彩极浓的张之洞也不能不主张"中学为体，西学为

────────

　　①　何炳松：《全国专家对于读经问题的意见》，龚鹏程主编《读经有什么用：现代七十二位名家论学生读经之是与非》，第 11 页。

用"来妥协调停。直到民八，有一个新文化运动起来。这个运动在破坏方面确奏大功，而在建设方面却是毫无成绩。固有的中心思想是被摧毁了，而新的中心思想却未曾建立起来。弄得大家都彷徨歧路。同时外来的思想又是很混乱的冲了进来，左边从布尔雪维克起，右边到法西斯止，真是五花八门，应有尽有。同时大家又不肯埋头的去下一番研究的工夫。于是公说公有理，婆说婆有理，益发教人茫然无所适从了。我国现代青年的烦闷，就是这样形成。①

2. 经学渐成"绝学"

宋代张载的横渠四句"为天地立心，为生民立命，为往圣继绝学，为万世开太平"，多为传统读书人用以自勉。为往圣继绝学，直指中国固有学问的传承问题。民初的学制改革，学校不设经学课程，经学教育失去延续，引发了经学渐成"绝学"的倾向，学人保存经学之余，开始检讨以西洋系统条理中学的做法。但在如何传承中学不使变形的问题上，始终没有找到有效途径。

章太炎认为自民初学制颁布，经学陷入荒废的境地。经学荒废显示在学校学生不识经书上面，"近代经学荒废，自中学以下，未尝通《论语》、《孝经》，及入大学，乃以《经学概论》与之强聒，此与沙门上首为老妪讲《华严》何异。其间偶有达者，盖其家庭之教素可凭借耳"。而问题的源头，与民初学制废除读经有一定关系，"自民国初小学废读经，今已几二十岁，学者或不知大禹、周公，故志失坠，不知其几。及今逆以挽之，犹愈于已。若因循不改，又二十年，吾知汉族之夷于马来也"。②

缺乏经学教育的青年学生，逐渐与老辈学人难以沟通。沈曾植感慨与当时少年无法对话，"今时少年未曾读过四书者，与吾辈言语不能相通"。马一浮也发现，在与人交谈的过程中，引经据典的谈话方式已经很难被人理解，"每与人言，引经语不能喻，则多方为之翻译"。这些饱学宿儒在不得不学习普通的交流方式之余，感慨于传统学问的衰落，中国已非昔日的中国，"日日学大众语，亦是苦事，故在祖国而有居夷之感。处今日而讲

---

① 何炳松：《全国专家对于读经问题的意见》，龚鹏程主编《读经有什么用：现代七十二位名家论学生读经之是与非》，第 8~9 页。
② 章太炎：《与某人论读经书》，《制言》第 21 期，1936 年 7 月 16 日。

学，其难实倍于古人"。① 王国维任教仓圣明智大学，教授经学，却很难取得成效，原因也在于"当时园里中学生的国学程度，还是非常幼稚，更不会了解他"。②

学生不习经书，不辨文体，以至于1924年，有人发现八股文已如同广陵散般，成为绝响："按八股文字，今日已成广陵散，非特无人读之，并无人阅之，而后生少子未经科举者，且不知此种为何物，无怪其弃如尘羹土饭也。"③

中国传统学问讲究功力根底，由于民国时期教育乏途，经学在一般知识群体中，逐渐丧失了对话的可能性。1922年章太炎上海讲学，听众日益减少，笔录也多出错。因帮《民国日报》（上海）整理章太炎讲稿而一举成名的曹聚仁，在《回想四十八年前事》一文中提及这段亲身经历时说："章师的余杭话，实在不容易懂；他所讲的国故课题，对一般人已经太专门了。社方原派了两位专人在讲台上作笔记，从《申报》上发表的讲稿看来，他们的国学常识实在太差，错误百出。"④

一批学界的老辈在对当时的学校制度不满的同时，通过自己的办法延续旧学，或在西学科目下行讲经之实，或自为讲学，或另立专门，或建设书院，希望借之延续中国固有学问。这导致经学仍以各种形式在学堂（校）和社会上广泛存在。

对于学制中不设经学的做法，一些旧学背景的文、史科教员不以为然。民国建立后，许多旧学大师不得不适应新社会的转变，作为教员，进入当时的学校谋生。但在按照西学分类办法设立的学科中，许多人所教所讲明义上是文学、史学，实际仍多在讲经。像任鸿隽长川大时，中文系龚道耕仍旧在讲三礼，萧参仍在讲《诗经》。江瀚执教山西大学，讲授《毛诗》。1914年底，陆军部次长徐树铮办正志中学校，实际上是一所军官预备学校，择定桐城派诸人为教师：姚永概授《孟子》、《左传》和《尺牍选钞》，林纾教《史记》，姚永朴教《论语》、文学、文选和修身，马其昶

---

① 丁敬涵校点《马一浮集》第2册，第518页。
② 李恩绩：《爱俪园梦影录》，三联书店，1984，第59页。
③ 余熊选编《张棡日记》，第342页。
④ 曹聚仁：《中国学术思想史随笔》，三联书店，1986，第55页。

教《春秋》。① 无锡江苏省立第三师范学校惯例，国文教师随班递升。从一年至此班四年级毕业，再回任一年级。国文一科外，每年必兼开一课，第一年文字学，第二年《论语》，第三年《孟子》，第四年国学概论，教者各自编撰讲义。钱穆自 1923 年在此任教，第二、第三年，分别编撰《论语要略》、《孟子要略》讲义。②

坚持讲经，于学人看来能够延续旧学，颇为值得自豪。时任光华大学文学院院长钱基博，自称服务学校教育二十年，"有一事差以自慰，并以告慰于国人父老者"，即时以《四书》为诸生诵说是也。认为"自五四运动以迄今日，青年之思潮，几经剧变。而仆所服务之学校，自小学以至大学，亦几改易。然仆未尝间一岁废四书不讲。校中无此课程，仆则发心为诸生课外授之，而诸生之听吾讲者，必先课以圈点，考其勤惰，而后为之讲解。积诚所至，相说以解，诸生亦未尝以为不入耳之谈，而有味乎其言之！"强调五经虽不易精贯，四书必当熟览。③

新旧学人，由于学问的本源不同，对于文、史学科的处理办法出现差异。北大哲学门讲授中国哲学史的教师有陈黻宸、陈汉章两位，都是旧学家。讲授的办法也都遵循传统，讲中国哲学史上溯到三皇五帝。据冯友兰回忆，陈黻宸给他们讲中国哲学史，从尧、舜讲起，讲了半年才讲到周公。④ 陈汉章也是按照经书时序，从伏羲讲起，讲了一年才讲到《尚书·洪范》，这显然是旧时讲经的办法。至胡适接手该课程，即不管以前的课业，重新讲起，开头第一章是"中国哲学的结胎的时代"，用《诗经》作时代的说明，截断众流，丢开唐、虞、夏、商，径从周宣王以后讲起。据顾颉刚回忆，"这一改，把我们一般人充满着三皇五帝的脑筋，骤然作一个重大的打击，骇得一堂中舌挢而不能下"。⑤ 顾颉刚的惊骇，在于胡适所讲，不合传统办法，过于标新立异。从正统治经的眼光来看，胡适用西学办法切割中国学问的讲法，站不住脚。陈汉章一见到胡适讲义，即笑不

---

① 姚永概著，沈寂等标点《慎宜轩日记》，第 18 页。

② 严耕望：《钱穆宾四先生行谊述略》，卞孝萱、唐文权编《民国人物碑传集》，第 500 页。

③ 《钱基博先生的意见》，龚鹏程主编《读经有什么用：现代七十二位名家论学生读经之是与非》，第 76~80 页。

④ 冯友兰：《北大怀旧记》，王世儒、闻笛编《我与北大——"老北大"话北大》，第 371 页。

⑤ 顾颉刚：《〈古史辨〉第一册自序》，《古史辨自序》，第 52~53 页。

可抑，称"只看这个讲义的名称，我们就可以知道胡某人不通"。①

少数人的努力，不能挽回经学退出历史舞台中心的整体趋势。20 世纪 20 年代，学人发现当时学校的学生旧学知识已极为荒疏，"近在上海闻有中学教员问其弟子者，初云孟子何代人，答言汉人，或言唐宋明清人者殆半。次问何为五常，又次问何为五谷，则不能得者三分居二。中学弟子既然，惧大学过此亦无几矣"。② 既有研究也指出，民国时期学校坚持读经的数量，在逐渐减少：在 20 年代以前，湖南大约只有 14% 的学校存在程度不同的读经现象；到 20 年代初，根据湖南省教育厅对全省 75 县的调查统计，全省仅有湘乡、龙山、古丈、临湘、慈利、临澧六县各校课程多授读经，另有常宁县学生课余在塾读经，永顺县有读四书、五经者。③

一些学人开始将矛头指向当时的学校制度，表达了对民国时期学校教育方式和内容的不满。章太炎 1924 年发表《救学弊论》，指陈当时的学校制度得失，尤其是文科问题最为严重，"然今诸科之中，唯文科最为猖披，非痛革旧制不可治"。并对学校各科做出点评，"微特远西之文徒以绣其鞶帨，不足任用而已，虽所谓国学者，亦当有所决择焉。夫文辞华而鲜实，非贾傅、陆公致远之言。哲学精而无用，非明道定性象山立大之术。欲骤变之，则无其师，固不如已也"。就经学一科而言，学习时间太长，"然夫穷研训故，推考度制，非十年不能就"。学校教习也难以担任经科教授，"必求如杜林、卢植者以为师，则又不可期于今之教员也"。④

章太炎要求当时文科教授去除比附外人之弊，慎定教师人选。并可将经书移入历史教授项内，"其经典明白者，若《周礼》、《左氏内外传》，又可移冠史部，以见大原（昔段若膺欲移《史记》、《汉书》、《通鉴》为经，今移《周礼》、《左氏》为史，其义一也）"。可以方便教授，省功易进。并预估依此而行，可致人于高明光大之域，使日进而有志者，不出此道。并提议如欲治经者，可另立专馆从事研究，"史学既通，即有高材确士欲大治经术，与明诸子精理之学者，则以别馆处之。诚得其师，虽一二

① 冯友兰：《北大怀旧记》，王世儒、闻笛编《我与北大——"老北大"话北大》，第 372 ~ 373 页。

② 章太炎：《救学弊论》，《太炎文录续编》，《章太炎全集》（5），上海人民出版社，1985，第 97 ~ 102 页。

③ 张朋园：《湖南现代化的早期进展（1860 ~ 1916）》，岳麓书社，2002，第 370 页。

④ 章太炎：《救学弊论》，《太炎文录续编》，《章太炎全集》（5），第 97 ~ 102 页。

弟子亦为设教。其有豪杰间出，怀德葆真，与宋明诸儒之道相接者，亦得令弟子赴其学会。此则以待殊特之士，而非常教所与也。能行吾之说，百蠹千穿，悉可以使之完善。不能行吾之说，则不如效汉世之直授《论语》、《孝经》，与近代之直授《三字经》、《史鉴节要便读》者，犹愈于今之教也"。①

马一浮一生曾数次拒绝大学之邀，明确不满民国时期高等阶段学校教育欠缺固有学问的做法。② 1917 年，时任北大校长的蔡元培邀请马一浮前往北大执教，马一浮致信表达了婉拒理由，"其所以不至者，盖为平日所学，颇与时贤异撰。今学官所立，昭在令甲。师儒之守，当务适时。不贵遗世之德、虚玄之辩"。③ 由于自己坚持旧学的办法和学堂偏重西学的取径不一致，在北大"适时"为主的教育体系内，自己并不适合担任教习一职，只能退守在家，坚持自己治学的理念。1929 年，代理北大校长陈大齐力邀马一浮前往北大，并委托马的友人马相伯说项。马一浮在致马相伯的信中，解释了自己拒绝的理由："今儒术方见绌于时，玄言亦非世所亟。乃欲与之扬周鲁之风，析夷夏之致。傊规改错，则教不由诚；称性而谈，则闻者恐卧。以是犹疑未敢遽应。虽荷敦勉之切，虑难仰称所期。与其不能解蔽于一时，吾宁俟悬解于千载耳。希为善谢陈君，别求溍哲，无以师儒责之固陋。"④ 认为学校中不设经学专科，经学已经衰落。自己前往执教，不合于时，很可能使学生失去兴趣，出现"闻者恐卧"的情况。

陈大齐于 1930 年再次相邀马担任北大研究院导师。马一浮阐述了自己施教理念与学生所学取向并不一致，在追求实用学说的前提下，讲授经学很难顺利开展，"方今学子务求多闻，则义理非所尚。急于世用，则心性非所先"。除非学生状况如同稷下学宫一般，能够进行交流，"若谓孟荀亦预稷下之游，生肇并集逍遥之肆。备鸿都之礼乐，四裔犹愿来同；萃观听于桥门，严谷不容自远。处以学职，则余病未能，暂接清言，则犹或可逮"，才有可能出山赴任。但"亦须干戈载戢，弦歌无虞。虽不设于皋比，

---

① 章太炎：《救学弊论》，《太炎文录续编》，《章太炎全集》（5），第 103 ~ 104 页。
② 有人曾对马一浮数次拒绝学校邀请的事实做出梳理，以展现马一浮与现代教育制度反反复复的纠葛。参见刘炜《古闻来学未闻往教》，《读书》2009 年第 3 期。
③ 丁敬涵校点《马一浮集》第 2 册，第 453 页。
④ 丁敬涵校点《马一浮集》第 2 册，第 455 ~ 456 页。

将无辞于游履，但今殊未可必耳"。①

对于屡请不动的原因，马一浮后来自己总结，经学不在学校教育体系之内，是他顾虑的一个很重要的方面，"良以今时学校所以为教，非弟所知。而弟平日所讲，不在学校之科，亦非初学所能喻。诚恐扞隔不入，未必有益，不如其已，非以距人自高也"。② 1936 年，浙江大学校长竺可桢屡次拜门，终于请动马一浮，不过马的条件仍旧要在大学之内另立一国学研究所机构，任由学生来学，"今竺君复再三挽人来说，弟亦不敢轻量天下士，不复坚持初见。因谓若果有学生向学真切，在学校科目系统之外，自愿研究，到门请业，亦未尝不可"。最终变通"来学"为"往教"，"此实勉徇来教，不欲过拂竺君之意。昨竺君复枉过面谈，申述一切，欲改来学为往教。为体恤学生计，此层尚可通融"。③ 打动马一浮的重要理由就在于"竺君不以弟为迂阔，欲使诸生于学校科目之外更从弟学，大似教外别传，实为特殊办法"。④

但是，马一浮教授经学的主张，显然与竺可桢差别很大，"但竺君所望于弟者，谓但期指导学生，使略知国学门径。弟谓欲明学术流别，须导之以义理，始有绳墨可循，然后乃可求通天下之志"。马一浮更想要完整授以学术门径，以解"群言淆乱而无所折衷"的学子大患，"若只泛言国学，譬之万宝全书、百货商店，虽多奚以为？且非弟之所能及也"。只有竺可桢同意这个条件，马一浮才赴邀约。并要求该项国学研究机构学生应有求学的热情和一定资质，"非如普通教授有一定程序可计日而毕也"，并放宽讲授条件，"故讲论欲极自由，久暂亦无限制"，如此才允担任教习，"乃可奉命，否则敬谢不敏"。⑤

对于马一浮提出的种种条件，竺可桢虽同意于学校教育体系以外授课，却并不希望马一浮将这种特殊性扩大化："谓其所授课不能在普通学程以内，此点余可允许，当为外国的一种 Seminar（研究班课程）。但一浮并欲学校称其谓国学大师，而其学程为国学研究会，则在座者均不赞同，

---

① 丁敬涵校点《马一浮集》第 2 册，第 516 页。
② 丁敬涵校点《马一浮集》第 2 册，第 517 页。
③ 丁敬涵校点《马一浮集》第 2 册，第 517～518 页。
④ 丁敬涵校点《马一浮集》第 2 册，第 518 页。
⑤ 丁敬涵校点《马一浮集》第 2 册，第 518 页。

余亦以为不可。大师之名有类佛号；名曰会，则必呈请党部，有种种麻烦矣。余允再与面洽。"①

最终马一浮接受了竺可桢的建议，以开办"国学讲座"的名义赴浙大任教，"其词曰：可以避地，可以讲学。吾方行乎患难，是二者固其所由之道也。非以徇人而求食，乐则行之，忧则违之，不居学职，则去住在我；不列诸科，则讲论自由"。② 显然，马一浮一方面担任讲学，决定保留旧学的读书种子，"不欲令种子断绝，此天下学者所同然"，③ 但又对学校内讲授经学的做法坚持保留一定自由，要求不担任教职，不列入学科，方便自己随时抽身。

民国时期的一些学人不仅对学校制度表达不满，更提出了在学制体系内补救经学教育的办法。沈曾植提议设立经科大学，"公尝云：欲复兴亚洲，须兴儒术；欲兴儒术，须设立经科大学，尤须先设亚洲学术研究会"。④ 郑师许打算在已办国学研究所的大学里特地开设一个经学深造班或经学专攻班，"聘请国内的经学大师或国外的汉学专家共同主持。召集些国学研究所毕业而又有相当现代科学修养的，或社会科学研究所毕业而有能力翻检《清经解》、《续清经解》的学子，在那里来研究来诵读，养成将来的标准的经学大师。专一经或兼通全经，明源流派别而又懂得整理，给后人以可走的路"。⑤

在学制体系外，设立专门旧学教育的念头也开始出现，并付诸实施。江亢虎提议以地方公费特设书院式研究所，造就各学校国学教员，经学为重要一专科。⑥ 而一些旧学硕儒开始重新探讨授受经学等旧有学问的途径，许多独立于学校系统之外的专门机构诞生。唐文治在无锡开办国学专修馆达数十年之久；姚永朴执掌秋浦周氏宏毅学舍校务；马一浮后来在四川筹设复性书院，任院长兼主讲。均是希望能够延续旧学，免致薪尽烬灭，并

---

① 《竺可桢日记》第 1 册，人民出版社，1984，第 47 页。

② 丁敬涵校点《马一浮集》第 2 册，第 557 页。

③ 丁敬涵校点《马一浮集》第 2 册，第 518 页。

④ 陈鸿祥：《王国维年谱》，齐鲁书社，1991，第 214 页。

⑤ 《郑师许先生的意见》，龚鹏程主编《读经有什么用：现代七十二位名家论学生读经之是与非》，第 102 页。

⑥ 《江亢虎先生的意见》，龚鹏程主编《读经有什么用：现代七十二位名家论学生读经之是与非》，第 105～106 页。

在一定程度上保持了学校体系外经学的延续。

在此背景下，一些学人也开始反思自己早年欧化的倾向，转致力于经史之学，王国维即为代表人物。王国维早年提倡哲学，还曾就癸卯学制不设哲学科一事对张之洞设学办法提出质疑。民国后，他不再提早年种种，据友人回忆，"静庵之学乃一变，鼎革以还，相聚海上，无三日不晤，思想言论，粹然一轨于正，从前种种绝口不复道矣"。① 也有学人先参与新潮，后又退而专门从事旧学研究。如商务印书馆编译所的孙星如，早年译书，也做过白话的常识书，后参与国故研究，专治旧学，不复谈新学。当蔡元培问他为何不再做白话文，孙的回答是："已在这里面寻得趣味，故不愿放弃。"② 1919 年，杨树达参与长沙教育界兴办的健学会以响应新潮，到 1937 年，就发出"温故而不能知新者，其人必庸；不温故而欲知新者，其人必妄"的感慨。③

即便如此，王国维办法还是难入一些旧学根底深者的法眼。黄侃即提出批评，"国维少不好读注疏，中年乃治经，仓皇立说，挟其辩给，以眩耀后生，非独一事之误而已"。④ 不过这仍然属于同一阵营内的"交流"。1924 年 10 月 23 日，在与吴承仕的书信中，章太炎谈及黄侃，"然揣季刚生平，敢于侮同类，而不敢排异己。昔年与桐城派人争论骈散，然不骂新文化。今日之治乌龟壳、旧档案者，学虽肤受，然亦尚是旧学一流，此外可反对者甚多。发小靶而纵大兕，真可怪也"。⑤ 同类异己等词的使用，清晰地显示了章太炎的一种态度，借论黄侃表现其不喜新文化派，观念又停留在坚守旧学一脉，实为学理阵营上的两分。⑥

由自身学术根基出发，旧派学者常常有"补救"的念头。早在 1920 年 11 月 4 日在湖南第一师范演讲《研究中国文学的途径》时，章太炎即指出新起学人在学问研究上"根底不足"的一面，"近来有人说中国学问

---

① 张尔田：《与黄晦闻书》，《学衡》第 60 期，"文苑，文录"，第 4~5 页。
② 《胡适日记》1921 年 8 月 11 日，季羡林主编《胡适全集》第 29 卷，第 411~412 页。
③ 杨树达：《积微翁回忆录·积微居诗文钞》，上海古籍出版社，1986，第 13、129 页。
④ 《黄侃日记》，第 302 页。
⑤ 《与吴承仕》，马勇编《章太炎书信集》，第 335~336 页。
⑥ 也有一种观点认为，是章太炎了解"黄侃偏好师心任气的魏晋文人式性情"而做出这种判断，语见李振声《作为新文学思想资源的章太炎》，《书屋》2001 年第 7~8 期合刊。

无用，却不足怪，因为他们并不曾有系统的研究，于中国学问当然茫无头绪"。① 被称为"海上三子"之一而博雅超过王国维、孙德谦的张尔田，晚年尤笃信孔孟，有犯之者，大声急呼以斥，虽亲旧，无稍假借，"谓人心败坏至此，必有沧海横流之祸，屡有论述，归本礼教，欲为匡救"。②

对于后学因根底不深，而至在解释经书古籍时盲目比附外人的问题，学人多有警惕。金毓黻对于新文化倡导者并无异见，但认为他们有所缺失，"新文学家之缺点，不在主张之不当，乃在根柢之不深"，所以造成了"彼辈泰半稗贩西籍，不入我见，日以发挥个性诏人，曾不知己身仍依傍他人门户以讨生活，此根柢不深之失也"。③ 在 1923 年发表的《华国月刊发刊词》中，章太炎也表示了对盲目偏重西学、抛弃固有文化根本的状况欲有所补救的情怀："大抵稗贩泰西，忘其所自，得矿璞以为至宝，而顾自贱其家珍，或有心知其非，不惜曲学以阿世好，斯盖萦情利禄，守道不坚者也。……民国既建……睹异说之昌披，惧斯文之将坠，尝欲有所补救。"④ 章太炎补救的措施，可见于民国期间的数次讲学。

经学退出学制体系，教育没有门径，导致越来越多人不了解经书内容，不明旧学伦理。而即便有经生宿儒，施教也是极其困难。长此以往，经学的交流圈自然越来越小，仅在少数人中流传。民国时期一批拥有旧学教育背景的学人，中学具有根底，尚能维持一段时间。随着他们的相继故去，传统文化的传承出现断裂的问题。后人以西方分科治学的视野衡量经学，以文学眼光看《诗经》、《论语》，以哲学眼光看《孟子》、《礼记》，早已失去中国学问本来的味道。

随着经学在学堂体系内外的淡出，中学按照西洋系统被肢解为各种存在，如文学、历史、哲学等。中体西用的问题到了后来，中体本身也被肢解化，不复存在。中学整体上被西学整合，后人逐渐习惯用西式观念看待中国传统文化，"所谓的国学，从内容上看，也就是哲学、文学、史学等等的东西，都是可以作为世界学术的一部分"。⑤

① 马勇编《章太炎讲演集》，河北人民出版社，2004，第 75～79 页。
② 邓之诚：《张君孟劬别传》，卞孝萱、唐文权编《民国人物碑传集》，第 452 页。
③ 金毓黻：《静晤室日记》第 1 册，辽沈书社，1993，第 512 页。
④ 章太炎：《华国月刊发刊词》，姚奠中、董国炎：《章太炎学术年谱》，山西古籍出版社，1996，第 347～348 页。
⑤ 曹朴：《国学常识》，文光书店，1948，第 2 页。

　　清楚认识到中西学问题关键所在的学人，试图跳出后来的西学分科体系，回到旧学本身脉络上来。王国维本来在清季大力宣扬哲学，讲叔本华，民国后，"思想言论，粹然一轨于正，从前种种绝口不复道矣"。① 刘师培辛亥前在《周末学术史序》讲周代各种学术分科，分周代学术为心理学、伦理学、论理学（即名学）、社会学、宗教学、政法学、计学、兵学、教育学、理科学、哲理学、术数学、文字学、工艺学、法律学、文章学等数种，② 后来在北大任教期间，再也不提此种言论。

　　然而，回归本原也并非易事。一些学人试图跳出近代分科的限制，重述经学的脉络。但离开各种分科，却不知如何讲起。作为新儒学的熊十力等也意识到中学存在问题，想纠正对于经学认识的偏颇，可是在各种西学分科已经成为习惯性存在的情况下，其在讲解孔门四科之时，不可避免地用了哲学、社会科学、政治学与文学的观念来做诠释。③ 实则已有一套先入为主的"西式分科观念"，仍不能完全跳出西式体系的影响。

　　钱穆指出："文化异，斯学术亦异。中国重和合，西方重分别。民国以来，中国学术界分门别类，务为专家，与中国传统通人通儒之学大相违异。循至返读古籍，格不相入。"④ 可谓一语中的。经过清末民初几番学制分科办法的改造，中国学问被逐步肢解。清廷在引入西式分科学制整合中西学术的同时，本希望借助学堂经学课程的存在，使学堂兼顾道德教化与文化传承。然而，分科办法下的经学丧失了原有形态和地位，变成一科的经学无力承担载道与传道的重任，其原有地位和授受方式也使其融不入学堂，从学制体系内退出成为必然。经学进出学堂与学制的过程，呈现了清季民初经学地位形态演变的主要脉络。经过西学的彻底整合，经学丧失其本，渐至沦为"绝学"。

---

① 张尔田：《与黄晦闻书》，《学衡》第 60 期，"文苑，文录"，第 4~5 页。
② 《刘师培辛亥前文选》，第 211~288 页。
③ 熊十力：《读经示要》，萧萐父主编《熊十力全集》第 2 卷，第 558~564 页。
④ 钱穆：《现代中国学术论衡》，三联书店，2001，"序"，第 1 页。

结　语

　　周予同"经学退出了历史舞台"的说法，民国以来仍然讲究经学的学人自然不会同意，后来研治经学史的学人也有不同解读。① 不过，中国固有学术经过对应西学分科架构的整合，失去了原有的形态和功用，这种分科的"经学"与原本之"经学"其实是形似而实不同，周予同的说法在近代文化走向的判断上，亦无大的偏颇。传统意义的经学，确实曾于清季进入学堂，又于民初退出壬子、癸丑学制，就此而论，也可以说是退出了历史舞台的中心。只是考虑到经学在学堂体系之外的广泛存在，以及在学堂之内仍然贯穿于中国文史之学的许多领域，即使传统意义的经学，实际存留的状况也要复杂得多。

　　晚近以来经学的退出，可谓大势所趋。在中西学乾坤颠倒的背景下，许多固有事物和经学一样，被视为贫弱落后的根源，一一遭到抛弃。期望当时人高瞻远瞩不仅过于苛求，即使已有的不同意见，也难免被当作顽固守旧，轻易否定。所以，经学的退出固然有其自身内在因素的作用，也有身不由己的情势所迫。这样的历史变迁，显然有着时代的烙印，未必全是历史的进步。经学的退出与经学的价值虽然不无联系，却未必具有因果关系。

　　清季民初经学进出学制和学堂，试图变成与其他中西之学平行的一科而终究不成，既是经学退出历史舞台说的重要凭据，又可以作为探究所谓经学退出历史舞台的历史进程及其相关问题的主要途径。换言之，经学的

---

① 一些学人并不完全赞同周予同"退出历史"的说法。朱维铮即对乃师周予同的说法提出质疑："五四运动过后，周予同先生曾著文指斥经学已成'僵尸'，胡适也曾借用西方汉学家的说法，宣布'儒教死了'，果真如此吗？"参见朱维铮《中国经学史十讲》，复旦大学出版社，2002，第 2 页。林庆彰也有类似看法，认为用经学死亡、消亡、终结等字眼来看待经学的转变，属于学者的夸大其词。见《编者序前言》，林庆彰主编《民国时期经学丛书》第 1 辑，台中，文听阁图书有限公司，2008，第 3 页。

进出学堂学制，强化了人们关于经学退出历史舞台的印象，并成为重要的证据。

不过，经学的进出学堂学制，虽然是清季民初经学地位形态演变的主要脉络，却并不能涵盖经学问题的所有层面。科举停罢之后，虽然社会上弃置经书经学成为相当普遍的现象，但由于朝野官民对于中西学的认知不同，学堂体系外仍以不同形态存在大量未经分科条理改造的"经学"：

其一，学塾教授。学塾的发蒙，重在通过贯彻经义道理的三、百、千等教材进行识字训练，进而教读四书五经，熟诵经文，循序渐进，以求终生受用。近代学人回忆自己的旧学知识养成，多始自学塾时的熟诵经书。即使在学堂逐渐普及的情况下，仍有不少殷实人家怀疑学堂里面西化的中学教学的效果，为其子弟另开小灶。顾颉刚由祖父在家教授五经，蒯光典延聘吉城为子弟教授经书，都是不满于学堂的经学教育，而希望以旧式读经办法加以挽救。清季乃至民国时期大量存在的所谓私塾，虽然历经政府和社会的强制改良，但并未全部把经学当成一门学科来进行教授和学习。许多私塾不接受癸卯学制以分科化的办法教授经学，认为其不主背诵，分设各科，并非学问的应有之道，只有孔孟之学才是真正学问，因而不仅仍旧专门教读四书五经，而且延续诵读的办法。这种发蒙阶段的读经诵经，虽然只是读书的入门，还不能称为经学，却成为有心者必不可少的童子功，奠定了一生研究包括经学在内的中国学问的根基。

其二，经师传授。经师将个人研读经书的办法授予弟子，教其理解古书、深研经义。清季民初以降，老成者持论辄谓学堂无"读书"之人，所以仍有一二经师采取读书、背书、讲书的传统教授方法，"独以眇然诸生，支柱其间，不惑不惧，毅然以保全为己任"。① 像叶德辉教授生徒，导之以经、史有用之书，并授以《说文解字》、《四库全书总目提要》，言前者为治群书之梯航，后者为读群书之响导。实际上就是在授以传统的读经门径。② 这样授以治经法门，让学生寻求如何正确理解经书大义的做法，恰

① 潘博：《国粹学报叙》，《国粹学报》第 1 年第 1 期。
② 杨树谷、杨树达记，崔建英整理《郋园学行记》，《近代史资料》总第 57 号，中国社会科学出版社，1985。

是传统研治经学的正道。

其三，家学传承。有家学渊源者，从基础的识字背书到后来的治学门径，都有一整套家法，在经学的教育上得天独厚。近代有家学渊源的学人以刘师培、刘咸炘为代表，两人均年未满四十，而治经之著述甚多。以刘咸炘为例，祖父刘沅著《十三经恒解》，列于《清史·儒林传》，父亲刘梖文亦以讲学为人所重。刘咸炘1896年出生，先随从兄学，继而由其父亲为教读，九岁时已每日习惯翻书，奠立校雠学的根基。1914年，其父去世后，就学于另一从兄。[①] 其自述提到家学渊源奠定了个人的学问根基，"幼受庭训，弱冠从兄，未尝就外傅，根本未坏，父兄之恩也。枝叶之学，所谓知者，则皆出独求，未奉教于耆硕，无讲习之友朋，以是无广益，亦是以不受俗习"。[②] 成年之后，治经办法仍受祖父刘沅的《十三经恒解》影响，治《诗经》"奉先大父《恒解》所定章旨"，[③] 治《孟子》也"爰遵《恒解》之说"。[④]

随着时间的推移，这些独立于学堂体系外的经学传授，逐渐被吸纳进学堂而渐趋消融瓦解。国民教育体系的不断强化，使得体制外的教学机构难以生存，或被迫改头换面，而体制内的西化日益增强，经学的教授传承很难保持原有形态，对于经书经学的解读，也逐渐扭曲。经师的传人大多执教于各学校，不得不在分科教学的体系内按照既定程式教学。而家学子弟为就业发展起见，初立根基者入学读书，学有所成者入校执业，也不得不适应学校制度。如此一来，学堂体系外各种形态的经学，也逐渐退出了历史舞台。

不过，即使在经学正式退出之后，其内容仍以不同形式继续留存于学校体制之内。主张取消经学者的意见之一，是欧美列强的西学并无经学一类，而经学的各个部分，可以分解到文史之学中去。这些被分解的部分如何教学，虽然有学制规定和课程设置，但仍然因人而异。自经学退出后，无论赞成还是反对，所说大都已经是各自心中的经学。

---

① 刘伯谷、朱先炳：《刘咸炘先生传略》，《刘咸炘学术论集·文学讲义编》，广西师范大学出版社，2007，第355页。

② 刘咸炘：《宥斋自述》，《刘咸炘学术论集·文学讲义编》，第280页。

③ 刘咸炘：《旧书别录》，《刘咸炘学术论集·子学编》，广西师范大学出版社，2007，第368页。

④ 李克齐、罗体基编《系年录》，《刘咸炘学术论集·文学讲义编》，第257页。

　　经学在学堂体系内外的淡出，使得如何保存传统文化的问题一再浮上台面。尤其是经学本来并非单纯的学问，在伦理社会的中国，还承担着教化民众和规范秩序的重要职能，成为维系中国政治、社会与文化的纽带。"中国的道德向来不曾独立，只是靠着经书。"① 伦理社会的中国，如何在礼崩乐坏之后重建道德准则和社会秩序，一直困扰着后人。

---

① 　顾颉刚：《中国近来学术思想界的变迁观》，桑兵、张凯、於梅舫编《近代中国学术思想》，中华书局，2008，第 104 页。

征引文献

一　档案

官中档朱批奏折，文教类，内政类，中国第一历史档案馆藏。

军机处录副奏折，文教类，内政类，洋务运动类，中国第一历史档案馆藏。

学部档案全宗，中国第一历史档案馆藏。

张之洞存各处来往电稿，张之洞来去电底簿，中国社会科学院近代史研究所藏。

故宫博物院明清档案部编《清末筹备立宪档案史料》，中华书局，1979。

国家档案局明清档案部编《戊戌变法档案史料》，中华书局，1958。

《近代史所藏清代名人稿本抄本》第1辑，唐景崇档、梁鼎芬档，大象出版社，2011。

《近代史所藏清代名人稿本抄本》第2辑，张之洞档，大象出版社，2014。

中国第二历史档案馆编《中华民国史档案资料汇编》第3辑《文化》，凤凰出版社，1991。

中国第一历史档案馆编《光绪朝硃批奏折》，中华书局，1995～1996。

中国第一历史档案馆编《光绪宣统两朝上谕档》，广西师范大学出版社，1996。

二　报刊

《北洋官报》

《大公报》（天津）

《东方杂志》

《福建教育官报》

《甘肃官报》

《甘肃教育官报》

《国粹学报》

《国民日日报汇编》

《光华大学半月刊》

《广东教育官报》

《广西官报》

《贵州教育官报》

《河南教育官报》

《湖北官报》

《湖北教育官报》

《湖南官报》

《湖南教育官报》

《吉林官报》

《吉林教育官报》

《教育世界》

《教育杂志》

《警钟日报》

《两广官报》

《岭东日报》

《内阁官报》

《陕西官报》

《申报》

《盛京时报》

《时报》

《时务报》

《四川官报》

《四川教育官报》

《香港华字日报》

《新民丛报》

《选报》

《学部官报》

《学衡》

《预备立宪官话报》

《云南官报》

《云南教育官报》

《浙江教育官报》

《政治官报》

《直隶教育官报》

《直隶教育杂志》

《中国丛报》

三 文献史料集等

鲍昌、邱文治编《鲁迅年谱》，天津人民出版社，1979。

包天笑：《钏影楼回忆录》，中国大百科全书出版社，2008。

卞孝萱、唐文权编《辛亥人物碑传集》，团结出版社，1991。

卞孝萱、唐文权编《民国人物碑传集》，团结出版社，1995。

北京大学校史研究室编《北京大学史料》第 1 卷，北京大学出版社，1993。

曹从坡等主编《张謇全集》，江苏古籍出版社，1994。

曹聚仁：《中国学术思想史随笔》，三联书店，1986。

曹思彬、林维熊、张至编《广州近百年教育史料（广州文史资料专辑)》，广东人民出版社，1983。

陈宝泉编《严范孙先生手札》，北平文化学社，1931。

陈独秀：《独秀文存》，安徽人民出版社，1987。

陈景磐、陈学恂主编《清代后期教育论著选》，人民教育出版社，1997。

陈平原、夏晓虹编《北大旧事》，三联书店，1998。

陈学恂主编《中国近代教育史教学参考资料》，人民教育出版社，

1986～1987。

　　陈学恂主编《中国近代教育文选》，人民教育出版社，1983。

　　陈寅恪：《陈寅恪集·寒柳堂集》，三联书店，2001。

　　陈寅恪：《陈寅恪集·诗集附唐篔诗集》，三联书店，2001。

　　陈元晖主编《中国近代教育史资料汇编》，上海教育出版社，1991～1997。

　　《大清法规大全》，政学社，1911。

　　《大清光绪新法令》，商务印书馆，宣统元年。

　　《大清教育新法令》，商务印书馆，光绪二十三年。

　　《大清宣统新法令》，商务印书馆，宣统二年。

　　《邸抄》，北京图书馆，2004。

　　《第二次中国教育年鉴》，商务印书馆，1948。

　　《第一次中国教育年鉴》，开明书店，1934。

　　丁敬涵校点《马一浮集》，浙江古籍出版社、浙江教育出版社，1996。

　　丁文江、赵丰田编《梁启超年谱长编》，上海人民出版社，1983。

　　丁致聘编《中国近七十年来教育记事》，商务印书馆，1935。

　　杜春和等编《荣禄存札》，齐鲁书社，1986。

　　〔日〕多贺秋五郎编《近代中国教育史资料·清末编》，台北，文海出版社，1976。

　　范希曾补正，徐鹏导读《书目答问补正》，上海古籍出版社，2001。

　　冯桂芬：《校邠庐抗议》，上海书店出版社，2002。

　　冯友兰：《冯友兰自述》，中国人民大学出版社，2004。

　　傅增湘：《藏园笔记二篇》，《近代史资料》总第80号，中国社会科学出版社，1992。

　　甘孺辑述《永丰乡人行年录（罗振玉年谱）》，江苏人民出版社，1980。

　　龚鹏程编《读经有什么用：现代七十二位名家论学生读经之是与非》，上海人民出版社，2008。

　　顾廷龙校阅《艺风堂友朋书札》，上海古籍出版社，1980。

　　郭沫若：《少年时代》，《郭沫若自传》第1卷，新文艺出版社，1953。

　　郭大松选译《中国海关〈十年报告〉选译（1902～1911）》，《近代史资料》总第117号，中国社会科学出版社，2008。

国家图书馆古籍馆编《近代统计资料丛刊》，北京燕山出版社，2009。

〔英〕赫德：《这些从秦国来——中国问题论集》，叶凤美译，天津古籍出版社，2005。

胡钧：《张文襄公年谱》，《北京图书馆藏珍本年谱丛刊》影印本，书目文献出版社，1999。

胡思敬：《国闻备乘》，中华书局，2007。

胡香生辑录，严昌洪编《朱峙三日记（1893~1919）》，华中师范大学出版社，2011。

胡珠生编《宋恕集》，中华书局，1993。

《湖北文征》，湖北人民出版社，2000。

黄侃著，黄延祖重辑《黄侃日记》，中华书局，2007。

吉城：《鲁学斋日记（外二种）》，国家图书馆出版社，2010。

季羡林主编《胡适全集》，安徽教育出版社，2003。

姜义华、张荣芳编校《康有为全集》，中国人民大学出版社，2007。

蒋梦麟：《西潮与新潮》，岳麓书社，2000。

金毓黻：《静晤室日记》，辽沈书社，1993。

李大钊：《李大钊文集》，人民出版社，1984。

李启成校订《资政院议场会议速记录——晚清预备国会论辩实录》，三联书店，2011。

梁启超：《饮冰室合集》，中华书局，1989。

廖一中、罗真容整理《袁世凯奏议》，天津古籍出版社，1987。

廖幼平编《廖季平年谱》，巴蜀书社，1985。

刘大鹏：《退想斋日记》，山西人民出版社，1990。

刘锦藻编《清朝续文献通考》，浙江古籍出版社，2000。

刘师培：《经学教科书》，上海古籍出版社，2006。

鲁迅：《鲁迅全集》，人民文学出版社，1981。

罗振玉：《学堂自述》，江苏人民出版社，1999。

罗振玉：《雪堂类稿附》，辽宁教育出版社，2003。

吕达主编《陆费逵教育论著选》，人民教育出版社，2000。

吕顺长编著《晚清中国人日本考察记集成：教育考察记》，杭州大学出版社，1999。

马勇编《章太炎讲演集》，河北人民出版社，2004。

马勇编《章太炎书信集》，河北人民出版社，2003。

缪荃孙：《艺风老人年谱》，《中国历代名人年谱》第1辑，台北，广文书局，1971。

缪荃孙：《艺风老人日记》，北京大学出版社，1986。

缪荃孙编《续碑传集》，《清代碑传集全集》影印本，上海古籍出版社，1997。

闵尔昌编《碑传集补》，《清代碑传集全集》影印本，上海古籍出版社，1997。

倪伟编《章太炎生平与学术自述》，江苏人民出版社，1999。

欧阳哲生编《傅斯年全集》，湖南教育出版社，2003。

潘承庚、李龙如点校《张百熙集》，岳麓书社，2008。

皮锡瑞：《经学历史》，中华书局，2008。

皮锡瑞：《经学通论》，中华书局，2008。

皮锡瑞：《师伏堂日记》，国家图书馆出版社，2009。

齐如山：《中国的科名》，辽宁教育出版社，2006。

钱穆：《八十忆双亲·师友杂忆》，三联书店，1998。

钱钟书主编，李妙根编《刘师培辛亥前文选》，三联书店，1998。

钱仲联主编《广清碑传集》，苏州大学出版社，1999。

《清实录》，中华书局，1987。

全国图书馆文献缩微复制中心编《清史研究史料汇编：清内府档案稿本·癸卯学制》，全国图书馆文献缩微复制中心，2005。

全国政协文史委员会编《辛亥革命回忆录》，中华书局，1962。

全国政协文史资料委员会编《文史资料存稿选编》（24）《教育》，中国文史出版社，2002。

全国政协文史资料委员会编《中华文史资料文库》（15～17）《文化教育卷》，中国文史出版社，1996。

任建树等编《陈独秀著作选》，上海人民出版社，1993。

荣孟源等主编《近代稗海》，四川人民出版社，1985～1988。

上海人民出版社编《章太炎全集》，上海人民出版社，1982～1986。

上海图书馆编《汪康年师友书札》，上海古籍出版社，1986～1989。

沈桐生等辑《光绪政要》，江苏广陵古籍刻印社，1991。

沈云龙主编《近代中国史料丛刊》初编、续编、三编，台北，文海出版社，1976。

施明、刘志盛整理《赵㴑园集》，湖南出版社，1992。

施培毅、徐寿凯校点《吴汝纶全集》，黄山书社，2002。

史晓风整理《恽毓鼎澄斋日记》，浙江古籍出版社，2004。

舒新城编《近代中国教育史料》，中华书局，1928。

舒新城编《中国近代教育史资料》，人民教育出版社，1962。

舒新城：《我和教育》，台北，龙文出版社股份有限公司，1980。

四川省政协文史委员会编《四川省文史资料集粹》第4卷，四川人民出版社，1996。

宋开玉整理《吴汝纶日记》，河北教育出版社，1999。

孙宝瑄：《忘山庐日记》，上海古籍出版社，1983。

孙诒让：《周礼正义》，中华书局，1987。

陶英惠编《蔡元培年谱》，台北，中华印刷厂，1980。

王国维：《观堂集林（外二种）》，河北教育出版社，2001。

王焕琛编著《留学教育：中国留学教育史料》，台北，"国立编译馆"，1980。

王世儒、闻笛编《我与北大——"老北大"话北大》，北京大学出版社，1998。

王栻主编《严复集》，中华书局，1986。

王先谦著，梅季标点《葵园四种》，岳麓书社，1986。

汪家熔辑注《中国出版史料（近代部分）》，湖北教育出版社、山东教育出版社，2004。

汪荣宝：《汪荣宝日记》，《北京大学图书馆馆藏稿本丛书》，天津古籍出版社，1987。

汪兆镛编《碑传集三编》，《清代碑传集全集》影印本，上海古籍出版社，1997。

温世霖著，高成鸢编注《昆仑旅行日记》，天津古籍出版社，2005。

吴剑杰编《张之洞年谱长编》，上海交通大学出版社，2009。

吴学昭整理《吴宓日记》，三联书店，1998。

萧萐父主编《熊十力全集》，湖北教育出版社，2001。

谢兴尧整理校点《荣庆日记》，西北大学出版社，1986。

许汉三编《黄炎培年谱》，文史资料出版社，1985。

许恪儒整理《许宝蘅日记》，中华书局，2010。

徐珂编撰《清稗类钞》，中华书局，1986。

严修自订，高凌雯补，严仁曾增补《严修年谱》，齐鲁书社，1990。

杨树达：《积微翁回忆录·积微居诗文钞》，上海古籍出版社，1986。

姚奠中、董国炎：《章太炎学术年谱》，山西古籍出版社，1996。

姚永概著，沈寂等标点《慎宜轩日记》，黄山书社，2010。

尹德新主编《历代教育笔记资料》第 4 册，中国劳动出版社，1993。

俞樾：《春在堂随笔》，江苏人民出版社，1984。

《谕折汇存》，文海出版社，1967。

张静庐辑注《中国现代出版史料》，中华书局，1954～1959。

张树年、张人凤编《张元济书札》，商务印书馆，1997。

张树年主编《张元济年谱》，商务印书馆，1991。

赵德鑫主编，吴剑杰、周秀鸾等点校《张之洞全集》，武汉出版社，2008。

赵尔巽等纂《清史稿》，中华书局，1996。

赵清、郑城编《吴虞集》，四川人民出版社，1985。

郑逸梅、陈左高主编《中国近代文学大系·书信日记集》，上海书店出版社，1992。

中国史学会主编《中国近代史资料丛刊·洋务运动》，上海人民出版社，1961。

中国史学会主编《中国近代史资料丛刊·戊戌变法》，上海神州国光社，1953。

中国蔡元培研究会编《蔡元培全集》，浙江教育出版社，1997。

中国历史博物馆编，劳祖德整理《郑孝胥日记》，中华书局，1993。

朱寿朋编，张静庐等校点《光绪朝东华录》，中华书局，1958。

朱有瓛主编《中国近代学制史料》，华东师范大学出版社，1983～1993。

竺可桢：《竺可桢日记》第 1 册，人民出版社，1984。

四 专著

安东强:《清代学政规制与皇权体制》,社会科学文献出版社,2017。

曹朴:《国学常识》,文光书店,1948。

陈宝泉:《中国近代学制变迁史》,北平文化学社,1927。

陈青之:《中国教育史》,商务印书馆,1936。

陈万雄:《五四新文化的源流》,三联书店,1997。

邓洪波:《中国书院史》,东方出版中心,2004。

方志钦主编《康梁与保皇会》,天津古籍出版社,1997。

〔美〕费正清、刘广京编《剑桥中国晚清史(1800~1911年)》下册,中国社会科学院历史研究所编译室译,中国社会科学出版社,1993。

关晓红:《科举停废与近代中国社会》,社会科学文献出版社,2013。

关晓红:《晚清学部研究》,广东教育出版社,2000。

郭秉文:《中国教育制度沿革史》,商务印书馆,1916。

黄光亮:《清代科举制度之研究》,台北,台湾嘉新水泥公司文化基金会,1976。

蒋纯焦:《一个阶层的消失:晚清以降塾师研究》,上海书店出版社,2007。

金林祥主编《中国教育制度通史》第6卷,山东教育出版社,2000。

李细珠:《张之洞与清末新政研究》,上海书店出版社,2003。

罗志田:《变动时代的文化履迹》,复旦大学出版社,2010。

罗志田:《国家与学术:清季民初关于"国学"的思想论争》,三联书店,2003。

罗志田:《权势转移:近代中国的思想、社会与学术》,湖北人民出版社,1999。

蒙文通:《经学抉原》,上海人民出版社,2006。

孟森:《清史讲义》,中华书局,2006。

钱曼倩、金林祥主编《中国近代学制比较研究》,广东教育出版社,1996。

钱穆:《现代中国学术论衡》,三联书店,2001。

钱穆:《中国学术通义》,《钱宾四先生全集》第25册,台北,联经出版事业公司，1998。

桑兵：《清末新知识界的社团与活动》，三联书店，1995。

桑兵：《晚清民国时期的国学研究》，上海古籍出版社，2001。

桑兵：《晚清学堂学生与社会变迁》，学林出版社，1995。

〔日〕实藤惠秀：《中国人留学日本史》，谭汝谦、林启彦译，三联书店，1983。

苏云峰：《中国现代化的区域研究——湖北省（1860～1916）》，《中央研究院近代史研究所专刊》，1982。

王汎森：《中国近代思想与学术的系谱》，河北教育出版社，2001。

汪向荣：《日本教习》，中国青年出版社，2000。

陶飞亚、吴梓明：《基督教大学与国学研究》，福建教育出版社，1998。

王立新：《美国传教士与晚清中国现代化——近代基督新教传教士在华社会文化和教育活动研究》，天津人民出版社，1997。

杨国强：《百年嬗蜕：中国近代的士与社会》，三联书店，1997。

余英时：《士与中国文化》，上海人民出版社，1987。

余英时：《中国思想传统的现代诠释》，台北，联经出版事业公司，1987。

张朋园：《湖南现代化的早期进展（1860～1916）》，岳麓书社，2002。

张朋园：《中国民主政治的困境：1909～1949晚清以来历届议会选举论述》，吉林出版集团有限责任公司，2007。

张循：《义理与考据之间：蒙文通先生的经学历程》，《国学研究》，北京大学出版社，2009。

周予同：《中国现代教育史》，上海良友图书印刷公司，1934。

朱维铮：《求索真文明——晚清学术史论》，上海古籍出版社，1996。

朱维铮：《中国经学史十讲》，复旦大学出版社，2002。

朱维铮编校《周予同经学史论》，上海人民出版社，2010。

左松涛：《近代中国的私塾与学堂之争》，三联书店，2017。

Marianne Bastid, *Educational Reform in Early 20th Century China*, University of Michigan, 1988.

William Ayers, *Cang Chih-tung and Educational Reform in China*, Harvard University Press, 1971.

五 论文

毕苑:《经学教育的淡出与近代知识体系的转移——以修身和国语教科书为中心的分析》,《人文杂志》2007 年第 2 期。

毕苑:《中国近代教科书研究》,博士学位论文,北京师范大学,2004。

关晓红:《议修京师贡院与科举制的终结》,《近代史研究》2009 年第 4 期。

关晓红:《殊途能否同归——立停科举后的考试与选材》,《中央研究院近代史研究集刊》第 59 期,2008 年 3 月。

关晓红:《晚清议改科举新探》,《史学月刊》2007 年第 10 期。

关晓红:《终结科举制的设计与遗留问题》,《中山大学学报》(社会科学版) 2011 年第 5 期。

郭军:《近代国学教育之困——国粹派教育思想研究》,博士学位论文,华东师范大学,2010。

郭书愚:《清末存古学堂述略》,博士学位论文,四川大学,2008。

郭书愚:《清末四川存古学堂述略》,硕士学位论文,四川大学,2002。

胡卫清:《传教士教育家潘慎文的思想与活动》,《近代史研究》1996 年第 2 期。

姜义华:《湖南历史研究的新成果——读罗玉明的〈湖湘文化与湖南的尊孔读经 1927～1937〉》,《湘潭大学学报》(哲学社会科学版) 2007 年第 4 期。

李静:《1901～1911 年北京地区中学教育研究》,硕士学位论文,首都师范大学,2007。

刘登秀:《清末教育会研究》,硕士学位论文,四川大学,2004。

刘正伟:《江苏教育近代化研究:1861～1927》,博士学位论文,浙江大学,2000。

卢红飚:《近代教会学校的儒学教育》,《教育评论》1998 年第 5 期。

罗玉明:《二十世纪三十年代湖南尊孔读经之研究》,博士学位论文,复旦大学,2003。

欧阳军喜:《五四新文化运动与儒学:误解及其他》,《历史研究》

1999 年第 3 期。

桑兵：《盖棺论定而"论"难定：张之洞之死的舆论反应》，《学术月刊》2007 年第 8 期。

桑兵：《分科的学史与分科的历史》，《中山大学学报》（社会科学版）2010 年第 4 期。

桑兵：《民国学界的老辈》，《历史研究》2005 年第 6 期。

桑兵：《晚清民国的知识与制度体系转型》，《中山大学学报》（社会科学版）2004 年第 6 期。

尚小明：《清末资政院议政活动一瞥——留日出身议员对议场的控制》，《北京社会科学》1998 年第 2 期。

王东杰：《一国两文：清季切音字运动中"国民"与"国粹"的紧张》，《学术月刊》2010 年第 8、9 期。

吴义雄：《马礼逊学校与容闳留美前所受的教育》，《广东社会科学》1999 年第 3 期。

萧超然：《京师大学堂创办述略》，《北京大学学报》1985 年第 1 期。

萧功秦：《从科举制度的废除看近代以来的文化断裂》，《战略与管理》1996 年第 4 期。

许宁：《马一浮儒学教育理念述评》，《中华文化论坛》2004 年第 4 期。

杨齐福：《教会学校的兴起与近代中国的教育改革》，《扬州大学学报》（高教研究版）2000 年第 1 期。

杨齐福：《科举制度的衰亡与近代文化》，博士学位论文，北京师范大学，1999。

祝安顺：《从张之洞吴汝纶经学课程观看清末儒学传统的中断》，《孔子研究》2003 年第 1 期。

儿崎为槌「清國學生思想界の一般（承前）」『教育研究』第 12 号、明治 38 年 4 月 1 日（1905 年 4 月 1 日）。

新保敦子「中華民國時期における近代學制の地方浸透と私塾：江蘇省をめぐって」狭間直樹『中國國民革命の研究』京都大學人文科學研究所、1992。

周東怡「清末學制における『読経講経』科目の設置およびその内容について」『アジア地域文化研究』第 6 号、2010 年 3 月。

人名索引

后 记

本书是在我的博士学位论文基础上修订而成的，是中山大学"近代中国的知识与制度转型丛书"之一。

前贤有云：若真求学问，则必遵轨道，重师法，求系统，务专门。求学最幸运的事情，莫过于得遇良师。感谢我的导师关晓红老师和桑兵老师。无论是读书治学还是为人处世，他们以极大的宽容和耐心对我进行教导。

自 2005 年始，关老师指导我本科学年论文和毕业论文的写作，并让我于 2007 年本科毕业后，以直博方式攻读中国近现代史方向博士学位，渐导我入学术正轨。关老师身体力行地告诉我治学有如修行，最关键是要心静和心净。前一个指心境平和，头脑冷静；后一个指心无旁骛，专心致志。关老师勤勉的学风和严谨的治学态度一直惠我良多。学业之外，关老师还为门下开展感恩、挫折与死亡教育，用心良苦。诸多教诲虽未能完全吸收领会，但让我一直感念于心。

2006 年，经关老师推荐，桑老师吸收我进入"清史·典志·教育志"项目的文献搜集与整理工作，有幸参与了部分长编与"学堂篇"的初稿编纂。这使我接受了史学的基本功训练，拓宽学识，为博士学位论文的开展奠定了基础。桑老师在选题时就告诉我要揣摩沈曾植所谓"以俱舍宗解俱舍学"的办法，并悉心指导我论文的问题意识和思路。在论文撰写阶段告诫我"史无定法"，行文不要陷入套路。在论文修改阶段一直叮嘱我要慎重落笔，推敲文字要八面受敌。其于整体中驾驭具体问题的眼界和方法，让我渐知读书之法、为学之道。

感谢博士后合作导师尚小明教授的关照和指导。尚老师平易近人，初见时便指点我在京各处资料馆藏情形，此后更将治学、教学等方面的经验不吝相授，令我进一步拓宽学识。中山大学历史系曹天忠教授对于如何开展近代史研究给予了很多提示，吴义雄教授和赵立彬教授在我博士学位论文开题与答辩期间给予许多重要建议。在此深表谢意。

感谢中山大学历史系陈树良、徐泽洪、龙波、胡海峰、赖雪枫、张文苑、安东强、於梅舫、李欣荣与北京大学历史系王晓秋、王奇生、王元周、臧运祜、郭卫东、管晓宁等诸位老师在日常学习与工作中的支持和帮助。感谢狭间直树教授于访学中大期间给予的指导，并提供日本学界相关研究信息。感谢吴昱、季培刚、何树远、森川裕贯、叶倩莹、廖志伟、赵虎、余露等学友，切磋交流，为我复印、拍摄相关资料。感谢陈志雄、杨向艳、赵洪艳等老师在学术文章发表中提出的指正意见。感谢宋荣欣老师和责编邵璐璐老师在本书出版过程中付出的努力。在此一并谨致谢忱。

最后要感激我的家人。父母一直让我可以安心向学，无后顾之忧。岳父、岳母则帮我照顾小孩，不辞劳苦。感谢妻子长期以来的包容与理解，无论顺境逆境，勉励我前行。女儿的出生，则让我进一步感受到教学相长之乐。人生有幸，唯有继续努力，以回馈师长、朋友与家人的关爱。

图书在版编目(CIP)数据

清季民初的学制、学堂与经学／朱贞著 . -- 北京：
社会科学文献出版社，2019.1
国家社科基金后期资助项目
ISBN 978 - 7 - 5201 - 3429 - 3

Ⅰ.①清…　Ⅱ.①朱…　Ⅲ.①学制 - 教育史 - 研究 -
中国 - 近代　Ⅳ.①G529.5

中国版本图书馆 CIP 数据核字（2018）第 209902 号

·国家社科基金后期资助项目·

清季民初的学制、学堂与经学

著　　者／朱　贞

出 版 人／谢寿光
项目统筹／宋荣欣
责任编辑／邵璐璐

出　　版／社会科学文献出版社 · 近代史编辑室（010）59367256
　　　　　地址：北京市北三环中路甲 29 号院华龙大厦　邮编：100029
　　　　　网址：www.ssap.com.cn
发　　行／市场营销中心（010）59367081　59367083
印　　装／三河市龙林印务有限公司

规　　格／开　本：787mm × 1092mm　1/16
　　　　　印　张：22　字　数：358 千字
版　　次／2019 年 1 月第 1 版　2019 年 1 月第 1 次印刷
书　　号／ISBN 978 - 7 - 5201 - 3429 - 3
定　　价／89.00 元

本书如有印装质量问题，请与读者服务中心（010 - 59367028）联系